U0720432

抗日战争专题研究

张宪文 朱庆葆 主编

第三辑
敌后根据地

晋察冀抗日根据地研究

把增强 等 著

江苏人民出版社

图书在版编目(CIP)数据

晋察冀抗日根据地研究 / 把增强等著. -- 南京:江苏人民出版社,2025. 3. --(抗日战争专题研究 / 张宪文,朱庆葆主编). -- ISBN 978-7-214-29416-6

Ⅰ. K269.5

中国国家版本馆 CIP 数据核字第 2024R5C048 号

书　　名　晋察冀抗日根据地研究
著　　者　把增强 等
责任编辑　汤丹磊
装帧设计　刘葶葶
责任监制　王　娟
出版发行　江苏人民出版社
地　　址　南京市湖南路 1 号 A 楼,邮编:210009
照　　排　江苏凤凰制版有限公司
印　　刷　苏州市越洋印刷有限公司
开　　本　652 毫米×960 毫米　1/16
印　　张　28　插页 4
字　　数　327 千字
版　　次　2025 年 3 月第 1 版
印　　次　2025 年 3 月第 1 次印刷
标准书号　ISBN 978-7-214-29416-6
定　　价　128.00 元

教育部哲学社会科学研究重大委托项目
2021年度国家出版基金资助项目
南京大学“双一流”建设卓越计划项目
“十四五”国家重点出版物出版专项规划项目

合作单位

南京大学　北京大学　南开大学　武汉大学
复旦大学　浙江大学　山东大学
台湾中国近代史学会

学术顾问

金冲及　章开沅　魏宏运　张玉法　张海鹏
姜义华　杨冬权　胡德坤　吕芳上　王建朗

编纂委员会

总　序

张宪文　朱庆葆

日本侵华与中国抗日战争是近代中国最重大的历史事件。中国人民经过14年艰苦卓绝的英勇奋战，付出惨重的生命和财产的代价，终于取得伟大的胜利。

自1945年抗日战争结束至2015年，度过了漫长的70年。对这一影响中国和世界历史进程的重大事件，国内外历史学界已经做过大量的学术研究，出版了许多论著。2015年7月30日，在抗日战争胜利70周年前夕，中共中央政治局就中国人民抗日战争的回顾和思考进行集体学习，习近平总书记发表重要讲话，指示学术界应该广为搜集整理历史资料，大力加强对抗日战争历史的研究。半个月后，中共中央宣传部迅速制定抗日战争研究的专项规划。8月下旬，时任中共中央宣传部部长刘奇葆召开中央各有关部委、国家科研机构和部分高校代表出席的专题会议，动员全面贯彻习总书记的讲话精神，武汉大学和南京大学的代表出席该会。

在这一形势下，教育部部领导和社会科学司决定推动全国高校积极投入抗战历史研究，积极支持南京大学联合有关高校建立抗战研究协同创新中心，并于南京中央饭店召开了由数十所高校的百余位教授、学者参加的抗战历史研讨会。台湾也有吕芳上、陈立文等十多位教授出席会议，共同协商在新时代深入开展抗战历史研究的具体方案。台湾著名资深教授蒋永敬在会议上发表了热情洋溢的讲话。经过几个月的酝酿和准备，南京大学决定牵头联合我国在抗战历史研究方面有深厚学术基础的北京大学、南开大学、武汉大学、复旦大学、浙江大学、山东大学及台湾学者共同组建编纂委员会，深入开展抗日战争专题研究。中央档案馆和中国第二历史档案馆也积极支持。在南京中央饭店学术会议基础上，编纂委员会初步筛选出130个备选课题。

南京大学多次举行党政联席会议和校学术委员会会议，专门研究支持这一重大学术工程。学校两届领导班子均提出具体措施支持本项工作，还派出时任校党委副书记朱庆葆教授直接领导，校社科处也做了大量工作。南京大学将本项目纳入学校“双一流”建设卓越计划，并陆续提供大量经费支持。

江苏省委、省政府以及江苏省委宣传部，均曾批示支持抗战历史研究项目。国家教育部社科司将本项研究列为哲学社会科学研究重大委托项目，并要求项目完成和出版后，努力成为高等学校代表性、标志性的优秀成果。

本项目编纂委员会考察了抗战历史研究的学术史和已有的成果状况，坚持把学术创新放在第一位，坚持填补以往学术研究的空白，不做重复性、整体性的发展史研究，以此推动抗战历史研究在已有基础上不断向前发展。

本项目坚持学术创新，扩大研究方向和范围。从以往十分关注的九一八事变向前延伸至日本国内，研究日本为什么发动侵华战争，日本在早期做了哪些战争准备，其中包括思想、政治、物质、军事、人力等方面的准备。而在战争进入中国南方之后，日本开始逐步将战争引出中国国境，即引向广大亚太地区，对东南亚各国及东南亚地区的西方盟国势力发动残酷战争。研究亚太地区的抗日战争,有利于进一步揭露日本妄图占领中国、侵占亚洲、独霸世界的阴谋。

本项目以民族战争、全民抗战、敌后和正面战场相互支持相互依靠的抗战整体,来分析和认识中国抗日战争全局。课题以国共两党合作为基础,运用大量史实,明确两党在抗日战争中的地位和作用,正确认识各民族、各阶级对抗日战争的贡献。本项目内容涉及中日双方战争准备、战时军事斗争、战时政治外交、战时经济文化、战时社会变迁、中共抗战、敌后根据地建设以及日本在华统治和暴行等方面,从不同视角和不同层面,深入阐明抗日战争的曲折艰难历程,以深刻说明中国抗日战争的重大意义,进一步促进中华民族的伟大复兴。

对于学界已经研究得甚为完善的课题,本项目进一步开拓新的研究角度和深化研究内容。如对山西抗战的研究更加侧重于国共合作抗战;对武汉会战的研究将进一步厘清武汉会战前后中国政治、经济、社会的变迁及国共之间新的友好关系。抗战前期国民党军队丢失大片国土,而中国共产党在十分艰难的状况下,在敌后逐步收复失地,建立抗日根据地。本项目要求对各根据地相关研究课题,应在以往学界成果基础上,着力考察根据地在社会改造、经济、政治、人才培养等方面,如何探索和积累经验,为 1949 年后的新中国建设提供有益的借鉴。抗战时期文学艺术界以其特有的文化功能,在揭露日军罪行、动员广大民众投入抗战方面,发挥了重要作用。我们尝试与艺术界合作,动员南京艺术学院的教授撰写了与抗日战争相关的电影、美术、音乐等方面的著作。

本项目编纂委员会坚持鼓励各位作者努力挖掘、搜集第一手历史资料,为建立创新性的学术观点打下坚实基础。编纂委员会要求全体作者坚决贯彻严谨的治学作风，坚持严肃的学术道德，恪守学术规范，不得出现任何抄袭行为。对此，编纂委员会对全部书稿进行了两次“查重”，以争取各个研究课题达到较高的学术水平，减少学术差错。同时，还聘请了数十位资深专家，对每部书稿从不同角度进行了五轮审稿。

本项目自2015年酝酿、启动，至2021年开始编辑出版，是一项巨大的学术工程，它是教育部重点研究基地南京大学中华民国史研究中心一直坚持的重大学术方向。百余位学者、教授，六年时间里付出了艰辛的劳动，对抗战历史研究做出了重要贡献！编纂委员会向全体作者，向教育部、江苏省委省政府以及各学术合作院校，向江苏凤凰出版传媒集团暨江苏人民出版社，向全体编辑人员，表示最崇高的敬意和诚挚的感谢！

目　录

导　论　新中国 70 余年来晋察冀抗日根据地研究的回顾与反思 001

一、研究历程及总体概况 003

二、研究领域及主要论题 012

三、研究总结及未来省思 084

第一章　晋察冀抗日根据地的建立及武装斗争 087

第一节　进军山地:红军进入山西与晋察冀抗日根据地的建立 088

第二节　发展平原:冀中、冀东游击战的展开与晋察冀抗日根据地的壮大 099

第三节　防守反击:晋察冀抗日根据地的反“扫荡”与反攻作战 110

第二章　晋察冀抗日根据地的军事建设 122

第一节　晋察冀抗日根据地的兵役 122

一、整合改造各类武装 123

二、实行志愿兵役制 130
三、试行志愿义务兵役制 134
第二节 晋察冀抗日根据地三结合的武装体制 142
一、主力部队 143
二、地方部队 146
三、人民武装 149
第三节 晋察冀抗日根据地的优抚 154
一、优抚制度 154
二、实物补偿 163
三、劳力优待 168
四、精神慰藉 170

第三章 晋察冀抗日根据地的政权建设 180
第一节 抗日民主政权的肇建及初步设计 180
一、抗日民主政权的肇建 180
二、抗日民主政权的阶级构成、性质和任务 183
三、抗日民主政权的建设和改革 185
第二节 抗日民主政权建设的指导原则及制度实践 189
一、抗日民主政权建设的指导原则 189
二、选举制度及实践 203
第三节 抗日民主政权的法制建设 221

第四章 晋察冀抗日根据地的文艺 226
第一节 晋察冀抗日根据地的文艺政策 226
一、推动文艺队伍建设 226
二、繁荣文艺创作 228

三、推动乡村文艺运动发展 237
第二节　晋察冀抗日根据地文艺的繁荣与发展 240
一、戏剧 240
二、诗歌 256
三、音乐 261
四、美术 266
五、小说 270
六、摄影 272

第五章　晋察冀抗日根据地的灾荒及其救济 275
第一节　晋察冀抗日根据地的灾情 275
一、水灾 275
二、旱灾 277
三、蝗灾 278
四、其他灾害 280
第二节　灾荒袭击下的社会镜像 284
一、民众饱受灾荒之苦 284
二、经济生产严重受损 288
三、社会秩序受扰脱轨 293
第三节　晋察冀抗日根据地的灾荒救治 295
一、控制灾情 295
二、生产渡灾 305
三、提升抗灾能力 311

第六章　晋察冀抗日根据地的群团组织建设 315
第一节　各群团组织的成立及发展 316

一、工人抗日救国会 321
二、农民抗日救国会 325
三、妇女抗日救国会 334
四、青年抗日救国会 344
五、其他群团组织 355
第二节　群团组织发挥的作用 364
一、配合根据地各项政治、军事任务 365
二、架起乡村社会与政府之间的桥梁 372
三、引导、动员基层群众 378
四、组织协调不同阶层的关系 381
第三节　群团组织建设的经验与教训 383
一、经验 384
二、教训 390

结　语 398
一、晋察冀抗日根据地在整个中国抗战中的地位和作用 398
二、晋察冀抗日根据地的影响 403

参考文献 407

索　引 426

后　记 434

导　论　新中国70余年来晋察冀抗日根据地研究的回顾与反思

在中共抗战史研究中，抗日根据地一直是备受学者关注的重要领域。新中国成立70余年来，学界始终在扩展研究领域、深化研究内容、转换研究视角等方面孜孜探索，并取得了可喜的研究成果。其间，为了更好地在总结中前行，很多学者着眼于各自研究需要对抗日根据地的研究作了学术回顾和总结。这些回顾和总结，有些是宏观通论性的：如魏宏运《抗日根据地史研究述评》（载于《抗日战争研究》1991年第1期）等论文，以及郭德宏《抗日战争史研究述评》（中央党史出版社1995年版）等著作，均是对抗日根据地研究状况所作的整体性探讨；刘洪升《建国以来晋察冀抗日根据地史研究述略》（载于《河北学刊》1985年第5期），贾蔚昌《山东抗日根据地研究综述》（载于《党史研究通讯》1986年第7期），刘庆礼《建国以来晋察冀抗日根据地史研究概述》（载于《文物春秋》2000年第4期），马洪武《华中抗日根据地史研究25年》（载于《抗日战争研究》2005年第3期），黄正林《20世纪80年代以来国内陕甘宁边区史研究综述》（载于《抗日战争研究》2008年第1期），等等，都是对某一根据地研究所作的总体性回顾。有些是接续性的：如荣维木《近十年来抗日战争研究述评》（载于《教学与研究》2005年第8

期),张洪芳、张文光《近十年以来晋察冀抗日根据地研究综述》(载于《唐山师范学院学报》2010 年第 4 期),魏本权《1980 年代以来山东抗日根据地研究综述》(载于《临沂大学学报》2016 年第 2 期),等等,都是对某一时期所作的阶段性考察。有些是专题性的:如光梅红、李庄《近 20 年来华北抗日根据地经济史研究述评》(载于《河北大学学报(哲学社会科学版)》2002 年第 4 期),李金铮、张雪《抗日根据地社会史研究的回顾与思考》(载于《抗日战争研究》2004 年第 2 期),唐正芒《近十年抗战文化研究述评》(载于《湘潭大学学报(哲学社会科学版)》2007 年第 7 期),魏彩苹《抗战时期陕甘宁边区民生建设研究综述》(载于《陇东学院学报》2011 年第 3 期),仲华、赵占豪《改革开放以来华中抗日根据地经济建设研究述评》(载于《军事历史研究》2015 年第 4 期),等等,都是基于某一领域所作的回顾性探讨。此外,各地还召开了规模或大或小、论题或宏观或具体、层次或高或低的相关学术会议,围绕会议论文,也产生了一批研究综述,鉴于此类综述较多,兹不罗列。

应该说,无论是学术回顾总结,还是学术会议综述,都在总结既往研究的基础上对如何开展和推进新的研究提出了一些好的意见和建议,并大大推动了抗日根据地史研究的发展。然而,既往的回顾和总结,无论其着眼点在时间上或长或短,在论题上或宏观或具体,都或是针对抗日根据地的整体研究而论,或是针对某一论题的专题研究而展开,其所总结的内容虽然或多或少地涉及了某一时期晋察冀抗日根据地的研究状况,但终究无法窥探新中国成立 70 余年来晋察冀抗日根据地研究的整体样态。有鉴于此,为了更好地展现 70 余年来关于晋察冀抗日根据地研究的总体历程,总结 70 余年来有关研究取得的重要进展和成绩,思考未来研究的前行方向,本部分拟从研究历程及总体概况、研究领域及主要论题、研究总结及未来省思等方面，对晋察冀抗日根据地研究作一长时段的综合回顾，以期对70余年来的晋察冀抗日根据地研究有一个总体了解，进而推进相关领域研究不断走向深入。

一、研究历程及总体概况

晋察冀抗日根据地研究的蓬勃态势，是伴随着中共抗战史研究的整体推进而形成的。以中国学术期刊、学术辑刊、重要报纸、重要会议、博士学位、硕士学位等各类论文的全文数据库为检索来源，截至2019年，以晋察冀为篇名主题，加上以“冀中”加“根据地”、“冀东”加“根据地”、“北岳”加“根据地”、“平北”加“根据地”、“平西”加“根据地”、“冀热辽”等为篇名主题的各类论文近千篇，除去统计时个别重复的情况，总计应在800篇以上。当然，这只是一个粗略的统计，肯定有各种各样的遗漏，即便如此，也足以反映这一研究领域的繁荣程度。还需加以说明的是，这里所论主要是基于中国大陆学者公开发表论文的分析，在介绍总体概况时也会稍涉国外学者的研究。因目力所限，肯定存在挂一漏万的情况，还请学界同人谅解。

关于晋察冀抗日根据地的研究，是伴随着中共抗日根据地的研究开展起来的。就其研究历程来讲，主要经历了服务于战争（全国抗战与解放战争时期）、起步与停顿（新中国成立最初30年）、复苏与快速发展（改革开放后40余年）等三个阶段。

（一）全国抗战与解放战争时期

应当说，对于晋察冀抗日根据地的研究从全国抗战时期就开始了。当时，一些学者、新闻记者发表或出版的研究和报道性作品，比如陈克寒的《抗日根据地晋察冀边区视察记》（新华日报馆1939年版）、立波的《晋察冀边区印象记》（读书生活出版社1939年版)、胡仁奎的《游击区经济问题研究》(1939 年编印)、李公朴的《华北敌后——晋察冀》(山西太行文化服务社 1940 年版)、周而复的《晋察冀行》(东北书店 1947 年版)等,以及对开创晋察冀抗日根据地做出重要贡献的各级、各区域领导撰写的所在根据地的相关史略,均具有重要的价值。其中,聂荣臻于 1939 年撰写的《抗日模范根据地晋察冀边区》,更是起到开风气之先的重要作用。当时的情况是,聂荣臻于 1939 年 1 月向中共中央提交了一份约 10 万字的关于晋察冀初创时期的情况报告,该报告重点汇报了晋察冀抗日根据地自开辟以来发动并依靠群众开展敌后抗日游击战争的情况,系统总结了华北敌后第一个抗日根据地创建的斗争及经验。毛泽东看到报告后大加赞赏,并亲自题写了《抗日模范根据地晋察冀边区》的书名。是年 5 月 1 日,该书由八路军军政杂志正式出版。该书有四篇序,序一由毛泽东撰写,序二、序三分别由朱德与王稼祥撰写,序四为聂荣臻自己所作。全书分为四个部分:其一为“在战斗中生成的晋察冀边区”,该部分主要介绍了晋察冀边区在极其困难的条件下开辟与发展起来的过程;其二为“一年来我们在敌后战斗的收获”,该部分主要概述了在晋察冀边区开辟和创建的斗争过程中,八路军广泛发动群众、开展抗日游击战争的情况;其三为“日寇的新围攻和我们反围攻的斗争”,该部分主要介绍了日军对晋察冀边区的围攻以及晋察冀边区军民反围攻的斗争情况;其四为“边区抗战的经验对于全国抗战的教训”,该部分主要阐述了全国抗战初期晋察冀边区对日作战的经验和教训。由于该书是第一部较为系统地阐述八路军挺进敌后、坚持敌后抗战的专著,故而一经出版即引发国内外各界广泛关注,产生了极大的社会影响。此外,1944 年由延安新华书店出版发行的《中国敌后抗日根据地概况》一书,概述了中共抗日根据地(包括晋察冀抗日根据地在内)的统辖范围、自然条件、经济发展状况以及敌后抗日根据地建设和发展壮大的大致过程，颇具价值。然而，抗战胜利后，历经短暂和平很快转入解放战争时期，中国共产党将自身精力集中于解放人民的伟大事业，对于抗日根据地建设事业所取得的成就未能从政府层面及时跟进总结。受当时社会动荡局势之影响，学术界也未能顾及。

（二）新中国成立最初30年

新中国成立后的最初30年，晋察冀抗日根据地的研究起步，并有所建树。但该时期，受“左”的思潮影响，涉足这一领域的学者并不多，所出成果多为1950年代之作。其后“文化大革命”时期，与其他科学领域一样，晋察冀抗日根据地的研究也被迫陷入停顿。该时期，较具代表性的著述主要有袁同兴编、上海文化出版社1956年出版的《晋察冀根据地抗日民歌选》，中国人民解放军河北军区政治部编、河北人民出版社1958年出版的《冀中抗日战争简史》以及中国人民解放军高等军事学院1959年翻印的《晋察冀军区反扫荡战役总结（1941.8.13—10.17）》等少量著作。另外，这一时期出版的包含全国抗战时期在内的一系列大型革命回忆录丛刊，以及发表的一些文章，涉及晋察冀抗日根据地的内容有很多。所有这些无不表明，新中国成立后最初30年的晋察冀抗日根据地研究仅仅限于起步，推进和发展有所不足。也即，晋察冀抗日根据地的有关研究虽然受到一定关注，也有一定成果，但总的来看发表的文章数量不多，且所发表或出版的论著以回忆和介绍为主，研究深度不足，研究广度也极为有限，主要是探讨各抗日根据地的建立、巩固和发展过程，以及各地军民的武装抗日斗争等内容，很少涉及其他领域。

（三）改革开放后40余年

改革开放以来，形势发生了巨大改变。随着思想的日渐解放，中共抗战史研究日渐客观,并不断取得历史性突破。在此过程中,对于晋察冀抗日根据地的探讨,也不断扩展和深化。目前所见,改革开放后 40 余年出版或发表的有关抗日根据地建设的论著可概括如下。

首先,学术界关于抗日根据地建设的研究由最初的几个点不断扩展,诸如晋察冀抗日根据地的政治、经济、军事、文化、教育、社会、党建等领域都成为研究者关注和探讨的对象,其中,既有各种资料的整理出版,又有层出的研究性论著,出现了过去几十年没有见过的景象。

从综合研究来看,该时期的著述主要有:晋察冀人民抗日斗争史编辑部 1982 年编印的《晋察冀介绍》《晋察冀概况》《晋察冀人民翻身记》《冀热辽报告》,《晋察冀抗日根据地史料选编》(河北省社会科学院历史研究所等著,河北人民出版社 1983 年版),《冀中回忆录》(吕正操著,解放军出版社 1984 年版),《晋察冀抗日根据地史料专辑》(河北省社会科学院历史研究所、《河北学刊》编辑部编,河北学刊杂志社 1985 年编印),《聂荣臻回忆录》(解放军出版社 1986 年版),《晋察冀抗日根据地专辑》(星火燎原编辑部编,解放军出版社 1989 年版),《晋察冀抗日根据地》第一册(文献选编上、下)(《晋察冀抗日根据地》史料丛书编审委员会、中央档案馆编,中共党史资料出版社 1989 年版),《晋察冀日报社论选》(晋察冀日报史研究会编,河北人民出版社 1997 年版),《晋察冀抗日根据地史》(谢忠厚、肖银成主编,改革出版社 1992 年版),《新民主主义社会的雏形——彭真关于晋察冀抗日根据地建设的思想与实践》(谢忠厚等著,人民出版社 2002 年版),《尖刀插入敌人心脏:晋察冀抗日根据地》(文思编,中国文史出版社 2005 年版),“晋察冀边区史研究丛书”(张伟良主编,解放军出版社 2005 年版),《〈晋察冀日报〉

通讯全集》(晋察冀日报史研究会编,中共党史出版社 2012 年版),《中国抗战:晋察冀根据地抗日影像》(沙飞等图、黄道炫文,山西人民出版社 2015 年版),《晋察冀抗日根据地史料汇编》(政协河北省委员会编,河北人民出版社 2015 年版),等等。除此之外,有些学者和研究机构撰写的一些论著,如《华北抗日根据地纪事》(魏宏运主编,天津人民出版社 1986 年版),《抗日根据地发展史略》(陈廉编写,解放军出版社 1987 年版),《华北抗日根据地史》(魏宏运、左志远主编,档案出版社 1990 年版),《中国抗日根据地发展史》(田酉如著,北京出版社 1995 年版),《晋察冀解放区首府张家口》(中共河北省委党史研究室编,中共党史出版社 1996 年版),以及《抗日战争与中国现代化进程研究》(袁成毅、荣维木等著,国家图书馆出版社 2008 年版),等等,也部分涉及晋察冀抗日根据地的内容。

从政治、经济方面来看,该时期的著述主要有:《晋察冀抗日民主政权简史》(谢忠厚、居之芬、李铁虎著,河北人民出版社 1985 年版),《晋察冀边区银行》(河北省金融研究所编,中国金融出版社 1988 年版),《回忆晋察冀边区银行》(中国人民银行河北省分行编,河北人民出版社 1988 年版),《晋察冀抗日根据地财政经济史稿》(魏宏运主编,档案出版社 1990 年版),《晋察冀革命根据地工人运动史》("三晋"革命根据地工人运动史征编委员会编,中国工人出版社 1992 年版),《晋察冀边区交通史》(晋察冀边区交通史编纂委员会审定,人民日报出版社 1995 年版),《晋察冀边区印刷局简史》(傅发永主编,中国金融出版社 1995 年版),《晋察冀边区银行纸币券》(余继明编著,浙江大学出版社 2000 年版),等等。除此之外,《中国抗日战争时期物价史》(周春主编,四川大学出版社 1998 年版),《抗日根据地政治制度研究》(唐宝富著,人民出版社 2001 年版),《抗日根据地经济史》(陈廷煊著,社会科学文献出版社 2007

年版),《中国革命根据地的税收》(《中国革命根据地的税收》编写组编,中国税务出版社 2011 年版),以及《华北根据地农业建设研究》(牛建立著,中州古籍出版社 2014 年版),等等,也部分涉及晋察冀抗日根据地的内容。

从军事战争方面来看,该时期的著述主要有:晋察冀人民抗日斗争史编辑部 1982—1983 年编印和翻印的《冀中抗战简史》《平西人民抗日斗争史资料》《回民支队史略》《晋察冀战报》《冀热辽大事记》,《回忆冀中十分区抗日斗争》(中共廊坊地委党史资料征编办公室 1985 年编印),《冀热辽人民抗日斗争史》(冀热辽人民抗日斗争史研究会编辑室 1986 年编印),《奇特的战场——晋察冀抗战史话》(冉淮州、刘绳著,天津人民出版社 1990 年版),《冀热辽子弟兵》(冀热辽人民抗日斗争史研究会《冀热辽子弟兵》编审委员会 1991 年编印),《晋察冀军民征战纪实》(李金明著,解放军文艺出版社 1995 年初版,2007 年再版),《晋察冀暨华北军区武装力量发展史》(北京军区战史编写组编,军事科学出版社 1996 年版),《冀中的地洞和堡垒户》(杜敬编,中国社会科学出版社 1997 年版),《冀中抗日根据地斗争史》(史立德等编著,中共党史出版社 1997 年版),"晋察冀军区民兵斗争史丛书"(晋察冀军区民兵斗争史丛书编委会编,长征出版社 1997 年版),等等。其中,"晋察冀军区民兵斗争史丛书",由原晋察冀边区武委会主任荀昌五任编委会主任,经总政治部批准,并报呈中央军委同意出版,全 6 册(之一《光辉的历程》,之二《地雷战》,之三《地道战》,之四《民兵游击战与村落战》,之五《民兵英雄》,之六《战斗的回忆》),总字数 230 余万字。这套丛书以其翔实的资料,生动地再现了抗日战争时期中共敌后抗日根据地广大民兵武装以多种形式配合八路军战士浴血奋战、抗击强敌的光辉历程,热情地讴歌了中国共产党领导下的波澜壮阔的人民战争的伟大胜利。丛书各册所收资料，皆为当时人所写当时事，有的是时人发表于当时报刊上的文章，有的是时人珍藏至今的内部资料，有的是时人根据战斗经历撰写的体会文章，既具有重要的史料价值，又具有很高的收藏价值。此外，《中国抗日战争史》全3册（军事科学院军事历史研究院著，解放军出版社1994年版），《中国抗日游击战争史》（张宏志著，陕西人民出版社1995年版），《中国抗日战争史（1931—1945）》（张宪文主编，南京大学出版社2001年版），《中国抗日战争全史》（萧一平、郭德宏主编，四川人民出版社2005年版），以及《华北抗日战争史》（樊吉厚等著，山西人民出版社2005年版），《当兵：华北根据地农民如何走向战场》（齐小林著，四川人民出版社2015年版），等等，对于晋察冀抗日根据地的内容也多有涉及。

从文化、教育及社会等方面来看，该时期的著述主要有：《晋察冀村剧团剧本选》（张学新编，晋察冀文艺研究会1984年编印），《〈晋察冀日报〉大事记》（晋察冀日报大事记编写组编，群众出版社1986年版），《抗敌剧社实录》（刘佳、胡可等著，军事译文出版社1987年版），《晋察冀文艺史》（王剑青、冯健男主编，中国文联出版公司1989年版），《张家口晋察冀新华广播电台回忆录》（河北省广播电视厅史志编委会1989年编印），《晋察冀文学史料》（张学新、刘宗武编，天津社会科学院出版社1989年版），《冀中导报史料集》（杜敬、肖特、展青雷编，河北人民出版社1990年版），《〈晋察冀画报〉影印集》（罗光达编，辽宁美术出版社1990年版），《冀热辽烽火》（罗光达编，辽宁美术出版社1991年版），《晋察冀革命文化史料》（河北省文化厅文化志编辑办公室1991年编印），《晋察冀革命戏剧运动史料》（张学新编，河北省文化厅文化志编辑办公室1991年编印），《中国共产党晋察冀边区出版史》（河北省新闻出版局出版史志编委会、山西省新闻出版局出版史志编委会编，河北人民出版社 1991 年版)，《晋察冀日报史》(晋察冀日报史研究会编，人民出版社 1993 年版)，《火线剧社在冀中》(晋察冀文艺研究会冀中分会编，中国华侨出版社 1994 年版)，《文旗随战鼓——〈晋察冀日报〉文学作品选》(晋察冀日报史研究会编，解放军文艺出版社 1995 年版)，《冀中报刊史料集》(杜敬编，河北教育出版社 1995 年版)，《晋察冀边区教育史》(曹剑英等著，河北教育出版社 1995 年版)，《北岳风云:〈晋察冀日报〉报史图像集》(晋察冀日报史研究会编，2007 年初版，2010 年再版)，等等。需要说明的是，《晋察冀边区教育史》是在广泛占有资料的基础上进行编写的，为晋察冀边区教育研究的首部学术著作。这里所说的广泛占有资料，是指 1990 年出版的 7 卷本 250 余万字的《晋察冀边区教育资料选编》，以及之后陆续发现并于 1991 年出版的 60 余万字的《晋察冀边区教育资料选编》(续集)1 册。此外，《抗日战争时期解放区高等教育》(曲士培著，北京大学出版社 1985 年版)，《中国共产党的干部教育(抗日战争时期)》(张腾霄主编，中国人民大学出版社 1988 年版)，《抗战时代生活史》(陈存仁著，上海人民出版社 2001 年版)，《二十世纪三四十年代太行山地区社会调查与研究》(魏宏运主编，人民出版社 2003 年版)，《抗日战争与中国社会史论》(梁家贵著，社会科学文献出版社 2005 年版)，《中共政权治理烟毒问题研究——以 1937—1949 年华北乡村为中心》(肖红松著，人民出版社 2013 年版)，《华北抗日根据地农民精神生活研究》(郑立柱著，人民出版社 2014 年版)，以及《抗日根据地文化建设研究》(张卫波著，首都经济贸易大学出版社 2015 年版)，等等，也部分涉及晋察冀抗日根据地的内容。

其次，这一时期，晋察冀抗日根据地的研究也引起国外学者的高度重视。1984 年 8 月，第一届"中国抗日根据地历史国际学术讨论会”在南开大学隆重召开。在参加此次会议的90余名学者中，来自美国、日本、加拿大、荷兰、澳大利亚等国的外籍学者就有30多人。这是我国首次举行的根据地史国际会议。在此次研讨会上，据范力沛教授介绍，西方学者“在六七十年代，研究根据地问题属于早期一般性的研究，研究者材料大多来自《台湾调查局的中国共产党资料》”，后来的学者进行研究时“不是去做一般性的解释，而是着重解决在什么时间、什么地点，发生了什么事情这样的特殊问题，并已写出了一批根据地历史的专著”，在关于晋察冀抗日根据地的专题研究中，“较具代表性的就有凯焦兰·哈特福德的《镇压与共产党的成功，晋察冀的例子(1938—1943)》等”。[①] 1991年8月，南开大学举办了第二届“中国抗日根据地史国际学术讨论会”。在与会学者中，来自美国、日本、法国、澳大利亚、英国、荷兰等国的学者有34人。1984年、1991年召开的两次根据地史国际会议大大促进了国外学者对根据地的探讨，涌现了一批内容涉及晋察冀抗日根据地的研究成果，如《八路军抗日根据地见闻录——一个英国人不平凡经历的记述》([英]林迈可著，国际文化出版公司1987年版)，《走向革命——华北的战争、社会变革和中国共产党(1937—1945)》([瑞典]达格芬·嘉图著，中共党史资料出版社1987年版)，《文化、权力与国家——1900—1942年的华北农村》([美]杜赞奇著，江苏人民出版社1996年版)，《抗日战争时期的中国民众:饥饿、社会改革和民族主义》([日]石岛纪之著，中国社会科学出版社2016年版)，《1943:中国在十字路口》(周锡瑞、李皓天主编，社会科学文献出版社2016年版)，等等。

---

① 参见张洪祥、左志远《中国抗日根据地历史国际学术讨论会综述》，《历史研究》，1985年第1期，第182—192页。

最后，该时期发表了数以百计的基于不同视角展开探讨的论文，所涉领域广泛，包括晋察冀抗日根据地的政治、经济、军事、文化、教育、法制、社会、党建等，这也是最能体现晋察冀抗日根据地研究盛况的。不仅如此，这一时期，各地在所召开学术会议的基础上出版了一些会议论文集，如《中国抗日根据地史国际学术讨论会论文集》(南开大学历史系编，档案出版社 1985 年版)，《中外学者论抗日根据地》(南开大学历史系中国近现代史教研室编，档案出版社 1993 年版)，《纪念抗日战争胜利 50 周年学术讨论会文集》(中共中央党史研究室科研部编，中共党史出版社 1996 年版)，《中国抗战与民族振兴》(郭金平、赵金山编，新华出版社 1996 年版)，《北京市纪念抗日战争胜利 60 周年论文集》(中共北京市委党史研究室编，北京燕山出版社 2005 年版)，《纪念中国人民抗日战争暨世界反法西斯战争胜利 60 周年学术讨论会论文集》(中共中央党史研究室科研管理部编，中共党史出版社 2006 年版)，《第二届全国党史文化论坛文集》第三册《党史文化与中国抗日战争研究》(曲青山、高永忠编，中共党史出版社 2015 年版)，等等。这些论文集的内容同样涉及晋察冀抗日根据地的方方面面，既重现了学术会议的盛况，又成为晋察冀抗日根据地研究不断走向繁荣的例证。

二、研究领域及主要论题

学术界对于晋察冀抗日根据地的研究，主要包括综合方面以及政治、经济、军事、文化、教育、社会、党建等诸多领域。各领域除了前面提到的重要著作，多以不同论题的论文形式呈现，以下分而论之。

(一) 综合方面

关于晋察冀抗日根据地的综合研究，有关论文主要围绕以下内容展开。

1. 晋察冀抗日根据地的创建、巩固与发展

十四年抗战，是中国历史上的雄壮史诗。其中，中国共产党领导的敌后抗日根据地贡献卓著。而晋察冀抗日根据地，作为中共在敌后创建的第一块根据地，地位尤为重要。正如聂荣臻所指出的，晋察冀抗日根据地是在中国共产党领导下开创的第一个“华北抗日的堡垒”，它对于持久抗击日军和最终战胜日本帝国主义的侵略起了巨大的作用。① 正因如此，很多学者都对晋察冀抗日根据地的创建、巩固与发展作了探讨。如郭增寿对晋察冀边区抗日根据地最初艰难创造的历程进行了简要论述，认为明晰这一艰难历程对于“当今青年进行爱国主义教育和革命传统教育，想必也是有裨益的”。② 刘学礼也认为，创建晋察冀抗日根据地是中国共产党根据形势发展需要而做出的英明决策。在对日伪军的艰苦作战中，晋察冀抗日根据地成为敌后模范的抗日根据地及统一战线的模范区，为坚持华北抗战和争取全国抗日战争的胜利做出了重要贡献。③ 此外，杨青探讨了聂荣臻的晋察冀抗日根据地创建思想。④ 也有学者探讨了毛泽东在晋察冀抗日根据地创建中的重要作用。⑤

---

① 聂荣臻：《晋察冀边区抗日根据地是怎样创造起来的》，《群众》第2卷第17、18期合刊，1939年3月11日。

② 郭增寿：《简述晋察冀边区抗日根据地的创建》，《河北师范大学学报》，1988年第4期，第53—58页。

③ 刘学礼：《晋察冀抗日根据地的创建分析》，《北京联合大学学报(人文社会科学版)》，2005年第9期，第39—41、62页。

④ 杨青：《平原也是杀敌的好战场——聂荣臻的晋察冀抗日根据地创建思想析》，《党史纵横》，2000年第1期，第32—34页。

⑤ 邹荣庚：《毛泽东与晋察冀抗日根据地的创建》，《军事历史研究》，1995年第4期，第42—51、126页。

邹荣庚着重论述了晋察冀抗日根据地在与日本侵略军的激烈搏斗中巩固和发展的历程。他认为，晋察冀抗日根据地的巩固和发展，最根本的条件取决于对敌斗争的开展及其胜利程度。除此以外，还需要在中国共产党的领导下，按照党的正确战线和方针政策，加强党的建设、政权建设以及执行“发展进步势力、争取中间势力、孤立顽固势力”的策略总方针，等等。①

2. 晋察冀抗日根据地的历史地位、作用与贡献

晋察冀抗日根据地的创建及其所开展的一系列斗争，有力地支援了正面战场的对日作战，粉碎了日军速战速决、占领中国的企图，牵制了日军向中国大后方腹地大举进攻的进程，为中国人民的革命大业、中华民族的解放大业做出了重大贡献。谢忠厚认为，晋察冀抗日根据地的历史地位和作用主要表现在三个方面：其一，从战略上来看，作为“华北抗战的堡垒”之一，晋察冀抗日根据地在中国抗日战争中发挥了重要的战略作用。其二，从经验上来看，晋察冀抗日根据地为其他敌后抗日根据地的创建提供了丰富的经验借鉴。其三，从新民主主义建设上来看，作为新民主主义制度实施较早的地区，晋察冀抗日根据地以其较为完备的政策实践，成为中国实践新民主主义的良好“模型”。② 席宾认为，晋察冀抗日根据地的战略贡献主要在于，晋察冀抗日根据地处于中国南北方通道的咽喉地带，它的存在，牵制了大量日军精锐部队北进的侵略步伐，使其始终未能实现与德军共同夹击苏联的企图，同时也迟滞了其“南

① 邹荣庚：《论晋察冀抗日根据地的巩固和发展》，《军事历史研究》，1996 年第 2 期，第 34—35 页。

② 谢忠厚：《关于晋察冀抗日根据地史研究的几个问题》，《抗日战争研究》，1992 年第 2 期，第 173—188 页。

进”步伐，大力支援了英、美军队对日军的作战。① 李淑蘋、周昭根探讨了晋察冀抗日根据地政权的功能，认为晋察冀抗日根据地政权具有动员组织群众抗战、保障抗日群众权利的政治功能，补充部队兵源、组织地方武装、进行战事协作的军事功能，发展经济生产、保障部队供给、保障群众民生的经济功能，培养抗战人才、普及义务教育、推动社会变革的教育功能，对抗日根据地的发展和调动一切力量坚持抗战发挥了重要的作用。②

聂荣臻是伟大的无产阶级革命家、军事家，他对中国革命最突出的贡献之一，是在抗战时期把毛泽东思想和中国革命实践相结合，创建了模范的晋察冀抗日根据地。段星指出，晋察冀抗日根据地之所以成为抗战时期中国坚持抗战的一个重要堡垒、模范和导标，聂荣臻的杰出指导才能和呕心沥血贡献是一个重要因素。③ 黄艳认为，在晋察冀根据地建立、巩固和发展的过程中，作为晋察冀根据地的主要领导人，聂荣臻为根据地的建立和发展做了大量工作和贡献：从政治上来看，主要表现为建立了抗日民主政权；从军事上来看，主要表现为壮大人民军队，改造杂色武装；从经济上来看，主要表现为发展生产，减租减息，发行边币；从文化上来看，主要表现为兴办学校，发展教育和新闻出版事业，鼓励戏剧等文艺创作，等等。④

---

① 席宾：《晋察冀抗日根据地的建立及其战略贡献》，《河北建筑工程学院学报》，1994年第3期，第60—65页。

② 李淑蘋、周昭根：《晋察冀抗日民主政权的功能》，《重庆社会科学》，2018年第4期，第106—114页。

③ 段星：《聂荣臻对创建晋察冀抗日根据地的卓越贡献》，《军事历史研究》，1999年第4期，第3—5页。

④ 黄艳：《聂荣臻对创建抗日模范根据地晋察冀边区的贡献》，《重庆大学学报（社会科学版）》，2007年第3期，第95—99页。

3. 晋察冀抗日根据地的历史分期

对于晋察冀抗日根据地的历史分期，谢忠厚结合学术界的不同认识作了系统评述，提出了个人看法。谢忠厚认为，"'三分法'[①]实际上是对毛泽东'三阶段'说法的简单套用，这种划分不能深刻反映出晋察冀抗日根据地历史发展的特征和它在抗日战争中的特殊作用，'五分法'[②]虽然克服了'三分法'的缺点，但由于它以军事斗争为线索，忽略了根据地政权建设和经济改革等方面的发展进程，因而提法既不全面又过于琐细。研究晋察冀抗日根据地的历史分期，应当遵循两条原则：第一，应根据毛泽东提出的'三阶段'的一般框架，结合晋察冀抗日根据地的具体实际来研究；第二，敌后抗日根据地不是单一的军事实体，它的建设具有抗日和社会改革双重目标，因此，研究根据地的历史分期，必须对它的军事、政治、经济等方面的发展，进行全面的考察和分析。根据以上原则，我认为晋察冀边区抗日根据地的历史大体可以划分为四个阶段：第一阶段，晋察冀抗日根据地的创立时期（1937 年 11 月—1938 年 10 月）；第二阶段，晋察冀抗日根据地的巩固、发展和全面建设时期（1938 年 10 月—1940 年 12 月）；第三阶段，晋察冀抗日根据地的艰

---

① "三分法"系指有的学者将晋察冀抗日根据地的历史发展按照时间先后顺序划分为三个时期，即自 1937 年 7 月至 1940 年 12 月的上升时期、自 1941 年初至 1942 年底的下降时期、自 1943 年初至 1945 年 9 月的再上升时期。这一分法，主要是基于毛泽东提出的人民革命力量在抗日战争中发展"三个阶段"的说法。参见谢忠厚《关于晋察冀抗日根据地史研究的几个问题》，《抗日战争研究》，1992 年第 2 期，第 173—188 页。

② "五分法"系指有的学者将晋察冀抗日根据地的发展按照时间顺序划分为前后相继的五个时期，即自 1937 年 7 月至 1938 年 10 月的开辟时期、自 1938 年 10 月至 1940 年底的巩固和发展时期、自 1941 年初至 1942 年底的艰苦斗争时期、自 1943 年 1 月至 1944 年 5 月的恢复时期以及自 1944 年 5 月至 1945 年 9 月的反攻时期。这一分法，主要是以军事斗争的发展为线索而提出的。参见谢忠厚《关于晋察冀抗日根据地史研究的几个问题》，《抗日战争研究》，1992 年第 2 期，第 173—188 页。

苦斗争和恢复发展时期(1941 年—1943 年底);第四阶段,晋察冀抗日根据地的局部反攻、全面反攻和空前壮大时期(1944 年初—1945 年 9 月)”。①

4. 晋察冀抗日根据地及其外部观照

晋察冀抗日根据地居于全国抗战前沿,自开辟之日起就备受世界正义人士的高度关注。抗战期间,不断有国际友人和组织到晋察冀抗日根据地进行考察,并广泛开展联络和支援工作,有的甚至与根据地军民一起抗战。居之芬基于国际友人的视角,分别从第一个考察边区的美国军事观察员、罗斯福总统密使——卡尔逊,英美学者考察团与边区地下交通,白求恩、柯棣华与边区医疗卫生事业,一支活跃在边区前线的朝鲜反法西斯劲旅,太平洋战争爆发与边区“国际和平饭店”,林迈可、班威廉与边区无线电通信事业,“日人反战同盟”的壮大与贡献,大反攻前夜营救美国飞行员,欢迎美军观察组来边区考察、联络,与苏蒙联军会师解放察哈尔、热河和东北等方面探讨了晋察冀抗日根据地与外部世界的联系。②

1945 年 8 月,在夺取抗日战争最后胜利的大反攻中,晋察冀抗日根据地遵照中共中央指示和八路军总部命令,派部队挺进东北,与苏蒙联军配合作战,为建立巩固的东北革命根据地做出了巨大贡献。张圣洁对这段历史进行考察后指出,晋察冀根据地为进军东北,很早就开始了多方面的准备工作:第一是在冀东地区建立挺进东北的前进基地;第二是建立组织,培训和派遣干部;第三是大量搜集战略情报。晋察冀军区部队进军东北所做的贡献是多方面

① 谢忠厚:《关于晋察冀抗日根据地史研究的几个问题》,《抗日战争研究》,1992 年第 2 期,第 173—188 页。

② 居之芬:《国际友人与晋察冀》,《中共党史研究》,1988 年第 6 期,第 17—27 页。

的，其意义是重大而深远的。首先，它为我党我军夺取东北这一重要战略基地争得了先机之利。其次，晋察冀军区部队先机挺进东北，为党中央制定“向北发展，向南防御”的战略方针提供了依据。再次，维护了我军进驻东北的合法权利，争得了有利地位。最后，我部队及地方干部做了建政、剿匪、维护革命新秩序的工作，为创建东北根据地奠定基础。①

（二）政治方面

抗战时期，晋察冀根据地在中共中央领导下采取了若干项重大举措来健全和发展根据地的民主政治制度和建设，并取得了举世公认的伟大成就。学术界关于晋察冀抗日根据地政治方面的研究主要围绕以下几个方面展开。

1. 政权建设

晋察冀边区行政委员会的成立，标志着敌后第一个统一的边区抗日民主政权的形成，并在国共合作抗战及中国民主政治发展史上写下了重要篇章。谢忠厚认为，晋察冀边区抗日民主政权的建立经历了四个重要步骤：第一，组织半政权性的“动委会”。第二，做好统一边区政权的筹备工作。第三，召开晋察冀边区军政民代表大会，选举产生边区自己的临时行政委员会。第四，边区政权组织取得国民政府的批准。② 对于晋察冀边区为什么能够成为敌后抗日和民主的模范区域，谢忠厚认为，其根本原因之一是边区政权的改革和建设解决了如何在敌后抗战过程中实现推翻封建政治制度的民主革命、建立新民主主义政治制度的重大课题。谢忠厚

① 张圣洁：《略论晋察冀抗日根据地对解放东北的贡献》，《河北学刊》，1986 年第 1 期，第 70—73 页。

② 谢忠厚：《晋察冀边区抗日民主政权的创建和特点》，《河北学刊》，1992 年第 2 期，第 101—106 页。

还对边区政权改革和建设的途径作了探讨，认为可归纳为五点：第一，改革政权组织机构，依靠人民管理政权；第二，实行“三三制”政权原则；第三，加强村政权建设，巩固边区政权的基层组织；第四，加强游击区政权建设；第五，加强党对政权的领导，充分发挥政权的作用。① 此外，对于《为筹建晋察冀边区政府致聂荣臻电》这一重要指示的时间，学界一般是以《刘少奇选集》（人民出版社 1981 年版）为依据定为 1937 年 10 月 20 日，谢忠厚对此提出异议，并作了进一步考察，指出其确切时间应是 1937 年 11 月 16 日。②

晋察冀军政民代表大会的召开以及边区政府的成立，是中国共产党正确执行抗日民族统一战线政策的结果，在中华民族抗战史上有着极其重要的意义。张洪祥认为，召开边区军政民代表大会，是团结一切抗日力量、贯彻党的抗日民族统一战线政策、协商解决根据地重大问题的极好形式。军政民代表大会所通过的各项决议案以及边区政府制定的政策法令，是边区政府最初的“施政纲领”，代表了全边区广大人民群众的根本利益，从政治、军事、经济、文化等方面体现了共产党领导的新民主主义性质。因此，晋察冀抗日根据地是新中国的雏形，广大人民群众，尤其是占边区人口95％以上的农民，在政治上获得了民主自由，在经济上生活普遍得到改善。群众的抗日积极性和生产热情空前高涨，社会秩序安定，同国统区人民的悲惨生活形成了鲜明的对照。③ 谢忠厚则对晋察

---

① 谢忠厚：《晋察冀边区抗日民主政权的创建和特点》，《河北学刊》，1992 年第 2 期，第 101—106 页。

② 谢忠厚：《关于〈为筹建晋察冀边区政府致聂荣臻电〉的时间》，《河北学刊》，1993 年第 1 期，第 112 页。

③ 张洪祥：《略论华北敌后第一个抗日民主政权的建立——兼述晋察冀边区军政民代表大会的召开》，《历史教学》，1985 年第 11 期，第 13—17 页。

冀边区军政民代表大会作了更为细致的考证，认为中共中央做出筹建晋察冀边区政府的决策，始于聂荣臻 1937 年 11 月 8 日的建议；筹建边区政府的组织称谓，不是“晋察冀边区军政民代表大会筹备处”，而是“晋察冀边区临时政府筹备处”；晋察冀边区军政民代表大会的召开，不是 1938 年 1 月 11 日至 15 日，而是 1938 年 1 月 10 日至 15 日；与会代表人数，不是 146 人，也不是 148 人，而是各县代表 145 人，筹备委员 4 人，共 149 人；边区政府成立时的辖区范围，不是军区成立时的 36 个县，当时不可能建立晋东北、冀西、冀中 3 个政治主任公署，而是从平汉路西扩展到了冀中平原，有 40 余个县；边区军政民代表大会选举产生了边区行政委员会，并制定了正确的施政方针和政策，这“两大建树”创造了高举抗日和民主的大旗与运用合法性策略开展工作完美结合的经验。①

2. 基层政权建设

县政权，是中共政权系统承上启下的一个重要环节。其中，联合县政府是抗日战争时期普遍存在于晋察冀边区的一种新的县政权形式，是为适应敌后根据地严峻的对敌斗争形势而建立的，随着战争的进程而不断变化。李淑苹对此进行考察后认为，联合县政府具有与单一县政府不同的一些特点，在长期艰苦的对敌斗争中发挥了特殊的重要作用。首先，联合县政府的建立形成了对日伪政权包围之势。其次，联合县政府的建立增强了敌占区民众的抗战信心。最后，联合县政府的建立为游击根据地的存在和发展提供了保障。尤其是在抗日战争的中后期，当冀东、平北等地在日军反复“扫荡”中遭受重大损失，游击根据地几乎全变成游击区时，这

① 谢忠厚：《晋察冀边区军政民代表大会研究》，《军事历史研究》，2015 年第 3 期，第 1—17 页。

些地区的联合县政府在极端困难的情况下，坚持地方政权工作，为抗日武装力量和游击根据地的恢复和发展做出了重大的贡献。①把增强撰文对全国抗战初期晋察冀边区的县政权建设作了探讨。他认为，全国抗战初期晋察冀边区的县政权建设经历了起步与发展的历程。晋察冀边区的县政权虽属初建，却在探索实践中不断发展，其不仅表现为县政权组织构成和主要职能的组建与嬗变，亦表现为县政权会议制度的创建与改进，都体现了延续与渐变的因时而易的特点。在这个过程中，中国共产党坚决实行抗日民主政策，团结社会各阶层，不断扩大民众的民主权利，实行民主决策，促进了敌后抗日根据地的建设，更好地适应了战时变局，为其后的中共县政权建设积累了宝贵的经验。②

村政权，是抗日民主政权的基础组织，其建设与运行的好坏对于战争进展的顺利与否至关重要。邓红、梁丽辉探讨了晋察冀抗日根据地村政权的构成及职能，认为抗战前晋察冀村政权掌握在以地主、士绅为主的少数人手里，主要职责是完成官府交给的催征钱粮、征收摊款等任务。进入全国抗战时期后，鉴于村政权一级组织的重要性，中共对村政权进行了革命性改造，最终确立了以中共为核心的、代表大多数人利益的“三位一体”的新型民主村政权。新政权、新权威、新村治，边区社会治理在新的核心团队领导下焕发出勃勃生机。③ 李春峰认为，晋察冀边区村政权建设具有基础性、群众性和差异性等明显特征。晋察冀边区村政权建设的巩固

① 李淑苹：《简析晋察冀边区的联合县政府》，《历史教学》，2004年第3期，第34—38页。

② 把增强：《抗战初期晋察冀边区的县政权建设》，《军事历史研究》，2015年第3期，第18—27页。

③ 邓红、梁丽辉：《“三位一体”：抗战时期晋察冀边区村政权的构成及职能》，《抗日战争研究》，2011年第3期，第23—32页。

与发展，进一步巩固与扩大了边区抗日民主政权的阶级基础和社会基础，极大地激发与调动了边区民众政治参与的积极性与主动性，增强与提高了民众政治参与的意识与能力，对广泛动员民众参与到民族抗战的洪流之中起到了重要作用，同时有利于党的各项政策与措施在边区各地的顺利开展与普遍实施，形成全民族抗战的合力。这为新中国成立后村政权建设提供了宝贵的经验借鉴。① 李春峰还对抗战时期晋察冀边区闾制度在村政权建设中的兴废问题作了探讨，认为作为中国乡村社会政治制度的重要组成部分，闾制度以抗战时期晋察冀边区村政权建设为契机，以乡村共同体的共建与乡村政治制度的发展为原动力，经历了沿袭旧制、发现问题、废除、重新实行、定型与完善、彻底终止的曲折过程。随着革命形势的发展，闾制度的性质、功能、地位发生了明显的变化，并在执行党的路线、方针、政策，凝聚与团结乡村民众，动员民众广泛参与全民族抗战之中，在实践民主政治方面发挥了重要作用。② 张同乐考察了全国抗战初期晋察冀边区的村政建设。他认为，全国抗战初期，晋察冀边区改造旧村政权，建立抗日民主村政权，经历了半政权性质的村“动委会”，到民选抗日村长，再到建立村民代表会议这样一个逐步改革的过程。历史证明，民主选举是实现基层民主政治建设的助推剂；边区村级政权“议行合一”的一元化体制，是适合中国国情的不同于英美式民主的新民主主义新路径；中国共产党的领导是保证村政权改造和健全的关键；坚持民主集中制原则，实行集体领导，民主决策，依法施政，是村政权建设的发展方向；坚

① 李春峰：《抗战时期晋察冀边区村政权建设的特征与意义》，《延安大学学报（社会科学版）》，2013 年第 3 期，第 44—48 页。

② 李春峰：《抗战时期晋察冀边区闾制度在村政权建设中的兴废》，《农业考古》，2013 年第 1 期，第 171—175 页。

持用制度机制规范和约束权力，是确保村级政权工作人员始终保持良好作风的根本方法。[①] 此外，张宏华对晋察冀抗日根据地的乡村干部队伍建设作了探讨。她认为，在晋察冀抗日根据地，党助推代表大多数底层民众的群众领袖崛起，注重乡村干部代表的广泛性与草根性，注重乡村干部思想政治意识的教育，注重乡村干部优良作风与廉洁的养成，使乡村干部成为既符合党的要求又能推动工作的新精英，对当前加强基层党组织建设和提高乡村干部素质有一定借鉴意义。[②]

3. 民主选举及局部执政经验

根据中共中央关于巩固敌后抗日根据地和建立"三三制"政权的指示，1940年夏秋，晋察冀边区开展了为期四个月的民主选举运动。对于此次民主大选，谢忠厚、居之芬作了较为充分的探讨。他们认为，这次民主选举运动的特点，从所处的环境和过程来看主要有四个方面：一是以扩大抗日民族统一战线为基础而展开；二是充分实行了人民行使民主权利的原则；三是最终目的为彻底改造各级政权组织机构，但以逐步改革为推进原则；四是对敌斗争在抗战相持阶段更加残酷和艰苦。他们还考察了此次民主选举的实践经验，认为主要有四个方面：其一，抗日民族统一战线政权，以党的施政纲领为政治基础，以民主集中制原则为组织基础。其二，敌后根据地民主选举运动中统一战线内部的斗争，是和平合法的斗争，党的政策是综合联合与斗争的政策。其三，民意机关是立法与监督行政的权力机关，它不是各级政府的平行机关，也不是垂直系统的

① 张同乐：《从村长制度到村民代表会议制度——抗战初期晋察冀边区的村政建设》，《军事历史研究》，2015年第3期，第28—37页。

② 张宏华：《晋察冀抗日根据地的乡村干部队伍建设》，《理论探索》，2016年第4期，第42—46页。

第二政府。其四,民主选举运动还创造了比较健全的选举工作制度和方法。如选举动员工作,由党内到党外,由上而下地逐步深入;选举的领导,由点(点的试验)到面(面的推广),由面(一般)到点(特殊的,落后的)地相互转化,不断地分析情况,及时地总结经验;选举制度上,做好清理户口、秘密开会或分散选举等,因地制宜,随机应变。这些经验,在当时对敌后各抗日根据地的民主政治建设起了重要作用,对新中国的政权建设也是一种有价值的参考。①

从执政来看,中国共产党抗战时期的局部执政对于新中国成立后的全国范围执政起到了积累宝贵经验的重要作用。对于这笔宝贵的财富,很多学者进行了探讨。柳敏和、胡晓光认为,党在晋察冀边区局部执政的创新实践是多方面的,但最根本、最重要的是科学执政、民主执政、依法执政,并以此规范自己的行为,忠实地代表了中华民族最广大人民群众的利益,赢得了人民群众的衷心拥护,成功地使千百万人投入抗战的洪流,不仅成为全国抗战的有力支点,而且推动了晋察冀边区的社会变革和社会进步,为最终驱逐日本帝国主义出中国奠定了雄厚物质基础。② 赵春认为,晋察冀边区民主执政的历史实践表明:必须坚持党组织领导,切实维护群众利益,并全面、灵活地运用党的政策和策略。③ 黄艳、许鸣认为,中共在晋察冀抗日根据地执政能力建设方面取得的宝贵历史经验

① 谢忠厚、居之芬:《民主建设的一个创举:略论一九四〇年晋察冀边区民主大选》,《河北学刊》,1982年第1期,第101—107页。

② 柳敏和、胡晓光:《略论党在晋察冀敌后抗日根据地的局部执政实践》,《党史博采》,2006年第5期,第29—31页。

③ 赵春:《民主执政的历史实践——以晋察冀抗日根据地的民主政治建设为例》,《中共山西省委党校学报》,2009年第5期,第33—36页。

是，大力提升党员领导干部素质及理论水平，规范建设正确的执政领导体制和工作机制，依据所处时代特点开展经济、军事、文化建设和党内作风建设，灵活运用各类政策，确保执政的长效性。对这些历史经验进行总结并得出规律，对于加强党的执政能力建设具有重要意义。①

抗战时期，中国共产党领导的群众团体工作取得了很大进展，群团的政治优势和组织优势得到了充分发挥，对中共政权的巩固发挥了不可替代的作用。夏松涛从群众团体的角度探讨了抗战时期晋察冀边区的民生问题与乡村治理。他指出，为了改善民生，共产党积极发展群众团体，保持群众团体的独立性，促使群众团体逐渐成为政府和农民的联络纽带和沟通桥梁。最终，在行政性治理和社会性治理的双重治理下，抗日根据地的民生问题得到较大改善。这是乡村治理结构在近代中国的一次重要变动，也是"小政府-大社会"模式在抗日根据地的一次有益尝试，还是诠释晋察冀边区作为"模范抗日根据地"的一把钥匙。② 丁洁分析了晋察冀抗日根据地群团工作的启示，认为中国共产党根据革命实际的需要，从文化教育、号召战斗、组织生产等方面，加强对群众的组织和动员，对当今的群团建设具有积极启示意义。③

抗日战争时期，晋察冀边区在"改造旧世界，创造新世界"的伟大革命实践中，始终把实施法治、保障人权作为改革和建设边区

---

① 黄艳、许鸣：《中共在晋察冀抗日根据地执政能力建设的历史经验探析》，《重庆交通大学学报(社科版)》，2011年第2期，第5—9页。

② 夏松涛：《抗战时期晋察冀边区的民生问题与乡村治理》，《晋阳学刊》，2013年第3期，第55—60、94页。

③ 丁洁：《晋察冀抗日根据地群团工作研究及其启示》，《中共太原市委党校学报》，2017年第4期，第32—37页。

新民主主义民主政治的重要组成部分，并取得了重要成效。梁瑞敏、申玉山对此作了探讨。他们认为，晋察冀抗日根据地在人权保障实践中反复强调保障人权的重要性和必要性，深刻阐发抗日根据地保障人权的实质和内容，并把除奸工作与保障人权切实贯彻于边区政权建设实践，最大限度地保障了边区一切抗日人民的生存权、政治权、财产权和受教育权。① 刘庆礼认为，作为"敌后模范的抗日根据地及统一战线的模范区"，晋察冀边区通过进行法治建设、制定土地政策、保护妇女权利、致力民主建设等切实保障人权，在边区局部执政的条件下，领导边区和根据地政权取得了成功，积累了经验，对于当今我国不断健全和完善社会主义人权保障体制，无疑具有重大的参考价值和借鉴意义。②

4. 勤政廉政建设

抗战时期，晋察冀抗日根据地各级政府密切联系群众，全心全意为人民服务，被誉为"廉洁政府"。对于晋察冀抗日根据地的廉政建设，很多学者都作了考察。范凌认为，晋察冀抗日根据地建设廉洁政府留给后人的经验和启示是：其一，深刻认识到，只有廉洁，才能赢得人民、赢得战争。其二，深刻认识到，要想廉洁，必须严肃纪律，毫不留情地同腐化行为作斗争；必须公开政务，把政府和干部置于群众监督之下；必须领导带头，做廉洁奉公的模范。③ 岳谦厚、宋儒从基层干部待遇入手探讨了晋察冀抗日根据地的廉政建设问题。他们认为，晋察冀边区政府在县、区两级干部中实行低标

---

① 梁瑞敏、申玉山：《论抗日战争时期晋察冀边区的人权保障》，《山西师大学报（社会科学版）》，2009 年第 4 期，第 87—90 页。

② 刘庆礼：《刍论晋察冀抗日根据地的人权保障》，《沧桑》，2013 年第 2 期，第 32—35 页。

③ 范凌：《晋察冀抗日根据地建设廉洁政府初探》，《理论教学》，1989 年第 2 期，第 13—17 页。

准广覆盖的供给制，而对村干部则坚持不脱产不享受待遇的基本要求，使各级基层干部生活水平和经济地位都维持了较低水准。根据地的这一干部待遇政策体现了廉洁、节俭的施政目标。不过，不少基层干部常常利用政策“漏洞”或乘上级监督不力之机攫取或多或少的“灰色收入”，从而加重了边区民众负担。[①] 把增强考察了抗战初期晋察冀边区的廉政建设。他认为，全国抗战爆发之初，在中共抗日根据地尤其是在地处抗日前沿的晋察冀边区，各种势力鱼龙混杂，腐败现象较为严重，具体表现在损害公家利益来填补个人私欲、肆无忌惮玩忽职守与假公济私、罚款罚物中饱私囊与收受贿赂、私生活腐化无度等四个方面。为了遏制腐败，维护中共政权的良好形象，更好地争取民众坚持抗战，晋察冀边区政府采取了一系列反腐方略，主要有成立监察机构、颁布反腐法规，领导以身作则、倡导勤俭节约，发动群众监督、提倡建言献策等。种种举措，不仅树立了中共廉政为民的崇高形象，而且为中共赢得了晋察冀边区民众的衷心拥护和爱戴，并直接催生了边区全新的社会面貌。[②]

5. 战时动员及战时政治的影响

作为抗战时期中共在敌后创建的模范抗日根据地，晋察冀抗日根据地在政治动员方面创造了极为丰富、有效的历史经验。朱德新认为，抗日战争爆发之前的环境封闭等因素，导致冀东农民具有冷漠的政治倾向。以日军的入侵为契机，以中共艰难的动员为“催化剂”，抗战时期冀东农民的政治态度实现了从冷漠到踊跃参与的转变。他们积极参与反抗日伪政权统治、掩护抗日干部脱险、

---

① 岳谦厚、宋儒：《晋察冀抗日根据地基层干部待遇与廉政建设问题》，《抗日战争研究》，2014 年第 4 期，第 20—40 页。

② 把增强：《抗战初期晋察冀边区的廉政建设》，《河北大学学报（哲学社会科学版）》，2015 年第 5 期，第 38—43 页。

加入各种社团、全力支持抗日的各种社会政治活动。在抗日军队弱小、日伪军事力量强大的冀东特殊环境中,农民的政治参与,成为创建抗日根据地以及夺取冀东抗战胜利的重要条件。① 孟俊莉对晋察冀抗日根据地农民动员作系统分析后认为,维护农民的利益是开展农民动员的中心,中国共产党的优良作风是赢得民心的关键,提高农民的文化素质是推动现代化进程的杠杆,坚持实事求是是农民动员的根本原则。这些启示,为全面建成小康社会和实现民族伟大复兴的中国梦提供了历史借鉴。②

战时政治的影响是多方面的,温锐分阶段探讨了战时政治对晋察冀边区农村社区的影响。他认为,抗战初期,村社的初步民主政治建设,在晋察冀边区乃至中国社区的现代化建设史上是个永远不应忘记的良好开端,是中国农民的创举和历史的奇迹;抗战相持阶段,边区村社军事化和农民的高度组织化,是适应战时特殊环境的产物,导致的却是农村社区内农民间相互关系的又一巨大变化,使广大农民长期潜藏着的巨大能量得以最大限度地聚集并释放出来,有效地使用于对日军的抵抗,可谓晋察冀敌后抗战伟力之深厚根源在于农民之中。此种经验,对中国共产党抗战胜利后在广大新解放区充分地组织亿万农民和充分依靠组织起来的农民力量迅速打败国民党,也有重要影响。③

---

① 朱德新:《从冷漠到投入:冀东抗日根据地农民的政治参与》,《中共党史研究》,2011年第1期,第82—88页。

② 孟俊莉:《晋察冀抗日根据地农民动员的历史启示》,《中共太原市委党校学报》,2017年第5期,第52—54页。

③ 温锐:《战时政治对晋察冀边区农村社区的影响》,《抗日战争研究》,1997年第4期,第82—96页。

6. 领导人与晋察冀抗日根据地的政权建设

革命的根本目的是执政为民。抗战时期，中共抗日根据地政权是具有广泛民主性的抗日政权，是马克思列宁主义国家学说与中国实际相结合的产物，是从半殖民地半封建的中国国情出发创建新型国家的第一次完整的实践。在晋察冀抗日根据地的政权建设实践中，彭真、聂荣臻等领导人居功甚伟。抗日战争期间，彭真担任中共中央北方分局书记，统一领导晋察冀边区党政军工作，为全党全国树立了统一战线建设的成功范例，得到中共中央和毛泽东的高度评价。沈雁昕分析了彭真在晋察冀边区贯彻毛泽东统一战线思想的贡献，认为其主要表现为：坚持党在统一战线中的领导权；依靠基本群众，吸收地主、资产阶级参加抗日；扶助进步势力，争取中间势力，孤立顽固派；在斗争中求发展；创造性地在政权建设、土地政策和劳动政策中贯彻党的统一战线政策。① 吴家华、陈崇良考察了聂荣臻与晋察冀抗日民主政权的建设及现代启示。他们认为，抗战爆发后，晋察冀根据地在聂荣臻的领导下逐渐发展壮大，抗日民主政权在从建立、初步健全到完善的过程中推动着民主政治建设、法制建设、作风建设、基层政权建设和干部队伍建设的进步，密切了政权和人民的关系；推动着统一战线工作的开展，充分调动了一切抗日的力量；推动着根据地包括政治、经济、文化、军事等综合力量的建设的开展，使晋察冀成为敌后模范根据地。同时，聂荣臻领导的晋察冀抗日民主政权的实践，为我们今天的政治文明建设提供了宝贵的经验与启示。②

---

① 沈雁昕：《彭真在晋察冀边区贯彻毛泽东统一战线思想的贡献》，《党的文献》，2003年第6期，第63—68页。

② 吴家华、陈崇良：《聂荣臻与晋察冀抗日民主政权及现代启示》，《西南民族大学学报（人文社科版）》，2004年第8期，第296—302页。

（三）经济方面

经济建设，是抗战时期的重要问题。它是在民族矛盾上升为国内主要矛盾，国共两党为挽救民族危亡共御外侮而实行第二次合作这样一种比较特殊的社会政治背景下进行的，历经艰难困苦，取得了巨大成就，为夺取抗日战争的胜利做出了不可磨灭的贡献。鉴于经济建设的重要性，在对晋察冀抗日根据地进行探讨时，很多学者将研究视角聚焦于此，并在以下方面取得了较为丰硕的成果。

1. 经济政策

对于晋察冀抗日根据地经济政策的探讨涉及很多方面，如农业生产、工业企业、商业贸易和财政金融等。

农业是晋察冀边区经济的基础，是战时财力、物力的主要来源。对于根据地的农业生产政策，唐锡林指出，农业是国民经济的基础，也是敌后抗日根据地的基本生产事业。边区政府根据党中央"整顿和扩大国防生产，发展农村经济，保证战时生产品的自给"的方针，制定并贯彻了一整套有利于农业发展的政策。首先是减租减息。其次是奖励开荒，扩大耕地面积。再次是挖渠凿井，兴修水利，确保农业增产。最后是科学种田，提高农业单产。① 赵熙盛对根据地的土地政策作了探讨，认为晋察冀边区土地政策的贯彻实施在各个行政区表现出很大的不平衡性，但从总体看大致可划分为三个阶段：第一阶段（1937 年 10 月到 1941 年 12 月），为土地政策的初步贯彻阶段。第二阶段（1942 年 1 月到 1943 年 10 月），为土地政策深入贯彻的高潮阶段。第三阶段（1943 年 10 月到 1945

① 唐锡林：《晋察冀抗日根据地的经济政策》，《历史教学》，1988 年第 2 期，第 17—20 页。

年8月),为老区查减退租、新区开始减租阶段。[①] 达风云、边质洁探讨了减租减息、交租交息的土地政策在晋察冀抗日根据地的贯彻情况。他们认为,这一土地政策在晋察冀抗日根据地取得了很好的社会效果,但就其实施而言,并非一蹴而就,而是经历了一个逐步发展、逐步完善的过程。[②]

对于根据地的工业生产政策,唐锡林指出,在敌人严密封锁的情况下,晋察冀边区政府制定了正确的工业生产总政策,即"发展农村手工业,促进家庭副业,提倡较大规模的手工业经营,发展国防工业",在这一方针指导下,晋察冀抗日根据地的工业,从无到有,由小到大,逐步发展起来。唐锡林还探讨了边区公营企业的发展政策,指出政府对公营企业采取的两项政策是政府投资和企业由工人管理,再加上职工组织和各种规章制度的建立和健全,工厂越办越大,越办越好。与此同时,对于个人办不起、公家办不好的厂矿,政府鼓励群众集资合作办厂,并将之作为促进生产发展、活跃边区经济的重要途径。[③]

商业贸易是产品的生产、分配和消费之间必要的中间环节,是联结工业与农业、城市与农村的桥梁和纽带。对于边区的商业贸易发展,唐锡林指出,根据地内的商业系统有公营商业、私营商业、公私合营商业和合作社商业四种,总的贸易政策主要是两项,即"对外贸易采取统制主义,意即统制对外贸易。对内贸易采取自由

---

① 赵熙盛:《抗战时期晋察冀边区土地政策》,《中国人民大学学报》,1994年第3期,第25—29页。

② 达风云、边质洁:《抗战时期晋察冀边区的土地政策初探》,《河北省社会主义学院学报》,2007年第4期,第71—74页。

③ 唐锡林:《晋察冀抗日根据地的经济政策》,《历史教学》,1988年第2期,第17—20页。

主义，意即边区内部自由贸易”。①

对于晋察冀抗日根据地的货币政策，韦满昌、翟国强作了探讨，认为可概括为三个方面：一是独立自主的货币政策，主要表现是驱逐伪币、杂钞，排斥法币，确立边币独占发行地位；二是货币的“统战”政策，即对法币采取了既联合又限制的政策；三是通过货币发行达到发展经济、保障供给的目的。②

救国公债是全国抗战初期晋察冀边区政府为解决财政困难、支持持久抗战而决定发行的。司学红、郑立柱认为，全国抗战初期晋察冀边区救国公债成功发行的主要原因是：边区政府制定了正确的政策，广大民众踊跃认购。公债的成功发行，解决了边区财政困难，支持了持久抗战，为以后发行公债（国债）提供了借鉴。③

2. 农业

农业是抗日根据地政治稳定、经济繁荣、社会有序的基石。晋察冀边区农业的发展，对边区经济产生了重要影响，对支持边区抗战起了重要作用。李金铮认为，这种作用主要表现在五个方面：第一，它对边区经济全局起了决定性作用。第二，农业是边区财政的依托，在边区财政收入中占首要地位。第三，农业的发展基本保证了军民粮食供给，并一定程度地改善了军民生活。第四，边区农业的发展也促进了工商业的发展。第五，边区的农业进步，打破了旧的半殖民地半封建经济体系，是中国共产党领导新民主主义经济

① 唐锡林：《试论晋察冀抗日根据地的工商政策》，《烟台师院学报（社科版）》，1987 年第 2 期，第 52—56、43 页。

② 韦满昌、翟国强：《抗日战争时期晋察冀边区的货币政策》，《中国钱币》，1992 年第 1 期，第 56—60 页。

③ 司学红、郑立柱：《抗战初期晋察冀边区发行救国公债的历史意义》，《武警学院学报》，2009 年第 7 期，第 61—63 页。

的重要发展。同时，作者还指出，无可否认，晋察冀边区农业的发展也有过失误和教训。但值得提出的是，边区政府总能不失时机地纠正失误，吸取教训，使农业生产健康发展。这就充分证明中国共产党完全有发展经济的能力，新民主主义经济制度有强大的生命力。①

农业发展对于晋察冀抗日根据地的巩固和壮大起了重要作用。以往有关晋察冀边区农业生产的文章，多带有“直线上升”论的色彩，李金铮对此作了辨析。他认为，晋察冀边区政府建立后，晋察冀边区农业的发展是呈曲折上升的趋势。“直线上升”的观点对边区当时所处的恶劣环境缺乏全面、深刻的认识。第一，晋察冀边区农业发展的起点很低。抗战前的中国农业趋于破产状态，这是封建经济统治和外国资本侵略的结果。第二，抗战爆发后，晋察冀边区惨遭日军蹂躏，所遇到的困难比其他地区大得多。第三，国民党顽固派不断制造“反共”军事摩擦，也使边区的农业生产受到损失。第四，水旱灾害也是边区农业歉收的原因。晋察冀边区农业发展的起点低，所处的环境恶劣，为我们认识其农业发展曲折上升的现象提供了客观依据。作者还分析了晋察冀边区农业生产在残酷的战争环境中能够取得可观成绩的原因所在，认为主要有七点：党和政府对农业的高度重视与正确指导；改善农村经济关系；加强土地开发，兴修农田水利；挖掘劳力资源，补充劳动资料，开展互助合作；部队机关对农业生产的援助及自给生产；注重农业技术的研究与推广；开展生产竞赛，奖励劳动模范。②

① 李金铮：《抗日战争时期晋察冀边区的农业》，《中共党史研究》，1992年第4期，第41—47页。

② 李金铮：《抗日战争时期晋察冀边区的农业》，《中共党史研究》，1992年第4期，第41—47页。

在农业发展方面，晋察冀边区政府从政策法令及具体实践的组织领导等多方面进行了干预，积累了一套颇具特色的工作经验。李自典认为，晋察冀边区政府在领导农业生产中积累的工作经验主要有以下方面：首先，注重从思想上动员群众，组织军民齐生产；其次，采取多种形式领导群众进行生产；最后，注意工作态度和方法，做到一切从实际出发。① 郑立柱认为，抗日战争时期，为坚持持久抗战，晋察冀边区党和政府推行减租减息以解决农民土地问题，逐步完善农村负担政策以解决农民负担过重问题，实施一系列兴农政策以振兴农业，大力发展合作事业以繁荣农村手工业和家庭副业。通过上述一系列"三农"政策，晋察冀边区农民生活得到改善，农业得以恢复和发展，农村经济日渐繁荣，这为抗日战争的胜利奠定了坚实的基础。② 史新恒、夏松涛也对抗战时期晋察冀边区的"三农"问题与政府对策作了分析。他们认为，晋察冀抗日根据地为了应对严重的"三农"问题，挽救危机，实施了一系列政策法令，扶植农村社会发展：其一，增加对农业生产的投入，让农民找到切实可行的发展之路；其二，减轻农民生活负担，避免农民受到剥削阶级和行政力量的"多取"；其三，拓宽农民增收渠道，打开农工商协调发展的经济局面。随着政策的深入推行，抗战后期边区的农业经济较快增长，农民的生活初步改善，农村社会凝聚力增强，极大地促进了抗日根据地农村社会的发展。③

---

① 李自典：《抗战时期晋察冀边区的农业生产与政府干预》，《抗日战争研究》，2006 年第 2 期，第 102—116 页。

② 郑立柱：《论抗战时期晋察冀边区的"三农"政策》，《河北大学学报（哲学社会科学版）》，2007 年第 3 期，第 103—109 页。

③ 史新恒、夏松涛：《试析抗战时期晋察冀边区的"三农"问题与政府对策》，《抗日战争研究》，2010 年第 2 期，第 72—81 页。

农业贷款是中国共产党在边区实施的一项重要政策和措施。曾耀荣对晋察冀边区的农业贷款作了探讨。他指出，随着晋察冀边区及边区银行的建立，为发展边区的生产、改善民生，边区银行设立农业贷款，并形成了自身的特点，取得显著成效，但也存在着农民对农业贷款不感兴趣、贷款发放不及时等问题。① 李丽芳则对晋察冀抗日根据地北岳区农贷发放进行了解析，认为北岳区银行的建立是抗日民主政府和敌人进行经济斗争的必然产物，北岳区银行实施的农贷政策和金融制度，是在特定的历史条件下，为活跃根据地经济，稳定金融，促进生产以及克服财政困难，改善人民生活而建立和发展的。②

水利是农业的命脉。自晋察冀边区创立初始，农田水利建设即成为农业发展、经济恢复和根据地建设的重要措施之一。陈瑞丽对抗战时期晋察冀边区水利建设的措施与政策、特点与成就以及经验教训与影响等方面进行了初步探索，认为抗战时期晋察冀边区为了解决经济困难，根据具体情况，积极兴修大量水利工程，发展农田灌溉事业，这对于根据地的粮棉增收和农业发展发挥了极为重要的作用。③ 李春峰指出，晋察冀抗日根据地的农田水利建设经历了初创、急速发展、曲折前进、稳步发展的曲折发展历程。随着战争形势的不断变化，边区政府适时地调整农田水利建设的政策，且在实践中形成了丰富而宝贵的水利经验，有力地支援了晋察冀边区的对敌斗争和根据地建设，也为新中国成立后的农田水

---

① 曾耀荣：《论晋察冀边区的农业贷款》，《赣南师范学院学报》，2011年第5期，第37—42页。

② 李丽芳：《浅谈晋察冀抗日根据地北岳区农贷发放》，《党史博采》，2011年第1期，第16—18页。

③ 陈瑞丽：《抗战时期晋察冀边区的水利建设》，《沧桑》，2008年第6期，第52—53页。

利建设提供了理论借鉴和经验支持。① 牛建立认为,抗战期间,为发展农业生产和治理水害、坚持抗战,晋察冀边区政府制定农田水利建设条例和暂行办法,调动广大农民积极投身农田水利工程建设和管理,取得了显著成就。抗战时期晋察冀边区的农田水利建设,促进了边区农业发展和粮食增产,为抗战胜利奠定了物质基础。②

晋察冀根据地减租减息政策的实施经历了试行、普遍贯彻、彻底执行等三个阶段,在不断总结经验、修正偏差的过程中得到完善。李海新认为,减租减息运动对抗日战争乃至解放战争的胜利起到了不可忽视的作用,从晋察冀边区的减租减息运动实践来看,中国共产党在处理中国农民问题、中国农村土地问题上已日渐成熟。③ 刘学礼指出,抗战时期中共在晋察冀边区开展的减租减息运动,削弱了封建剥削,改变了农村土地占有状况,团结了大部分地主和农民抗日,提高了农民参加抗日、生产、政权的积极性。④

长期以来,史学界充分肯定没收地主土地、无偿分给无地少地农民这一土地变革方式,认为抗日根据地内实行的土地政策仅仅是一种临时变通办法。对此,温锐指出,抗日根据地内因贯彻实行新政策而发生的农村土地变革运动,实质上悄悄地形成了变革封建土地所有制的另一种方式。从晋察冀抗日根据地内的土地变革

---

① 李春峰:《抗战时期晋察冀边区农田水利建设的历史考察》,《延安大学学报(社会科学版)》,2011 年第 3 期,第 116—121 页。

② 牛建立:《抗战时期晋察冀边区的农田水利建设》,《许昌学院学报》,2012 年第 3 期,第 101—105 页。

③ 李海新:《从晋察冀根据地的减租减息看党处理农民问题的经验》,《河北青年管理干部学院学报》,2000 年第 3 期,第 34—35 页。

④ 刘学礼:《抗战时期晋察冀边区减租减息运动的历史作用和经验探析》,《党史研究与教学》,2006 年第 5 期,第 51—58 页。

运动来看，与平分土地方式相比，抗日根据地的土地变革方式将政治革命与经济变革的手段相区别，表现为经济变革以政策法令为依据、以经济调节手段为杠杆，兼顾了社会各阶层利益，减少了社会变革的震荡程度。这不仅适应了新民主主义经济的发展，而且有助于社会主义农村经济的变革和发展。①

3. 工商业

抗日战争爆发以后，由于战争的破坏和日伪的封锁，各根据地出现了棉纺织品奇缺的局面。为了粉碎日伪经济封锁、满足军需民用，晋察冀抗日根据地手工棉纺织业在中国共产党和边区政府的扶助下很快地恢复和发展起来。赵传海指出，晋察冀抗日根据地的手工棉纺织业的发展以1942年底为界分为前后两个时期：前期，为恢复和初步发展时期（1938年初—1942年底）；后期，为再度勃兴和发展时期（1943年初—1945年秋）。1942年底，边区政府号召开展纺纱运动，根据地手工棉纺织业发展迅速进入高潮，主要表现为：参加纺织生产的人数与日俱增，手工棉纺织品产量大幅度上升，手工棉纺织业生产的地区范围逐渐扩大，手工棉纺织品的品种增多。② 刘宏认为，晋察冀边区棉纺织生产的开展，打破了敌人的经济封锁，保障了边区军民的穿衣供给，并增加了群众收入，改善了群众生活，有利于根据地的稳定，为根据地渡过长期战争和自然灾害造成的严重困难做出了贡献。③

晋察冀边区的公营民用工业，是为了打破日伪经济封锁、保障

---

① 温锐：《变革封建土地所有制的另一种方式——略论晋察冀边区减租减息的社会改革作用》，《抗日战争研究》，1992年第4期，第117—128页。

② 赵传海：《晋察冀抗日根据地手工棉纺织业发展状况概述》，《河南财经学院学报》，1988年第2期，第50—54页。

③ 刘宏：《晋察冀边区的棉纺织业》，《河北学刊》，1998年第1期，第3—5页。

军需民用而建立的。栾贵波认为，晋察冀边区的公营民用工业，为实现工业品自给自足、技术创新、人才培养等做出了积极贡献，但也存在官僚主义作风严重、经营管理不够科学、过度强调政治动员的激励作用等问题。公营民用工业重点发展、合作工业鼓励发展、私营工业促进发展，按市场规律管理企业，优待技术人员，是公营民用工业留给我们的宝贵历史经验。①

合作社商业是晋察冀边区商业的重要组成部分。张永刚、张丽认为，抗战时期晋察冀边区的合作社商业由消费合作社、运销合作社及综合性合作社的商业活动组成，经历了一个曲折而不断发展的过程，并在业务经营、人员构成、资金来源、商业活动范围等方面体现出明显的战时特点。② 栾贵波指出，晋察冀边区公营商店执行对外统制贸易、对内贸易自由的政策，较好地完成了政府交付的任务，但也存在部分公营商店经营目标偏差、经营作风不端正、经营能力较差和组织管理水平不高等问题。③

4. 财政金融

晋察冀边区的财政经济，是备受学界关注的研究领域。傅尚文认为，晋察冀边区财政经济发展史可划分为三个阶段：第一阶段，从全国抗战开始到 1940 年底，为边区创建和发展以及财政经济不断改进和日臻完善的时期；第二阶段，从 1941 年初到 1943 年底，为边区范围不断缩小以及边区财政经济严重困难的时期；第三个阶段，从 1944 年初至 1945 年，为边区人民抗日民主力量再发展

① 栾贵波：《晋察冀边区的公营民用工业》，《社科纵横》，2014 年第 1 期，第 134—139 页。

② 张永刚、张丽：《抗战时期晋察冀边区的合作社商业》，《河北大学学报（哲学社会科学版）》，2007 年第 6 期，第 116—119 页。

③ 栾贵波：《抗战时期晋察冀边区的公营商业》，《科学 · 经济 · 社会》，2013 年第 3 期，第 110—114、120 页。

以及边区财政经济日渐恢复和发展的时期。财政经济的恢复和发展为晋察冀边区开展对日反攻作战提供了充足的财力支撑，培养和造就了大量的财经干部和人才。① 范洪、马根平认为，晋察冀边区财政节流主要采取了如下举措：建立健全并坚持预决算制度；加强会计队伍建设；健全金库制度；整顿村财政；节约开支，降低费用标准；精兵简政；发动群众实行财政监督。这些举措，使边区有限的财力和物力发挥出其最大效能，即使处于最困难时期，仍能最大限度地支援战争，供给民食，并为边区的战略反攻积蓄了物资力量。②

对于边区的财政管理及建设工作，学界也有所关注。晓军认为，村级财政是晋察冀边区财政的重要基础。由于全国抗战初期的村财政混乱无序，边区政府决定从1940年春起集中力量整顿村财政。这次整顿村财政，主要采取了以下措施：第一，建立村预决算制度。第二，加强各级政府、民意机关和群众团体对村财政的监督检查。第三，开展反浪费斗争。这些举措，使得边区每年可节省开支数百万元，从而使得人民负担大大减轻。③ 关翠霞、柳敏和认为，晋察冀抗日根据地的村财政建设大体经历了无序财政、建立战时农村财政秩序、村财政的整顿和健康发展三个阶段。村财政建设有效防止了村干部的浪费、贪污行为，建立了有别于旧政权的村级廉政政权，赢得了农村各阶层人民的拥护和支持，并使千百万农

① 傅尚文：《抗战时期晋察冀边区财政经济工作发展的几个阶段》，《河北大学学报（哲学社会科学版）》，1983年第4期，第141—145页。

② 范洪、马根平：《晋察冀边区财政的节流做法》，《财政》，1990年第2期，第60—61页。

③ 晓军：《整顿村财政——晋察冀边区财政建设的重要举措》，《河北师院学报（社会科学版）》，1995年第3期，第20—21页。

村革命人民投入抗日民族解放战争的洪流中去。① 柳敏和还对晋察冀抗日根据地的财政预决算制度作了简要分析。他指出，预决算制度是晋察冀边区在财政建设过程中所创立的有计划收入与有计划支出的战时财政管理制度。此制度既有效地保障了根据地的抗战供给，又为当今市场经济条件下规范各级干部的财政行为提供了有益的借鉴。② 张彦琛对晋察冀边区财政工作中的结构与变革作了探讨，指出晋察冀边区通过建立起具有鲜明特点的财政结构，并通过这些结构的运转主导了区域内经济的发展。晋察冀边区通过对原有产权的重新界定，团结各方面力量于抗日的旗帜下；通过对财政工作的优化，降低内部交易费用；通过安排财政支出，主导资源流向。晋察冀边区突出的财政工作为长期战争的持续性供给提供了保障。③

物价问题是晋察冀边区经济生活中的主要问题之一。张照青指出了抗战时期晋察冀边区物价成为问题的三重原因：日军的破坏、掠夺与经济封锁是形成边区物价问题的根本原因；边区政府为了筹措抗日经费，迫不得已超量发行货币，是形成边区物价问题的直接原因；自然灾害和贸易逆差也是推动边区物价变动的重要因素。他认为，边区政府把发展经济作为解决物价问题的出发点，通过协调供求关系、发行关系以及开展对敌经济斗争，保持了物价的

---

① 关翠霞、柳敏和：《晋察冀敌后抗日根据地的村财政建设简析》，《山东师范大学学报(人文社会科学版)》，2006 年第 4 期，第 131—134 页。

② 柳敏和：《晋察冀敌后抗日根据地的财政预决算制度简析》，《历史教学》，2004 年第 9 期，第 31—34 页。

③ 张彦琛：《晋察冀边区财政工作中的结构与变革》，《理论界》，2013 年第 8 期，第 128—130 页。

相对稳定,保障了最基本的军需民生,积累了一定的物价管理经验。[①] 童舜尧从抗战时期晋察冀边区物价管理入手对经济情报制作了考察,认为边区物价管理体系之所以能够高效运行,经济情报网的建立与完善起到了重要作用。[②]

发展金融事业是晋察冀抗日根据地建设的一个重要方面。魏宏运就晋察冀抗日根据地如何创建自己的货币政策和金融制度作了论述。他指出,边币发行之初,“市面通行纸币十余种,金融异常混乱”。这种复杂混乱的金融形势,破坏了华北的经济,是根据地经济前进道路上的根本障碍。如何使各种钞票从根据地消失,杜绝伪钞渗入,形成边币一元化,是当时边区政府经济工作考虑的首要问题。各种史料都反映出边区政府清醒考察和仔细研究了各种货币流通的背景及其价值,制定了切实可行的策略和对法币、伪钞、土票、杂钞等各个击破、分别对待的办法。经过不断的风浪,边币完成了一元化的进程,成为最有活力的货币。晋察冀根据地的边币和金融制度,是抗日战争时期的产物,在这个特定的历史条件下,于活跃根据地经济、稳定金融、促进生产以及财政的调度、人民生活的改善等方面都发挥了它应有的作用,是抗日战争时期财经事业的一项创举,在中国金融货币史上占有重要的历史地位。[③] 贾秉文认为,晋察冀边区货币金融业的发展,在沟通三省(边区)经济的同时,促进了边区政治上的统一;在成功打击各种伪币、杂币的

① 张照青:《抗战时期晋察冀边区物价问题研究》,《中国经济史研究》,2008年第3期,第108—115页。

② 童舜尧:《从抗战时期晋察冀边区物价管理看经济情报制》,《中国物价》,2013年第5期,第69—71页。

③ 魏宏运:《论晋察冀抗日根据地货币的统一》,《近代史研究》,1987年第2期,第27—42页。

同时，稳定了边区物价；在解决边区的财政困难的同时，扩大了边区的影响。① 张燚明另辟蹊径，从抗战期间国民政府对中共晋察冀边币应对失败的角度探讨了中国共产党的伟大之处。他指出，就晋察冀边币来看，国民政府在1939年5月至1940年7月间，不仅对其一直关注，而且在军委会系统、行政院系统及地方军政部门之间的频繁互动之中，先后推出了三套解决方案。但国民政府对中共边币研究不足，了解不够，导致其所制定的对策多停留于纸面而难以在形势错综复杂的抗战前线付诸实施，加之其工作极为拖沓，造成了以上解决方案在残酷的货币斗争中一一破产。②

5. *劳动互助与合作*

抗战以前，晋察冀民间就有劳动互助的传统，称作“拨工”。抗战时期，边区旧有的劳动互助发生了很大变化，并呈现出与旧时劳动互助完全不同的新特点。刘宏指出，晋察冀边区劳动互助主要包括拨工、包工、劳武结合三种形式，边区群众开展劳动互助的经验是：以自愿为首要原则，以等价交换为基本原则，实行民主管理，建立必要的制度和纪律，坚持“以户为基础，以人为单位”及小型为主、逐渐发展的原则。③

大生产运动期间，晋察冀边区的劳动互助合作社对帮助边区军民摆脱当时严重的困难发挥了重要的作用。米玲认为，晋察冀边区合作社是抗战时期以聂荣臻为首的晋察冀边区领导人根据实际情况创造性扶持和发展的产物。边区合作社的创办，促进了地方经济发展，支持了抗战供给，保证了对敌斗争的胜利。其成功经

---

① 贾秉文：《晋察冀边区的金融事业》，《历史档案》，1995年第2期，第126—127、130页。

② 张燚明：《抗战期间国民政府对中共晋察冀边币的应对与处理》，《抗日战争研究》，2014年第2期，第58—79页。

③ 刘宏：《抗战时期晋察冀边区的劳动互助》，《河北学刊》，1992年第3期，第79—83页。

验值得总结，历史局限值得反思。[①] 刘庆礼认为，抗战时期晋察冀边区实行的劳动互助合作，是以农业为主的大生产运动的组成部分，也是中国共产党引导个体农民走向集体化的重要步骤，不但使根据地的农业生产有了长足发展，而且积累了丰富而宝贵的经验。[②] 刘璐森、李朋认为，晋察冀抗日根据地开展的合作社运动，深刻改变该地域内农村的原生经济形态。一方面，它重塑作为基本经济单位的家庭；另一方面，它开始推动农村社会由一元化的农业经济结构向多元化经济结构转变，促进了商业、民用工业等的发展。伴随着对农村经济形态的改造，合作社运动亦引起一系列的社会变迁，包括农村社会权力结构、行为规范和社会心理、家庭伦理关系等多方面的调整。[③]

6. 统一累进税

抗日战争时期，晋察冀边区率先实施了统一累进税制度，并取得了巨大成效。巨文辉指出，统一累进税的实施，标志着晋察冀边区的财政建设进入一个新阶段；其"钱多多出，钱少少出"的合理负担原则，对于团结抗战、共赴国难作用巨大；其鼓励工商业和农副业发展的措施，推动了边区工商业和农副业迅猛发展。实施统一累进税，是晋察冀边区财政经济建设的一项重要成就，在中国革命史和中国经济史上写下了光辉的一页。[④] 王学敏以晋察冀抗日根

① 米玲：《晋察冀边区合作社发展探窥及思索》，《河北学刊》，2014 年第 2 期，第 54—58 页。

② 刘庆礼：《试论抗战时期晋察冀边区的劳动互助合作》，《商业文化》，2009 年第 11 期，第 82—83 页。

③ 刘璐森、李朋：《抗战时期晋察冀边区合作社运动对社会经济的影响》，《河北师范大学学报（哲学社会科学版）》，2016 年第 1 期，第 50—55 页。

④ 巨文辉：《晋察冀边区实施的统一累进税述略》，《中共党史研究》，1996 年第 2 期，第 37—41、46 页。

据地为例探讨了统一累进税在抗日根据地得以实施的原因，认为根据地的建设，尤其是在财政税收制度上实行统一累进税，是财政税收建设史上的一个创举。这项政策在晋察冀边区首先实行并取得成功后，又推行到晋冀鲁豫、陕甘宁等抗日根据地，其分级次、分税率统一征收的做法是中国税收史上的一大改革和创新。[①] 周祖文则以晋察冀边区为中心对统一累进税与减租减息进行了综合考察。他指出，晋察冀边区政府通过统一累进税和减租减息两项政策来汲取资源，以争取地主和农民的支持而进行持久抗战。统一累进税的负担面达到了 80% 左右，原来不承担赋税的贫苦农民也承担了统一累进税。就其实际效果来说，减租减息在统一累进税之后被赋予新使命，可视为对农民缴纳统一累进税的一种补偿。处于统一累进税与减租减息的双重夹击之下的地主，游走于去地与收地之间。统一累进税和减租减息的实施过程中充斥着地主与农民之间的矛盾，政府努力平衡地主与农民的利益，提高农民的生产积极性。最终，在增加农业产出这一点上，统一累进税和减租减息达到了有机融合。[②]

7. 经济斗争

抗日战争不仅是军事的政治的斗争，而且是经济的斗争。文君认为，晋察冀抗日根据地的对敌经济斗争包括货币斗争、集市贸易斗争、粮食斗争等方面，根据地军民在对敌经济斗争中创造的主要经验为：以党的正确方针政策为指引；发动群众，组织群众，依靠

① 王学敏：《统一累进税在抗日根据地得以实施的原因——以晋察冀抗日根据地为例》，《沧桑》，2008 年第 3 期，第 63—64 页。

② 周祖文：《统一累进税与减租减息：华北抗日根据地的政府、地主与农民——以晋察冀边区为中心的考察》，《抗日战争研究》，2017 年第 4 期，第 33—46、159 页。

群众;以军事斗争作为强大支持。① 吴占权对晋察冀根据地的反假币斗争作了探讨。他指出,在反假币斗争中,晋察冀边区银行起到了非常重要的作用,其制定的处理办法主要包括五个方面:一是制作真、假边币鉴别表,供各机关部门使用;二是秘密检查,堵塞假边币的来源;三是在反假边币宣传时,注意掌握宣传尺度,防止影响边币信誉;四是设立边币对照所,并广发票样,以供民众鉴别真伪;五是发现假边币,追寻来源,实行盖印作废。②

粮食是军需民生的命脉和抗战得以坚持的重要物质基础。傅尚文对北岳区的粮食战进行了探讨。他指出,抗战时期的粮食战主要是通过武装斗争来进行,并通过对敌人野蛮军事"扫荡""蚕食"与"清剿"的粉碎,使得北岳区的抗战得以坚持。而北岳区的坚持,拖住了敌军不少兵力,对于抗战胜利推进作用巨大。③

8. 合理负担、私营经济

全国抗战期间,晋察冀边区农民负担相对减轻,生活得到初步改善。郑立柱认为,抗战时期,坚持正确的负担原则,逐步完善负担政策,积极采取措施帮助农民增收节支,是边区减轻农民负担工作成功的根本原因。④ 柳敏和认为,晋察冀抗日根据地采取的合理负担、统收统支、统一累进税、农业税和工商税分别征收等政策,体现了中国共产党抗日民族统一战线的基本精神,趋向合理的负

---

① 文君:《抗战时期晋察冀根据地对敌经济斗争述论》,《漳州师院学报》,1997年第1期,第67—72页。

② 吴占权:《晋察冀根据地的反假币斗争》,《党史博采》,1997年第5期,第14—15页。

③ 傅尚文:《晋察冀边区北岳区的粮食战》,《历史教学》,1985年第2期,第13—16页。

④ 郑立柱:《晋察冀边区农民负担问题研究》,《抗日战争研究》,2005年第2期,第66—89页。

担政策赢得了社会各阶层的拥护和支持，其做法至今仍有借鉴作用。① 唐海华以晋察冀边区的“村合理负担”为代表案例，分析和追溯了中国国家政权现代化的历史源头。他认为，“村合理负担”在设计上由村庄本位、分数制和民主评议三个要素组成，这些权力技术使得中国共产党在根据地内增强了社会管治能力，不仅帮助根据地初步实现了高效、合理的资源动员，为后来统一累进税改革打下了基础，也帮助根据地推进了基础性权力建设，具有重要的政治意义。②

对于私营经济问题，霍新宾认为，抗战时期晋察冀边区私营经济发展的特点主要有如下三点：其一，在工业布局上，多集中于投资少、收效快的手工业、家庭副业方面；其二，私营经济与公营经济通过多种集资与经营方式相互融合，相互促进；其三，实施劳资两利的政策。他认为，边区私营经济运作及其与公营经济的相互融合为当今私营经济的发展提供了借鉴。③

（四）军事建设方面

抗日根据地的军事建设，对于中共坚持敌后持久抗战功不可没。基于此，这一领域也一直备受学界关注，并在以下方面取得重要进展。

1. 兵役制度

晋察冀抗日根据地的兵役制度极具典型意义，并发挥了重要

① 柳敏和：《晋察冀敌后抗日根据地减轻农村负担政策简析》，《石家庄经济学院学报》，2004 年第 3 期，第 350—354 页。

② 唐海华：《走向现代国家：晋察冀边区合理负担改革中的权力构建》，《浙江社会科学》，2017 年第 8 期，第 58—65、85、158 页。

③ 霍新宾：《抗战时期晋察冀边区工业私营经济实践探析》，《徐州师范大学学报（哲学社会科学版）》，2001 年第 1 期，第 121—124 页。

作用。对此，孙丽英作了探讨。她指出，晋察冀抗日根据地兵役制度的不断调整、改革和完善，使得敌后战场的兵员补给基本上得到了保障，这对敌后游击战的坚持起到了十分重要的作用。① 孙丽英还探讨了1942年晋察冀抗日根据地颁布志愿义务兵役制的主要内容，实施志愿义务兵役制度的历史背景、实施过程、实施效果以及该兵役制未能继续实施的原因，客观分析了志愿义务兵役制度在人民军队正规化、制度化建设史上承前启后的重要作用。②

2. 武装体制

抗战期间，晋察冀抗日根据地遵循抗战规律，根据抗战的根本对抗性质、游击战争的战略方针和晋察冀根据地的抗战特点，形成了主力部队、地方部队和人民武装三结合的武装体制。张克兵对此作了探讨。他指出，主力部队是边区的正规军，肩负着主要的集中对敌作战任务；地方部队是主力部队坚持敌后游击战争的重要帮手和兵源补充力量；人民武装是补充地方部队和主力部队的重要源泉。通过三结合武装体制，晋察冀根据地赢得了抗战的最终胜利。③ 其间，聂荣臻在人民子弟兵的建设中发挥了重要作用，做出了重大贡献，主要表现是：教育和训练人民子弟兵，加强人民子弟兵当中党的建设，注重人民子弟兵的作风建设，处理好人民子弟兵与各方面的关系，并带领晋察冀边区人民子弟兵在抗日战争中

---

① 孙丽英：《简论抗战时期晋察冀边区的兵役制度》，《军事历史》，2004年第5期，第8—10页。

② 孙丽英：《晋察冀志愿义务兵役制度述论》，《抗日战争研究》，2005年第3期，第135—152页。

③ 张克兵：《晋察冀抗日根据地三结合武装体制研究》，《军事历史》，2018年第2期，第20—26页。

取得了辉煌成绩。①

3. 正规军

晋察冀抗日根据地是中共坚持敌后抗战的典范。居之芬在探讨八路军在敌后发展壮大的缘由时指出，在敌后八年艰苦战争中，我党我军在晋察冀坚持抗战，保护人民，组织群众，认真实行统一战线和民主政治，认真实施惠及百姓的财经政策，发展生产，改善民生，从而壮大了革命力量，赢得了战争的最后胜利。这主要基于三方面缘由：其一，创建了一支与人民血肉相连的“子弟兵”，是晋察冀抗日根据地得以在敌后坚持与发展的有力支柱。其二，创建了“三三制”、统一战线的抗日民主政权，是晋察冀抗日根据地在敌后坚持抗战的有力保障。其三，执行了统一战线的财税政策，发展了农工生产及合作贸易，保障并改善了军需民生，为边区抗战得以坚持并取得胜利提供了重要保障。②

4. 民兵

民兵是在中共动员和领导下建立和壮大起来的不脱离生产的群众武装。栾盈菊指出，晋察冀民兵的任务是进行游击战、配合部队作战和担任抗战勤务，其军事战术主要有麻雀战、地雷战、地道战、扭击战和伏击战等。在民兵队伍中，由于有党的政治动员、党员的带头作用、有组织的军事政治教育和组织的民主性等，民兵成为打败日军的重要力量，同时民兵也是主力军与游击队的助手，是

① 张克兵：《聂荣臻与晋察冀边区人民子弟兵》，《石家庄学院学报》，2018 年第 2 期，第 21—25 页。

② 居之芬：《从晋察冀看中共八路军在敌后发展壮大的缘由》，《河北师范大学学报（哲学社会科学版）》，2016 年第 1 期，第 5—16 页。

主力军的重要兵源。[1] 张克兵指出,“子弟兵”的称谓是聂荣臻在晋察冀边区首次提出并使用的,这一称谓有利于密切军民关系和扩大兵源,有利于维护抗日统一战线和坚持抗战。[2]

5. 外围军

1941 年,晋察冀边区进入了抗战以来最困难时期。为了坚持抗战,渡过难关,晋察冀边区以反正伪军和杂色武装为基础建立了八路军外围军。张志永指出,外围军是一支具有统一战线性质的特殊武装,除了接受晋察冀边区少量补给,保留独立建制,来去自由,它主要活动在日军统治比较严密的敌占区、游击区,具有地方性、独立性、擅长游击战等特点,为抗战胜利做出了不可或缺的贡献。[3]

6. 军粮供应

抗战时期,晋察冀根据地一直面临着日伪军的“扫荡”、“蚕食”、封锁和各种自然灾害。在这种情况下,保障军粮供应极为重要。对此,陈佳作了探讨。他指出,晋察冀根据地的军粮供应体系伴随着根据地的发展而逐步成长,又在极端困难时期调整适应,在对日反攻的氛围下恢复和再发展。通过军粮的需求预测、筹措粮食与开展生产运动、仓储管理、运输与调剂、前方配给等环节的运转,根据地充分发挥中共卓越的群众动员能力,并坚持相关制度建设,党政军民团结一致,构建了适合运动游击战的独具特色的军粮

---

① 栾盈菊:《抗战时期晋察冀边区的民兵》,《河北广播电视大学学报》,2013 年第 5 期,第 16—20 页。

② 张克兵:《聂荣臻与晋察冀边区人民子弟兵》,《石家庄学院学报》,2018 年第 2 期,第 21—25 页。

③ 张志永:《晋察冀抗日根据地外围军的建立》,《江苏社会科学》,2015 年第 2 期,第 212—222 页。

供应系统。其成功构建与运行亦是中共战胜天灾人祸的局部执政的成果。①

7. 反“自首”政策

抗战期间，日军执行了“以华制华”的战略，试图建立殖民统治。尤其是抗战进入相持阶段后，日军更加重视政治进攻，在晋察冀边区广泛推行“自首”政策，一度瓦解了部分基层抗日组织，造成了一些党员干部和革命群众的思想混乱。于是，晋察冀边区制定了一系列反“自首”政策。张志永指出，晋察冀抗日根据地制定的反日伪军“自首”政策主要有：允许利用假“自首”保存力量，分化和争取真“自首”者群体；开展党性教育和民族气节教育，克服右倾情绪，增强民族意识；整理党的组织、镇压叛徒，以及转移、保存干部等。这些措施，坚定了党员干部和革命群众的抗战信念，巩固和发展了抗日民族统一战线；纯洁了党组织，为进一步发展壮大革命队伍奠定了基础；最大限度地分化了“自首”者群体，孤立了日军，从而彻底粉碎了日军的阴谋，为抗战胜利做出了重大贡献。②

此外，还有很多属于情况介绍的文章，兹不赘述。

（五）文化传播与出版、创作方面

抗战时期，中共领导的敌后抗日根据地担负起了文化建设的重任。抗日根据地的文化建设，在凝聚各方抗日力量、提高根据地人民素质等方面起到了积极的作用，为我党积累了大量宝贵的文化建设经验。

---

① 陈佳：《抗战时期晋察冀根据地的军粮供应》，《党史研究与教学》，2016 年第 2 期，第 32—43 页。

② 张志永：《晋察冀抗日根据地反日伪军“自首政策”的斗争》，《中国国家博物馆馆刊》，2015 年第 11 期，第 135—148 页。

1. 文化及其传播

边区抗战文化是一种现代新型文化，又是体现劳动人民主体精神的人民文化。这些内在条件，为边区人民获取外部抗战新人有关信息，进而不断将其内化为自身品格提供了可能。欧阳小松探讨了晋察冀边区文化传播与抗战新人造就的关系。他认为，边区广大农民能够成为抗战新人，一个重要原因是边区的文化传播，正是边区组织的各种文化传播活动促进了广大农民由旧式劳动者向抗战新人的转型。① 柳敏和、张玉文认为，晋察冀边区在敌后民族矛盾、阶级矛盾十分复杂的特殊条件下所进行的农村文化建设的有益探索，不仅对动员全民族抗战产生了极其重要的影响，而且对于我党在当今复杂国际局势下大力发展文化事业、文化产业和农村文化建设提供了有益的借鉴。② 张志永、吴刚则探讨了抗战时期晋察冀军民同日伪军开展的文化战。他们认为，晋察冀抗日根据地的文化战大致经历了宣传动员、对敌政治攻势和群众性文化战三个阶段，参战主体从军队、专业剧社扩大为边区全体军民。文化战充分发挥了文化"软实力"的作用，扩大了中国共产党的社会影响力。③

2. 报刊出版及相关方面

抗日战争时期，晋察冀根据地创办了大量报纸和刊物，这些新闻出版物在宣传贯彻党的抗日政策、对敌斗争和联系群众、团结抗

① 欧阳小松：《晋察冀边区的文化传播与抗战新人的造就》，《理论学习月刊》，1997年第8期，第35—37页。

② 柳敏和、张玉文：《略论党在晋察冀敌后抗日根据地的农村文化建设》，《历史教学》，2011年第14期，第39—45页。

③ 张志永、吴刚：《晋察冀抗日根据地文化战探析》，《河北师范大学学报（哲学社会科学版）》，2008年第5期，第140—145页。

日等方面发挥了积极作用。

《晋察冀日报》(原名《抗敌报》),是中共党史上最具影响力的报纸之一。《晋察冀日报》是敌后抗日根据地出版发行持续时间最长的区域性党报,自 1937 年 12 月创办到 1945 年 9 月日本签字投降,共出版报纸 1 859 期,产生了巨大的社会影响。周明、陈春森回忆了抗战期间《晋察冀日报》在反围攻、反“扫荡”中坚持报纸出版的情况。① 武志勇、宋阳探讨了抗战时期《晋察冀日报》的发行工作。② 冯杰、夏松涛对《晋察冀日报》社论作了专题探讨。他们认为,《晋察冀日报》社论不仅具有宣传作用和指导功能,还为革命事业锻炼了人才,为党的新闻事业建立和发展提供了宝贵经验。③ 王勤瑶认为,作为晋察冀边区文化启蒙的重要传播媒介,《晋察冀日报》社论在宣传党的重大方针政策、军事思想、战略方针以及文化建设方面扛起了敌后抗战的一面大旗,成为中国共产党文化启蒙的重要推手。④ 游雨欣对抗战时期《晋察冀日报》的批评性报道作了探讨。她认为,批判性报道起到了对边区工作尤其是党内各项工作的舆论监督作用⑤;其文体经历了由新闻体裁与文学体裁交互使用,到以评论和工作总结为主,再到以消息为主的演变历程,报

---

① 周明、陈春森:《站在敌后对敌斗争的前线——回忆抗日战争期间〈晋察冀日报〉在反围攻、反“扫荡”中坚持报纸出版的情况(一)》,《新闻业务》,1966 年第 2 期,第 47—49 页。

② 武志勇、宋阳:《论抗日战争时期〈晋察冀日报〉的发行工作》,《新闻大学》,2006 年第 2 期,第 25—29 页。

③ 冯杰、夏松涛:《中国革命的重要喉舌:〈晋察冀日报〉社论》,《河北学刊》,2006 年第 3 期,第 209—212 页。

④ 王勤瑶:《晋察冀边区的文化启蒙与建设——以〈晋察冀日报〉社论为对象的考察》,《党的文献》,2016 年第 4 期,第 114—120 页。

⑤ 游雨欣:《〈晋察冀日报〉中批评性报道述评》,《哈尔滨学院学报》,2010 年第 8 期,第 65—68 页。

道技巧主要表现在写作特点、编排方式和应急策略等方面，当时的政治环境、边区的当前任务、上级领导的支持和报社工作人员的努力是文体变化和技巧探索的综合原因①。

李金铮则另辟蹊径，从读者与报纸、党政军联动的视角探讨了《晋察冀日报》的阅读史。他认为，站在读者的视角，寻找读者的蛛丝马迹，对《晋察冀日报》的阅读史进行研究，既是改变报纸的传统研究方法的有益尝试，也是中共革命史研究的一项重要内容。《晋察冀日报》作为党政一体的党报，其读者不仅有广大民众，也有党政军各级干部、工作人员和编辑记者。读者获取报纸的渠道，是敌后战争环境中报社、党政军机构和读者共同完成的一个网络，送报人员付出了辛勤汗水乃至生命代价。读者的阅读方式，既有个人阅读，也有集体阅读，以自愿组织的读报组最具特色。读者阅读后的反应，是经由报纸的指引，投入边区建设，基本实现了党和政府的意志。读者还向报纸提出意见，在报纸上发表呼声，形成编读之间的双向互动。在以上过程中，读者虽有其独立性、能动性，但党政军机构的指示、规定和支持更有不可忽视的塑造作用，这是党报不同于一般报纸的根本特征。②

《晋察冀画报》是中国共产党在敌后抗日根据地创办的第一份以照片为主的新闻摄影画报。董寿延以《射向敌人的无声子弹》为题深情回忆了《晋察冀画报》成立及艰苦创业的经历，并对《晋察冀

① 游雨欣：《〈晋察冀日报〉中批判性报道的方式演变》，《德州学院学报》，2010 年第 3 期，第 48—51 页。

② 李金铮：《读者与报纸、党政军的联动：〈晋察冀日报〉的阅读史》，《近代史研究》，2018 年第 4 期，第 4—25 页。

画报》所起的作用予以高度肯定。[①] 杨慧林围绕《冀察冀画报》创刊号汉英双语的内容编排、相关背景及可能缘由，追索和还原了那些前辈的世界性眼光。他认为，在敌我力量对比悬殊的艰苦岁月，老一代共产党人在军事战场之外开辟出影响深远的文化战场，此种国际意识和文化远见充分显示了“软实力”的重要作用。[②] 曹培鑫、赵鹏认为，诞生于抗日战争时期晋察冀边区的《晋察冀画报》，是共产主义群众话语指导文艺创作的产物。都市画报作为都市文化的参与者和建构者，在遭遇共产主义的群众话语之后展现了全新的面貌。以“走向群众”的方针为指导，主办者将《晋察冀画报》定位于“为群众鼓动工作服务”，然而受制于历史情境，其传播效果有限，内容生产也不可避免地体现了都市画报的传统。尽管如此，《晋察冀画报》所作的开创性尝试仍然为中国共产主义画报的发展奠定了基础，是新中国画报史的第一页。[③] 董卫民探讨了《晋察冀画报》与“摄影武器论”的源流，认为《晋察冀画报》在“摄影武器论”的成熟和传播过程中功不可没。[④]

晋察冀边区的文学期刊，主要包括报纸文艺副刊、诗歌刊物、部队文艺刊物、综合性文艺刊物等，受当时政治环境、物质条件等的限制，各文学期刊的发展极不平衡。黄志雄认为，晋察冀边区的文学期刊，配合着边区的军事、政治、经济的发展而发展。就其所

---

① 董寿延：《射向敌人的无声子弹——忆晋察冀画报》，《北京党史研究》，1995 年第 5 期，第 40 页。

② 杨慧林：《抗战岁月的国际意识与文化远见——重读汉英双语的〈晋察冀画报〉创刊号》，《文化软实力》，2016 年第 1 期，第 89—93 页。

③ 曹培鑫、赵鹏：《走向群众：〈晋察冀画报〉研究》，《现代传播》，2017 年第 5 期，第 52—59 页。

④ 董卫民：《作为武器的摄影——〈晋察冀画报〉与“摄影武器论”源流浅析》，《青年记者》，2018 年第 34 期，第 87—88 页。

刊发的内容来看，战时特色极为鲜明：晋察冀地区文艺期刊发表最多的作品是街头诗；晋察冀文艺期刊发表了许多理论文章；文艺作品具有鼓动性、战斗性、群众性；晋察冀边区文艺期刊还具有游击性的特点。①

3. 文学创作

（1）诗歌。诗歌，是晋察冀边区各种文艺形式中一支极活跃的力量。曼晴深情回忆了晋察冀边区诗歌运动的情况，谈及自己长期从事文艺工作（先是专业的，后是业余的），目睹了边区诗歌运动从无到有、从小到大的过程，并对街头诗、朗诵诗、诗传单，以及关于民歌采风的情况作了介绍。② 商燕虹指出，晋察冀诗歌的艺术特色主要是鲜明的战斗风采、饱满的革命热情、浓厚的生活气息、淳朴简洁的语言和形式。作者概括指出，晋察冀诗歌运动的作用及影响为：有力地进行了抗战动员，促进了人民的觉醒；揭露了日军灭绝人性的暴行，激励人们拿起枪来进行斗争；宣传了抗日军民的英勇斗争和光辉业绩；对国民党顽固派进行了“有理、有力、有节”的斗争宣传；满怀激情地歌颂了抗日英雄的形象。③

在晋察冀诗歌中，吟咏边区之夜的诗章占了很大比例。王维国认为，晋察冀诗坛出现如此竞写黑夜的现象，是由晋察冀边区严酷的斗争环境决定的，即晋察冀边区许许多多的抗日斗争都是在夜幕的掩护之下进行的。晋察冀这种丰富多彩、紧张活泼、充满战斗气氛和高亢情绪的夜生活是晋察冀诗坛黑夜之歌创作繁荣兴旺

---

① 黄志雄：《晋察冀边区的文学期刊》，《抚州师专学报》，1993年第4期，第63—68页。

② 曼晴：《春风杨柳万千条——回忆晋察冀边区的诗歌运动》，《新文学史料》，1979年第5期，第187—193页。

③ 商燕虹：《抗战时期晋察冀边区的诗歌运动》，《史学月刊》，1990年第2期，第73—78页。

的根本原因。此外，晋察冀的许多诗篇酝酿、构思、写作于夜间是晋察冀诗坛黑夜之歌数量众多的另一原因。作者还指出，边区人民的夜生活在多数情况下是普普通通、平淡无奇的，但平淡的生活才是人生的真实体现。①

中国现代诗歌的情感特征受到传统文化与西方文化的双重影响，群体关怀与个人情感的抒发在中国现代诗歌中均有所体现。丛鑫认为，群体关怀是晋察冀诗歌情感的突出特征，这既是对现代诗歌传统的继承，也以其个性参与了这一传统的建构②；特定的时代语境和“感时忧国”的文化传统使得晋察冀的诗歌创作体现出独特的审美倾向——走向民间，把硝烟弥漫的战争日常生活化和诗意化，在诗意化的日常生活构思中体味与书写民间在民族解放战争中高涨的民族情感和无畏的奉献牺牲精神。它以极具个性的方式记录了时代精神的一个侧面，为民族解放战争留下了富有魅力的艺术想象和弥足珍贵的历史资料，也为 20 世纪中国诗歌史留下了宝贵的精神财富和艺术经验。③ 丛鑫、孙志璞探讨了晋察冀诗歌的情感特征及其文化心理。他们认为，民族解放战争的烽火硝烟促生了晋察冀诗歌，生死存亡的呼唤和感时忧国的文化传统使得晋察冀诗歌放弃了个体生命体验的关注，而更多地抒写战时生存的群像，真诚而深切地抒发了具有良知的知识分子和全体民众对

---

① 王维国：《晋察冀诗歌与黑夜》，《文艺理论与批评》，1998 年第 3 期，第 3—5 页。赵心宪：《七月派的早期分流——关于晋察冀诗人群的流派归属》，《四川大学学报（哲学社会科学版）》，1999 年第 6 期，第 3—5 页。

② 丛鑫：《晋察冀诗歌与中国现代诗歌传统的建构》，《长江师范学院学报》，2009 年第 2 期，第 17—21 页。

③ 丛鑫：《走向民间——论“晋察冀诗歌”的审美倾向》，《楚雄师范学院学报》，2009 年第 10 期，第 18—23 页。

敌人残暴的愤怒和对中华民族的无限忠诚，以群体关怀的抒情个性在中国新诗历程中标示出其特异的抒情个性，情感中流淌着中华民族古典传统和社会现实相融合的血液，饱含深情地融入伟大的民族解放战争中。[①] 丛鑫、赵婧认为，晋察冀诗歌的主体意象是和民族解放战争紧密联系在一起的。以枪支、刺刀、硝烟、炮楼等体现全民抗战氛围的战争要素意象群，以土地、家庭、炊烟等侧重战争中风俗画的意象群和以死亡、黄土、太阳、伊甸园、祖国等政治美学意蕴中饱含人道主义精神气质的意象群构成了晋察冀诗歌的主体意象群落，以此书写战争氛围、保家卫国战争中的家园守望和战争中的人性关怀，激励投身民族战争的担当意识和牺牲精神。[②] 丛鑫还从抗战文化的生态视域出发对晋察冀诗歌作了探讨，认为晋察冀诗歌是民族解放战争语境下的一道特殊的文艺风景，从诗歌审美形态的独特性、诗歌样式的灵活性和诗学理论的自觉，都能体现抗战时期独特的文化生态和文学追求。[③]

晋察冀诗派是晋察冀抗日民主根据地出现的中国现代新诗独立流派。诗人们以崭新的心态从事斗争和创作，模范抗日根据地为诗歌创作提供了新的现实条件、新的主题和题材、新的灵感。付中丁认为，以“战地社”、“铁流社”、边区诗会为核心的晋察冀诗人群，自觉或非自觉地把革命现实主义与革命浪漫主义两种创作方法融会在一起，热情讴歌党和民族革命战争，描绘了感人肺腑的战

① 丛鑫、孙志璞:《论晋察冀诗歌的情感特征及其文化心理》,《齐齐哈尔大学学报(哲学社会科学版)》,2009 年第 4 期,第 82—84 页。

② 丛鑫、赵婧:《论“晋察冀诗歌”主体意象的美学意蕴》,《河北广播电视大学学报》,2017 年第 1 期,第 1—4 页。

③ 丛鑫:《抗战文化生态视域下的晋察冀诗歌》,《齐鲁学刊》,2013 年第 1 期,第 133—136 页。

争风情画，抒发“自我”与革命相一致的无产阶级革命情怀，开拓了“五四”以来革命诗歌创作的新道路，为新中国成立后社会主义时期的新诗创作提供了宝贵的艺术经验。① 曹毓生以“永远为人民而歌”为中心对晋察冀诗派的诗论作了探讨。② 章绍嗣则探讨了晋察冀诗人创作具有的思想和艺术特色，指出：强烈的时代精神、鲜明的战斗色彩、饱满的革命激情，是晋察冀诗歌最显著的思想特点；浓厚的生活气息、通俗的表现形式、朴实明快的语言，是晋察冀诗歌的共同艺术特色。这种鲜明的战斗风格和共同艺术特色构成了晋察冀诗派的基础，但作为一个流派的总风格，一点也不排斥众多诗人的艺术个性，恰是诗人们以艺术风采的多样性显示了晋察冀诗人及其诗作的丰富和不朽。③ 赵心宪以“七月派”的早期分流为探讨中心分析了晋察冀诗人群的流派归属问题，认为晋察冀抗日民主根据地的时空特点，造就了晋察冀诗人群鲜明的区域特色和创作主体的知识群体面貌，以田间为核心的诗群结构，以小叙事为主要体式的创作特点，特别是胡风现实主义诗观的深刻影响，使晋察冀诗人群具有“七月派”早期分流的新诗群落特点。④ 铁流社是抗日战争初期在晋察冀边区成立的一个诗歌团体。丹辉叙述了抗战时期铁流社的成立经过，以及组织街头诗、传单诗，出版诗刊《诗战线》和翻印著名诗集等活动。他指出，几年的诗歌活动，也许只

---

① 付中丁：《论晋察冀诗派》，《内蒙古师大学报（哲学社会科学版）》，1992 年第 4 期，第 58—66 页。

② 曹毓生：《“永远为人民而歌”——试谈晋察冀派的诗论》，《中国文学研究》，1993 年第 2 期，第 90—93 页。

③ 章绍嗣：《晋察冀边区的诗人和诗作》，《中南民族学院学报（哲学社会科学版）》，1996 年第 3 期，第 100—113 页。

④ 赵心宪：《七月派的早期分流——关于晋察冀诗人群的流派归属》，《四川大学学报（哲学社会科学版）》，1999 年第 6 期，第 3—5 页。

是华北敌后抗日游击战争洪流中的一朵浪花，燎原烈火中的一点火星，但是它在党的领导下，在诗歌战线上曾经做了一些工作，起过一定的作用。①

街头诗，不仅记录了一个呐喊和战斗的时代，而且全面地显示了一种新型诗体的姿貌。周进祥认为，街头诗运动是新诗产生以来，诗歌第一次大规模的“下放”运动；这种“下放”，在晋察冀边区表现得尤为突出；它以诗人走向人民群众、人民群众自己动手写诗和诗的通俗化为特点，开创了一代新的诗风。当然，晋察冀边区的街头诗运动也走过弯路，这首先表现在介绍、宣传、研究中某些理解的片面性和简单化，正如曼晴在《抗敌报》上撰文指出的，街头诗的“一般化，想象不丰富，字汇贫乏，以及模仿多于创造，形象少于概念等，这些缺点急待我们克服”。②

（2）小说。晋察冀抗日根据地的小说创作也极具特色。周维东探讨了孙犁小说创作与晋察冀边区乡村建设之间的紧密联系。他认为，孙犁早期创作的“荷花淀”系列小说，是晋察冀边区在创建阶段尊重乡土传统、“革命”与“乡土”相生共融的真实反映；他的创作的转型，与“土地改革”全面开展后，“革命”与“乡土”由共融走向对抗有深刻关联。考察孙犁小说创作与晋察冀乡村建设的关系，可以更深刻地把握孙犁早期小说的内在特征，也可以更理性地把握孙犁与“革命文学”的关系，他的成功与迅速边缘化，都体现出“革命追随者”作家必然的宿命。③

① 丹辉：《晋察冀诗歌战线的一支轻骑兵——记抗日战争时期的铁流社》，《新文学史料》，1981年第4期，第192—201、215页。

② 周进祥：《街头诗在晋察冀》，《新文学史料》，1983年第1期，第200—208页。

③ 周维东：《革命与乡土——晋察冀边区的乡村建设与孙犁的小说创作》，《文学评论》，2014年第6期，第113—123页。

（六）文艺宣传方面

在中国文学艺术发展史上，抗战时期的晋察冀文艺曾熠熠生辉。王剑清认为，晋察冀边区文艺的特点主要有四个：一是具有鲜明的战斗性；二是坚持以马列主义、毛泽东思想为指导，认真贯彻执行中共中央和边区党的各项方针政策；三是具有鲜明的群众性，坚持了文化的“大众化”方向；四是做到了专业与业余相结合，普及与提高相结合，理论与实践相结合。[①] 蔡子谔也认为群众性是晋察冀文艺运动的鲜明特征。[②] 方伟认为，晋察冀文艺本身蕴含着独特的生命感和崇高感，其生命感引发于边区的文化教育，崇高感则表现为人文的崇高与文艺的崇高。[③] 柳敏和等认为，晋察冀敌后抗日根据地的乡村文艺是根据地建设中盛开的一朵奇葩，其乡村文艺建设的成功实践对于动员敌后抗战、打败日本帝国主义产生了极其重要的影响。[④] 此外，聂荣臻在执行党的文化统一战线政策、繁荣晋察冀边区新文艺创作以及丰富党的文艺管理思想方面贡献卓著。张学新指出，聂荣臻在革命战争年代对文艺工作的精辟论述，对于丰富和发展毛泽东思想做出可贵贡献。[⑤] 赵心宪、王维国对聂荣臻与晋察冀前期的新文艺运动作了考察。他们认为，聂荣臻在推动晋察冀边区前期新文艺运动中所担当的角色主要是：精神文

---

① 王剑清：《论晋察冀边区文艺的特点和对新中国文艺的贡献》，《河北学刊》，1986 年第 1 期，第 92—96 页。

② 蔡子谔：《简论晋察冀群众文艺运动的特征》，《河北师范大学学报（社会科学版）》，1987 年第 3 期，第 41—45 页。

③ 方伟：《论晋察冀文艺的生命感与崇高感》，《延安大学学报（社会科学版）》，1995 年第 4 期，第 81—85、96 页。

④ 柳敏和等：《试析党在晋察冀敌后抗日根据地的乡村文艺运动》，《历史教学问题》，2013 年第 1 期，第 73—76 页。

⑤ 张学新：《聂荣臻元帅与晋察冀文艺》，《新文化史料》，1994 年第 3 期，第 4—9、32 页。

化建设的规划者、组织者和实施者；新文艺运动方针的直接确认者和主要倡导者；新文艺运动内在基本矛盾的辩证阐释者。①

在晋察冀边区的文艺活动中，戏剧以其独特的沟通方式连接了政党与农民、农村，实现了双方的有效互动。谢美生、马明杰认为，全国抗战时期，晋察冀边区的戏剧活动在中国共产党的坚强领导下以民族解放为内容，以抗战为戏剧创作题材，大力宣传党的抗战政策，把艺术的“组织和激励”功能寓于戏剧艺术这种“审美的形式”中，在创造、表演等方面都体现了鲜明的时代特色。② 贾冀川认为，晋察冀边区戏剧传递的是那个时代的原初气息，边区剧作家以民族解放为己任，在创作中把青春、血泪甚至生命镂刻进民族解放的史册。③ 张宏华指出，中国共产党在晋察冀抗日根据地领导的乡村戏剧文艺活动，促进了乡村文化生态和社会面貌的改变。中共领导发动了旧式艺人、乡村知识分子和普通民众相继参与戏剧演出和剧本创作，使群众同时成为乡村戏剧的受众和主体；引导剧本内容由娱乐为主向政治教化为主转化，主题从抗战救国向翻身解放、从倡导抗日救国的民族主义向倡导翻身解放的民主主义演变。这些举措，以戏剧为媒介与乡村社会有效互动，有力推动了抗战文艺的发展，引领了文化走向，实现了对农民的政治动员并赢得了意识形态在基层农民中的认同。④

---

① 赵心宪、王维国：《聂荣臻与晋察冀前期的新文艺运动——晋察冀文艺史分期的学术思考》，《西南民族学院学报(哲学社会科学版)》，2001 年第 11 期，第 46—51 页。

② 谢美生、马明杰：《论晋察冀抗战戏剧》，《天津成人高等学校联合学报》，2005 年第 6 期，第 100—105 页。

③ 贾冀川：《战争气息的真实记录——论晋察冀边区戏剧》，《西南民族大学学报(人文社会科学版)》，2015 年第 1 期，第 193—198 页。

④ 张宏华：《晋察冀抗日根据地的乡村戏剧研究》，《党的文献》，2017 年第 2 期，第 84—91 页。

此外,音乐、舞蹈、美术等文艺形式,都受到学者的关注。如王玉苓探讨了晋察冀抗日根据地的音乐文化建设,认为根据地的音乐文化建设成绩斐然,具体表现在:音乐“战地之花”竞相开放;音乐创作走向繁荣;音乐骨干人才辈出;音乐宣传刊物春笋般涌现。① 邓修良探讨了晋察冀的舞蹈艺术,认为晋察冀的舞蹈在内容上宣传了中国共产党的路线、方针和政策,反映了根据地人民火热的战斗生活,鼓舞了军民斗志。② 徐灵探讨了抗战时期晋察冀敌后美术活动,指出在《抗敌报》“抗敌副刊”“海燕文艺副刊”和“战地文艺”上发表的美术作品,大多来自平津地区美术工作者,也有从延安抗大和西北战地服务团来的,作品形式多是插图和连环画。③

西北战地服务团(简称“西战团”)是 1937 年 8 月成立于延安的一个综合性文艺团体。1937 年 11 月,西战团奉命开赴晋察冀抗日根据地,之后即深入边区部队和农村,以多种文艺形式创造性地开展工作,对于群众坚定抗战信心产生了重要影响。袁桂海以西北战地服务团为中心考察了抗日战争时期中共在晋察冀根据地的文艺宣传,指出西北战地服务团开赴晋察冀抗日根据地后开展了一系列卓有成效的宣传活动(如发起街头诗运动、参与晋察冀戏剧运动、发动对敌政治攻势、开展乡村艺术运动等),这些宣传活动为中国共产党在晋察冀抗日根据地的发展创造了非常有利的局面,堪称中共在晋察冀宣传工作的一个缩影。④ 苏继文以西北战地服

---

① 王玉苓:《论晋察冀抗日根据地的音乐文化建设》,《沈阳师范大学学报(社会科学版)》,2010 年第 6 期,第 144—146 页。

② 邓修良:《晋察冀的舞蹈艺术》,《新文化史料》,1994 年第 3 期,第 64—68 页。

③ 徐灵:《抗战时期晋察冀敌后美术活动》,《美术研究》,1959 年第 4 期,第 49—53 页。

④ 袁桂海:《抗日战争时期中共在晋察冀根据地的文艺宣传——以西北战地服务团为考察中心》,《党史研究与教学》,2006 年第 2 期,第 70—76 页。

务团为例探讨了文艺宣传对晋察冀边区抗战的影响。他认为，西北战地服务团深入晋察冀抗日根据地，开展了文艺演出、文学创作等形式各异的宣传工作，在晋察冀抗战中发挥了动员群众、扩大党的影响和培育文艺队伍的积极作用，为抗日战争的胜利做出了独特贡献。①

（七）科学技术与知识分子方面

科学技术作为生产力，在晋察冀根据地的军工生产和经济建设等方面发挥了积极作用。王晋源认为，科学技术在晋察冀根据地经济建设中的作用可从两个方面来看：一方面，修械厂的建立和枪支弹药的生产有力地支援了抗战；另一方面，实验农场的普及和农业科学技术的推广极大地促进了根据地经济的发展。②

晋察冀边区自然科学界协会是抗战时期敌后抗日根据地军民组织的重要科学团体。邱若宏概述了晋察冀边区自然科学界协会的产生、成长、组织架构、活动及贡献，指出晋察冀边区自然科学界协会成立于边区最困难的1942年，成长于边区科技实践运动中，下辖工学、农学、医学、电学、理科教育等专业学会，在团结、培养科技人才以及促进根据地经济发展等方面贡献卓著。③

知识分子政策是中共各项政策的重要组成部分。谢忠厚对抗战时期晋察冀边区的知识分子政策进行考察后指出，晋察冀边区的知识分子政策是在党中央、毛泽东的正确理论和方针指导下逐

① 苏继文：《文艺宣传对晋察冀边区抗战的影响——以西北战地服务团为例》，《山西高等学校社会科学学报》，2017年第9期，第99—102页。

② 王晋源：《科学技术在晋察冀根据地经济建设中的作用》，《山西师大学报（社会科学版）》，1995年第3期，第61—65页。

③ 邱若宏：《晋察冀边区自然科学界协会述略》，《河北师范大学学报（哲学社会科学版）》，2013年第1期，第60—65页。

步形成的,主要包括:大胆放手吸收和任用知识分子,坚定提拔知识分子当干部,注意吸收革命的知识分子入党,改善知识分子的工作条件和生活条件,提高知识分子的政治觉悟和业务水平。① 李海新也对晋察冀根据地的知识分子政策作了探讨。他指出,晋察冀抗日根据地的知识分子政策较为全面和复杂,具有鲜明的统一战线性质,时代特征显著。②

(八)教育方面

教育在中共开展民众动员中扮演了重要角色,发挥了重要作用。因此,抗战史学界从多方面对晋察冀抗日根据地的教育事业展开探讨,并取得了可喜成绩。

刘茗认为,各类教育在晋察冀边区的位置不尽相同,其中干部教育居于首要位置,社会教育居于第二位。在社会教育中,成人教育居于首位,初等小学教育则居于第二位。③ 任光敏认为,晋察冀边区的国民教育搞得多种多样、非常成功,其内容主要表现为:广泛的学校教育、多种形式的社会教育、丰富多彩的文艺运动。④ 端木婕认为,晋察冀边区的爱国主义教育具有极为鲜明的特点:一是范围广,多方位;二是与实际战斗性生活相结合;三是发展于反奴

---

① 谢忠厚:《抗日战争时期晋察冀边区的知识分子政策》,《河北学刊》,1984 年第 5 期,第 95—97 页。

② 李海新:《论晋察冀抗日根据地的知识分子政策》,《河北省社会主义学院学报》,2000 年第 1 期,第 26—29 页。

③ 刘茗:《抗日战争时期晋察冀边区的成人教育》,《河北成人教育》,1995 年第 6 期,第 37—38 页。

④ 任光敏:《抗战初期晋察冀地区的国民教育》,《重庆教育学院学报》,1995 年第 3 期,第 18—19 页。

化教育之中。①

1. 干部教育

王涛认为,在敌我斗争形势异常复杂的情况下,晋察冀边区各级党组织通过全方位进行干部思想政治教育、重点加强党的干部能力教育、精心设计党的教育工作平台及高度强调干部的组织纪律观念教育等途径,创新了干部教育实践。由此得到的启示是,干部教育要以纪律教育为先,以政治教育为本,以基层实践为重。②

2. 社会教育

邓红认为,晋察冀边区的社会教育主要经历了初创、发展、艰苦中求生存和恢复中发展壮大四个阶段。边区社教形式丰富多彩,既有冬学、民校、学习站、传习所和"小先生"制,也有民教馆和图书馆,还有歌咏队、秧歌队和乡村剧团等。其中,最有特色、规模最大且成绩最为显著的是冬学运动和民众学校。晋察冀边区社会教育的功能主要表现为:提升了广大民众的抗日觉悟和抗日积极性,推动了边区社会经济的巩固和发展,以及移风易俗。晋察冀边区社会教育的形式、方法、内容和制度等,均为中国共产党在战时民众教育方面的独特创造,在中国教育发展史上的地位举足轻重。③ 肖守库、郎琦对晋察冀边区首府张家口的社会教育及其地位作了考察。他们认为,晋察冀边区首府时期,张家口的社会教育由萌蘖、蒙难期一跃进入蓬勃发展期。其间,在边区领导下,以新民主主义教育方针为指引,以群众自愿和需要为原则,以为人民服务

① 端木婕:《晋察冀边区的爱国主义教育》,《河北师院学报(社会科学版)》,1995年第3期,第21—22页。

② 王涛:《晋察冀边区干部教育的实践与反思》,《中共山西省委党校学报》,2009年第5期,第30—32页。

③ 邓红:《论晋察冀边区的社会教育》,《抗日战争研究》,1999年第2期,第3—5页。

为目的,张家口社会教育的政策体系和组织机构不断完善,并以民众学校、工人学校、业余公学、识字班、读报组、文娱活动等为载体多渠道多形式渐次展开,成效显著,意义重大。它成为张家口第二次思想解放运动的有机组成部分、边区城市社会教育的典范,更为解放战争后期和新中国成立初期城市社会教育的开展提供了宝贵经验。①

对于冬学运动,很多学者都作了探讨。邓红、李金铮认为,冬学运动作为抗日根据地成人教育的特殊形式,在动员入学、准备工作、规章制度、师资选派、师资培训、教学方法等方面,都具有鲜明的特点,对于发动广大农民抗战救国、巩固根据地做出了积极贡献。② 李伟认为,晋察冀抗日根据地开展的冬学运动极大地提高了广大农民群众的文化水平,增强了农村基层党员干部的先进性,有效配合和推动了敌后各项中心工作(尤其是抗战和生产工作)的开展,为抗日战争的胜利做出了重大贡献,在中华民族的教育史上写下了光辉篇章。③

科普教育和农村教育都是抗战时期晋察冀边区政府结合实际情况开展的。邢志强认为,晋察冀边区的科普教育形成了科普教育与政治教育、与战争需要、与多种传媒、与农业生产、与百姓生活、与学校教育、与职业教育以及与社会教育紧密结合的鲜明特

---

① 肖守库、郎琦:《晋察冀边区首府张家口的社会教育及其历史地位》,《河北师范大学学报(教育科学版)》,2015 年第 2 期,第 22—28 页。

② 邓红、李金铮:《中国成人教育史的重要一页——抗战时期晋察冀边区的冬学运动》,《河北大学成人教育学院学报》,2002 年第 1 期,第 18—20、28 页。

③ 李伟:《晋察冀抗日根据地冬学教育简论》,《党史博采》,2013 年第 9 期,第 4—7、9 页。

点，创造了中国近代科普教育的辉煌。① 魏宏运指出，日本侵略者玩弄一切手段，开展侵略宣传，建立伪小学、中心小学，欲消灭中华民族文化。晋察冀军民在农村教育中创造了许多方法，如开展识字运动，进行军民誓约，建立两面小学和隐蔽小学，村村建有文化阵地，男女老少坚定抗日意识，树立了坚强抗日信念，令日本文化侵略成为白日梦。② 李建权、康文浩指出，全国抗战初期，晋察冀边区的文化教育非常落后，民众的思想觉悟低下。为了动员民众积极参加抗战，边区政府从实际出发，开展了冬学运动，还通过举办民校、教育与生产实际相结合等多种多样的教育方式来普及民众教育。这些形式多样的教育方式提高了民众的文化水平，促进和巩固了边区的发展，使抗战救国思想深入人心，为抗战胜利奠定了坚实的民众基础。③

3. 中小学教育

抗日战争时期，晋察冀边区的中小学教育取得了显著成就。居寅探讨了边区中小学教育方针及主要政策、边区普及小学教育的措施及其成效、边区中学教育的成就、边区教师地位的提高以及边区教育的“民办公助”事业等。他指出，晋察冀边区党和政府确立的教育思想和教育方针是把教育当作民族革命战争中一条必不可少的战线。边区的教育是面向人民大众的。由于边区小学教育的普及，大批学龄儿童受到文化教育，文化水平和思想觉悟有很大

① 邢志强：《抗战时期晋察冀边区科普教育的特点》，《科普研究》，2013 年第 3 期，第 87—93 页。

② 魏宏运：《晋察冀边区农村教育的追寻和考察》，《中国延安干部学院学报》，2013 年第 2 期，第 114—117 页。

③ 李建权、康文浩：《论抗战时期晋察冀边区的民众教育》，《山西高等学校社会科学学报》，2015 年第 10 期，第 3—5、35 页。

提高，很快成为边区抗日工作中一支不可小视的力量，在抗战宣传、生产运动和扫盲工作中都做出了很大贡献。另外，边区教育还要教育人民以科学知识为边区培养各类抗日干部、知识分子和各种专业技术人才。由于边区抗战期间大学极少，中学就在很大程度上担负起培养干部的重任，并在为边区解决“干部荒”、培养输送大批抗日干部上做出了贡献。① 申国昌也对晋察冀边区的中小学教育作了探讨。他指出，晋察冀边区的中等教育，既肩负着普通教育的任务，又承担着干部教育的职责，有力地支援了抗战救国大业，在中国教育史上具有重要的历史地位。② 抗战时期在恢复和发展小学教育的过程中，晋察冀边区行政委员会根据形势发展需要及时调整初等教育发展的方针与政策，努力保障经费与设备，调整教学内容与课程结构，强调教学方法改革，注重提高教学质量，开展丰富多彩的课余活动，取得了良好的教育效果，成为其他根据地学习的榜样。③

此外，教育在抗战动员中的作用也引起学者关注。如刘意以晋察冀北岳区文救会编的《冬学教材》《积极开展援苏运动（冬学教材之二）》《开展军民誓约运动（冬学教材之三）》三本冬学教材为例，对中共抗战动员话语体系建构作了梳理。他认为，其话语策略基本定位于以解答问题为导向、以数据实例为载体、以通俗易懂为要旨；其话语内容之逻辑起点是日军企图灭亡中国，基本方略是军民共击日军，宏大视野是援苏就是卫国，愿景导向是我们一定胜利。中共抗

---

① 居寅：《晋察冀边区中小学教育初探》，《河北学刊》，1985 年第 1 期，第 101—103 页。

② 申国昌：《晋察冀边区中等教育研究》，《河北师范大学学报（教育科学版）》，2011 年第 3 期，第 5—11 页。

③ 申国昌：《抗战时期晋察冀边区小学教育研究》，《抗日战争研究》，2012 年第 3 期，第 107—121 页。

战动员话语体系建构的历史经验主要是：其一，答疑解惑说服群众，掌握话语权至关重要；其二，有的放矢引领群众，确保话语内容的有效；其三，愿景导向吸引群众，突显话语魅力的价值。①

（九）社会建设方面

自1980年代社会史复兴，特别是1990年代以来，晋察冀抗日根据地的社会史开始受到关注，无论是综合探讨，还是专题研究，都取得了可喜成就。

1. 社会制度及其变革

晋察冀抗日根据地实行的是一种全新的社会制度，直接影响了其他抗日根据地乃至全中国的历史走向。李静萍、任有珍指出，作为新民主主义经济、政治、文化的实验场，晋察冀抗日根据地社会变迁所产生的影响，具有重要的历史意义。从经济上看，在中共推行减租减息政策后，农民固有的土地占有与阶级关系发生了质变，导致了农村经济结构的迅速嬗变。这种经济结构的变化，是区域内农村社会整体变迁的基础。从政治上看，各级抗日政权的建立，主要依赖出身农民的基层管理者，农民的地位得到了前所未有的提高，其潜在的政治参与热情被激发出来，这是区域内政治充满活力的保证，也是农村社会在政治重构后向更深的文化层次推进的巨大动力。从文化上看，经济与政治的变迁，从根本上动摇了晋察冀根据地农村传统的意识形态。新民主主义教育和文化的大力普及，不只是从文字上为农民扫盲，更重要的是，它的文化精神促使根据地农村社会在质的层次上发生震撼。这种震撼，深刻地影

① 刘意：《中国共产党抗战动员的话语体系建构——以晋察冀边区三本冬学教材为例》，《中南大学学报（社会科学版）》，2017年第4期，第152—159页。

响了未来新中国的历史走向。①

阎书钦对晋察冀抗日根据地社会整体结构的现代化变革作了探讨。他认为,晋察冀边区的现代化变革,是抗战时期中国现代化进程中的一个范例。这一现代化变革的根本历史价值就在于,它是将现代化因素真正根植于中国社会自身、将中国社会纳入世界现代化大潮的一次成功实践,为近代中国现代化总体进程开辟了一条科学、合理的道路。对于这次社会整体结构现代化变革的深刻认识和反思,有助于我们理解中共敌后抗日根据地日益发展壮大的根本社会动因,也有助于我们对近代中国现代化总体进程的分析和认识,就是对于当代中国的现代化进程也不无启发和借鉴意义。②

抗日战争时期,晋察冀根据地的社会阶层结构及各阶层相互关系经历了激烈的调整和重构,在民族矛盾上升为主要矛盾的背景下呈现一系列新特点和新的发展趋势,引发了根据地所属区域社会生活的巨大变化。李海新认为,抗日战争的全面爆发引发了全国政治形势的剧烈变动,处于战争最前沿的晋察冀抗日根据地,其社会阶层结构的变化表现得尤为剧烈,并给根据地社会生活带来了深刻影响。主要表现为:第一,众多的社会阶层的出现使根据地内不同的利益群体显著增加,适应抗战与根据地建设的社会组织大量涌现,并带来了更为丰富多彩的社会生产和生活方式。第二,旧的社会传统藩篱被打破,青年、妇女等阶层的社会地位大大提高。第三,根据地内社会成员的社会身份出现多样化、多重性、

---

① 李静萍、任有珍:《抗战时期晋察冀根据地的社会变迁》,《沧桑》,1998 年第 5 期,第 3—5 页。

② 阎书钦:《抗战时期中国现代化进程中的一个范例——论晋察冀抗日根据地社会整体结构的现代化变革》,《河北师院学报(社会科学版)》,1997 年第 4 期,第 132—137、149 页。

多变性的特征，社会各阶层的流动分化明显加快，显示了根据地内社会生活的丰富多彩和社会资源配置方式的多元化以及社会资源占有状况的重构。第四，新出现的社会阶层是根据地内社会精英的组合，他们的生活方式、情感理念，甚至为人处世在根据地内产生了积极的社会效应，不仅荡涤着旧的价值观念、社会心理和生活方式，对根据地的社会风尚、民众意识乃至行为方式的进步也起着不可低估的进步作用，根据地精神生活呈现积极向上的态势。第五，整个根据地的社会资源配置呈现扩散的趋势，根据地的各项政策带来了平等化效应。[①] 刘秀丽认为，晋察冀抗日根据地的农民分化是在特定的历史条件下发生的，是一种非常态、外生型的社会分化。[②] 李春峰则以晋察冀边区为例探讨了抗战时期中国共产党对乡村的社会整合。他指出，中国共产党基于对晋察冀根据地社会阶层状况的科学判断，以民族抗战为契机，以乡村社会整合为内在原动力，以经济、政治、思想文化整合以及坚持党的领导与加强党的建设等为主要内容的社会整合机制，整合了边区各种资源，团结了一切可以团结的力量，为根据地的巩固发展及抗日战争的最终胜利奠定了坚实基础。[③]

2. 妇女问题

(1) 妇女运动。晋察冀边区妇女运动的开展对于推进抗战、发展生产、求得妇女自身解放等方面都做出了巨大的贡献。苏小平、

---

① 李海新：《论晋察冀抗日根据地社会阶层状况的变化及影响》，《河北师范大学学报（哲学社会科学版）》，2005 年第 5 期，第 125—129 页。

② 刘秀丽：《晋察冀抗日根据地农民分化的成因分析》，《河北省社会主义学院学报》，2009 年第 3 期，第 61—64 页。

③ 李春峰：《抗战时期中国共产党对乡村的社会整合——以晋察冀边区为例》，《农业考古》，2014 年第 1 期，第 101—104 页。

郭敬仁对此作了探讨，认为主要表现在四个方面：第一，促进了妇女解放；第二，激发了广大妇女的抗日热情；第三，妇女参政议政的能力有了很大提高；第四，提高了妇女觉悟，锻炼了妇女能力，为培养大批妇女干部奠定了基础。①

（2）妇女权益及其保障。曲晓鹏认为，晋察冀边区在保障妇女权益方面的一系列作为，极大地调动了边区妇女的抗战积极性，为夺取抗战胜利做出了重要贡献；其制定并颁行的一系列保障妇女权益的政策法规，在晋察冀妇女解放运动史和抗战史上都占据重要地位。② 曲晓鹏、邵通认为，晋察冀抗日根据地的妇女解放，实现了边区政府“改造旧世界，创造新世界”的宏伟蓝图。与此同时，妇女解放政策的贯彻实施始终与乡村传统相交错，而乡村传统的秩序和势力在一定程度上阻碍了政策的贯彻，影响了其实际效果。③

（3）女性婚姻问题。抗日战争时期，中国共产党对根据地传统的婚姻习俗、婚姻制度进行了改造，妇女婚姻生活呈现显著的变化。曲晓鹏等以嬗变与传统为切入点探讨了以晋察冀等为代表的华北乡村妇女的婚姻生活。他们认为，婚姻改造是一个漫长的过程，婚姻制度并不是一个简单的社会行为，而是文化、习俗、经济、心理等多种因素相互交织、相互作用的结果，仅凭某些政策法令在短时期内就完成对传统婚姻的改造是不现实的。所以，根据地传统的婚姻习俗并未从根本上被撼动，妇女的婚姻生活在很多方面

① 苏小平、郭敬仁：《晋察冀边区的妇女运动》，《山西档案》，1994年第3期，第51—52页。

② 曲晓鹏：《抗战时期晋察冀边区的妇女权益问题研究》，《抗日战争研究》，2006年第2期，第117—140页。

③ 曲晓鹏、邵通：《乡村传统与妇女解放——论晋察冀抗日根据地保障妇女权益》，《广西社会科学》，2014年第4期，第109—114页。

仍延续着传统的婚姻制度和婚姻习俗。[①] 田苏苏认为，抗战时期晋察冀边区政府建立后，为了发动妇女参加边区建设，将妇女从传统的封建伦理束缚中解放出来，边区政府颁布和广泛实施新的婚姻政策，使妇女的各种婚姻权益受到法律保障，大大提升了妇女在婚姻关系中的地位，并由此加快了妇女融入边区社会政治、经济生活的步伐。[②] 张志永也探讨了晋察冀抗日根据地的婚姻制度改革。他指出，晋察冀边区对传统婚姻制度的改革大致分为反对虐待妇女、提倡婚姻自由和建设富裕和睦的家庭三个时期，改革有效地发动和组织了广大妇女，为抗战增添了一支新的生力军，并促进了妇女解放，初步建立了新民主主义婚姻制度。不过，晋察冀边区改造旧婚姻制度的初衷是动员妇女参加抗战，而不是妇女解放，这种实用主义倾向导致了婚姻制度改革的简单化、表层化，故现代婚姻制度尚未完全建立起来。[③]

（4）妇幼保健问题。郑立柱在对晋察冀边区的妇幼健康状况进行分析后指出，抗战时期晋察冀边区的妇幼健康状况极差，婴幼死亡率极高。正是基于这一实际情况，晋察冀边区充分调动一切积极因素，积极采取各种措施，大力推进妇幼卫生保健工作深入开展，从而极大地改善了妇幼健康状况。晋察冀边区妇幼健康状况的改善，是跟党和政府关注与改善民生联系在一起的，是中共根据

---

① 曲晓鹏等：《嬗变与传统：论华北乡村妇女婚姻生活——以晋察冀、晋冀鲁豫根据地为视角》，《唐山学院学报》，2015 年第 4 期，第 79—83 页。

② 田苏苏：《抗战时期晋察冀边区女性婚姻问题的考察》，《抗日战争研究》，2012 年第 3 期，第 26—36 页。

③ 张志永：《晋察冀抗日根据地婚姻制度改革新探》，《河北广播电视大学学报》，2014 年第 6 期，第 6—14 页。

地和谐、文明、进步的真实写照。①

3. 灾荒及其救治问题

抗日战争时期，中国社会遭受着自然灾害和社会灾害的双重磨难。如何有效地治理灾荒，并有效地抵抗日本帝国主义的侵略，成为抗日战争时期晋察冀边区政府面对的主要问题。对此，诸多学者从多个层面、多个角度作了卓有成效的探讨。

晋察冀边区1939年的救灾渡荒是抗日战争时期救灾渡荒一次成功的范例，总结这次救灾的历史经验教训，可以为现实提供借鉴。李金铮认为，1939年晋察冀大水灾的发生主要是出于汛期提前、降雨量大等自然原因，但也与历史上统治者不修水利有关。1938年1月晋察冀边区政府成立，兴修水利、治理水害方面出现了新气象。但直到大水灾之前，边区河务局组织尚欠完善，还不能发挥应有的作用，朝夕之间能使堤防改观。这样，水灾发生难以避免。但如果没有晋察冀边区在水利建设方面所做的艰苦努力，恐怕大水灾的后果要严重得多。李金铮还探讨了1939年大水灾发生后，晋察冀边区政府和军民奋力救灾渡荒面临的困难，认为主要有三个方面：首先，敌寇汉奸四处造谣惑众，企图把天灾嫁祸到共产党八路军头上。其次，边区内有的顽固分子躲避救灾工作，甚至进行破坏活动。最后，边区的部分干部和群众对救灾工作产生错误的思想认识，如有的悲观失望，听天由命，有的认为救灾不关自己，应付了事。作者进而指出，在这种险峻的形势面前，晋察冀边区党组织和政府坚定必胜信心，首先端正了部分领导干部对救灾工作的错误看法，组织慰问团、宣传队深入灾区慰问宣传，号召群

① 郑立柱：《抗战时期晋察冀边区的妇幼健康状况及其应对》，《保定学院学报》，2012年第2期，第47—51、105页。

众积极救灾渡荒，纠正不正确的思想认识。同时，从边区领导机关到县区基层单位，普遍成立救灾委员会，制定具体措施，积极开展实际救灾工作。边区救灾工作，主要包括急赈救灾、生产救灾、兴修水利、治理水害等方面。① 李丽芳认为，1939 年晋察冀边区的灾情影响所及与当地抗战攸关，为了加强敌后的抗战力量和拯救那里的同胞，边区把赈灾工作放在整个抗战工作的日程中，使救灾工作迅速取得成效。② 吴腾月认为，对于晋察冀抗日根据地遭遇的严重灾荒，中共中央和晋察冀根据地政府给予了高度重视，确立了急救与生产自救相结合的救灾方针，充分调动了社会各方面的力量，并先后制定了一系列救灾、防灾政策。在中国共产党的领导下，晋察冀抗日根据地的人民最终战胜了天灾人祸，使根据地渡过了严重的灾荒。③ 文姚丽认为，抗战时期晋察冀根据地政府在严酷的政治环境中根据其所面临的实际灾荒情况、所拥有的救灾条件及物资储备探索出了以自力更生、生产自救为核心的多种赈灾、救灾及防灾政策，主要包括粮款赈济、灾民安置、垦荒、林牧业及水利等政策，并使各种救灾政策在实践过程中相互衔接、协调配合。抗战时期晋察冀根据地之所以取得良好的救灾实效，主要是因为晋察冀根据地政府以自力更生、生产自救为核心，对于灾害救助抱有必胜的信念和态度，将救灾上升到政治高度。④

---

① 李金铮：《晋察冀边区 1939 年的救灾渡荒工作》，《抗日战争研究》，1994 年第 4 期，第 120—131 页。

② 李丽芳：《抗战时期晋察冀边区的救灾渡荒运动》，《文史博览（理论）》，2011 年第 5 期，第 18—19、26 页。

③ 吴腾月：《试析晋察冀抗日根据地的救灾运动》，《商业文化》，2011 年第 3 期，第 191 页。

④ 文姚丽：《抗战时期晋察冀根据地救灾政策及实践》，《湖南行政学院学报》，2012 年第 2 期，第 108—112 页。

4. 医疗卫生、战伤救护问题

晋察冀边区医疗卫生事业的发展,不仅使无数根据地将士解除了病痛,重返抗日战场,而且在日军残酷"扫荡"以及疟疾、回归热、痢疾等天灾疫病流行,人民群众发病死亡较多的严重情况下,克服了医务人员缺乏、医疗技术低下、药品拮据等困难。

抗战时期,受人祸天灾影响,中共领导的抗日根据地多次发生疫病流行。邓红、郑立柱指出,晋察冀抗日根据地疫病流行,民众发病率、死亡率极高。日军推行罪恶的细菌战、残酷的"扫荡"及"三光"政策恶化了生存环境,封建迷信盛行,没有良好的卫生习惯是严重疫情发生的主要原因。根据地党和政府严防日军细菌战,及时开展科学治疗,大力推行卫生防疫运动,积极改善人民生活,疫病防治工作取得了较大成绩。① 李洪河、宋冰杰指出,抗战时期晋察冀根据地疾疫流行,给根据地人民群众造成了身心财产的重大损失。根据地党和政府在积极建立各级卫生组织、派遣各种医疗组和卫生防疫队开展疾疫防治工作的同时,还重点开展了对广大军民的宣传与动员,从而有效地预防和控制了各种疾疫的流行,转变了根据地民众的卫生观念,增进了民众对政府和军队普遍的政治认同,为晋察冀根据地的发展壮大做出了重要贡献。②

抗战时期晋察冀边区远离大城市,原有的医疗卫生条件很差,人们的卫生意识淡薄,再加上农村地区贫困落后,导致边区疾病流行。为解决边区的医疗卫生困境,创建边区的卫生医疗体系之事迫在眉睫。张瑞静探讨了晋察冀边区医疗卫生工作体系及其完

① 邓红、郑立柱:《抗战时期晋察冀边区的疫病及其防治》,《河北大学学报(哲学社会科学版)》,2004 年第 4 期,第 59—63 页。

② 李洪河、宋冰杰:《面对疾疫:晋察冀抗日根据地的组织与动员》,《河北师范大学学报(哲学社会科学版)》,2013 年第 6 期,第 70—74 页。

善。他指出，抗日战争时期，为了应对根据地疫病流行、保障抗日军民身体健康，晋察冀边区政府建立了医疗卫生体系，并在此基础上积极开展了干部医疗保健、妇幼保健、基层群众医疗卫生、清洁卫生防疫运动和牲畜防疫工作①，其在严酷战争环境中进行的医疗卫生建设实践，为新中国成立后的医疗卫生事业发展积累了宝贵经验②。张瑞静还探讨了国际援华医生与晋察冀根据地医疗工作的开展情况，指出抗战时期中国共产党广泛开展国际统一战线工作，争取到大批外籍医生来华工作。其中，在晋察冀根据地，白求恩、柯棣华、傅莱等援华医生积极开展救治伤员、培养医疗人才、研制简易医疗器械和药品等工作，为抗日根据地的医疗建设做出了贡献。③

刘春梅探讨了抗战时期晋察冀边区的战伤救护，认为抗战时期晋察冀边区在敌后游击战争的艰苦条件下，克服缺医少药的严重困难，进行战伤救护的组织建设、制度建设和人才队伍建设，构建了战伤救护工作体系，通过一线部队自救互救、"初步疗伤"抢救伤员、分散隐蔽式救护、因时因地制宜快速转运与及时救治，有效地减少了伤员的残废和死亡，为抗战胜利做出了不可磨灭的贡献。晋察冀边区战伤救护的实践说明，"一切为了伤病员"的战伤救护理念、人民群众的大力支持和机动灵活的救治方法是取得战伤救

---

① 张瑞静:《抗日战争时期晋察冀边区的医疗卫生工作》,《军事历史研究》,2014年第2期,第34—41页。

② 张瑞静:《晋察冀边区医疗卫生工作体系及其完善》,《重庆社会科学》,2013年第10期,第101—106页。

③ 张瑞静:《国际援华医生与晋察冀根据地医疗工作的开展》,《兰台世界》,2016年第2期,第111—113页。

护成绩的重要原因。①

5. 抗属优待与社会动员

抗日战争时期，晋察冀抗日根据地政府推行了优待抗属政策。李军全、薛云认为，晋察冀抗日根据地优待抗属政策的具体形式包括物质优待、劳力补偿、精神慰藉。在根据地政府的大力宣传和推广之下，优抗政策取得了明显的成效，较为成功地动员了民众，巩固了根据地政权，壮大了中共武装力量。② 李军全还指出，优待抗属政策是中共军事动员思想的重要组成部分，也是中共壮大武装力量、巩固抗日根据地政权、抵制日本侵略的有效措施之一。抗日战争时期，基于对乡村传统的顺应，中共在晋察冀抗日根据地内推行了优待抗属政策，并在实践中取得了显著成效。③

侯杰、王小蕾分析了晋察冀妇女歌谣与抗战动员的关系，并指出 1937 年全国抗战的爆发，让社会各界看到动员广大女性参战的必要性和迫切性。晋察冀边区流传的妇女歌谣，作为抗战动员话语的一种，对边区女性产生了很大影响。这些歌谣不仅表达了抗战动员者的思想主张，更诠释了边区女性在接受抗战动员并参战时的所思所感以及她们希望通过参战所要实现的目标。这既反映了广大参战女性追求自我解放的呼声，也包含了抗战动员者对女性的同情、理解等内涵。④

---

① 刘春梅：《抗战时期晋察冀边区的战伤救护》，《军事历史研究》，2016 年第 5 期，第 104—112 页。

② 李军全、薛云：《浅析晋察冀抗日根据地优待抗属政策》，《淮北煤炭师范学院学报（哲学社会科学版）》，2008 年第 6 期，110—114 页。

③ 李军全：《军事动员与乡村传统：以晋察冀抗日根据地优待抗属为例》，《历史教学》，2011 年第 2 期，第 32—37 页。

④ 侯杰、王小蕾：《晋察冀妇女歌谣与抗战动员》，《天津师范大学学报（社会科学版）》，2014 年第 4 期，第 19—24 页。

6. 禁烟禁毒与缉私

抗日战争时期,晋察冀边区政府开展了大规模的禁烟禁毒斗争。王海川认为,晋察冀边区禁烟禁毒运动留下的宝贵经验是:第一,以法律为武器,严厉打击毒品犯罪;第二,明确主管部门,成立专门机构具体实施;第三,注重群众参与,营造群众性禁毒氛围;第四,对吸毒人员开展充分的说服教育,提高其思想认识。① 尹红健认为,在晋察冀边区的禁烟禁毒运动中,对广大群众的广泛动员,发挥了积极的作用。广大群众积极投身戒烟运动,形成普遍要求戒烟的舆论,积极帮助烟民,推动戒烟运动的有效开展。② 苑书耸认为,抗战时期,晋察冀根据地遭受了严重的鸦片危害。根据地党和政府采取各种措施,大力宣传,发动群众禁烟禁毒,并制定法令法规对种烟贩毒者予以严惩,从而有效地遏制了鸦片的泛滥,保存了抗战力量。③

晋察冀边区烟民戒治活动是中共引导下的典型的群众运动,肖红松对此作了探讨。他指出,政府设立领导机构,制定戒烟法规,广泛宣传教育,为戒烟活动顺利开展做了组织、法律、舆论诸方面的准备。乡村干部、先进群众积极参与,筹设戒烟所,并与扶助生产紧密结合,帮助烟民进行戒烟改造。这一实践表明,中共政权与乡村社会之间的良性互动是烟民戒治活动得以成功的根本保障,而在烟民戒治活动中涌现出来的群众性戒烟热潮则给人留下

① 王海川:《晋察冀边区的禁烟禁毒运动》,《河北青年管理干部学院学报》,2006年第1期,第42—45页。

② 尹红健:《群众在晋察冀边区禁烟禁毒中的作用》,《大众文艺》,2010年第6期,第143页。

③ 苑书耸:《晋察冀禁烟禁毒》,《文史月刊》,2010年第5期,第46—48页。

了深刻印象。①

晋察冀抗日根据地初创时期，经历了重大灾荒与日伪严密的经济封锁。加之不法商人及日伪猖狂地进行各种走私活动，根据地重要物资外流，财政收入减少。为了改变此种状况，晋察冀抗日根据地极为重视反走私斗争的开展。孙宝根、任晓玲对抗战时期晋察冀抗日根据地缉私活动进行了探讨。他们认为，根据地通过强化缉私组织机构建设、建立健全缉私规章制度、构建高效廉洁的缉私队伍、开展群众性反走私活动等举措，有效遏制了走私活动的泛滥，为晋察冀抗日根据地的巩固与发展奠定了重要的经济基础。② 尹红健考察了晋察冀边区的毒品缉私情况。他指出，抗日战争时期，毒品不断流入晋察冀边区。为了民族利益、人民健康，边区政府始终坚持根绝毒祸的缉私斗争，建立毒品缉私机构，完善毒品缉私法规，选拔、培养缉私员。通过不断努力，晋察冀边区在打击毒品走私问题上，取得了一定成果。③

7. 扫盲教育、“双拥运动”、社会保障及社会意识变迁等

抗战时期，晋察冀边区的农民文化程度较低，文盲、半文盲极多。基于这一实际情况，晋察冀边区采取了一系列举措，大力推进扫盲教育。郑立柱指出，晋察冀边区的扫盲教育，不仅在当时具有极其重要的历史意义，而且对于当前的扫盲教育具有一定的启示

① 肖红松：《晋察冀边区烟民戒治活动述论》，《史学月刊》，2012 年第 12 期，第 77—85 页。

② 孙宝根、任晓玲：《抗战时期晋察冀抗日根据地缉私述论》，《石家庄经济学院学报》，2008 年第 3 期，第 113—118 页。

③ 尹红健：《晋察冀边区的毒品缉私》，《唐山师范学院学报》，2010 年第 3 期，第 89—92 页。

意义。①

对于“双拥运动”，薛云作了探讨。她指出，“双拥运动”从一开始就有一个极为明确的目标，那就是消除逐渐分化的党、政、军、民利益观念，建立较为稳固的互相依存关系，帮助根据地渡过难关。为了达成目标，晋察冀抗日根据地将工作重心放在个人思想的教育改造上，在教育中使每个人都深刻认识到根据地党、政、军、民之间相互依存的利益关系，并通过思想反省、公开检讨、推选模范、军民誓约等方式深入推进，最终取得了较好的成效。②

栾梦炫、李亚男探讨了抗战时期晋察冀边区社会保障基金的来源。她们指出，社会保障工作的开展需要有大量的物质资源作为基础。在抗日战争时期，晋察冀边区政府为了保证社会保障的基金来源，积极发展生产，保障群众基本生活，同时积极建立合理的税收政策，保障财政收入；整理公产，充裕抗战经费；精兵简政，节省开支；征集救国公粮、救国公债，支援抗战；开展募捐和献金运动，救济灾民贫民。边区政府通过这些途径筹措社会保障基金，为边区社会保障工作的顺利开展提供了充足的资金来源。③

王向然分析了抗战时期晋察冀根据地的乡村社会意识变迁。他指出，抗日战争时期，中国共产党在晋察冀抗日根据地内进行了一系列民主政治建设，如培育公民民主意识、男女平等意识、国家观念等，引起了根据地内乡村一系列社会意识的变迁，这对社会转

---

① 郑立柱：《抗战时期晋察冀边区的扫盲教育及其启示》，《河北大学成人教育学院学报》，2011年第4期，第15—17页。

② 薛云：《晋察冀边区“双拥运动”述论》，《淮北师范大学学报（哲学社会科学版）》，2013年第6期，第56—60页。

③ 栾梦炫、李亚男：《抗战时期晋察冀边区社会保障基金来源》，《河北广播电视大学学报》，2017年第2期，第6—10页。

型期的社会主义民主建设工作仍然具有一定借鉴意义。①

（十）党的建设

抗日战争时期，晋察冀边区极为重视党的建设工作。陶利江指出，晋察冀边区的党建工作经历了较为复杂的曲折发展过程，大致分为三个阶段，即从大力发展，到初步整顿，再到全面巩固。其特点主要表现为：注重党员数量，更注重党员质量；开展反倾向斗争，努力克服错误倾向；培育优良工作作风，党的工作富有计划性和科学性。晋察冀边区党建的基本经验是：高度重视党内教育；积极改善党群关系；注重支部建设。② 齐文进以《战线》杂志为中心考察了晋察冀边区党建工作的分期及特点。他指出，《战线》杂志是晋察冀边区党刊，承载了与晋察冀边区党建工作相关的诸多内容，从《战线》杂志来看，晋察冀边区党建工作呈现一幅清晰的历史变迁图景：大量发展党员和党组织—党组织的基本巩固—党组织的全面巩固—全面巩固党政军民各组织—整风精神指导下全面巩固。③

晋察冀抗日根据地的组织建设具有开创性、示范性、民主化、法制化、重基层等特点，其成功实践为新中国成立后的组织建设积累了宝贵经验。张宏华指出，晋察冀抗日根据地的组织建设严格按照党员标准、干部条件和组织纪律等展开，始终把巩固与严密党的组织作为中心任务来抓。如按照党员标准严抓党员质量：严格

① 王向然：《抗战时期晋察冀根据地的乡村社会意识变迁》，《商丘师范学院学报》，2012年第1期，第65—70页。

② 陶利江：《抗日战争时期党建的历程、特点及基本经验——以晋察冀边区为例》，《吉林省社会主义学院学报》，2011年第2期，第42—45页。

③ 齐文进：《论晋察冀边区党建工作的分期及特点——以〈战线〉杂志为中心》，《兰州大学学报(社会科学版)》，2017年第3期，第169—179页。

按照党员标准重新登记党员、严格按照党员标准加强党员教育；按照干部标准严格鉴定干部；按照组织纪律严格整顿党支部。① 刘树芳、肖远琴、李少波考察了 1941—1942 年晋察冀游击区中共巩固基层党组织的经验和启示。他们指出，1941—1942 年，在日伪进攻及国民党组织的破坏、乡村阶级关系改变等因素影响下，晋察冀根据地大片沦为游击区。受游击区中共基层党组织生存环境的恶化及党员中农民传统意识残留等影响，极少数基层干部党员对组织认同产生危机，尤其是党员干部中存在的腐化、变节问题引起了基层党组织的高度重视。为迅速解决基层党组织中存在的问题，基层党组织发起了“反自首运动”，并采取建立平行支部、调整党员成分、改造支部等措施，强化党员干部对组织的认同意识，消除腐化、变节等行为的危害，使中共基层组织得到巩固，这对坚持游击区抗战起着关键作用，其经验教训对今天基层党建亦具启示意义。②

在晋察冀边区建立后，党员在短时间内大量发展，产生了一些不良现象，在党中央的号召下，晋察冀边区集中力量进行了党员整顿工作。栾盈菊指出，抗战初期晋察冀边区党员的大量发展带来了较为严重的消极影响：一是部分党员的理论水平太低；二是一些党员严重脱离群众。按照中央指示，晋察冀抗日根据地在分类分期整顿的前提下，从组织、思想、政治上进行整顿，洗刷敌探奸细、投机异己分子和太落后分子，并在整顿党员的过程中建立起各种

---

① 张宏华：《高标准、严落实：晋察冀抗日根据地的党建工作》，《光明日报》，2016 年 8 月 13 日第 11 版。

② 刘树芳、肖远琴、李少波：《1941—1942 年晋察冀游击区中共巩固基层党组织的经验启示》，《贵州师范学院学报》，2015 年第 8 期，第 33—38 页。

制度，使党的领导逐步得到巩固和健全。① 栾盈菊还分析了抗战时期晋察冀边区党的作风建设。她指出，晋察冀边区各级党组织与党内的不正之风进行了坚决的、不懈的斗争。他们坚持党的建设的正确方向，始终坚持调查研究，反对主观主义；坚持密切联系群众，反对官僚主义；坚持批评与自我批评，勇于纠正错误。通过这些举措，边区的党风建设取得了显著成效。②

此外，还有学者探讨了抗日战争时期晋察冀边区对学习型政党建设的探索。如董丽娜、黄建国、肖光荣指出，晋察冀边区从建设学习型党组织、党的思想建设和党的作风建设三个方面对建设学习型政党进行了积极的探索，积累了宝贵的历史经验。③ 高晓宇、董生悦指出，晋察冀时期中国共产党正确处理了党员干部的自身建设问题，在党的建设方面积累了宝贵经验，为中国共产党的长远发展提供了许多宝贵经验。④

三、研究总结及未来省思

通过以上梳理我们可以明显感觉到，经过数十年辛勤耕耘，晋察冀抗日根据地研究已引起学术界极大的兴趣，选题范围不断拓展，研究深度逐渐加大，问题意识日趋明显，呈现前所未有的蓬勃发展局面。但总体而论，在晋察冀抗日根据地研究中，仍然存在需

---

① 栾盈菊：《抗战初期晋察冀边区党员的大量发展与整顿》，《衡水学院学报》，2012年第3期，第68—72页。

② 栾盈菊：《抗战时期晋察冀边区党的作风建设》，《河北青年管理干部学院学报》，2012年第5期，第96—100页。

③ 董丽娜、黄建国、肖光荣：《晋察冀边区对建设学习型政党的探索》，《文史博览（理论）》，2011年第4期，第18—20页。

④ 高晓宇、董生悦：《晋察冀时期共产党员干部自身建设问题探究》，《河北省社会主义学院学报》，2015年第2期，第58—61页。

要开拓的问题，某些领域也仍然存在深挖的余地，有些研究也存在一些不容忽视的问题。一如魏宏运先生20多年前所指出的，我们不能不承认，“并非所有的研究都获得了同样的学术价值，有的研究还需要提高”；“研究还没有深入到根据地的每一个领域”；就根据地的伟大存在及其应有的历史地位来讲，还有“许许多多的课题等待着人们去探讨”，“这是一个广阔的园地”。① 基于这一认识，我们从既往研究的总体观感出发就晋察冀抗日根据地研究如何突破作一阐述。

其一，在资料上仍需下大力气，多方搜求。历史研究讲究论从史出，资料的重要性不言而喻。应该承认，目前业已出版的各类资料为数不少，但我们在探讨某一问题时仍然常常产生这样一种感觉，即总是感觉资料不够用，有些问题总是无法说清楚，每每遇到这种情况就需要继续补充相关资料，否则拿出来的成果就会存在缺憾。就现有条件来看，获得资料的途径有很多，一是勤动腿，跑档案馆。要充分利用各地档案馆，尤其当年曾为抗日根据地所在地区的省、市、县的档案馆，去档案馆查找那些仍然尘封的可供利用的宝藏。二是勤动手，翻报刊。报刊资料是档案资料的有效补充。抗战时期，中共极为重视新闻事业，各根据地都办有许多报刊，我们不仅要重视出版较为系统的较为知名的报刊，对于不系统、不常见的报刊也要重视。拿晋察冀抗日根据地来讲，除了较为知名的《晋察冀日报》，诸如《挺进报》《冀晋日报》《前线报》《冀中导报》《子弟兵》《救国报》《冀东日报》等等所刊载的内容也都极其丰富，不应漠然视之。三是勤动口，搞调查。调查研究在根据地史研究中占据极为重要的地位。我们都知道，在残酷的战争环境中，抗

① 魏宏运：《抗日根据地史研究述评》，《抗日战争研究》，1991年第1期，第153—181页。

日根据地的空间范围时常处于变动之中，各级党政军民机构因之时常处于流动的状态，大量的资料往往出于各种原因无法完整保存下来，许多事情也就无法从文字记载中确切得知。在这种情况下，向当事人及其后人进行调查，弥补文献记载方面的缺失和不足，帮助相关问题研究者更为深入和全面地认识有关历史现象，尤为重要。

其二，要高度重视根据地诸议题的历史比较研究，不仅要在晋察冀内部的不同抗日根据地之间比较，还要将晋察冀抗日根据地与国统区、日伪区进行比较。通过比较，我们既能较为准确地认识所探讨问题在所处抗日根据地的特点、历史地位和作用，也能较为清晰地理解中共的伟大之处。其实，比较研究历来被学术界倡导，不乏一些精品力作。早在 1984 年 8 月南开大学历史系在天津召开的“中国抗日根据地历史国际学术讨论会”上，就有一批论文是属于中外学者倡导的用比较方法写出来的文章。比如，加拿大新不伦瑞克大学历史系徐乃力教授考察了抗战期间敌后抗日根据地、国民党统治区和日本占领区三方控制区的军事力量的动员后，用对比的方式来说明战争的直接影响。日本神户大学安井三吉教授为了研究日本人民在根据地内反战活动的若干特点，也是采取对比的方法对抗日根据地、国民党统治区和日军占领区的反战活动作了比较。①

① 参见张洪祥、左志远《中国抗日根据地历史国际学术讨论会综述》，《历史研究》，1985 年第 1 期，第 182—192 页。

第一章　晋察冀抗日根据地的建立及武装斗争

1937年7月7日，日本发动“卢沟桥事变”。翌日，中国共产党率先发表通电，呼吁：“全中国同胞，政府，与军队，团结起来，筑成民族统一战线的坚固长城，抵抗日寇的侵掠！”①与此同时，毛泽东等致电蒋介石，要求“实行全国总动员，保卫平津，保卫华北，规复失地”，并真诚表示，“红军将士，咸愿在委员长领导之下，为国效命，与敌周旋，以达保土卫国之目的”。② 7月15日，中共又向国民党表示愿意“取消红军名义及番号，改编为国民革命军，受国民政府军事委员会之统辖，并待命出动，担任抗日前线之职责”。③ 最终，两党达成协议，正式开展合作。红军改编为八路军后开赴战场，依托华北地区的地形地势创造性地开展了山地游击战与平原

---

①《中共中央为日军进攻卢沟桥通电》（1937年7月8日），中共中央文献研究室、中央档案馆编：《建党以来重要文献选编（1921—1949）》第14册，北京：中央文献出版社，2011年，第357页。

②《毛泽东等关于日寇进攻华北红军将士愿为国效命致蒋介石电》（1937年7月8日），《中国人民解放军历史资料丛书》编辑组编：《八路军·文献》，北京：中国人民解放军出版社，1994年，第3页。

③《中共中央为公布国共合作宣言》（1937年7月15日），中共中央文献研究室、中央档案馆编：《建党以来重要文献选编（1921—1949）》第14册，第370页。

游击战，并在艰苦卓绝的敌后抗战中开辟了晋察冀抗日根据地。在晋察冀抗日根据地内，北岳是山地，冀中是平原，而冀东则兼具山地与平原。因此，晋察冀抗日根据地被称为模范根据地，其模范性不仅体现在建立最早，各项制度较为完善，也体现在其在中共抗日游击战争中的独特地位。

第一节　进军山地：红军进入山西与晋察冀抗日根据地的建立

随着七七事变的爆发和国共合作抗日局面的逐步形成，中共面对军队即将出征的情况。1937 年 8 月下旬，中国共产党召开洛川会议，决定具体的对日作战方针为："应一贯运用游击战、运动战，还有红白军共同作战，开展独立自主的山地游击战争——包括有利条件下消灭敌人兵团与在平原发展游击战争，但着重于山地"①，"山地战要达到建立根据地，发展游击战争，小游击队可到平原地区发展"②。但在之后的一段时期内，中共内部在运动战与游击战孰重孰轻的问题上一直存在争论。在 12 月的政治局会议上，王明更是直接对毛泽东以山地游击战为主要方针的战略提出批评，并得到一些高级别将领的附和与支持。彭德怀就明确提出，对日开展作战，"在战略上应该是运动游击战"。③ 周恩来也认为，对日作战还是采取"运动游击战好"，"我们的地区，是布置敌人后方

① 王焰主编：《彭德怀年谱》，北京：人民出版社，1998 年，第 178—179 页。

② 中共中央文献研究室编：《毛泽东年谱（1893—1949）》中卷，修订本，北京：中央文献出版社，2013 年，第 16 页。

③ 王焰主编：《彭德怀年谱》，第 189 页。

游击战争，必要时集中力量消灭敌人”。① 对于这些不同意见，毛泽东并未妥协自己的观点，并坚持认为：“红军的战略方针是独立自主的山地游击战，在有利条件下打运动战，集中优势兵力消灭敌人一部”，“总的一句话：相对集中指挥的独立自主的山地游击战。洛川会议决定的战略方针是对的”。② 由于毛泽东等的坚决抵制，王明等人的意见未能在会上形成一致决议。

可以说在全国抗战爆发之初，中共领导层虽然在游击战与运动战关系上看法不尽相同，但均同意坚持独立自主的山地游击战，将军事重心放在了山地，相机作战。这样，与陕甘宁毗邻并面临日军进攻的山西自然进入了中共领导人的视野。山西的地理位置十分重要，是整个华北以及陕甘地区的屏障，在地形上以高原为主，山地与盆地相兼，山脉河道纵横交错。任弼时就曾指出：“山西自雁门关以南，井陉、娘子关以西系高原多山地区”，“山西方面地形交通限制了敌人的长处，恰又补足我们的短处，便利于我们的防守、持久斗争与打击敌人”。③ 毋庸置疑，山西为中共战略设想的展开提供了优秀的场所。而且中共在东征时进入过山西，对其有一定的了解。此外，自 1936 年开始，中共与山西的地方实力派阎锡山取得联系。1936 年 5 月，毛泽东致信阎锡山，表达了“联合一致，抗日反蒋”的意愿。④ 10 月，毛泽东又指示北方局，应把晋绥放在

---

① 中共中央文献研究室编：《周恩来年谱（1898—1949）》，修订本，北京：中央文献出版社，1998 年，第 386 页。

② 中共中央文献研究室编：《毛泽东年谱（1893—1949）》中卷，第 42 页。

③《山西抗战的回忆》（1938 年 1 月 2 日），《任弼时选集》，北京：人民出版社，1987 年，第 137 页。

④《毛泽东致阎锡山信》（1936 年 5 月 25 日），中央统战部、中央档案馆编：《中共中央抗日民族统一战线文件选编》中册，北京：档案出版社，1986 年，第 153 页。

北方军队统战工作的第一位。[①] 为此，薄一波、彭雪枫、周小舟等先后赴太原与阎锡山会面。全国抗战爆发时双方关系相对较好，且由于日军攻入山西，阎锡山独木难支，自然也需要中共的援助。

因此，在洛川会议上，毛泽东提出："红军的作战地区在晋察冀之交。"[②]早在 8 月 4 日，毛泽东就提出，红军应"依察冀晋绥四省交界地区为中心，向着沿平绥路西进及沿平汉路南进之敌，执行侧面的游击战"。[③] 因此，晋察冀地区成为中共最早关注的地带。8 月 22 日，一一五师由师长、副师长分别带队从陕西三原出发开赴抗日前线。其中，师长林彪率领三四三旅和独立团北上，经繁峙、大营，直趋晋察冀交界地区；副师长聂荣臻则率师直属队和三四四旅在侯马登车，至原平下车后经五台、龙泉关、龙王堂到下关，与林彪部会合。继一一五师之后，一二〇师于 9 月 3 日从陕西富平庄里镇出发，北上抗日。朱德、任弼时也于 9 月 6 日率八路军总部从陕西泾阳云阳镇出发，向前线挺进。一二九师则随着国共谈判的进展，于 9 月 30 日由富平庄里镇出发，东渡黄河，向娘子关进发。[④] 至此，八路军三个主力师已全部开往山西战场。在八路军诸部队进军及准备进军的过程中，中共中央军委于 8 月 25 日发布了改编红军为国民革命军第八路军的命令。为了统一指挥在山西的中共军队，8 月 29 日，中共中央决定成立中央军委前方分会（后称华北军分

---

① 中共中央文献研究室编：《毛泽东年谱（1893—1949）》上卷，修订本，北京：中央文献出版社，2013 年，第 601 页。

②《当代中国人物传记》丛书编辑部编辑：《彭德怀传》，北京：当代中国出版社，1993 年，第 166 页。

③《对国防问题的意见》（1937 年 8 月 4 日），《毛泽东军事文集》第 2 卷，北京：军事科学出版社、中央文献出版社，1993 年，第 23 页。

④ 参见于化民《中共领导层对华北游击战场的战略运筹与布局》，《历史研究》，2015 年第 2 期，第 4—20 页。

会),任命朱德为书记,彭德怀为副书记,组成人员包括聂荣臻等9人。①

但随着战场形势的快速变化,日军快速推进,国民党军队节节败退,特别是9月13日大同失守,中共军队开赴平绥线作战已无可能。9月16日,毛泽东判断:"以五台为中心之晋东北,日寇将以重兵进据,并继续攻取太原。在此情况下,我三个师已无集中晋东北一处之可能,更无此必要。"拟以一一五师暂位于晋东北,不利时转入太行山;以一二〇师位于晋西北,以管涔山脉及吕梁山脉之北部为活动地区;以一二九师位于晋南,以太岳山脉为活动地区。② 9月17日,中共中央军委正式致电前线各将领:"过去决定八路军全部在恒山山脉创造游击根据地的计划,在上述敌我情况下,已根本上不适用了。此时如依原计划执行,将全部处于敌之战略大迂回中,即使第二步撤向太行山脉,亦在其大迂回中(设想敌占太原之情况下),将完全陷入被动地位。"为了在敌之翼侧进行战略展开,并以此钳制日军进攻太原与继续南下,进行独立自主的山地游击战,创造游击根据地,一二〇师应集结于太原以北,准备转至晋西北管涔山等地区活动;一二九师于适当时机进至吕梁山脉活动;一一五师即时进入恒山山脉南段活动,准备南移,展开于晋东南之太行、太岳两山脉中。③

但是,彭德怀认为:"敌虽深入山西,还处在我们游击战争的四面包围中。"基于对形势的这一乐观判断,彭德怀于9月18日复电

① 周均伦主编:《聂荣臻年谱》上卷,北京:人民出版社,1999年,第201页。

②《毛泽东关于调整八路军各师活动地区致朱德、任弼时电》(1937年9月16日),《中国人民解放军历史资料丛书》编辑组编:《八路军·文献》,第30页。

③《毛泽东关于敌情判断及八路军之战略部署致朱德等电》(1937年9月17日),《中国人民解放军历史资料丛书》编辑组编:《八路军·文献》,第33—34页。

毛泽东，对其所作部署提出异议，并建议："一一五师进至灵丘及涞源以南，一二〇师和总部进至五台、灵丘及阜平以西，一二九师出动到晋西北，以小部兵力向绥远发展游击战争。"[①]接到彭德怀的复电后，毛泽东深感不妥，并于 19 日告诫彭德怀："敌于太原，志在必得，此时部署应远看一步"，五台地区已经有林彪部及国民党军队杨爱源部，十分充足，贺龙部不必再去，应"速赴晋西北占先着"。[②]21 日，毛泽东再次致信彭德怀，予以进一步的详细解释，希望其不要被暂时情况诱惑，并强调指出："今日红军在决战问题上不起任何决定作用，而有一种自己的拿手好戏，在这种拿手戏中一定能起决定作用，这就是真正独立自主的山地游击战（不是运动战）。要实行这样的方针，就要战略上有有力部队处于敌之翼侧，就要以创造根据地发动群众为主，就要分散兵力，而不是以集中打仗为主。"[③]最终，在毛泽东的坚持与劝说下，9 月 21 日八路军总部电令前线诸将领：一一五师仍在晋东北地区活动，一二〇师挺进晋西北地区，一二九师准备开赴晋东南地区。[④] 至此，中共的游击战略从山西的东北一隅开始向整个山西扩展。

9 月 23 日，毛泽东正式提出在山西开展游击战争的意见，即"游击战争主要应处于敌之翼侧及后方，在山西应分为晋西北、晋东北、晋东南、晋西南四区，向着进入中心城市及要道之敌人，取四面包围袭击之姿势，不宜集中于五台山脉一区"，也就是说，五台山脉仅为对日作战中的重要游击区之一，晋西北的管涔山脉、晋东南

---

① 王焰主编：《彭德怀年谱》，第 180 页。

② 《八路军战略区域问题》（1937 年 9 月 19 日），《毛泽东军事文集》第 2 卷，第 50 页。

③ 《关于实行独立自主的山地游击战方针》（1937 年 9 月 21 日），中共中央文献研究室编：《毛泽东文集》第 2 卷，北京：人民出版社，1993 年，第 19 页。

④ 中共中央文献研究室编：《毛泽东年谱（1893—1949）》中卷，第 23 页。

的太行和太岳山脉、晋西南的吕梁山脉都需进行部署准备。① 作为配合，毛泽东致电中共中央北方局，提出："整个华北工作，应以游击战争为唯一方向。一切工作，例如民运、统一战线等等，应环绕于游击战争"，"要设想在敌整个占领华北后，我们能坚持广泛有力的游击战争"。② 但随着三个主力师先后取得平型关、雁门关、阳明堡等战役战斗的胜利，考虑到国民党军队的战况，中共党内乐观情绪一度高涨，毛泽东的决策未得到充分执行。

随着战场形势的变化，毛泽东已预见太原必将失守，10 月 20 日再次提出："留杨成武团在恒山、五台山地区坚持游击战争；第一一五师主力准备转移于汾河以西吕梁山脉；第一二九师在正太路以南之现地区坚持游击战争；总部准备转移至孝义、灵石地区；第一二〇师坚持晋西北之游击战争。"③11 月 8 日，即太原沦陷的当日，毛泽东判断："太原失后，华北正规战争阶段基本结束，游击战争阶段开始。这一阶段游击战争将以八路军为主体，其他则附于八路军，这是华北总的形势。"他强调："吕梁山脉是八路军的主要根据地，但其工作尚未开始，因此，不但徐旅须立即迅速转移，林率陈旅亦不应在东边恋战，亦以立即开始转移为宜。"④11 月 9 日，毛泽东又对分任晋东北、晋西北、晋东南、晋西南四区的聂荣臻部、贺龙师、刘伯承师、林彪师的工作提出了具体详尽的安排，提出："以

---

①《关于在山西开展游击战争的意见》(1937 年 9 月 23 日)，中共中央文献研究室编:《毛泽东文集》第 2 卷，第 21 页。

②《整个华北工作应以游击战争为唯一方向》(1937 年 9 月 25 日)，《毛泽东军事文集》第 2 卷，第 57 页。

③ 中共中央文献研究室编:《毛泽东年谱(1893—1949)》中卷，第 33 页。

④《太原失守后华北将以八路军为主体开展抗日游击战争》(1937 年 11 月 8 日)，《毛泽东军事文集》第 2 卷，第 111 页。

控制一部为袭击队，大部尽量分散于各要地组织民众武装为第一义。大抵靠近铁路公路地带先布兵先工作，偏僻地方后布兵后工作；敌快要到之地区先工作，敌暂不到之地区后工作。”①随后，八路军各部按照上述部署进入规定地域，开始了创建根据地的工作。山西遂成为八路军的游击支点。同时，八路军开始将活动区域拓展至毗邻的河北、河南、绥远、察哈尔等地。

这里的晋东北区，也即晋察冀边区最早开辟的地区。虽然中共在山西的东北、西北、东南、西南四个方向全面展开，但晋察冀仍是其中的重点。晋察冀在地理上“第一是在于它处在几个主要的交通线之间，而威胁平绥、平汉、同蒲、正太，四大铁路干线，在这里发展游击战争，可以直接使敌人的交通感到极大的威胁与困难，而遭受重大的打击”；“第二，是在于它是在太行山，五台山，和恒山联亘交错的蜿蜒曲折的山地区域中（除平汉路东），到处可以居高临下敌人；且各山脉之间易于联络，随时可以威胁和袭击保定、攻击北平等各大城市”。山地战本来是中共的特长，这些山地区域，恰恰有利于其作战，而不利于日军机械化的部队。② 晋察冀地区对中共而言，还有不错的群众基础，从 1920 年代起，中共就在冀西、晋东北、察南各地建立了党组织，1930 年代还在这一地区组织过多次农民武装斗争。③ 此外，抗战爆发后“这里的民众，在过去敌人的疯狂侵略之下，已经深切地感受到亡国的惨痛，在抗战发动后，更直接遭受了敌人的蹂躏与屠戮。因此民众的抗日情绪很高，武装斗

① 《关于华北形势和八路军调整部署的意见》（1937 年 11 月 9 日），中共中央文献研究室编：《毛泽东文集》第 2 卷，第 65—66 页。

② 《晋察冀根据地是怎样创建起来的》，张侠编：《晋察冀概况》，《晋察冀人民抗日斗争史参考资料》第 14 辑，晋察冀人民抗日斗争史编辑部 1982 年编印，第 17 页。

③ 谢忠厚、肖银成主编：《晋察冀抗日根据地史》，北京：改革出版社，1992 年，第 22 页。

争的要求很普遍，很容易发动起来，组织起来，去反对共同的敌人——日本帝国主义”。①

因此9月24日，毛泽东指示先由山西地方党进行准备，“林师及王震部既均使用于作战，关于五台山脉之游击战争，应着重发展地方党的布置。山西地方党目前应以全力布置恒山、五台、管涔三大山脉之游击战争，而重点于五台山脉。因该处可得阎、杨更多协助，将来可向北恒山山脉发展”。② 9月26日，中共中央北方局决定，成立中共晋察冀省委。③ 平型关战役结束后，一一五师可以抽调兵力，随即聂荣臻和林彪便提议“以一一五师独立团到涞源、灵丘地区活动；以一部到大营、代县一线活动；以一部东进曲阳、行唐等地平汉路两侧活动；以师直属队率领部分兵力到阜平地区创建抗日根据地”④，将创建晋察冀根据地提上了议程。10月1日，周恩来建议在华北划分战略区，晋察冀成为9个战略区之一，并以阜平、五台为中心，由八路军政治部负责，华北局及河北省委派干部进行协助。⑤ 10月10日，毛泽东指示：“日军占领太原后，形势将起急剧变化。一一五师主力准备转移到汾河以西吕梁山脉，留该师独立团在恒山、五台地区坚持游击战争。”八路军总部当即决定聂荣臻留守五台山，创建晋察冀抗日根据地。毛泽东也要求聂荣

---

①《晋察冀根据地是怎样创建起来的》，张侠编：《晋察冀概况》，第18页。

②《毛泽东对恒山、五台等地工作布置的指示》(1937年9月24日)，政协河北省委员会编：《晋察冀抗日根据地史料汇编》上，石家庄：河北人民出版社，2015年，第14页。

③ 周均伦主编：《聂荣臻年谱》上卷，第204页。

④ 周均伦主编：《聂荣臻年谱》上卷，第204页。

⑤《为发展游击战拟划华北为九个战略区》(1937年10月1日)，中共中央文献研究室、中国人民解放军军事科学院编：《周恩来军事文选》第2卷，北京：人民出版社，1997年，第29—30页。

臻,“一个月内建立武装与群众工作之基础”。①

早在1937年8月,毛泽东就为出征的红军规定了作战原则:作战必须坚持“在整个战略方针下执行独立自主的分散作战的游击战争,而不是阵地战,也不是集中作战,因此不能在战役战术上受束缚。只有如此才能发挥红军特长,给日寇以相当打击”。② 后来毛泽东又提出坚持依傍山地和不打硬仗等原则内容。③ 据聂荣臻回忆,“毛泽东同志就这个问题连续发了一系列电报”,“毛泽东同志在这些电报中,再三强调要坚持独立自主的山地游击战争这一基本的战略方针。因为,在洛川会议上讨论作战方针时,曾出现过不赞同游击战而主张打运动战的分歧意见,他担心部队挺进前线后,一些同志蛮干。他认为,当前红军的拿手好戏是真正独立自主的山地游击战”。④ 在游击战与运动战的争论中,一一五师副师长聂荣臻是少数支持毛泽东的将领。在洛川会议上,聂荣臻提出:“同日本作战,应时时顾到我们不要吃亏,因此战略上采取山地游击战,基本上要有独立自主,否则在军事上、政治上都可能发生问题。出动兵力为着很快地创造根据地。”⑤聂荣臻在进行游击战、创建根据地方面的思想与毛泽东较为接近,应是其被委任负责创建中共第一个敌后根据地——晋察冀根据地的重要原因。

10月20日,毛泽东再次指示:一一五师独立团在恒山、五台山

---

① 周均伦主编:《聂荣臻年谱》上卷,第205页。

②《关于红军作战的原则》(1937年8月1日),《毛泽东军事文集》第2卷,第20页。

③《对独立自主的山地游击战争的解释》(1937年9月12日),中共中央文献研究室编:《毛泽东文集》第2卷,第11页。

④《聂荣臻回忆录》,北京:解放军出版社,1986年,第359页。

⑤ 周均伦主编:《聂荣臻年谱》上卷,第200页。

地区坚持游击战争；师主力准备转移于汾河以西吕梁山脉。[①] 据此，八路军总部决定：聂荣臻留守五台山地区，创建晋察冀三省边界抗日根据地，筹备成立晋察冀军区。10 月 22 日，进一步决定：由聂荣臻率一一五师独立团、骑兵营、教导队的两个队、八路军总部特务团直属大队以及第三四三旅和三五九旅工作团的部分共3 000余人在晋察冀三省边界地区开展游击战争，创建敌后抗日根据地。[②] 自此一一五师一分为二，具体由师政治部主任罗荣桓负责，罗荣桓“亲自挑选了一些人，留下的同志虽然人数不多，但很得力。司令部留下了李廷赞、刘彬、黄鹏、刘显宜等同志；政治部留下了舒同、王宗槐、潘自力、余广文、罗文坊等同志；供给部和卫生部留下了查国祯、叶青山、姜齐贤等同志”。这些干部成为晋察冀根据地的骨干力量。[③] 至 10 月 25 日，中共中央军委前方分会确定了晋察冀军区的范围：平绥路以南，同蒲路以东，正太路以北，平汉路以西。晋察冀军区司令员兼政委为聂荣臻，所辖三个军分区的地域范围和分区司令员分别为：其一，以五台、定襄、盂县、平山、阜平为中心，朱水根为司令员；其二，以涞源、广灵、灵丘、蔚县、浑源、紫荆关为中心，杨成武为司令员；其三，保定、卢沟桥以西，以门头沟为中心，赵侗拟为司令员。[④]

1937 年 11 月 7 日，晋察冀军区在五台县石咀普济寺正式宣告

---

① 中共中央文献研究室编：《毛泽东年谱(1893—1949)》中卷，第 33 页。

② 周均伦主编：《聂荣臻年谱》上卷，第 206 页。

③《聂荣臻回忆录》，第 363 页。

④《朱德、彭德怀、任弼时关于冀察晋绥军事部署的报告》(1937 年 10 月 25 日)，政协河北省委员会编：《晋察冀抗日根据地史料汇编》上，第 16 页。

成立。[①] 据聂荣臻回忆，后来考虑到“军区的指挥机关设在五台，位置也不适中，应该往东靠一靠，这样就选中了河北阜平”，阜平遂由一个小山城变为晋察冀新的政治军事中心。[②] 11 月 13 日，晋察冀军区发出电令：聂荣臻任军区司令员兼政治委员，唐延杰任军区参谋长，舒同任军区政治部主任，查国祯任军区供给部部长，叶青山任军区卫生部部长。第一军分区，杨成武为司令员，邓华为政治委员兼政治部主任；第二军分区，赵尔陆为司令员兼政委；第三军分区，王平为司令员兼政委，王紫峰为政治部主任。[③] 之后根据八路军总部的指示，以盂县、平山为中心划分出第四军分区，以周建屏为司令员，刘道生为政治委员。另外，一一五师随营学校留一个连外再增加一个连归聂荣臻直接指挥。[④] 随后杨成武、赵尔陆、王平、刘道生各率部分别向北、西、东、南四个方向发展。至 1937 年底，晋察冀军区的兵力包括：一分区 5 000 人，二分区 2 400 人，三分区 4 000 人，四分区 6 个营，其余能指挥的部队包括赵侗部 700 余人，孟阁臣部 4 000 多人，夏维礼部 1 200 人。[⑤] 到 1938 年 1 月，根据聂荣臻的报告，“军区成立已两月余，开始时期用全力组织与收集武器，近日来则着重在整理训练，现已有初步基础，现军区实力（不

---

① 中共中央文献研究室编：《朱德年谱（新编本）》中卷，北京：中央文献出版社，2006 年，第 709 页。

②《聂荣臻回忆录》，第 376—377 页。

③《晋察冀军区政委聂荣臻电令》（1937 年 11 月 13 日），河北省社会科学院历史研究所等：《晋察冀抗日根据地史料选编》上册，石家庄：河北人民出版社，1983 年，第 2 页。

④《朱德、彭德怀、任弼时关于晋察冀军区增划第四军分区和扩大武装等问题的指示》（1937 年 11 月 13 日），政协河北省委员会编：《晋察冀抗日根据地史料汇编》上，第 73 页。

⑤ 周均伦主编：《聂荣臻年谱》上卷，第 212—213 页。

含冀中)为1.8万多人”。①

第二节　发展平原:冀中、冀东游击战的展开与晋察冀抗日根据地的壮大

如前所述,全国抗战爆发初期,毛泽东提出的对日作战方针是坚持独立自主的山地游击战,不放松有利条件下的运动战。其中,关于游击战与运动战的关系引起了党内的争论,而关于山地则争议较小。但是,聂荣臻在游击战方面支持毛泽东,却在山地方面持保留意见,认为“只提山地游击战,似乎也窄了一点”。② 当然,毛泽东在洛川会议上也提及“小游击队可到平原地区发展”。③ 但此时,中共党内还是把重心放在了山地,聂荣臻也将晋察冀根据地的中心放在了五台山区以及平西山地。这是八路军三支主力部队的普遍现象。但是,到了9月25日,毛泽东发出指示:“除山西部署已告外,应令河北党注全力于游击战争,借着红军抗战的声威,发动全华北党(包括山东在内)动员群众,收编散兵散枪,普遍地但是有计划地组成游击队。”④而华北党组织的分布既有山地也有平原,不少平原地区的地方党也开始了发动武装。例如,在冀中平原,中共平汉线省委奉命西迁阳泉,与一二九师会合之后,原为中共平汉线省委之下的中共保东、保南两特委奉命合并为中共保属省委,继续留在冀中坚持斗争。为了更好地开展冀中地区的军事工作,中共中

① 周均伦主编:《聂荣臻年谱》上卷,第218页。

②《聂荣臻回忆录》,第342页。

③ 中共中央文献研究室编:《毛泽东年谱(1893—1949)》中卷,第16页。

④《整个华北工作应以游击战争为唯一方向》(1937年9月25日),《毛泽东军事文集》第2卷,第57页。

央特派孟庆山到该地担任中共保属省委军事委员，而孟庆山到任后即着手组建中共保属省委领导的抗日游击武装。因此，孟庆山部成为中共在平原地区最早的武装之一。

这样，冀中平原游击战就成为中共平原游击战的先声。但冀中根据地的开辟则主要在于吕正操部的“意外”到来。吕正操部原是东北军五十三军六九一团，但其本人和部队中的不少官兵是中共秘密党员。1937 年 10 月初，吕正操部随国民党军队南撤至石家庄附近的梅花镇一带。在这里，吕正操与中共地方组织取得了联系，随后根据中共的指示，向部队提出了“北上抗日，到敌后打游击”的口号，14 日在小樵镇举行了抗日誓师大会，并断绝了同五十三军的联系，改称人民自卫军。① 吕正操部留在冀中，是根据中共中央北方局的指示②，并成为中共在冀中最主要的武装力量。至 12 月，人民自卫军在深泽、高阳一带活动，扩大地方武装，已发展到 3 个步兵团、1 个特种兵团、1 个特务营、2 个模范营，共约 2 400 人。③ 同时，通过中共地方党组织的帮助，吕正操与聂荣臻取得了联系。聂荣臻考虑到由于部队“缺乏游击战争的经验，不少干部对在冀中平原坚持敌后游击战争信心不足，新扩大来的战士带有较重的家乡观念，部队纪律也欠整顿”④，12 月 12 日，命令吕正操等率领主力部队 2 300 余人，离开高阳地区，到平汉路西的山区进行整训。⑤ 余部由孟庆山领导，发展为河北游击军。

部队到达后，留在了第三军分区进行整训，吕正操则赶到了根

① 《聂荣臻回忆录》，第 392 页。
② 《吕正操回忆录》，北京：解放军出版社，1988 年，第 86 页。
③ 周均伦主编：《聂荣臻年谱》上卷，第 214 页。
④ 《聂荣臻回忆录》，第 392—393 页。
⑤ 周均伦主编：《聂荣臻年谱》上卷，第 213—214 页。

据地首府阜平。晋察冀军区对开展平原游击战进行了讨论，不少人认为存在困难，特别是在对付日军机械化部队方面。聂荣臻则进行了鼓励："开展敌后游击战争，光靠山是不行的，首先要靠人民群众，只要有了人民群众的支持，不论是山地，还是平原，我们都可以牢牢地站住脚"，"首要的问题是发动群众，得到人民群众广泛的支持，地形的作用还是比较次要的，而且也是可以改变的。我们晋察冀这块根据地虽然发源于五台山，但我们不是有了五台山，才有了这块根据地"。[①] 聂荣臻的想法与徐向前有异曲同工之妙，徐向前也认为，在平原地区开展游击战争，虽然确实存在一些困难，但"不能因此作出平原地无法进行游击战争的结论"，"我们要在平原地开展游击战争，就必须把广大的人民造成'人山'"。[②] 显然中共的一批前线将领已根据经验，开始了对平原游击战的探索。对聂荣臻的意见，吕正操也表示支持："冀中平原大得很，日本侵略军兵力不足，根本没法控制这么大的地方，有了群众的支持，我们到处可以走来走去，活动余地是很广阔的。"[③]1937 年 12 月 25 日，聂荣臻转达了延安和八路军总部的命令："人民自卫军在平津路以南、平汉路以东、津浦路以西之间地区，南边以滏阳河为界，建立冀中平原抗日根据地。"[④]由此，发展冀中根据地成为中共中央和八路军总部的正式军事决策。

1938 年 1 月 2 日，聂荣臻决定："将吕部于 4 日仍转向东面 27 个县地区活动，摧毁一切伪组织，恢复自己政权。其部署，主力到

---

①《吕正操回忆录》，第 110 页。

②《开展河北的游击战争》(1938 年 5 月 21 日)，《徐向前军事文选》，北京：解放军出版社，1993 年，第 46—47 页。

③《聂荣臻回忆录》，第 395 页。

④ 周均伦主编：《聂荣臻年谱》上卷，第 215 页。

达安国、博野、蠡县与原留高阳附近之部队联络后，即分两路。”[①]1月31日，人民自卫军整编完毕，由阜平地区返回冀中。[②] 实际上早在1937年12月中旬，毛泽东、彭德怀就已经提出，趁日军空虚之际，派两个支队到平汉路以东地区开展游击斗争，其中晋察冀军区要“以步兵两连、骑兵一连组成支队，深入到石家庄、保定、定县之线以东，沧石公路以北，天津、霸县至定兴公路以南地区活动”。[③] 当然，这还只是试探性的小部队行动，类似邓小平所谓“侦察式的活动”[④]，为进一步的发展探寻方向。1938年2月4日，八路军总部指示晋察冀军区加强对石家庄、保定之线以东地区的领导以及津浦路的发展[⑤]，2月5日命令“我军主力除在晋积极动作外，应派出得力支队出平汉线以东，向津浦线袭扰”[⑥]。为了响应徐州会战，2月12日，八路军总部又命令位于平汉线以东之吕正操部“应附骑兵1个连，应即乘胜东进，扩大胜利声威，肃清津浦、平汉两线间之伪组织，求得最近在津浦线沧津德之线的小胜利”。[⑦] 伴随着一系列军事行动，1938年初中共在河北平原获得了较大的发展，如聂荣

---

①《聂荣臻关于吕部拟转向冀中活动致毛泽东等电》(1938年1月2日)，政协河北省委员会编:《晋察冀抗日根据地史料汇编》上，第84页。

② 周均伦主编:《聂荣臻年谱》上卷，第219页。

③《派两个支队向平汉路东游击》(1937年12月16日)，《毛泽东军事文集》第2卷，第128页。

④《邓小平在中共中央太行分局高级干部会议上的讲话》(1943年1月26日)，山西省档案馆编:《太行党史资料汇编》第6卷，太原:山西人民出版社，2000年，第23页。

⑤ 中共中央文献研究室编:《朱德年谱(新编本)》中卷，第741页。

⑥《朱德、彭德怀关于策应第五战区作战致刘伯承、徐向前、邓小平电》(1938年2月5日)，《中国人民解放军历史资料丛书》编辑组编:《八路军・文献》，第143页。

⑦《朱德、彭德怀关于平汉线以东我军行动给聂荣臻的指示》(1938年2月12日)，政协河北省委员会编:《晋察冀抗日根据地史料汇编》上，第93页。

臻所述在平汉路东"部队地区都易扩大"。①

河北平原游击战的展开引起了中共中央北方局的重视。1938年1月8日在中共中央军委华北分会扩大会议上，彭真提出在河北平原发展游击战，建立根据地，"要派基干游击队去河北，采取带徒弟的办法，发展游击战争"。② 2月底，杨尚昆建议："太行山脉、冀晋边各得力的游击队应更多到平汉路以东去行动，更大地发展河北平原游击战。"③3月11日，刘少奇、杨尚昆等中共中央北方局负责人联名致电延安，再次建议："太行山脉、冀晋边各得力游击队，似应更多的到平汉路以东去行动，更大发展河北平原的游击战争；如有可能，目前即组织一支得力游击队到山东去。"④3月中旬，回到延安的刘少奇在总结华北地区工作经验时提出，平原地区"虽然地形条件便利敌人不便利我们，但有其他条件也能坚持游击战，也能建立根据地"，特别是"日兵大都到前线去，后方更加空虚，所以在平原坚持几年的游击战争与建立不大稳固的抗日根据地还是可能的"，"只要我们在那边的工作做好，有好的军事家、游击战家的领导，有好的群众组织与武装，我们是可能长期坚持游击战争的。所以，在今天不管山地也好，平地也好，最重要的任务就是：最广泛地发动华北民众走上抗日战场，拿起武装和日寇拼命，并建立坚固

---

①《聂荣臻关于平汉路东西我军配合主力举行第二次对敌总攻部署致彭德怀等的报告》(1938年2月22日)，政协河北省委员会编：《晋察冀抗日根据地史料汇编》上，第95页。

②《彭真传》编写组编：《彭真年谱》第1卷(1902—1948)，北京：中央文献出版社，2012年，第75—76页。

③ 中共中央党史研究室编：《杨尚昆年谱(1907—1998)》上卷，北京：中共党史出版社，2007年，第298页。

④ 中共中央文献研究室编：《刘少奇年谱(1898—1969)》上卷，北京：中央文献出版社，1996年，第206页。

的抗日根据地”。①

也在1938年3月，聂荣臻向八路军总部建议大力发展平原游击战，“前不久到完县、唐县，见到平汉路以东平原地区村庄极稠密，树木也多，敌人便于运动，我们也极易隐蔽，适合开展游击战争”。② 而且此时的战略态势也对中共向华北平原进军极为有利。其一，中共已在有“华北屋脊”之称的山西稳住了阵脚，有了进一步向东发展的可能；其二，当时日军与国民党军队正在华中鏖战，华北的真空地带为中共进入创造了条件。最终随着华北平原游击战的展开、日军对陕甘宁边区威胁的暂时消除以及华北党和前线将领的推动，1938年4月21日，毛泽东、张闻天、刘少奇在分析扩大发展抗日游击战及坚持平原游击战可能性的基础上，向前方将领发出开展平原游击战的指示。该指示认为，当时情况下，“在河北、山东平原地区广大地发展抗日游击战争是可能的，而且坚持平原地区的游击战争也是可能的”，“党与八路军部队在河北、山东平原地区，应坚决采取尽量广大发展游击战争的方针”，“应即在河北、山东平原划分若干游击军区，并在各区成立游击司令部，有计划地系统地去普遍发展游击战争，并广泛组织不脱离生产的自卫军”。③ 5月4日，毛泽东再次强调指出：“在一定条件下，平原也是能发展游击战争的。”④自此，中共开始以平原游击战与山地游击战为并

---

① 刘少奇：《华北战区工作的经验》（1938年4月21日），中共中央文献研究室、中央档案馆编：《建党以来重要文献选编（1921—1949）》第15册，北京：中央文献出版社，2011年，第199页。

② 周均伦主编：《聂荣臻年谱》上卷，第226页。

③《在河北山东平原地区大量发展游击战争》（1938年4月21日），《毛泽东军事文集》第2卷，第217页。

④ 中共中央文献研究室编：《毛泽东年谱（1893—1949）》中卷，第68页。

重，这使得中共的军事战略真正从山西及其周边山区地带扩大到整个华北地区。

也在4月21日，冀中召开第一次党代表大会，选举黄敬为冀中省委书记。会后，向八路军总部建议，人民自卫军与河北游击军合编为冀中军区。建议被批准，吕正操被任命为第三纵队兼冀中军区司令员，孟庆山为副司令，之后王平又被任命为政治委员。冀中军区下设4个军分区、6个支队，共6万余人。① 5月初，冀中区统一的政权领导机关——冀中行政主任公署正式成立，吕正操为公署主任，李耕涛为副主任。② 在党代表大会召开的前一天，即4月20日，毛泽东等电示：晋察冀根据地的建立，已大体上取得成功，“目前中心任务是巩固和继续发展”。③ 这里所说的“巩固和继续发展”，主要是就冀中地区而言的。正如聂荣臻所述，“冀中区的建立和巩固，为山区根据地的发展提供了人力、物力的支援，是我们在敌人心脏里建起的一个抗战堡垒。它同冀东、北岳、平西、平北根据地相互配合，形成了对华北主要交通干线和中心城市北平、天津等地的战略包围，从而更有力地钳制了敌人，长期坚持了华北的游击战争”。④

游击战原本是战争中的一种战术，但毛泽东将其上升到了战略高度。1938年5月，毛泽东在《抗日游击战争的战略问题》一文中提出，将山地游击战与平原游击战结合起来，“要建立长期支持的根据地，山地当然是最好的条件，但主要是须有游击队回旋的余地，即广大地区。有了广大地区这个条件，就是在平原也是能够发

① 周均伦主编：《聂荣臻年谱》上卷，第234页。

②《聂荣臻回忆录》，第396—397页。

③ 中共中央文献研究室编：《毛泽东年谱（1893—1949）》中卷，第66页。

④《聂荣臻回忆录》，第397页。

展和支持游击战争的”,“大抵当敌人结束了他的战略进攻,转到了保守占领地的阶段时,对于一切游击战争根据地的残酷进攻的到来,是没有疑义的,平原的游击根据地自将首当其冲。那时,在平原地带活动的大的游击兵团将不能在原地长期支持作战,而须按照情况,逐渐地转移到山地里去”。① 如此一来,中共发展平原游击战争,就不仅仅是单纯在平原作战,而是将平原与山地结合起来。晋察冀的冀中与北岳两个根据地就构成了这样一种关系。而在晋察冀还有一个根据地即冀东,本身就同时包括山地与平原,适宜进行全面的游击战争。中共有关文件曾谈到历史先机的问题,即历史发展过程中时常会出现一些并不多见的历史先机,“当着历史先机已经出现,或许是很短的(一月甚至一周),但它能给予我们的,往往能使我们完成多年所不能完成的事业”。② 北岳与冀中就是抓住了这个先机而获得大的发展,而冀东因未能抓住,其发展过程颇为曲折。

早在1937年8月召开的洛川会议上,毛泽东就曾经提出:“红军可出一部于敌后的冀东,以雾灵山为根据地进行游击战争。”但当时八路军主力主要用于发展山西,而雾灵山区远在河北东部与热河南部接壤地带。受限于这一局势,毛泽东的这一提议只是构想。直到1938年2月4日,毛泽东指示聂荣臻:“秘密准备执行雾灵山计划的各种条件,主要是干部配备。”③2月9日,毛泽东再次

---

① 毛泽东:《抗日游击战争的战略问题》(1938年5月),《毛泽东选集》第2卷,北京:人民出版社,1991年,第424、420页。

②《抗战四年山东我党工作总结与今后任务》(1942年10月1日),山东省档案馆、山东社会科学院历史研究所合编:《山东革命历史档案资料选编》第9辑(1942.9—1943.7),济南:山东人民出版社,1983年,第64页。

③ 周均伦主编:《聂荣臻年谱》上卷,第221页。

指示："雾龙山为中心之区域，有广大发展前途，但是独立作战区域，派去部队须较精干，且不宜过少，军政党领导人员须有独立应付新环境之能力，出发前须作充分准备。"①在此情况下，聂荣臻于2月20日命邓华率1个团做好到冀东去开辟根据地的准备，并指示："不能到了那里扩充一些部队，抓一把就走。'抓一把'是抓不到东西的，也是同我们建立根据地的意图相违背的。"②此外，八路军总部又抽调一二〇师宋时轮支队前往支援，4月15日令宋支队从宣化、北平间过到铁道以北，与邓华会合③，27日进一步命令两个支队合组为第四纵队，宋时轮任司令员，邓华任政治委员，归聂荣臻指挥。④ 这支部队（一般也称为宋邓纵队）进行了休整，于6月开始向冀东进军⑤，最终目标"似宜依靠雾灵山向四周发展，并应以一部北出黑峪关"，"同时以一部沿着山脉截断由承德经遵化到北平之汽车路，东出迁安"。⑥

中共冀东地方党组织也积极行动，与主力相呼应。1938年7月6日，组织冀东大起义，参加群众10万余人，先后占领了6座县城（即玉田、乐亭、卢龙、蓟县、平谷、迁安），同时也抢占了一些农村地区。⑦ 然而，宋邓纵队进军较慢，当时只前进到了平北山地。为此，8月13日，毛泽东、王稼祥、刘少奇指示："宋、邓纵队主力在现

---

①《应派精干部队发展雾龙山区》（1938年2月9日），《毛泽东军事文集》第2卷，第153页。雾龙山，即雾灵山。

② 周均伦主编：《聂荣臻年谱》上卷，第224页。

③ 中共中央文献研究室编：《朱德年谱（新编本）》中卷，第787页。

④ 周均伦主编：《聂荣臻年谱》上卷，第235页。

⑤《聂荣臻回忆录》，第401页。

⑥《聂荣臻关于第四纵队在冀东活动部署给宋时轮、邓华的指示电》（1938年6月22日），政协河北省委员会编：《晋察冀抗日根据地史料汇编》上，第112页。

⑦ 周均伦主编：《聂荣臻年谱》上卷，第245页。

地区平谷、蓟县、密云一带加紧工作，站稳脚跟，再逐渐向东南发展的方针是好的，但宋、邓有立即派遣一营左右之兵力并带干部东出玉田、丰润、滦县，配合当地暴动起来的游击队行动，并给那些游击队以各种帮助的必要。因为那些游击队如果没有一个基干支队去配合，即有被敌人削弱甚至消灭的危险。”[①]随后，刘少奇于 8 月 15 日指示聂荣臻、彭真：“冀东游击队人枪虽不断增加，但非常紊乱，始终未与八路军配合，亦未得八路军实际领导，敌人现已开始向冀东进攻，要求你们速派队伍去配合，否则即很难支持。”[②]这里的“速派队伍去配合”，实际上就是令宋时轮、邓华派部队和干部去配合，即“速令宋、邓照前电(8 月 13 日电)派 1 个营以上兵力，并带来干部去配合”[③]。第四纵队原本是要去北部的山区创建根据地的，但由于冀东大起义主要在东部的平原地区进行，为了支援起义，不得不改变任务与前进方向，于 8 月中旬赶到遵化县铁厂与冀东起义武装会合，随后决定成立冀察热宁军区，由宋时轮任司令员，邓华任政治委员，下设 5 个军分区。[④]

9 月中旬，日伪军准备出动大规模兵力来镇压起义。由于宋时轮、邓华等人对进行平原游击战尚无信心，担心“平原不好坚持”和“抗日联军复杂混乱”，决定东面要以热南的都山为根据地向平原发展，西面要依托兴隆山区向平原发展。都山为邓支队的根据地，

① 《毛泽东、王稼祥、刘少奇关于宋时轮、邓华军事部署给聂荣臻、彭真的指示电》(1938 年 8 月 13 日)，政协河北省委员会编:《晋察冀抗日根据地史料汇编》上，第 126 页。

② 《刘少奇关于速令宋时轮、邓华派部队和干部去冀东给聂荣臻、彭真的指示电》(1938 年 8 月 15 日)，政协河北省委员会编:《晋察冀抗日根据地史料汇编》上，第 126 页。

③ 《刘少奇关于速令宋时轮、邓华派部队和干部去冀东给聂荣臻、彭真的指示电》(1938 年 8 月 15 日)，政协河北省委员会编:《晋察冀抗日根据地史料汇编》上，第 126 页。

④ 周均伦主编:《聂荣臻年谱》上卷，第 251—252 页。

兴隆山为宋支队的根据地，准备依托山地来发展冀东平原地区。结果这两个试探性的行动，均由于日军的阻击而失败。① 随即第四纵队领导“均表示决无信心在冀东立足”，决定西撤，向晋察冀军区表示：“根据以上的困难，我们具体意见是：将主力转至白河以西创立根据地，一部留白河以东配合动作，另外在潮河以北、承德以南组织一个支队，迁安、遵化、丰润地区各组织一个支队，坚持游击战。”②即主力撤回平西，带走5万人到平西整训，不能带走的，加上八路军一部分骨干留下坚持，待第二年主力整理成一个大部队再回来。对此，延安及太行均表示反对，强调“创造冀热察边区根据地，创造相当大的军队，是有可能的”，“应以主要力量在白河以东、以部分力量在白河以西创造根据地”，并“以高度的布尔什维克的精神，克服斗争中的一切困难”。③ 10月8日，总部再次告知：“只有到万不得已时，才可率主力向白河以西转移。”④

到了1938年10月中旬，第四纵队领导判断已经到了万不得已的时候，决定部队大规模西撤。结果，“部队西撤遭受了挫折，除了作战伤亡以外，由起义群众为主新组建起来的部队，士气低落，发生了严重的离队现象，撤到平西的时候，十万之众的起义军只剩下很少的人数。第四纵队在敌人的围追堵截中也受到了很大损失”。⑤ 对此，毛泽东在11月25日指出：第四纵队深入冀东，配合冀东起义，获得了一定成绩，也存有很大失误，即“没有尽可能的保

---

① 北京军区晋察冀战史编纂组编：《晋察冀军区抗日战争史》，北京：军事科学出版社，1986年，第58页。

② 周均伦主编：《聂荣臻年谱》上卷，第254页。

③ 中共中央文献研究室编：《毛泽东年谱(1893—1949)》中卷，第93页。

④ 中共中央文献研究室编：《朱德年谱(新编本)》中卷，第835页。

⑤《聂荣臻回忆录》，第402—403页。

持并发展这一胜利，没有很好的团结地方党及军队，没有很镇静的应付那里的局面，以致退出原地区，军队及群众武装受到相当大的损失”。[①] 实际上，如果正确“估计冀热察区的军事政治环境”，“那里有许多有利条件，是可能坚持游击战争，创造游击根据地的”，“但是也有许多困难，要在长期艰苦斗争中才能达到目的”。[②] 正是出于这一考虑，经研究，中央“决定成立八路军冀热察挺进军，派萧克前去工作，并成立军政委员会，统一领导军队及地方党和政权工作”。[③] 26 日，八路军总部任命萧克为冀热察挺进军司令员，统一指挥平西、平北和冀东地区的抗日武装斗争。[④] 1939 年 2 月初，冀热察挺进军在平西正式成立，萧克任司令员；冀热察军政委员会成立。不久，冀东军分区成立，李运昌任司令员，最终开辟了冀东根据地。[⑤]

第三节　防守反击：晋察冀抗日根据地的反“扫荡”与反攻作战

1938 年 5 月，毛泽东曾对抗日游击战争的战略问题进行过探讨，并指出：“在游击战争已经起来并有相当的发展之后，特别是在敌人停止了对我全国的战略进攻、采取保守其占领地的方针的时

---

①《毛泽东、王稼祥、杨尚昆关于冀热察区工作的意见致朱德等电》（1938 年 11 月 25 日），《中国人民解放军历史资料丛书》编辑组编：《八路军·文献》，第 254 页。

②《毛泽东、王稼祥、杨尚昆关于冀热察区工作的意见致朱德等电》（1938 年 11 月 25 日），《中国人民解放军历史资料丛书》编辑组编：《八路军·文献》，第 254 页。

③ 中共中央文献研究室编：《毛泽东年谱（1893—1949）》中卷，第 99 页。

④ 周均伦主编：《聂荣臻年谱》上卷，第 269 页。

⑤《聂荣臻回忆录》，第 403 页。

候，敌人向游击战争根据地的进攻是必然的”，“敌人为达到消灭游击战争及其根据地之目的，常会采取围攻的办法，例如五台山地区就已有了四五次的所谓‘讨伐’，每次配置三路、四路以至六、七路的兵力，同时有计划地前进。游击战争发展的规模越大，其根据地所处的位置越重要，威胁敌人的战略基地和交通要道越大，敌人对于游击战争及其根据地的进攻也将会越厉害”。① 这里提到的“五台山地区”，指的就是晋察冀根据地。实际上，早在 1937 年 11 月 24 日，日军就集中约 2 万兵力，分兵 8 路，在天上飞机、地上坦克的支援下从平汉、平绥、同蒲、正太等 4 条铁路线全面出动，向晋察冀边区发起围攻。对于此次围攻，晋察冀根据地积极反击，并于 12 月 21 日结束了反围攻作战。此为日军对晋察冀根据地发动的首次围攻。晋察冀军区反围攻的主要战术是将主力集结于机动位置，着重打击日军后尾部队，用游击队不断袭击、伏击，使之消耗疲惫，最终给予极大杀伤。② 在近一个月的战斗中，“大的战斗 8 次，杀伤敌官兵 1 087 名，缴获步、马枪 312 支，轻机枪 10 挺，步、机枪弹 5 万发，马 10 余匹，电台 1 架，汽车、坦克各 1 辆。我伤营级干部 1(名)，连、排级干部 30 余(名)。亡营级干部 3(名)，连、排级干部 10 余(名)。班以下伤亡 600 余名”。③

之后，日军对晋察冀各区不断进行小规模“扫荡”，至 1938 年 9 月又开始一次大规模的围攻。自 9 月 20 日开始，日军调集 5 万余兵力，在飞机、坦克、装甲车及炮兵的配合下，从平汉、正太、同蒲等线，分 25 路大举围攻晋察冀根据地。根据以往的经验，聂荣臻命

① 毛泽东:《抗日游击战争的战略问题》(1938 年 5 月)，《毛泽东选集》第 2 卷，第428 页。

② 周均伦主编:《聂荣臻年谱》上卷，第 211—214 页。

③《晋察冀军区关于粉碎日军八路围攻的战斗总结》(1937 年 12 月)，政协河北省委员会编:《晋察冀抗日根据地史料汇编》上，第 83 页。

令各部队迅速集结兵力,“位于机动地区或估计敌人可能前进道路之翼侧或两侧,以运动战对敌做有效之打击”,并计划“首先粉碎正面西进之敌,如敌不迅速西进时,则一分区主力即转移至五台方向,配合二分区及王震旅七团粉碎可能向五台前进之敌”。八路军总部也命令一二九师各游击支队向正太线及尾击正太线北进日军;一二〇师沿同蒲,各游击支队加紧向忻、代线活动;三五八旅主力转移至忻县、原平线以西地区,准备配合晋察冀作战。① 但日军吸取之前的教训,采取稳步推进策略,“每占一地立即铺设交通”,“逐渐缩小围攻线”,进行分进合击。② 八路军的反击颇不顺利。9月30日,聂荣臻向延安报告:“已无绝对把握击溃敌人一面,如勉强行之,将造成更不利之势,以3万之众束缚于大荒山地,无食无住,且不能周旋”,决定“将主力突出包围线外,在原则上划成4个游击区,留下5个团左右配合地方游击队”,晋察冀边区成为游击区域。③

对此,八路军总部判断日军的目的是“逐渐缩小、分割我边区,限制我之活动和积极摧毁与肃清我之有生力量,使我不能继续向北发展,同时推广其线的占领,逐渐变为面的占领,保障其铁路线之安全”,因此指示晋察冀军区:“以主力集结于五台以东地区,准备打击企图贯通五台、阜平之敌,或反击五台敌人,并迅速布置战场。”④10月10日,总部进一步判断:“敌进攻边区初步计划已相当

---

① 周均伦主编:《聂荣臻年谱》上卷,第253—255页。

② 中共中央文献研究室编:《朱德年谱(新编本)》中卷,第832页。

③ 周均伦主编:《聂荣臻年谱》上卷,第255页。

④《左权对晋察冀之敌情及我军行动部署的报告的批复》(1938年10月3日),《晋察冀抗日根据地》史料丛书编审委员会、中央档案馆编:《晋察冀抗日根据地》第1册(文献选编:上),北京:中共党史资料出版社,1989年,第196页。

完成……边区一时将转入更艰苦的阶段中。”[①]聂荣臻遂决定新的作战方针：“除一方面分散游击，同时集结相当兵力待敌进入山地时，坚决突击之；另外以一部分主力转移敌后，不断伏击、袭击其运输线、联络线，孤立、围困深入之敌，逼退深入之敌，在敌人退却时打击之。”[②]10 月 28 日，总部向重庆政府报告：“在晋察冀军区军民一致努力作战下，日军对晋察冀军区的围攻以伤亡五六千人的代价而告失败，除少数残敌固守据点遭到围困和袭击外，大部敌人从二十一日起相继向平汉、平绥、正太、同蒲等线撤退。我追击部队东西已达阜平以东党城，南面抵正太线阳寿段，北面抵广灵以东地区。”[③]11 月 7 日，历时 48 天的晋察冀军区第二次反围攻作战最终结束，共作战 136 次，毙伤日伪军（以日军为主）5 200 多人。晋察冀边区党政军首脑机关，转移至河北省平山县蛟潭庄一带。[④]

1939 年 1 月，聂荣臻在晋察冀边区第二次党代会上，对晋察冀的反“扫荡”进行了总结：“敌以大联队深入山地，离开了主要铁路线，人马供养必须后方联络，如将其后路切断，以打击孤立深入之敌，必易得胜”；“山地大部队不易展开，此敌我共同之条件。如巧妙运用，坚决前后堵截，向中作猛烈之短兵突击，绝不要据险而守。险要处应以小队作不规则之游击动作，以迷惑敌人。此种战术我未充分利用”；“夜袭的战斗应常用。只要有决心，常能成功”；“扰乱之动作有作用”；“伏击，如阳明堡之战，皆能完满成功”；总之，

---

① 《左权关于粉碎敌人对晋察冀边区的围攻的具体意见》（1938 年 10 月 10 日），《晋察冀抗日根据地》史料丛书编审委员会、中央档案馆编：《晋察冀抗日根据地》第 1 册（文献选编：上），第 206 页。

② 周均伦主编：《聂荣臻年谱》上卷，第 263 页。

③ 中共中央文献研究室编：《朱德年谱（新编本）》中卷，第 838—839 页。

④ 周均伦主编：《聂荣臻年谱》上卷，第 266 页。

“过于正规者不甚有利，而正规中之特种战斗易于成功”。[①] 在正确总结经验教训的基础上，晋察冀军区迎来了1939年的冬季大“扫荡”。日军主要针对北岳区，总兵力2万多人。聂荣臻命令：“各分区主力要集结隐蔽于敌合击圈外线机动位置，以一部扰敌修路，一部配合游击队活动于敌后联络线上，断敌供应，待敌疲惫撤退时进行追歼。”其中一分区杨成武部先后取得雁宿崖、黄土岭战斗的胜利，歼灭日军千余人，包括中将阿部规秀。12月8日，晋察冀军区冬季反“扫荡”作战结束，历时43天，共作战100多次，歼日伪军3 600多人，自身伤亡约2 000人。[②]

晋察冀军区除了反击日军的“扫荡”，也利用有利时机，发起攻势作战。其中，最重要的便是参与百团大战。1940年7月22日，八路军总部指出，“敌寇依据各个交通要线，不断向我内地扩大占领地区，增多据点，封锁与隔截我各个抗日根据地之联系”，为打击日军的“囚笼政策”，决定趁青纱帐与雨季时节，“大举击破正太路”。[③] 具体说来，晋察冀应以主力10个团的兵力，“破坏平定（平定县不含）东至石家庄段正太线，破坏重点应在娘子关平定段。对北宁线、德州以北之津浦线、德石路、沧石路、沧保路，特别是对元氏以北至卢沟桥段之平汉线，应同时分派足够部队宽正面的破袭之，阻击可能向正太线增援之敌，相机收复某些据点。对西、北两面之敌，以适当兵力监视之。另以有力部队向盂县南北敌据点积

---

① 聂荣臻：《在中共中央北方分局党代表大会上的报告》（1939年1月），《晋察冀抗日根据地》史料丛书编审委员会、中央档案馆编：《晋察冀抗日根据地》第1册（文献选编：上），第235—236页。

② 周均伦主编：《聂荣臻年谱》上卷，第289—297页。

③《朱德、彭德怀、左权关于破击正太路的预备命令致聂荣臻等电》（1940年7月22日），《中国人民解放军历史资料丛书》编辑组编：《八路军·文献》，第531页。

极活动，相机克复某些据点”。① 自20日夜开始，晋察冀军区投入8个步兵团、1个骑兵团，此外还有2个骑兵营、3个炮兵连、1个工兵连和5个游击支队。与此同时，另以约35个主力团的兵力，破袭境内的铁路、公路。② 8月24日，总部又指示各线配合作战部队应延长时间，保证正太路破击战的继续，其中晋察冀“应以不少于四个团兵力进攻苌池镇以北各据点，力求收复上、下社以北各据点，并向太原、寿阳、盂县以北定襄、忻县以南开展工作。另以约三个团之兵力坚持阳泉、石家庄段正太线南北游击战争”。③

至9月2日，八路军总部宣布结束破袭正太路。④ 此阶段，晋察冀军区共歼灭日伪军2 000余人，俘日军21人，攻克娘子关等敌重要据点17处，破坏铁路33公里、公路500余公里、桥梁28座。⑤“为扩大百团大战第一阶段之战果，贯彻百团大战之目的”，9月16日，八路军总部拟定了百团大战第二阶段作战计划。此阶段的作战基本方针为：“继续破击敌寇交通”，“克复深入我基本根据地内之某些据点”。⑥ 总部规定晋察冀的主攻目标为涞源、灵丘地区。军区以7个团和察绥游击支队等，分左右两翼进行涞灵战役，首先对涞源县城及附近10余个据点同时发起攻击，攻克了3个城关和

① 《朱德、彭德怀、左权关于破击正太路战役部署致聂荣臻等电》（1940年8月8日），《中国人民解放军历史资料丛书》编辑组编：《八路军・文献》，第536页。

② 周均伦主编：《聂荣臻年谱》上卷，第310页。

③ 《朱德、彭德怀、左权关于在正太线两侧作战的部署致聂荣臻等电》（1940年8月24日），《中国人民解放军历史资料丛书》编辑组编：《八路军・文献》，第550页。

④ 《朱德、彭德怀、左权关于基本结束百团大战第一阶段致聂荣臻等电》（1940年9月2日），《中国人民解放军历史资料丛书》编辑组编：《八路军・文献》，第557页。

⑤ 周均伦主编：《聂荣臻年谱》上卷，第312页。

⑥ 《朱德、彭德怀、左权关于百团大战第二阶段的作战部署致刘伯承等电》（1940年9月16日），《中国人民解放军历史资料丛书》编辑组编：《八路军・文献》，第568页。

附近 2 个据点。至 10 月 10 日，涞灵战役大体结束，部队伤亡 2 000 余人，加上疾病流行，因此急需休整。[①] 但此时，日军出动 4 000 余人“扫荡”平西地区。总部命令晋察冀军区立即准备反“扫荡”，并指示：“平西反‘扫荡’作战，应以进行坚决的游击战为主展开，消耗疲劳敌人，求得部分的消灭敌人，但不直接作较大的决战。”[②]从 11 月上旬到 12 月底，日伪军 3 万余人先由北向南，后由东向西，分路平行推进，又对北岳区进行大举“扫荡”。由此可见，虽然在百团大战中晋察冀军区取得了较大的战果——作战 535 次，攻克据点 61 处，炸毁铁路 80 多公里、公路 2 900 公里、铁路桥 22 座，歼敌 12 578 人，俘日军 120 人、伪军 1 092 人[③]，但也引发了日军的疯狂报复。

1941 年秋季，日军再次对晋察冀军区发起大规模“扫荡”。因“受敌东运、北运的迷惑，估计‘扫荡’开始时间过迟（9 月中旬）。党政军机关及学校过于庞大，未及时缩小，行动不便”，晋察冀军区遭受了较大的损失，党政军机关 8 000 余人一度被包围，幸而最后顺利突围。[④] 1942 年 5 月，日军又对冀中区发动了更大规模的“扫荡”，军区主力最后不得不向山区转移。冀中区遭受了非常严重的损失，“据统计，敌人仅在后一阶段的‘清剿’中，就打死、打伤、抓走群众达五万多人，几乎每个村庄都有几名群众被杀害，多者达数十人。冀中军民经过千辛万苦创立的平原根据地，大部地区暂时被

---

① 周均伦主编：《聂荣臻年谱》上卷，第 312—314 页。

② 《彭德怀、左权关于百团大战反“扫荡”计划致聂荣臻等电》（1940 年 10 月 19 日），《中国人民解放军历史资料丛书》编辑组编：《八路军 · 文献》，第 579 页。

③ 周均伦主编：《聂荣臻年谱》上卷，第 316 页。

④ 周均伦主编：《聂荣臻年谱》上卷，第 339—341 页。

敌占领”。[1] 整个华北各根据地也在 1942 年进入了困难时期。除冀中由根据地变为游击区外，其他地区亦不断遭受日军的“封锁”“蚕食”。在晋察冀，除北岳腹心地区外，日军的据点、堡垒和封锁线一直伸到各处。为此，聂荣臻提出向“敌后之敌后”发展，即“敌进我进，你朝我这里来，我就到你那里去，我们钻到你后面活动，搞得你不得安宁”[2]，派出大量武工队对日伪方面展开军事与政治攻势。我方以政治攻势为主，军事攻势为辅，并结合精兵简政等举措，最终渡过了难关，迎来了 1943 年局势的逐渐好转。

1943 年冬，日军准备进行“一号作战”，打通中国大陆通往印度支那的交通线，发动了豫湘桂战役。为此，日军从东北和华北抽调兵力，将有限的兵力用于防守交通路线和战略要地以及重要的工矿资源地区，无力进行大规模“扫荡”，不少地方只能交给伪军防守。趁此机会，华北地区的中共部队开始了局部反攻。在晋察冀，由于 1944 年春，日军将控制平汉地区的第一〇〇师团调往河南，原驻扎平津地区和津浦路地区的第二十七师团先调往东北，后又开赴豫湘桂战场，因而晋察冀边区周边的日军兵力更加薄弱。八路军及所属地方武装，趁机从 1944 年初开始了对周边日伪控制地区的局部反攻。赵尔陆指挥冀晋部队于 6 月攻入获鹿、灵丘。郭天民指挥冀察部队于 6 月攻入涞源，7 月攻入蔚县、易县，10 月攻入平谷。李运昌指挥冀热部队于 1 月攻入卢龙，2 月攻入抚宁、昌黎。杨成武指挥冀中部队于 3 月攻克赵县、晋县，4 月攻克博野，5 月攻克任丘、安新，6 月攻入定县、河间，7 月攻入大城，8 月攻入雄县、沧县，9 月攻入深泽、饶阳，10 月攻入献县、安平，并两次攻入高

---

①《聂荣臻回忆录》，第 536 页。

②《聂荣臻回忆录》，第 545 页。

阳、肃宁、武强等城。甚至保定、石家庄等大城市的日军也均遭到八路军的袭击。至1944年底,冀中地区基本上恢复到百团大战前的局面。冀晋和冀察两区,日军的封锁第一线的碉堡全部被摧毁,日军被迫后退。通过局部反攻,晋察冀根据地的中心区域更加巩固,冀热地区也获得发展,并在1944年夏天建立了冀热辽军区,深入东北境内。①

1944年12月18日,毛泽东致电程子华,要求晋察冀军区"努力向雁北、绥东、察哈尔、热河及冀东敌占区发展,扩大解放区。同时努力从事城市工作"。② 1945年春,八路军以扩大解放区为重点,发动了春季攻势,继续进行反攻作战。2月中旬,中共晋察冀分局及晋察冀军区召开会议,制定了《关于一九四五年扩大解放区的方案》,确定主要任务是:开辟雁北、绥东、察南、热河、子牙河东、大清河北和津浦铁路以东地区,"对其他方面均应积极的挤退敌人,尽可能逼退深入内地及边缘的点碉,缩小敌占区"。③ 随即晋察冀军区进行了扩军,并展开了春季攻势,与日伪军主要进行了灵丘战役、任(丘)河(间)战役、文(安)新(镇)战役、安(平)饶(阳)战役。与此同时,主力与地方武装相互配合,围困易县、徐水、保定、涞源、崇礼和北平郊区的敌据点,并以一部兵力开辟了新的根据地。另外,自2月初至5月底,冀热辽军区粉碎了日伪军组织的最后一次

① 参见姜克夫编著《民国军事史》第3卷(下),重庆:重庆出版社,2009年,第689页。

②《关于扩大解放区的指示》(1944年12月18日毛泽东致程子华电),中央档案馆编:《中共中央文件选集》第14册(1943—1944),北京:中共中央党校出版社,1992年,第430页。

③《关于一九四五年扩大解放区的方案》(1945年2月28日),中共辽宁省委党史资料征集委员会编:《凌青绥抗日游击根据地》,沈阳:辽宁人民出版社,1986年,第111—113页。

大“扫荡”，共进行大小战斗230次，歼日伪军5 000余人。

1945年5月29日，八路军总部发布了关于夏季攻势的指示："在以打击与消灭伪军为主的作战方针下，求得我军之战役组织与战术动作上的锻炼与不断提高；部分的逐渐改变游击战为围困战、运动战，在主力兵团中确立正规作战观念”，“晋绥、晋冀、晋察、太行、太岳、冀鲁豫各区应做更积极的攻势；随时警惕日寇与顽方配合谋我，或单独地向我‘扫荡’，严密注视敌特、国特的破坏扰乱，并随时准备适当力量粉碎‘扫荡’与破坏”。① 于是，八路军各部队相继展开了夏季攻势。5月15日，中共晋察冀分局召开干部会议，要求在距离边区较远的地方，主力兵团“把调查工作做了一定的准备，在有利或可能情况下，用主力或多数武工队结合的形式出现，组织游击战争的战役的或战斗的行动，以建立解放区”，在边区附近“武工队进行了一定时期的工作后，再把主力兵团加上去，组织战役或战斗行动，把扩大解放区的时间缩短”。② 晋察冀军区从5月中旬起，开展夏季攻势作战，主要战役包括雁北战役、察南战役、热辽战役、子牙河东战役、大清河北战役等。在整个夏季攻势作战中，晋察冀军区部队共歼灭日伪军1万余人，缴获了大量武器弹药，使整个根据地的面积扩大到20多万平方公里，部分部队已挺进察北、热东和辽西地区。

随着第二次世界大战战局的演变，特别是8月8日苏联宣布参加对日作战，中共意识到日本战败已不可避免。8月9日，毛泽东发表《对日寇的最后一战》，宣布举行全面反攻的时机已经到来，要

---

① 转引自岳思平编著：《八路军战史》，北京：解放军出版社，2011年，第426页。

② 程子华：《扩大解放区》（1945年5月15日），《晋察冀抗日根据地》史料丛书编审委员会、中央档案馆编：《晋察冀抗日根据地》第1册（文献选编：下），北京：中共党史资料出版社，1989年，第1009—1010页。

求“八路军、新四军及其他人民军队，应在一切可能条件下，对于一切不愿投降的侵略者及其走狗实行广泛的进攻，歼灭这些敌人的力量，夺取其武器和资财，猛烈地扩大解放区，缩小沦陷区”。① 8月10日，中共中央在关于准备进占城市及交通要道的指示中指出，各地应“立即布置动员一切力量，向敌、伪进行广泛的进攻，迅速扩大解放区，壮大我军，并须准备于日本投降时，我们能迅速占领所有被我包围和力所能及的大小城市、交通要道，以正规部队占领大城及要道，以游击队民兵占小城”。② 为此，延安总部连续发出作战命令。晋察冀军区决定集中主力部队向北平、天津、石家庄、保定、唐山、承德、山海关等城市进军，接受以上城市日伪军队的投降。如日军继续抵抗，则依情况发动进攻。③ 在8月15日日本宣布投降后，冀察军区部队成功解放了张家口。中共中央书记处会议决定中共中央晋察冀分局改为中共晋察冀中央局，聂荣臻为中共晋察冀中央局书记兼晋察冀军区司令员和政治委员，程子华、罗瑞卿、刘澜涛为中共晋察冀中央局副书记兼晋察冀军区副政治委员，萧克为军区副司令员。④

但是，由于国民政府要求各地日伪部队就地负责维护地方，不得向中共武装投降，国民党部队也快速推进，而且当时八路军又缺乏攻坚的重型武器，夺取大城市也有相当大的困难，因此，根据战略形势的变化，中共中央、中央军委于8月22日修改了反攻作战的

---

①《对日寇的最后一战》(1945年8月9日)，《毛泽东军事文集》第2卷，第817页。

②《中央关于苏联参战后准备进占城市及交通要道的指示》(1945年8月10日)，中央档案馆编:《中共中央文件选集》第15册(1945)，北京:中共中央党校出版社，1991年，第215页。

③ 周均伦主编:《聂荣臻年谱》上卷，第412—413页。

④ 周均伦主编:《聂荣臻年谱》上卷，第415页。

方针，新方针规定：“除个别地点仍可占领外，一般应以相当兵力威胁大城市及要道，使敌伪向大城要道集中，而以必要兵力着重于夺取小城市及广大乡村，扩大并巩固解放区，发动群众斗争，并注意组训军队，准备应付新局面，作持久打算。”①9 月 19 日，中共中央又确定了“向北发展，向南防御”（即南守北攻）的方针，“目前全党全军的主要任务，是继续打击敌伪，完全控制热、察两省，发展东北我之力量并争取控制东北，以便依靠东北和热、察两省”，“晋察冀（除冀东外）和晋绥两区以现有力量对付傅作义、马占山向察哈尔张家口之进攻及将来胡宗南由北平向张家口之可能的进攻，坚决打击傅、马及其他进攻之顽军，完全保障察哈尔全境、绥远大部、山西北部及河北一部，使之成为以张家口为中心的基本战略根据地之一”。② 随即晋察冀军区展开了部署，为进军东北并最终夺取全国胜利创造了条件。

---

①《中共中央、中央军委关于改变战略方针的指示——目前方针着重于夺取小城市及广大乡村》（1945 年 8 月 22 日），中央档案馆编：《中共中央文件选集》第 15 册（1945），第 243 页。

②《中共中央关于目前任务和战略部署的指示》（1945 年 9 月 19 日），中共中央文献研究室、中央档案馆编：《建党以来重要文献选编（1921—1949）》第 22 册，北京：中央文献出版社，2011 年，第 685—686 页。

第二章　晋察冀抗日根据地的军事建设

全国抗战时期，军事建设无疑是根据地建设的最重要内容。从晋察冀抗日根据地来看，其军事建设主要包括兵役、武装体制和优抚制度三个方面。所谓兵役制度，是指动员广大青壮年参军作战的制度。晋察冀根据地初期实行义勇军式的兵役制度，曾经试行志愿的义务兵役制，但主要实行革命的志愿兵役制，基本保证了抗日军队的兵员需求。晋察冀根据地实行主力部队、地方部队和人民武装相结合的武装体制。事实证明，三结合的武装体制符合根据地实际情况，行之有效；某种程度上，三结合的武装体制通过组织民众参加不同层面的军事斗争，培养民众的战斗习惯，也为晋察冀根据地征集兵员创造了条件。晋察冀根据地的优抚制度，旨在为动员民众参军、巩固部队提供制度保障，主要包括物质、劳力和精神优待等。

第一节　晋察冀抗日根据地的兵役

晋察冀根据地的兵役制度随着抗日战争发展逐渐演变。全国抗战爆发，晋察冀根据地初创，整合和改造各种武装于抗日的道路，实行义勇军式的兵役制；各级抗日政权建立后，由政权动员青年、农民参军，实行志愿兵役制；1942 年，晋察冀根据地试行志愿义务兵役制，努力探索适合实际情况的兵役制度。

一、整合改造各类武装

晋察冀军区创立之初，各地涌现出许多武装。在北平以西、以北活跃着由共产党员和青年学生组成的“国民抗日军”；行唐、易县、满城、徐水、野三坡等地，有不少小股武装。晋察冀军区根据抗日民族统一战线政策，对能够争取和改造的武装进行争取，解除为害乡里、打家劫舍的汉奸、土匪队伍的武装。在开辟根据地的过程中，各军分区的游击队、义勇军，组成数量不等的游击大队。1937 年 12 月，晋察冀军区对部队进行整编。各军分区成立支队，军分区兼任支队的领导；新组建的游击队和独立营编为相当于团的大队，隶属于支队。每个支队由三个大队组成，其中，第一支队由第一军分区兼任，下辖第一、二、三大队；第二支队由第二军分区兼任，下辖第四、五、六大队；第三支队并未由第三军分区兼任，而是由第四军分区兼任，下辖第七、八、九大队；第四支队则由第三军分区兼任，下辖第十、十一、十二大队。各军分区都陆续组织了县以下的地方游击队。

这些在极短时间内组建的部队，极大增强了晋察冀军区的军事实力。然而，一方面，新成员大量涌入，动机、成分极其复杂，致使部队纪律涣散、不良倾向滋长；另一方面，多数连队没有党员，党支部也不存在。这违反中共建军的基本原则，不利于对军队的掌握。12 月 25 日，聂荣臻主持召开政治工作会议，着重研究和解决部队快速发展中出现的各种问题，加强对部队组织、纪律和作风的教育，发展党员，普遍建立党的组织，强化政治工作，继承红军时期各项优良的传统，清洗 1 300 多名混入部队的各种不良分子，党员在连队中的比例提升至 20%—35%。这奠定了晋察冀军区继续发展的基础。

全国抗战爆发后，冀中抗日武装蜂起。1937 年 8 月下旬，中共中央派遣红军干部孟庆山（河北蠡县人）到达冀中，在地方党委统一领导下，组建人民抗日武装，开展游击战争。中共平汉线省委任命孟庆山为保东特委军事委员。1937 年 9—10 月，孟庆山、侯玉田等在河北任丘、安新、蠡县等地举办武装训练班，讲授抗日民族统一战线政策和游击战争战略战术，主要吸收共产党员和进步青年参加，共培训 4 期计 200 多人。经过培训，这些学员提高了政治和军事水平，成为组织冀中各县抗日武装的骨干力量。

1937 年 8 月至 9 月，中共天津市委先后派遣部分党员和青年学生到安次、武清、永清、静海地区组织抗日游击队：在东沽港成立“抗日自卫大队”，共 50 余人，队长徐立树；在信安镇、永清、霸县一带，组建了以魏大光为司令的抗日游击队，号称“八大队”，共 2 000 余人；此外，还有李存厚、吴淮之、陈厚林部，四五百人。1938 年 3 月下旬，这几支队伍奉命改编为“华北人民抗日联军第二十七支队”，魏大光任司令。9 月 18 日，蠡县中共地下党员吴廷华、梁斌、张之吾等，收缴公安局长短枪 70 余支，组成百余人的队伍，又截获高阳县保安队部分武器，发展至 200 多人，编为“华北抗日自卫军第一大队”。该部随即转到饶阳县，与朱占魁、徐佩坚部会合，10 月间编入人民自卫军第三团。

1937 年 9 月至 10 月间，回族爱国人士马本斋联合献县一些地方绅士，组织献县 48 村“联庄会”，武装保卫家乡。随后，马本斋邀集献县、河间回族爱国青年，组建数百人枪的回族抗日武装。1938 年初，在中国共产党领导下，这支部队改编为“回族抗日教导队”，马本斋任队长。在此期间,定县一带回民组建了一支“回民队”,部队发展到三四百人,马永恩任队长,后改编为“抗日义勇军第九支队”。

1937 年 10 月中旬,中共无极县党组织派刘毅之、贾一民组建了“晋察冀抗日义勇军第五支队”,翟进阶任队长。10 月下旬,中共藁城县地下组织组建由马玉堂率领的 500 余人的部队,和无极、藁城一带中共党员组建的抗日武装以及无极县保安团分化出来的部分部队,编入晋察冀抗日义勇军第五支队。除组建第五支队外,中共在定县、无极的地下党,先后在定县、无极、安国一带组织了“晋察冀抗日义勇军第四支队”和“晋察冀义勇军第八支队”。前者七八百人,枪 300 余支;后者七八百人,枪 500 多支。与此同时,中共保属特委委员陈守茂在保定东部同口一带组建了一支武装,河北游击军建立后,拨归河北游击军指挥,编为独立团。10 月中旬,博野县抗日县长、原警察局长张仲瀚组建“河北民军”,部队迅速发展到 2 000 余人。

在各种武装兴起之际,一支较强大的整建制的军事力量进入冀中。1937 年 10 月 14 日,国民党第五十三军第六九一团在吕正操率领下,于河北晋县小樵镇举行抗日誓师大会,宣称脱离五十三军建制,改称“人民自卫军”,编为三个总队,总司令吕正操,政训处长李晓初,赵承金、于权伸、沙克分别担任第一、二、三总队总队长,随后进驻深泽县城。10 月 24 日,人民自卫军继续北上,吕正操率第二、三总队进驻安国县城,赵承金率第一总队进驻安平县城。当地中共党组织和人民自卫军合作,成立抗日政府,组建地方抗日武装——“人民自卫团”。中共保属省委派人到安国联系人民自卫军,双方商定经博野、蠡县进驻高阳县城。10 月 29 日,吕正操率部进入蠡县,在当地中共党组织的帮助下,收编蠡县南区各村的“联庄会”，编为“人民自卫军游击第三支队”；与此同时，李晓初率部进驻任丘，收编高顺成部。

1937 年 10 月 31 日，吕正操率部攻克高阳县城。此役共计歼灭伪冀东保安队和高阳县伪自卫团近千人，大大鼓舞了冀中人民的抗日斗志，部队迅速扩大至四五千人。11 月底，人民自卫军进行整编，编为 4 个团、1 个特务营和 1 个学兵营。此时，接受吕正操直接指挥的部队除人民自卫军外，还有任丘的高顺成部，编为游击第一师；博野的张仲瀚部，即河北民军；蠡县的“华北人民自卫军第一大队”，系由中共蠡县地下组织组建；无极的“晋察冀抗日义勇军第二路第五支队”，系由中共无极县委组建；定县的“晋察冀抗日义勇军第二路第八支队”，系由中共定县县委组建；饶阳的“人民抗日自卫军”，系由中共饶阳县委组建；天津的“华北人民抗日联军第二十七支队”（即魏大光部），系由中共天津地下组织组建；此外，还有中共冀中各地党组织组建的人民自卫团。这些分布于各地的具有抗日倾向的武装，围绕吕正操部，一定程度上聚集起来。

人民自卫军迅速发展，成为中共在冀中战斗力最强的部队。但这支部队刚由旧军阀部队脱胎而来，存在军阀习气，官兵关系和军民关系方面还存在一些问题。在军事上，多数官兵习惯于阵地战，对游击战争的战略战术尚不熟悉。为此，吕正操向聂荣臻司令员提出，请求带主力部队到平汉路西整训，向老部队学习。在得到聂荣臻司令员同意后，吕正操率人民自卫军主力 2 300 余人赴晋察冀军区整训。1937 年 12 月 13 日，人民自卫军主力部队在吕正操率领下抵达阜平县王快镇。此后，人民自卫军便在晋察冀军区指导下进行了严格的整训。整训过程中，北岳第三军分区给予了大量帮助。其间，聂荣臻和吕正操共同研究了整训工作方案，审定了整顿和训练计划。人民自卫军学习了八路军的优良传统和作风，学习了发动和组织群众创建抗日政权的经验。晋察冀军区组织受训部队参观了军区老部队的训练和建设情况，并整理和充实了人民自卫军的党的组织和政治机关组织。吕正操、孙志远等还参加了军区的政治工作会议，具体讨论和部署了冀中下一步的工作。①经过此次整训，人民自卫军的军政素质大为提高，创建冀中抗日根据地的信心大大增强。

在人民自卫军主力到平汉路西整训后，河北抗日民军，晋察冀抗日义勇军第五、第八支队，以及人民自卫军第三团、机炮连，组建为"河北游击军司令部"②(称"河北游击军")：总司令孟庆山，辖第一师，孟庆山兼师长；第二师，师长段石曾；第三师，师长马佑民。该部先后又组织扩大或用加委的方式成立了12个路。第一路，总指挥徐佩坚；第二路，总指挥王贲；第三路，总指挥陈木新；第四路，总指挥王烈军；第五路，总指挥高士一；第六路，总指挥郭墨村；第七路，总指挥孟阁臣；第八路，总指挥刘可忠；第九路，总指挥李庆锁；第十路，总指挥赵玉昆；第十一路，总指挥马玉祥；第十二路，总指挥柴恩波。以上总计6.97万人。③

与此同时，受中共影响较小的武装也蓬勃发展。有的是国民党留下来的武装，与日伪频频联系；有的是土匪流氓，借抗日之名，打家劫舍，敲诈勒索；有的是地主豪绅组织的"联庄会"，以"保卫乡里"为名，看家护院；有的是各种封建会道门武装，以"作法护身"为幌子，进行迷信活动；有的为保全自身利益，准备勾结日军，拉夫结队。冀中呈现"司令遍天下，主任赛牛毛"的局面。这些自立番号

① 《聂荣臻回忆录》，第393—394页。

② 《中国人民解放军军史》编写组编：《中国人民解放军军史》第2卷，北京：军事科学出版社，2010年，第76页。

③ 岳思平：《八路军史》，南京：江苏人民出版社，2017年，第132页。

的武装，在冀中不下数十股，每股数百人至数千人不等。

1938年1月，经过整训的人民自卫军重返冀中，创建抗日根据地。河北游击军和人民自卫军密切配合，先后解决了土匪高建勋、徐二黑、张八等部，冀中局面逐渐稳定。至2月底，人民自卫军和河北游击军控制了大清河以南地区。[①] 此后，双方合作，继续开辟大清河以北地区。4月，在中共冀中党的领导下，人民自卫军和河北游击军基本肃清冀中腹地的杂色武装，整编了受中共领导和影响的武装，粉碎了日军第一次春季“扫荡”。人民自卫军发展到3万余人。河北游击军发展到3.6万人。

在中国共产党抗日民族统一战线政策和正确领导下，冀中区两支武装力量——河北游击军和人民自卫军——迅速扩张，极大增强了中国共产党在冀中区的力量和影响。但是，一方面，这种扩张很大程度上是收编各种杂色武装导致的，队伍成分复杂、纪律松弛、铺张浪费、战斗顽强性差等弱点日益呈现，急需整顿和严格训练。另一方面，抗战以来，在中国共产党的领导下，冀中形成了人民自卫军和河北游击军两大军事系统，需要集中统一。1938年4月，中共冀中党第一次代表大会召开，决定合编人民自卫军与河北游击军为八路军第三纵队，由吕正操任司令员，孟庆山任副司令员，下辖第七、第八、第九、第十支队；成立冀中军区，下辖第一、第二、第三、第四军分区，军区领导机关由第三纵队兼，各军分区依次由第七、第八、第九、第十支队兼。[②] 整编工作，着重清理和调动了党的理论和组织，使用干部注意以党员为基本条件，建立了政治工

① 北京军区战史编写组编：《晋察冀暨华北军区武装力量发展史》，北京：军事科学出版社，1996年，第49页。

②《中国人民解放军军史》编写组编：《中国人民解放军军史》第2卷，第78页。

作和制度，破除了怕艰苦、怕离家、怕与老首长和熟人分开的思想。

1938 年 9 月 8 日，中共中央对八路军第三纵队发出指示："政治工作必需〔须〕最大限度的发挥机警灵活不间断不迟延的作风，加强连队特别支部，以至班排小组的工作"；"坚持平原游击战争的基本条件，在于团结人民使军民完全打成一片，要求军队严明纪律，坚持统一战线政策，巩固基本群众，争取中间分子，打入敌伪组织，以缩小敌之社会基础，取得人民广泛的拥护"；"加强地方武装，统一主力与地方游击队的指挥关系，使三万地方武装能很好配合主力作战"。① 这为第三纵队指明了发展的方向。10 月，八路军第三纵队兼冀中军区发展到 6.3 万人，拥有步马枪 4.1 万余支、短枪 2 610 支、轻重机枪 245 挺、各种炮 26 门。②

全国抗战初期，晋察冀军区贯彻中共中央抗日民族统一战线的方针，抓住机会，收编或解除各种类型的武装力量，增强了自身实力，重整了社会秩序。但是，对于收编之后的武装力量，必须建立正规的军事和政治制度，进行政治和军事整训，才能够使其在思想意识和军事素质上坚持抗战和创立根据地。根据中共中央和八路军总部的指示，晋察冀军区对部队进行了三次大规模的整军，"洗刷部队中因一时猛烈发展而混进来的那些流氓、兵痞、土匪、青洪帮头子、防共团等分子"③。随着社会秩

---

①《关于冀中政治工作的指示》(1938 年 9 月 8 日王稼祥、谭政、舒同、孙毅致吕正操、程子华并聂荣臻、朱瑞)，中央档案馆编：《中共中央文件选集》第 11 册(1936—1938)，北京：中共中央党校出版社，1991 年，第 543—544 页。

②《中国人民解放军军史》编写组编：《中国人民解放军军史》第 2 卷，第 80 页。

③ 舒同：《晋察冀军区建军工作之初步总结》(1940 年 12 月 12 日)，《晋察冀抗日根据地》史料丛书编审委员会、中央档案馆编：《晋察冀抗日根据地》第 1 册(文献选编：上)，第 468 页。

序的日益稳定，各种武装逐渐整合于八路军，必须采取新的办法扩展兵源，维系抗战力量。

二、实行志愿兵役制

晋察冀军区创立初期，主要实行义勇军制。随着各级政权的建立，晋察冀军区的兵役制度由义勇军制逐渐向志愿兵役制转变。所谓志愿兵役制，是根据志愿的原则召集、补充兵员的制度。①1938年下半年至1941年，是晋察冀军区实行志愿兵役制的阶段。②

到1940年，晋察冀军区进行了三次大规模补充军队的工作，“第一次是1938年12月到1939年1月，八千多新战士的动员；第二次是1939年7、8、9月九千多新战士的动员；第三次是1940年三万二千多新战士的动员（这次包括冀中、平西）”③。第一次动员的主体是部队本身，地方党仅站在帮助的地位，全军区发动了热烈的关于武装动员的革命竞赛（两个月），组织各种竞赛委员会、工作团、突击队，散布在各自的地区，只二分区跨到平汉以东地区活动（因二分区客观条件差），其方式大体上采取了以下几种：组织地方上临时性的游击队，然后进行充分政治动员，逐渐争取到部队中去；成立地方性的新兵团（如平山团），派出军政干部领导，使其接近八路军，建立一定的联系制度，在各种好的影响下号召参加主力

---

① 隋东升：《兵役制度概论》，北京：军事科学出版社，1996年，第45页。

② 刘澜涛：《北岳区第一期志愿义务兵役实施总结——1942年6月2日刘澜涛同志在新兵役工作上的报告大纲》，战线社，1942年。

③《三年来政治工作总结：军区八路军三年来所处的环境和任务》（摘自《一九四〇年晋察冀军区三年来政治工作总结报告》），中共中央晋察冀分局秘书处编：《晋察冀边区工作研究参考资料》第8集第1分册。

过渡到八路军去；发动连队在驻地开展各种群众工作，然后去个别扩大，并利用新战士活动；普遍的归队运动，团和分区组织专门的归队组织工作组，协同地方共策进行。

第二次的补充工作，力量也特别雄厚，工作更加深入。明确划分地区，适当分配数目调剂补充，实行严格的纪律；分区以上组织武装动员联席会议，分区以至县以下组织武装动员委员会，区以下组织工作团、突击队，而这些组织包括党政军民各方面的成分，总理关于武装动员的事宜。组织各种脱离生产的地方性武装很快过渡到主力。利用各种纪念节，举行群众大会，公开报告，响应号召。各群众团体、地方党动员自己的会员上前线起模范作用，不仅能保证有优良的政治成分（如三个月的动员规定党员占20％，其他工农青年占大多数），同时能促进武装动员运动更好地开展。在动员过程中特别给新战士以政治上、精神上以及物质上各种可能的鼓励，如许多地方给新战士以光荣花、光荣牌，在突击队工作团动委会、在全村、在新兵团、在主力部队组织热烈的欢送大会，掀起涌上前线的热潮。充分及时优待抗属，并与归队运动联系起来，这种方式鼓励广大群众给新战士以极大安慰，使其无家庭顾虑。在动员工作中善于利用那些耆绅、硕老等一切有社会地位、政治地位或信仰很高的活动分子作广泛的号召，鼓励青年子弟上前线，出席各种会议，慰问欢迎优待等。已经动员起来的新战士迅速集中到补充营新兵团去。

第三次的补充工作范围特别广泛，“彻底的统一了动员组织，由专区到村建立了由地方为主体的统一的动员组织系统，专区和县由所在地的党政军民组织武装动员委员会，区由政民干部组织了武装动员突击队，村组织了武装动员突击小组，各级动员组织确立了定期的检查汇报制度，并且在各级组织内部建立了党团由同级党委领导"①。在具体做法上,把动员机关与分配机关分开(地方党管理动员,军事政治机关负责分配),把动员过程与补充过程划分开来,前一过程由地方党负主要责任,军队派干部参加,各种动员组织直接受地方党领导指挥,而后一过程则以军队为主,地方党处于帮助地位,一切关于新兵团的组织、管理、巩固、争取、补充,均决定于军队派在部队的负领导责任的军政干部,尤其各级政治机关(这是根据双方的特长、经验、缺点而大体划分的)。这种办法更能避免可能由武装动员产生的混乱错杂现象。②

在冀中,各分区、各县、各区普遍建立了各级扩兵委员会,由各级地方党、政权、群众团体以及在该地区的部队共派代表组成,一般由专员、县长、区长担任扩委会主任,分设组织、宣传、检查优抗、收容等股,扩委会的任务在于保证扩兵工作的一致性,根据上级的决定,规定各级具体工作的计划,经常进行扩兵教育,按期检查督促,负责接收与交付新战士,解决扩兵中发生的问题。他们树立了内部的会议与汇报制度,分区每月一次,县级半月一次,区级每星期一次,各股会议按实际需要经常召开,为了加强党委对扩委会的帮助,在各级扩委会内建立了党团。一般来说,各级扩委会都起了应有的作用,特别在县区级,扩委会的健全与否成为该级扩兵工作优劣的一个先决因素。

在县扩委会系统下,组织了扩兵工作突击队:一种是县扩委会配备了政权干部,采取了工作团性质的组织形式;另一种是如训练

---

①《中共晋察冀边区党委关于补充党军工作总结》(1940年4月15日),河北省档案馆藏,革命历史档案,578/1/87/1。

②《三年来政治工作总结:军区八路军三年来所处的环境和任务》(摘自《一九四〇年晋察冀军区三年来政治工作总结报告》),中共中央晋察冀分局秘书处编:《晋察冀边区工作研究参考资料》第8集第1分册。

班的形式，抽调了与群众有密切联系的村级干部，给予三天到一周的训练，然后分成若干小组，遣散实习，定期检查总结。扩兵突击队足迹所至，掀起踊跃的从军热潮。

在村级，建立扩兵队或扩兵小组，其人选一般是村中的优秀党员或模范干部，是在群众中有威信、有号召力的分子。

发动各种文化教育机关，进行广泛的宣传鼓动工作。各专区各县报纸出扩兵专号，刊物出扩兵特辑；发动小学教员领导学生，组织不脱离生产的扩兵宣传队、家庭宣传小组；以中心村为模范，成立了临时性的青年剧团、妇女演剧队，配合扩兵小组宣传动员；在各地区拟定了具体的扩兵口号，编制了许多歌曲小调，由各级文建会、宣传部印发传单等，大大宣传了当兵的观念，在农村中充满着当兵去最光荣的新思想和新舆论；在各地小学校和识字班内，统一增设临时的扩兵教材，利用岗哨字牌等进行宣传。

举行热烈的欢送大会及各种欢送仪式。县长、区长出席或派代表参加。村级政、民负责干部主持欢送，在大会上讲话，安慰新战士及其家属，解决其困难，鼓励新战士英勇杀敌，赞扬模范例子。在欢送时，发动各式各样的慰劳运动：宰猪杀羊，送新战士，请新战士家属会餐；请新战士骑马、骑骡、坐大车、坐轿，在村中游行，群众蜂拥欢送；募款购日用品，送新战士（毛巾、牙刷、文具等）；妇救会送“出征鞋”“光荣巾”。小学生给新战士戴光荣花，唱欢送歌，妇救会成员与新战士握手送别等。①

显然，各级政权的建立，为动员工作提供了新的组织力量，党、

---

①《中共冀中区党委关于一九四〇扩兵工作总结》(1940 年 11 月 5 日)，中共河北省委党史研究室编：《冀中历史文献选编》上，北京：中共党史出版社，1994 年，第 290—306 页。

政、军合作，推动了晋察冀军区动员工作的进行。正如中共冀中区党委所强调的，“如果不建立这些统一的扩兵组织，则扩兵工作的收获是难以想像〔象〕的”①。晋察冀军区兵役逐渐摆脱初期义勇军制的凌乱，向正规化迈进。

三、试行志愿义务兵役制

志愿兵役制在晋察冀军区的推行，满足了该阶段各部队对兵员的需求，但也存在某些问题。

一是严重的不平衡现象。1940 年冬季，北岳区扩军“在质量上、数量上、完成的日期上，专区与专区之间、县与县之间、区与区之间、村与村之间都是异常不平衡的”。“同样是在四分区，平定和灵寿的人口均是 12 万左右，但灵寿动员了 609 名，占全县人口的 5‰，而平定只动员了 95 个，占全县人口还不到 1‰，如果再加上去年的和零星动员数后，灵寿差不多是 10‰，而平定只有 2‰，相差约五倍。”“徐水与平山都是 22 万人左右，但平山去年动员了 821 人，今年动员了 1 037 人，共计为 1 858 人(过去动员的和零星动员的统计在内，据地委估计近万人)，约占全人口的 40‰，而徐水才动员了 280 名，今年动员了 293 名，共计 573 名，相差的数目是很大的。”“区与区、村与村之间不平衡的情形更为严重，据四分区调查有的村参加部队的人口占全村人口 7%，但有的村庄还不到 1%，三分区某些县份据晋察冀日报某记者调查在□□□也是这样，因此有些工作基础较好的村庄青年数量大大减少，甚至某些村庄青年没有了。”“在部队质量上及党员比例上也是这样：四分区平山党员达

① 《中共冀中区党委关于一九四〇扩兵工作总结》(1940 年 11 月 5 日)，中共河北省委党史研究室编：《冀中历史文献选编》上，第 293 页。

20%以上,但二分区据说尚不到2%(未调查清楚)。”①在冀中扩军中也出现了不平衡现象,“有的地区或团体,完成的成绩超过了计划(如三分区),也有超过几倍的(如二分区青救会),但有的县份则没有百分之百的完成”②。

二是扩军偏离政治动员和自愿的原则。1940年冬季扩军,北岳区各地发生了强迫和收买的现象。四分区的不良方式调查结果为:强迫的36人,赎罪的32人;用组织压力的94人;收买欺骗的40人;动员未成熟青年的36人;共计238人,占新战士10%。二分区不良方式调查结果为:强迫的137人,收买的67人,欺骗来的12人,其他方式98人,占当时新战士的40%。③ 冀中区也出现了相似的现象:“政治动员的深入性耐烦心不够,宣传鼓动公式化,不大众,甚至在个别地方还残存着非政治动员(的)恶劣现象,如:强迫(武强)、雇佣(武强郭家院)、抓卷(献县)、欺骗(定县)、被迫起假模范作用(藁城)。”“个别地方强调优待,模糊了新战士及其家属对从军抗日的政治观点,使新战士家属在临别时哭(如安平),使有的参加部队单纯是为着‘不拿差’、享受优待(如安国)。有的则强调优待而变成了变相的雇佣(如藁城、深泽、五分区等)。”④

扩军工作中的不平衡现象,以及偏离政治动员和自愿原则的现象,有可能使晋察冀军区的兵员动员不可持续。总而言之,参军

① 《北岳区一九四〇年冬季武装动员工作总结》(1942年4月10日),河北省档案馆藏,革命历史档案,578/1/87/3。

② 《中共冀中区党委关于一九四〇扩兵工作总结》(1940年11月5日),中共河北省委党史研究室编:《冀中历史文献选编》上,第304页。

③ 《北岳区一九四〇年冬季武装动员工作总结》(1942年4月10日),河北省档案馆藏,革命历史档案,578/1/87/3。

④ 《中共冀中区党委关于一九四〇扩兵工作总结》(1940年11月5日),中共河北省委党史研究室编:《冀中历史文献选编》上,第304页。

动员越来越困难。1940 年冬，北岳区参军动员总结中讲："战争的持久和日益残酷，动员工作更加困难了，如上次扩军一般都是按期完成(40 天)，而且都超过原定数目，三分区只用了 20 天，超过原定数目 1/3 以上，民兵整队入伍的有 54 个班、30 个排。这次则一般时间则延长到 4 个月，超过的数目很小，整班整排入伍虽在四分区有些增加，但其他地方一般都减少了。"①1942 年 6 月，聂荣臻也强调："1940 年以后，我们的动员工作就感到了很多困难，四一年的武装动员，曾在各地被认为最困难的工作"，"人民对于参军畏缩不前"。②

中共中央晋察冀分局试图变革兵役制度，摆脱扩兵工作中出现的困境。1942 年，在兵役工作总结会议上，聂荣臻表示："1941 年扩军的困难，迫使我们不得不考虑新的办法。"③1943 年，晋察冀向中共中央解释晋察冀兵役的情况："从根据地创造到四〇年以前，都是志愿兵役制。由于长期战争的不断消耗，补充部队不管在山地和平原，都大感困难"，因此，晋察冀分局讨论新的解决办法。④早在 1940 年，中共冀中区党委就对如何改进兵役制度提出了建议：

今后我们应当保证政治动员的彻底性与深入性，特别是

---

①《北岳区一九四〇年冬季武装动员工作总结》(1942 年 4 月 10 日)，河北省档案馆藏，革命历史档案，578/1/87/3。

② 刘澜涛：《北岳区第一期志愿义务兵役实施总结——1942 年 6 月 2 日刘澜涛同志在新兵役工作上的报告大纲》，战线社，1942 年。

③ 刘澜涛：《北岳区第一期志愿义务兵役实施总结——1942 年 6 月 2 日刘澜涛同志在新兵役工作上的报告大纲》，战线社，1942 年。

④《晋察冀边区六年来的工作简报》(1943 年)，中国人民解放军国防大学党史党建政工教研室编：《中共党史教学参考资料》第 17 册，国防大学出版社 1985 年编印，第 266 页。

可以充分利用“待命入伍”的动员方式。“待命入伍”是义务兵役制的低级形式，是保证兵役制顺利进行的一种稳固的愉快的秩序。就是说当扩兵工作布置达到乡村里后，照例进行广泛动员，使人人认识从军为人民的光荣任务，号召广大青年、壮丁自动报名，报名后的青年壮丁，当时并不需要全部编入军营，仍可在村内从事生产或担任其他职务，等待被召入伍的命令到来！然后由县区有计划的有组织的分期召集，按名召集，被召集者就分期的英勇应征走上战场。这是逐渐实现义务兵役制的一种过渡方法。①

1941 年 2 月 3 日，聂荣臻在同彭德怀、左权探讨兵役制度方案时指出，在兵役问题上，鉴于出现的种种情况，应该对过去的办法进行更改，创立一种新的兵役制度是必要的，并建议“在自愿兵式上加上征兵式的条件，即是自愿入伍定期退伍（两年期满），经常在区村及各团体号召入伍登记检查，合格便为预备兵，加以军政训练，待令入伍”②。其后，聂荣臻在 1941 年 4 月 30 日的《晋察冀日报》上发表了题为《为建立志愿的义务兵役制的商榷》的文章，阐述了实行志愿的义务兵役制度的设想。在肯定革命的志愿兵役制的基础上，聂荣臻强调了志愿兵役制的不足之处：“我们过去的兵役是志愿制，也正是一种自觉的义务制，但是，这种自觉的义务性过去是不如那种志愿性表现得明确的，这显然是有缺憾的。”因此，需要将事实上的义务性转变为制度上的义务性：“我们今天要求把这种自觉地义务性更加强起来。”一方面，抗日战争“人人都应该服务

---

①《中共冀中区党委关于一九四〇扩兵工作总结》（1940 年 11 月 5 日），中共河北省委党史研究室编：《冀中历史文献选编》上，第 306 页。

② 周均伦主编：《聂荣臻年谱》上卷，第 324 页。

兵役；但是，由于历来兵役教育的缺乏和社会习惯及其他条件的不具备，严格的义务征兵制度实行，在今天的中国，还是不可能的”。另一方面，晋察冀根据地“广大的人民已经有了高度的民族的政治的觉悟”。综合两种因素，可以实行“志愿的义务兵役制”，即在保持根据地政治动员和自愿入伍传统的同时，“兵役的义务性在新的制度中却应该有更明确的规定”。其基本的做法是：

> 规定服务兵役的年限，规定退伍期。凡年满18岁以上合乎一般服役兵役的年龄的公民，基于他的政治觉悟的程度，而志愿入伍者，经过一定的机关随时可以登记，成为预备入伍兵，随时可以应征入伍。入伍兵服务现役的期限，可以规定为三年，期满可以退伍，仍旧回到原来的职业和家庭中去。至于已届退伍年限而不愿退伍者，亦听其志愿。同时，即以退伍兵为后备兵，一旦急需，仍可征调。而一般退伍兵回到地方上去，又可以加强地方的群众游击战争的基础。因为退伍兵经过了在部队中的长期的政治、军事教育，政治水平、文化水平和军事知识显然会比一般群众为优越，因而，他们在地方上，必然对于政治、军事的各种活动都会发生积极的领导与推动的作用。他们都将成为地方武装以及地方政治的相当坚强的领导干部。①

由此可见，实行志愿的义务兵役制可能是晋察冀军区领导人较普遍的设想。在政治动员和志愿的基础上强调义务，将所有在规定年龄内的青壮年都列为候补兵员，随时按需要进入军营服务，走向抗日战场。期满后，士兵自愿选择继续服役或离开部队，退役

---

① 聂荣臻：《建立志愿的义务兵役制的商榷》，《晋察冀日报》，1941年4月30日第1版。

者在农村军事和政治斗争中可以起骨干作用。刘澜涛解释道:“志愿义务兵役制基本上仍然依靠政治动员和群众的政治觉悟,而不是基于政府法令的强制,这是一种把志愿兵役制和义务兵役制两种制度结合起来的中间制度;也即是说把过去兵役动员中自觉的义务性加强起来,但绝不是实行征兵制,并继续保持和发扬过去兵役动员中自愿性革命兵役制的传统。”①

经过反复酝酿,1942 年 1 月,晋察冀边区政府正式颁布了志愿义务兵役制实施暂行办法。其基本内容是:边区男子 18 岁至 35 岁者,且“身长四尺二寸、坚持抗日、身体健康无不良嗜好、非地痞流氓和被开除军籍者”,在规定期限向村或村公所报名登记,成为预备兵。预备兵按需入伍,为现役兵,服役满三年后,自由退伍或听其自愿继续服役。预备兵训练时间为半年一天。

1942 年 5 月,晋察冀军区志愿义务兵役制,得到了中共中央的首肯。② 但中共中央也有顾虑,在给各战略区指示中称:“今天在敌后实行义务兵役制,必须慎重考虑到以下问题:(一) 农民现在的政治觉悟,是否能够接受。(二) 从长期坚持根据地人力、物力、财力着想,是否会发生困难。(三) 是否会发生大批壮丁向敌区逃亡的危险。”正是出于这一顾虑,中共中央强调指出:“目前冀察晋所实行的志愿义务兵役制,其主要精神还是着重在志愿原则,而不是着重在义务制度,其他地区暂不宜仿行。俟冀察晋这次试行得出经验后,再决定可否照做。”“各地今天着重要做的还是认真实行精兵

---

① 刘澜涛:《北岳区第一期志愿义务兵役制实施总结——1942 年 6 月 2 日刘澜涛同志在新兵役工作上的报告大纲》,战线社,1942 年。

②《晋察冀边区六年来的工作简报》(1943 年),中国人民解放军国防大学党史党建政工教研室编:《中共党史教学参考资料》第 17 册,第 266 页。

简政,及努力发展不脱离生产的民兵。”①

1942年1月,晋察冀军区进行了志愿义务兵役的动员。政治动员依然是兵役动员的主要内容和基础,此前已有论述,不再赘述。在普遍的政治动员下,登记报名入伍的人数激增,4月北岳区报名工作基本结束,“超过原定数字五倍以上”。② 新战士的成分更加优良,北岳区四分区参军入伍人员中,成分为贫农和中农的占总数的86.6%,成分为工人、雇农的占总数的8%;北岳区三分区参军入伍人员中,成分为贫农、中农的占总数的85%以上。新战士的文化水平提高了,北岳区三分区,初小以上文化者为288人;北岳区四分区,初小以上文化者为268人(内有中学生6名)。党员入伍的比例也不断增大,如北岳区四分区党员入伍者占总入伍人数的22.3%,平山黄泥区入伍者占总入伍人数的40%以上,一般的党员入伍者平均占总入伍人数的20%左右。③ 这说明,晋察冀军区志愿义务兵役制取得了相当好的成绩。

在志愿义务兵役制执行过程中,区村干部强调义务多于政治动员,强调报名多于入伍,政治动员和义务、报名和入伍脱节,进而出现强迫命令的现象,以及报名人数多、入伍人数少的现象,引起部分青年的恐慌和逃亡。“盂县六个区逃走两千人,崞县青壮年几全逃跑,广灵逃跑二百人”,“平山县第七区报名参加预备兵者高达

---

①《中央书记处关于敌后实行义务兵役制问题的指示》(1942年5月12日),中央档案馆编:《中共中央文件选集》第13册(1941—1942),北京:中央党校出版社,1991年,第387页。

②《中共中央北方分局关于青年工作的指示》(1942年4月17日),河北省社会科学院历史研究所等:《晋察冀抗日根据地史料选编》下册,石家庄:河北人民出版社,1983年,第187页。

③ 刘澜涛:《北岳区第一期志愿义务兵役制实施总结——1942年6月2日刘澜涛同志在新兵役工作上的报告大纲》,战线社,1942年。

654 名，而表示愿意立即参军者仅 18 名”。① 在冀中根据地，由于“未注意到群众的政治教育，给敌人造成挑拨破坏的机会，严重的如饶阳、献县等地区造成青年逃亡的现象”②。

面对这种情况，1942 年 6 月，聂荣臻在兵役总结会议上表示：“志愿兵役制既已发生困难不能勉强继续下去，又不能幻想在边区里轻易的实行义务兵役制”，“如果过于强调义务，强调人人皆兵，则必致变为变相的征兵制”。③ 1942 年 7 月 5 日，中共中央北方局指出：“志愿义务兵恐难实行。”④1942 年 7 月 22 日，《晋察冀日报》刊发社论，明确指出：“志愿的义务兵役制实施过程中的强调志愿、强调义务和报名与入伍的脱节”，是“区村干部对政策掌握能力弱”的重要表现。⑤ 1944 年 5 月，中共中央晋察冀分局在《关于志愿义务兵问题的报告》中指出：很多战士不想在没有赶走日军的情况下退伍回家，希望在部队一直干下去。为此，分局计划取消义务兵役制。⑥ 1944 年 6 月 14 日，中共中央给晋察冀分局发出“纠正义务兵役制的指示”，强调：“现在日寇正在践踏我们的家乡，我们必须再接再厉，驱敌出国，为人民报仇。”按照中共中央指示，晋察冀分局

---

① 刘澜涛：《北岳区第一期志愿义务兵役制实施总结——1942 年 6 月 2 日刘澜涛同志在新兵役工作上的报告大纲》，战线社，1942 年。

② 中共河北省委党史研究室、冀中人民抗日斗争史资料研究会编：《冀中抗日政权工作七项五年总结(1937.7—1942.5)》，北京：中共党史出版社，1994 年，第 67 页。

③ 刘澜涛：《北岳区第一期志愿义务兵役制实施总结——1942 年 6 月 2 日刘澜涛同志在新兵役工作上的报告大纲》，战线社，1942 年。

④《中共中央北方分局、晋察冀军区对冀中工作的补充指示》(1942 年 7 月 5 日)，《晋察冀抗日根据地》史料丛书编审委员会、中央档案馆编：《晋察冀抗日根据地》第 1 册(文献选编：下)，第 662 页。

⑤《社论：贯彻党的政策》，《晋察冀日报》，1942 年 7 月 22 日第 1 版。

⑥ 中国战争动员百科全书编审委员会：《中国战争动员百科全书》，北京：军事科学出版社，2003 年，第 420 页。

随即停止实行志愿义务兵役制。①

志愿义务兵役制在晋察冀军区的试行过程说明,在当时的政治、经济以及民众觉悟程度下,强调义务参军面临着诸多困难。根据地需要探索战斗、建设和参军动员相结合的体制。

第二节 晋察冀抗日根据地三结合的武装体制

晋察冀根据地的武装体制,是在敌后斗争中随着形势的变化逐渐发展起来的,具有一定的阶段性,到全国抗战中后期趋向完备。三结合武装体制主要包括主力部队、地方部队和人民武装三种军事力量,其组成、任务虽各有不同,但彼此配合、相互联结,发挥根据地军民整体的力量与日军作军事斗争。主力部队是根据地的正规军,担负开创和保卫根据地的任务,能够脱离地方限制、集中对敌作战。地方部队受军区和党政机关领导,是脱离生产的,具有地方性,主要在某一地区坚持武装斗争,必要时可以升级为主力部队。人民武装包括民兵和自卫队,不脱离生产、不脱离地方,坚持在本地和敌人作军事斗争,经过初步军事斗争锻炼之后,当地方部队和主力部队需要补充时,民兵和自卫队就会向地方部队和主力部队转化,并成为地方部队和主力部队不竭的来源。三者相结合的武装体制,适应根据地政治、经济状况以及广大农民的思想认识,也适应中国共产党在敌后抗战的战略战术的需要,成为对敌斗争、壮大军事力量坚实的制度保证。

---

① 周均伦主编:《聂荣臻年谱》上卷,第 409 页。

一、主力部队

全国抗战爆发，根据地尚未开创，更谈不上根据地各方面的建设，主力部队承担了开创根据地的任务。平型关战役之后，按照当时的抗战形势，经过中共中央军委和八路军总部的研究和部署，八路军一一五师于 1937 年 10 月在五台山分兵。其中，一一五师主力赶赴吕梁山脉，创建晋西南根据地；聂荣臻率一一五师另一部和一二〇师三五九旅派往平山、盂县的工作团 3 000 余人，坚持敌后斗争，开创抗日根据地。五台分兵时尽管留下的部队人数较少，但大多数有丰富的战斗经验和抗敌意志。事实也证明，这部分人员的确成为开创根据地的基干力量。对于主力部队的发展和建设，聂荣臻和军区其他领导人均极为重视。聂荣臻在总结创建晋察冀抗日根据地基本经验时就曾明确指出："主力部队是开创和保卫根据地的支柱，没有强大的主力兵团，也就没有巩固的根据地。"①正是在这一正确思想认识的指导下，晋察冀抗日根据地的主力部队发展到 32 万人。② 主力部队的武器装备较为完备、军事素质较高，其战斗力也较强，能够歼灭大股日伪军。此外，在与敌作战的同时，主力部队肩负着训练地方部队的任务。在地方部队需要时，主力部队向地方部队提供军事、政治干部，以及部分武器弹药；某种程度上讲，主力部队是晋察冀军区武装力量的领头羊，也是各层级军事干部和政治干部的培训基地。

---

① 聂荣臻：《关于创建晋察冀抗日根据地的基本经验》，河北省社会科学院历史研究所、《河北学刊》编辑部编：《晋察冀抗日根据地史料专辑》，河北学刊杂志社 1985 年编印，第 152 页。

② 张廷贵、袁伟、陈浩良：《中共抗日部队发展史略》，北京：解放军出版社，1990 年，第 300 页。

晋察冀抗日根据地的主力部队在抗战过程中发展迅速,规模不断扩大,以红军为基础扩编而成的只占很小一部分,大部分是通过征召群众入伍和收编杂色武装组建起来的。这些新建的部队虽有抗战热情,但是政治素质和军事素质却有待提升。“在初期的大量发展情形下,不可避免的要发生一时间复杂混乱现象,但必须严重注意,在一定条件下,争取一定时空进行部队本身的整理训练,教育洗刷,建立各种必需制度,由数量的发展转到质量的提高,由游击主义转向于正规化。否则,一到敌人大举进攻的严重关头,便难于巩固与支持。”①因此,晋察冀军区根据战争形势的不断发展以及部队的实际情况和作战需要,按照八路军前方总部的命令,对武装力量进行了多次整编整训。

整编工作的目的在于通过重整组织建制、合理配备干部、裁撤冗员、克服游击主义、完善制度等方式,创造基干兵团,发展主力部队,实现正规化,提高战斗力。晋察冀军区在部队整编上有丰富的经验,可以概括如下:一是主力部队与非主力部队合编,但是不拆散主力部队,保持主力部队的作战传统和优势,带动非主力部队,提升整体战斗力。二是合理处置干部配备问题。对于与部队有历史关系的干部,不轻易调动,发挥其个人在部队当中的积极作用;新老干部合理分配和调剂,发挥互补作用;对于编余干部进行充分的解释,最好送到学校或干校学习,使其感到有前途,不至于灰心丧气而产生消极影响。三是紧缩机关和后方部队,充实提高作战单位,使部队轻便灵活,适于游击战争的环境和作战指挥,充分发挥以正规兵团担任敌后游击战争任务的作战特点。四是建立各种

① 舒同:《晋察冀军区建军工作之初步总结》(1940 年 12 月 12 日),河北省社会科学院历史研究所等:《晋察冀抗日根据地史料选编》上册,第 438 页。

规章制度。通过建立经济制度、日常生活制度、军风军纪等制度来杜绝贪污腐化、破坏纪律、脱离群众、影响财政计划和统一战线政策等现象。

整训一般分为政治整训和军事整训。政治整训，一是对军队进行宗旨教育、任务教育和纪律教育，提高广大指战员的政治觉悟，使其了解为什么参加抗日武装，了解对政府、群众团体和老百姓等应该持有的态度，以增强民族意识、阶级意识、统一战线意识和阶级观念，明确党领导的武装的性质和目的。二是加强军区各部队内的党建工作，建立和健全党在军队内的领导机构和规章制度，大力发展党的组织，增加党员的数量，提高党员质量，洗刷混入党内的不良分子，建立党内各种会议汇报制度，加紧对党员的教育和训练，以提高党员的领导和模范作用。三是加强对杂色武装的改造，坚决清理部队在初期猛烈发展而混进来的不良成分（流氓、兵痞、土匪等），以提高部队政治质量。军事整训，主要根据战略战术的需要，对士兵进行军事训练：一方面提升射击、投弹、刺杀等基本技术；另一方面提高部队的战术水平，根据游击战争的战术需求，训练部队进行夜间作战、近战、山地战的能力，在平原地区和水网密集的地区，着力提升部队村落作战、水域作战的能力。与此同时，各部队加强司令部机关的建设，提升部队的指挥能力、管理能力和后勤保障水平。① 通过战斗的洗礼和几次整编整训，主力部队在一定程度上克服了政治上和军事上的缺点，思想受到了革命精神和理论的洗礼，无论是单兵作战能力还是协同作战能力都有了很大提升。

---

① 参见北京军区战史编写组编《晋察冀暨华北军区武装力量发展史》，第103—104页。

二、地方部队

地方部队的建制和指挥机关，在晋察冀根据地的武装体制中有其相对独立性，并且层级较为鲜明。具体来说，按所辖范围，地方部队可分为军区、军分区、县、区等不同层级的游击队。其军队规模，一般而言，军分区应统辖 2 000 人枪的独立营团，县应统辖约 200 人枪的县游击营，区则有约 50 人枪的区游击队。地方部队主要由本地人员组成，因其熟悉地理和风土人情，且编制装备均较完善，故战斗力比较强，同时承担配合主力作战和保卫地方的任务，在特殊情况下，不脱离自己所属的军区、军分区作战。

在全国抗战初期，中国共产党的首要任务就是迅速创建并扩大敌后抗日根据地。为了集中力量开展工作，主力部队就兼任了地方部队的指挥工作。根据地成功创建和扩展，进入巩固发展阶段之后，主力军兼任地方军指挥已经无法满足形势发展之需。新的形势要求地方部队尽快建立符合地方抗战需要的独立建制和指挥机关。在这种情况下，晋察冀根据地在地方部队建制方面做出自己的探索，自上而下依次为：军区一级，如条件成熟即建立单独的军事指挥系统，如尚未成熟则由主力部队兼任，但就军区一级而言，无论是否由主力部队兼任，地方部队建制必须是独立于主力部队之外的；就军分区一级而言，须成立独立的指挥部，军分区政委由所在地的地委书记兼任；就县一级而言，地方的游击营由所在县的党政机关指挥；就区一级而言，地方的游击队由所在区的党政机关指挥。此外，就活动特点而言，地方部队以分散活动为主，故而一般由军分区统一指挥。当然，地方部队虽然有其独立建制，但作战时并未隔绝于主力部队，所接战斗任务尤其是较大的战斗任务都是在与主力部队密切配合下完成的。对此，肖克曾明确指出：游击战，需要地方军“以全力来担负”，但不能据此就认为“主力军只是准备打大仗”，或准备反“扫荡”，分散于地方的游击战“是地方军与主力军的共同任务”。①

地方部队，其干部和士兵的来源均以本地为主。这是由地方军的地方化需要决定的。首先，本地干部和士兵最熟悉本地群众，对本地群众的优缺点和可靠度一清二楚，在开展对敌斗争时能够做到更加准确和灵活。其次，本地干部和士兵最熟悉本地环境，能够更加熟练地利用当地地形地貌开展对敌作战，进而最大限度地减小自身劣势，尤其是武器装备劣势。再次，本地干部和士兵最熟悉本地风土人情，因其能够熟练运用本地方言，搜集情报时更易获取有效信息，遇到盘查时更易伪装自己。最后，本地干部和士兵因长期在当地生活，有着各种各样的在地关系，开展工作时最易得到本地民众的信任和配合。

晋察冀军区的地方武装在军分区以下分为地区队、县基干游击队和区基干游击队三种体制。地区队是坚持地区斗争的骨干力量，每个军分区下辖若干个地区队，其规模在县游击营以上，人数各区队不一，在 200 人以上，以 1942 年整编为例，全区共组建了 31 个地区队，加上县、区游击武装，共约 2.8 万人。县基干游击队，是县范围内的地方武装，一般 70—200 人不等，凡能编组两个中队（连）的，可成立大队部。县基干游击队的政治委员由一名县委常委兼任，实行军事系统和县委的双重领导。一般情况下，战斗部署、教育训练受地区队指挥，其他归县委领导。区基干游击队，是区范围内的武装，一般为 50—70 人不等，由主力班、侦察班和爆破班组成。所担负的任

① 肖克：《在晋察冀边区党政军高干会上的军事报告》（1942 年 9 月 12 日），河北省社会科学院历史研究所等：《晋察冀抗日根据地史料选编》下册，第 237 页。

务，根据地区的不同，大体分为两种类型：一种是游击区和游击根据地的基干游击队，主要任务是坚持本地区的斗争，基本上不脱离本区；一种是巩固的根据地地区的基干游击队，平时集中到县基干游击队进行训练，反"扫荡"时回到本区坚持斗争，或配合县游击队到外区执行机动作战任务。区基干游击队的政治委员由一名区委常委兼任，实行军事系统和区委的双重领导。①

地方部队，无论是区武装、县武装还是分区武装，均以所在区、县和分区作战为主，其首要任务是维护所在地区整体安全。如非必要，不得"逃跑"，也不能"随便调跑"。② 其打击对象，主要是时常危害群众生命、财产安全的敌伪宪兵队和特务队等人员。正如聂荣臻 1942 年 9 月在晋察冀边区党政军高干会议上所指出的，地方部队旨在摧毁敌人建立的一切有利于维护其统治的所谓"新秩序"，"特别是汉奸、特务"，只有"首先摧毁这些'新秩序'"，才能"解放敌人压迫下的群众"。而欲达此目的，必须组织适合当地特点的游击部队，以游击的方式，"向敌后反复袭扰，不断的疲劳敌人"。③

总之，地方部队主要是坚持地方作战，具有相对的稳定性和独立性，也因此，常常能够给予当地民众以更大的胜利希望和信心，并在使当地民众获得实实在在的安全感之后，赢得了广大民众人力、物力和财力上的大力支持和援助。

---

① 北京军区战史编写组编：《晋察冀暨华北军区武装力量发展史》，第 140 页。

②《中共中央军委关于抗日根据地军事建设的指示》(1941 年 11 月 7 日)，《晋察冀抗日根据地》史料丛书编审委员会、中央档案馆编：《晋察冀抗日根据地》第 1 册(文献选编：下)，第 570 页。

③ 聂荣臻：《在晋察冀边区党政军高干会议上的结论》(1942 年 9 月 15 日)，《晋察冀抗日根据地》史料丛书编审委员会、中央档案馆编：《晋察冀抗日根据地》第 1 册(文献选编：下)，第 710 页。

三、人民武装

人民武装，是群众性的军事组织。它是全民抗战的典型代表，包括了支持抗战的一切力量，是中国共产党坚持在敌后开展游击作战的重要力量源泉。人民武装是义务性的群众性抗日武装，其基本组织形式是抗日自卫队，队员年龄以16—55岁为主，不脱离生产，无阶级、性别、种族和宗教信仰之分，具有鲜明的统一战线的性质。①

人民武装委员会是人民武装的领导机关，实行民主集中制。委员会的委员，不采取委派制，而是由各级人民武装代表大会选举产生。在晋察冀抗日根据地，各级有各级的人民武装委员会。从边区直至村，依次设立了5个级别的人民武装委员会，分别为边区级、专区级、县一级、区一级和村一级。其中，边区一级的人民武装委员会，由7名委员组成；专区以下级别的人民武装委员会，均由5名委员组成。各级人民武装委员会，设正、副主任各1人，其内设机构由总务、组织、教育训练、妇女、模范和青年武装等部组成，各部设部长1人，部内干事则根据需要酌情设若干人。

在晋察冀根据地，人民武装主要有4种类型：一是一般自卫队；二是民兵；三是妇女自卫队；四是警卫队。

一般自卫队，原则上包括16—55岁所有的男性村民，但青年抗日先锋队、模范自卫队、游击小组队员不在一般自卫队之内。一般自卫队是统一战线性质的义务的人民武装组织，凡是年龄处于16—55岁的男性村民，必须编入一般自卫队，只是履行保家卫国义

① 《晋察冀边区人民武装抗日自卫队组织章程》，《晋察冀抗日根据地》史料丛书编审委员会、中央档案馆编：《晋察冀抗日根据地》第1册（文献选编：下），第575页。

务的基本形式，所以一般自卫队基本上属于全民皆兵性质的组织，是全民族抗战的最普遍形式。一般自卫队队员为普通农民，并非农民中的精干分子，所承担任务多为抗战勤务等非战斗性质的，对于带有作战性质的任务（如平沟、破路等），年纪过大或身体过弱的一般自卫队员“可以不必参加”。①

民兵，是人民武装中的精英分子，主要包括模范自卫队、青年抗日先锋队和游击小组等，其任务不仅仅是抗战勤务，在战争时还必须从事一定的军事活动，但民兵虽然拥有从事游击战争的使命，却并不脱离生产。

模范自卫队，是民兵中 24—35 岁者，由队长和指导员负责领导。边区在区级人民抗日武装委员会之下，设有模范部。模范队以村为单位，编为队。基本组织是小队，小队设正、副小队长；2 小队至 4 小队为一队，设正、副队长。模范队队员，均是民兵当中年富力强、经验丰富者，在侦察敌情、配合地方部队和主力部队作战，以及补充兵员等方面发挥着重要作用，因此地位极为重要，其组织、教育、训练由各级人民武装抗日委员会模范部专门负责。

青年抗日先锋队，是民兵中 16—23 岁者，其目的在于将广大青年武装起来，进行必要的军事训练，开展广泛的群众性游击战争，同时为晋察冀军区的主力部队和地方部队准备雄厚的兵源。青年抗日先锋队在边区、专区、县、区设有队部，有自己的组织纪律和生活规则，定期进行政治学习和军事训练。青年抗日先锋队，隶属于各级人民武装委员会，在各级人民武装委员会和青年抗日先锋队队部的领导下开展工作，其拥有独立的组织系统，有单独行文

---

①《中共中央北方分局关于人民武装工作的指示》（1942 年 4 月 25 日），河北省社会科学院历史研究所等：《晋察冀抗日根据地史料选编》下册，第 192 页。

发布命令的权力，不受自卫队领导和干涉。此外，青抗先队员大部分是青年抗日救国会会员，其工作受边区青救会的领导。

游击小组，是散布于乡村中的小型民兵武装组织，以村为活动单位，遇有战事时直接从事游击作战，是敌后群众性抗战的重要力量。根据村庄的规模，游击小组一般为三五人至十多人不等。游击小组，是民兵中的战斗骨干，虽然属于民兵的"家族"成员之一，但与一般的民兵有所区别。正如 1942 年 4 月中共中央北方分局在关于人民武装工作的指示中所强调指出的，民兵有其广泛的群众性，"不能把游击小组代替全部民兵"。①

不脱离生产，是民兵组织的重要特点。② 这既可以节省抗战给养，维护根据地的生产活动，也可以锻炼广大民众的军事能力和军事素养，随时做好为正规部队提供优质兵源的准备，基本上符合敌后根据地特殊的政治、经济条件，以及民众保家卫国、不愿离家的心理。对此，李公朴在《华北敌后——晋察冀》一书中深有感触地说：晋察冀的人民武装组织（青抗先和模范队）"可以说是由募兵制度过渡到征兵制度的一种适当的形式"。③ 1940 年 3 月，刘澜涛在《论晋察冀边区人民武装》中也说：晋察冀的民兵制度和青抗先组织，"不但在华北，即在全中国亦是创举"，"它是晋察冀边区两年余

---

①《中共中央北方分局关于人民武装工作的指示》（1942 年 4 月 25 日），河北省社会科学院历史研究所等：《晋察冀抗日根据地史料选编》下册，第 192 页。

② 需要特别指出的是，虽然制度上规定了游击小组不脱离生产，但因其经常有打仗的任务，又经常开展武装锄奸和代替自卫队站岗放哨，事实上无法也没有时间参加生产。参见吕正操《冀中平原游击战争》（1940 年 3 月 4 日），河北省社会科学院历史研究所等：《晋察冀抗日根据地史料选编》上册，第 236 页。

③ 李公朴：《华北敌后——晋察冀》，北京：生活・读书・新知三联书店，1979 年，第 130 页。

流血奋战丰富经验的成果之一”。①

妇女自卫队，是指 16—55 岁的女性人民武装，受各级武装委员会的指挥，以村为单位，编为班、小队和队。班是最小的组织，每班 5—14 人，设正、副班长各 1 人；2—4 个班组成一个小队，设正、副小队长各 1 人；2—4 小队组成一个队，设正、副队长各 1 人。其中，妇女队的小队和班的组合又很有特点，“十六岁——二十五岁之全体队员及二十六岁至三十岁之大足无小孩之累者（四岁以下之小孩）混合编制之”，“三十一岁——五十五岁全体队员及二十六岁至三十岁之小足有小孩之累者（四岁以下之小孩）混合编制之”。② 这样既可以把年轻、大足、无小孩的妇女充分发动起来，去承担一些重要的工作或战斗任务，又可以把年龄偏大、小足、能力较弱以及有小孩的妇女组织起来，共同承担诸如照顾小孩、缝补制作军需物品和简单的农业生产之类的工作。

警卫队，隶属于晋察冀边区的公安局，是边区行政系统中的锄奸武装，其任务是铲除汉奸，镇压一切投降派的投降卖国活动，维持边区社会秩序的稳定，保卫和巩固边区各级政权的运行和发展。警卫，在数量上并不太多，但质量要求却很高。在政治上要求坚定，忠于党和人民的事业；在品德上要求廉洁自律。晋察冀边区的警卫队，践行的是“新民主主义的新警察制度”③，与旧警察制度有着本质的区别。

---

① 刘澜涛：《论晋察冀边区人民武装》（1940 年 3 月），河北省社会科学院历史研究所等：《晋察冀抗日根据地史料选编》上册，第 221 页。

②《晋察冀边区人民武装抗日自卫队组织章程》（1941 年 5 月 1 日），河北省社会科学院历史研究所等：《晋察冀抗日根据地史料选编》下册，第 46 页。

③ 刘澜涛：《论晋察冀边区人民武装》（1940 年 3 月），河北省社会科学院历史研究所等：《晋察冀抗日根据地史料选编》上册，第 222 页。

综上，晋察冀人民武装的基本任务，一是在有利形势下独立、广泛开展群众性游击战争；二是作战任务艰巨时配合边区的主力部队和地方部队开展对敌联合作战；三是维持根据地的社会治安，承担战争勤务等任务。在具体的行动中，“人民武装部是政府的一部分，受政府的领导，人民武装部长兼同级党委的武装部长。党委对人民武装的领导，通过武装部长实行，而不是由党委直接去指挥人民武装部”①。

此外，由于人民武装承担着保卫抗日政权、抗日团体、边区人民的责任，因此边区政府负责其经费保障。“本队经费，由边区人民武装抗日委员会统一预算，统一分配与统一的按期向边区政府报销，并向大会作报告。”②但是，鉴于根据地财政能力有限，除了政府财政拨款，各级人民武装也会通过其他途径筹集经费，比如向社会各界进行募捐，将打仗缴获的战利品变卖充作经费，以及出售一些队员自己的劳动产品等。

总之，晋察冀抗日根据地三结合武装体制遵循了敌后抗战的基本规律，主力部队、地方部队和人民武装，各司其职，互相配合、互相帮助，共同进行游击战争，是在抗日实践中不断总结经验发展起来的武装体制。正如刘澜涛在阐述正规部队和人民武装关系时所指出的那样，“正规部队是边区人民武装的先锋和基干”，“人民武装是正规部队的兄弟、手足与后备源泉”；边区正规部队（八路军）之所以能够成为无坚不摧的坚强力量，一个重要原因就在于，

---

①《中共中央北方分局关于人民武装工作的指示》(1942 年 4 月 25 日)，河北省社会科学院历史研究所等：《晋察冀抗日根据地史料选编》下册，第 192 页。

②《晋察冀边区人民武装抗日自卫队组织章程》(1941 年 5 月 1 日)，河北省社会科学院历史研究所等：《晋察冀抗日根据地史料选编》下册，第 48 页。

其周围遍布着“广大坚实的人民武装”。① 正是在这一意义上，晋察冀抗日根据地三结合的武装体制，是根据地开创之后得以坚持巩固并不断发展壮大的重要制度保障。

第三节　晋察冀抗日根据地的优抚

抗战时期，动员乡村群众参加抗日战争远非理论上那样简单，首要难题是农民对政治漠不关心。如何改变农民对政治的冷漠，激发农民抗日的热情，是中国共产党必须解决的问题。这需要长期的政治动员和宣传教育，而非“简单地靠政治宣传和民族主义情绪的鼓动”②。为了动员农民参加八路军，晋察冀边区提出优抚“抗日军人家属”和“荣誉军人”的政治思想，并制定一系列切实可行的政策，通过优待抗日军人家属和荣誉军人，鼓舞群众参加抗日军队、捍卫国家的勇气和信心。

一、优抚制度

1938 年 1 月，以晋察冀边区军政民代表大会的召开为标志，边区政府正式成立。随即，边区开展了各项建设。政权建设方面，边区逐渐建立起一套较为完整的权力体系，即由政治主任公署（简称行署）、县政府、村公所搭建起来的领导体系担负主要行政职能，由行政督察专员公署（简称专署）、区公所构成的组织体系行使辅助功能。这种相对完善的组织领导体系为边区各项建设提供了政治

---

① 刘澜涛：《论晋察冀边区人民武装》（1940 年 3 月），河北省社会科学院历史研究所等：《晋察冀抗日根据地史料选编》上册，第 217 页。

② 张鸣：《乡村社会权力和文化结构的变迁（1903—1953）》，南宁：广西人民出版社，2001 年，第 176 页。

保障，尤其是相对处于弱势地位的优抚工作。所谓优抚，大体而言就是边区对抗日军人及其家属的优待和抚恤。在边区行政体系中，优抚工作在行署一级由民政处负责，县政府一级由总务科负责，县级以下没有明确规定，区公所只是设有民政助理员一职。专署成立后，设立民政科负责优抚工作。1940 年 6 月，边区优抚工作进一步加强，决定在村公所一级成立民政委员会负责优抚工作。至此，边区的优抚行政体系有所健全，构成了从行署民政处、专署民政科、县政府民政科到区公所民政助理员、村公所民政委员会的行政体系。虽然此后因政治斗争形势变化，边区各级行政机构有所调整，但是以此框架为基础的优抚行政体系并未发生实质性改变。

优抚行政体系的建立推动了晋察冀边区优抚工作的发展，一个表现是动员起来了社会力量，各级成立了优抗委员会。不同于边区行政体系中的优抚机构，优抗委员会只是辅助性组织，主要依靠的是群众团体，一般由机关、团体、士绅组成委员会，协助各级政权办理具体优抗事务。在各级民主政权的领导下，各地的优抗委员会发展迅速。一开始，优抗委员会只负责优待抗日军人家属事务，并不办理军人抚恤事宜。不过，这种情况并不符合边区乡村社会优抗实际，尤其是不少受到抚恤的抗日军人返回乡村后，需要各种生活照顾。针对这种情形，边委会决定取消优抗委员会，同时设立优抗抚恤委员会（简称优抚委员会），具体负责优抗和抚恤事务，合并了两项工作。

1942 年 11 月，边委会以制度的形式明确了优抚委员会的组织和职能。其中，各级优抚委员会组织，均由军、政、民三方各派一名代表组成，但以军事部门委派的“政治机关代表为主任委员”。各级优抚委员会的职能，主要有三个方面：一是在对优抚法令进行研究的基础上“监督与检查政府对法令的执行情况”，根据执行情况，提出“优抚工作改进事项”；二是推动与优抚工作密切相关的各组织系统及时开展对抗属和荣军的安置、教育与抚慰等事宜，及时开展对因抗战而流血牺牲的将士与民兵之遗族的慰问事宜；三是各级优抚委员会没有上下级领导关系，其所作决议仅用来为各同级政权机关提供参照。①优抚委员会让边区优抚工作有了组织保障，但是由于战争环境，各地情况不一，有的能够开展工作，有的流于形式。1943 年 10 月，晋察冀边区优抚工作有了新发展，主要是优抚政策从单一的物质发放转向组织生产，边区也加强了优抚委员会的建设。与此同时，各地优抚委员会的制度逐渐完善，力量得以充实，优抚委员会“过去形同虚设的现象”大大改善。②

优抚制度的建立是晋察冀边区优抚行政体系逐渐发展的另一个表现。笼统而言，优抚制度主要包括优待抗日军人家属制度和抚恤荣誉、伤残、阵亡军人制度。优待制度方面，在 1938 年 1 月晋察冀边区成立大会通过的《政治问题决议案》和《军事问题决议案》中，对如何优待抗日军人家属有明确的规定。同年 2 月颁行的《晋察冀边区优待抗日军人家属暂行办法》（简称《暂行办法》），进一步强调了优待抗属的重要意义，指出：“抗战军人是为国家争生存，为民族争气节，是中华民族的优秀分子，是民族英雄，应受全民族的尊崇，其家属亦应受优待。”具体规定：免除 16 岁以下、46 岁以上的抗属的公役，免除抗属 1937 年 9 月 1 日前负担的债务，免缴抗属教育上的入学费和诉讼费，抗属还享有免费医疗、优先使用没收汉奸

① 《现行优抚条例》（1944 年 7 月 1 日），河北省档案馆藏，革命历史档案，13/1/15/1。

② 《晋察冀边区行政委员会关于北岳区优抗工作的指示》（1943 年 9 月 19 日），河北省档案馆藏，革命历史档案，579/1/33/6。

的土地和参加生产事业、享有购买生活必需品折扣等一系列权益。《暂行办法》(附则)还对什么是抗属进行了界定,即抗属是“抗战军人之祖父母、妻子及一向依靠生活之弟妹等”,并指出给抗属制作优待证,但不得转借他人。①

对于大多数抗属来说,虽然土地耕种是维持生活的基础,但开展起来却十分困难。为了解决抗属农业生产方面的难题,经过研究,晋察冀边区政府于1938年2月制定实施了较为详尽的协助抗属进行耕种的有关办法:“抗日军人家属之贫苦者”,“其种子或农具不足时,村公所(或乡公所)须设法协助之”,“如需种子为该村能力所不及者,得由村公所转呈区公所补助之”;“抗日军人家属因老弱疾病无力耕耘者”,“得由该村调集自卫队代为耕耘”;“抗日军人因公死亡其土地无人承耘者”,“得由村公所商同农会分配贫民承耘之”,“其收获物,酌给承耘人若干成,其余作为该抗日军人殡葬或建纪念物之用”。②

1939年2月,为了做好优待抗属工作,边区专门颁发指示,再次强调了优待抗属的重要性。该指示指出:“在民众的民族觉悟不够,国家的征兵制度未立的今日,可能参加部队的,最大多数都是穷人,而且大都是家族依以为生的壮丁。父母妻子有着冻馁之忧的劳苦大众,不论他的觉悟程度如何,安然无虑的在前线上为民族而奋斗,为国家而牺牲,人情上是很少能够做到的,因此优待抗属,使前线上的战士不会有后顾之忧,家庭之累,是扩大部队巩固部队

① 《晋察冀边区优待抗日军人家属暂行办法》(1938年2月),河北省社会科学院历史研究所等:《晋察冀抗日根据地史料选编》上册,第29—30页。

② 《晋察冀边区协助抗日军人家属耕种单行办法》(1938年2月),《抗日战争时期晋察冀边区财政经济史资料选编》(财政金融编),天津:南开大学出版社,1984年,第566页。

的必要条件。”与《暂行办法》有所不同，该指示检讨了此前优待抗属办法的不足，强调："在政府未成立之前，各地优待抗属的办法，几于全是动用公款公粮，分配上十分悬殊，大体是根据各地所有公款公粮的多寡，并无一定的原则”；政府成立，优待抗属的单行条例颁布之后，“原则上虽然一致，实行上并未一致”，除了精神安慰和名誉上的奖励，实物优待的差别比较大，一般都是各县斟酌所在地财力状况自定标准、自想办法，有的县区是“分季募粮募款”，有的县区是“按村筹粮筹款”，也有的县区则“部分动用公粮公款”。如此，“方法既不一致，苦乐自然不均”。该指示认为，产生此种现象的原因在于地方上“工作开展程度”“地方富力程度”和“抗属数目多少”的差别，正是这种差别造成抗属们“有了苦乐不均之感，于是不能满足要求，不能维持生活的抗属，只有去找他们的儿子或者丈夫回去养家”，从而影响了前线战士的作战意志。在这样的认识下，该指示提出了解决不足的“统筹统支”优待资源的新办法。同时认为，应酌情分析抗属生活，针对不同情形进行不同优待。比如，对于生产能力强的抗属，不应给予实物优待，应鼓励他们参加生产，“公营的或者社团经营的生产事业，尽先容纳抗属，而且给以较高的酬佣，没收汉奸的土地工厂，或者代管逃跑地主的土地工厂，尽先分配给抗属经营耕种”；对于生产能力弱的抗属，应“尽可能的给他们以职业，或者在生产事业中作管理，后者在消费组合中作店员，或者扶助他们办家庭工业，营农家副业，或者在其他公共机关中，担任轻微的职业，使他们的生活问题，得到部分的解决”；而对于没有生产能力的抗属，应继续实行之前的优待办法。

1943 年 9 月，边区政府颁发《晋察冀边区优待抗日军人家属办法》(简称《办法》)。与《暂行办法》首先强调优待抗属的重要性不同，《办法》首先规定了抗日军人、抗日军人家属的内涵，指出抗日军人是指“抗日军队(正规军或游击队)的官兵,及军事勤务工业部门取得军籍的员工,边区各级政府机关警卫队人员,各专区以上武装部的工作人员”,抗日军人家属包括配偶、直系亲属(父母、祖父母、子女等)及抚养抗日军人长大的其他亲属。这既扩大而又明确地界定了抗日军人及其家属的范围。然后,《办法》详细地规定了优待抗属的办法,如抗属们享有的优待有优先承领、承借、承买公有土地、房屋、场所、器具、物品,优先参加公营事业、公共机关的雇工,优先入学公费学校,自费学校优先录取抗属子弟,免费治疗疾病,优先享受一切公益事业;对于有资产、无劳力的抗属,要发动人力、畜力代为经营耕作;对于无资产、无劳力,或尽其资产、劳力所获犹不足维持最低生活的抗属,按情形享有补助,即每人收入平均年在统一累进税免税点 1/6 以下者、3/6 以下者、5/6 者,月补助小米 30 斤(市秤)、20 斤(市秤)、10 斤(市秤)。最后,《办法》还注意约束抗属的不良行为,明确了取消优待权的三种情形:抗日军人之脱离部队者;抗属之褫夺公权,尚未复权者;抗属转让优待证书于他人者。

抚恤制度方面,1938 年 4 月《晋察冀边区抗战军人伤亡抚恤办法》的颁布,为边区开展抚恤事宜提供了基本遵循。该办法指出,由于边区尚无相对固定的经济来源,遗族、残废军人、荣誉军人的抚恤工作暂由部队来负责。当边区财政制度统一,有了相对固定的经济来源之后,便将遗族、残废军人、荣誉军人的抚恤纳入统一政府财政,进行统筹统支,以保证抚恤费的发放,同时颁行制度,规范抚恤工作。1940 年 9 月,边区颁布了阵亡将士遗族抚恤办法,规定阵亡将士遗族除享有优属优待权外,还享有一定的抚恤金。其中,班长、战士阵亡者,其遗族得领抚恤金 100 元,每年 20 元;连、排级干部阵亡者,其遗族得领抚恤金 150 元,每年 30 元;团、营级干部阵亡者,其遗族得领抚恤金200元,每年40元;旅以上干部阵亡者,其遗族得领恤金250元,每年50元。不同级别的抚恤金,均是5年领完。

1940年9月,边区政府还下发了《晋察冀边区抚恤残废军人办法》,规定残废军人根据残废等级进行相应抚恤。因此,根据军人伤情确定伤残等级就成为抚恤工作的首要任务。按照《晋察冀边区抚恤残废军人办法》,残废军人分为三个等级:其中,一等残废,为最高级别的残废,该等级为全无工作能力者,主要包括两目失明者,两耳失听者,两臂、两手、两腿、两足、脊骨或胸骨等断折者;二等残废,为中间级别的残废,该等级为半有工作能力者,主要包括一臂、一手、一腿、一足断折者;三等残废,为最低等级的残废,该等级为虽不能服务兵役但可充任普通工作者,主要包括一目失明者,一耳失听者,脊、颈、胸、股受伤者,以及足指、手指不全者。等级确定之后,根据具体情况发放相应的抚恤金,这又主要分为两大类型:一是虽然残废但未退伍者,一等残废每年发给30元,二等残废每年发给20元,三等残废每年发给10元,粮食、服装及日常零用等均由所在部队按照既定标准供给;二是残废之后退伍者,除继续享受部队原有待遇之外,一等残废每月增发零用费1元,二等残废每月增发零用费0.5元,另有工作所获一律归其自用。此项残废军人之服装一律改为民服,每年发给单衣一套、棉衣一套、棉被一床,或按当地市价折钱;粮食按照战斗部队之规定,发米或当地市价折钱。

1942年7月,《晋察冀边区荣誉军人抚恤办法》由边区政府颁布施行。该办法对荣誉军人的定义和伤残等级划分等都作了明确规定。所谓荣誉军人,就是参加正规军、游击队、警卫队、脱离生产的游击队,并有一定职务,名列军籍,因抗战光荣负伤成残废的军人。按照该办法,荣誉军人根据残废程度分为三个不同的等级:其中,一等残废,主要是指两目失明,两臂或两手、两腿或两足、一臂一手或一腿一足,或脊骨、胸骨断折,或因其他重大伤害,致全失劳作能力,且不能自己料理日常生活者;二等残废,为一臂或一手、一腿或一足断折,或因其他次重伤害,致劳作能力大部丧失或全部丧失,尚能自己料理日常生活者;三等残废,为两耳失听、一目失明,或脊、颈、胸、股受伤,手指、足趾断折,或因其他较轻伤害,致官能残缺不全,但对劳作无大妨碍,仍能自谋生活者。

由此可见,相较于1940年《晋察冀边区抚恤残废军人办法》,本办法在残废等级鉴定上进行了微调,主要是将原一等中的"两耳失听"降为三等,而原三等中的"一耳失听"不再定级。其中,较大的变化是普遍提高荣誉军人抚恤金额,并根据荣誉军人是否退伍或工作给予不同抚恤,实施按等级实行恤金制、供给制和一次性补助的抚恤政策。

恤金制,是指按照相关规定,由相关部门定期给荣誉军人发放定额恤金。由于荣誉军人自谋生活的办法分为甲、乙两种,恤金制也划分为甲、乙两种。其中,甲种恤金制,主要适用于退伍回家或自谋生活的一、二等荣誉军人;乙种恤金制,主要适用于参加工作的一、二等荣誉军人。而供给制则是指边区政府定期给荣誉军人发放日常生活物资的制度,主要适用于既无工作又不回家休养的一、二等荣誉军人。有关恤金制和供给制的具体情形如下:

甲种恤金制:退伍回家或自谋生活者,年发恤金标准为:一等残疾,小米650斤;二等残废,小米450斤。无论一等还是二等,均按季一年发放4次,每次发给3个月恤金,发放时间为季度之初月,即1月、4月、7月和10月。

乙种恤金制:参加工作者,年发恤金标准为:一等残废,米50

斤;二等残废,米 35 斤;三等残废,米 20 斤。无论一等还是二等,均以半年为期分两次发放,每次发给 6 个月恤金,发放时间为半年中的最后一个月,即 6 月、12 月。

供给制:不属于以上两种情形者,依下列规定发给生活费用:

甲、生活费用以日为标准,按月发放。日标准为:小米 1.4 斤,柴、菜金 0.12 元。发放时间为每个月的月初,方式为一次性发给。

乙、生活费用以月为标准,按月发放。月标准为:零用费(鞋袜费在内),一等残废 6 元,二等残废 4.5 元。发放时间为每个月的月底,方式为一次性发给。

丙、冬季月烤火费标准为 0.4 元,月初发放。其中,一、二、六专区发 4 个月,其余各专区均发 3 个月。

丁、每年单衣一身,3 月发放。

戊、每两年棉衣一身,9 月发放。

己、每 5 年棉被一条,第一次于其旧有棉被破烂或遗失时发给之,以后于每 5 年届满后发给之。

对于三等残废荣誉军人,边区政府采取的是一次性发放 600 元恤金的办法,使其自谋生活。

此外,本办法还规定享有供给制的荣誉军人感染疾病时,抚恤机关应该送医治疗,医药费由专项经费统筹支付,住院期间享受服装、零用费和公立医院发给的生活费。并且,其所用假腿、拐杖等器物需要修理时,“抚恤机关得发给修补费”,对于因残废过重不能料理自身生活的情形,“抚恤机关应发动其他荣誉军人帮助料理,其有特殊情形者并得于报请边委会核准后雇人或设专人照顾之”。

大体看来,晋察冀边区优抚制度经历了逐步发展的过程,从单一条例到翔实法令,从简单划分到精细合理,优抚的内容、程序和方式不断与政治形势相结合,这些制度成为晋察冀边区优抚工作的基本准则。依据这些优抚制度，边区积极开展对抗日军人家属、荣誉军人的各种优待，主要表现为实物补偿、劳力优待和精神慰藉三种方式。

二、实物补偿

依照边区相继出台的一系列优抚制度，实物补偿是优待抗属和荣誉军人的主要形式。这种优待形式，既有保障抗属和荣军基本生活的思虑，也是基于边区乡村群众物质渴求的现实需求。

从地理环境来看，晋察冀边区除冀中大平原外，其余多为山峦地带，平原土壤大多由河淤地和风移黄土构成，气候干旱。从人文环境来看，边区乡村基本是以血缘和宗法为基础的村落，绝大多数农民长期从事传统农业耕作，并以此为生。由于生产力落后，边区人民的生活普遍较为困苦。因此，解决温饱成为大多数家庭奋斗的目标，任何有碍于维持家庭生活水平的因素，都是农民竭力避免的。在这种情况下，动员农民子弟参军，就“必须给人民以看得见的物质福利”①，补偿劳动力流失给其造成的经济上的损失。正是由于对此有着较为清醒的认识，实物优待在晋察冀边区政府的优抚制度中始终占据着非常重要的地位。比如，在优待抗属方面，《暂行办法》明确规定，抗属在债务偿还、子女入学、诉讼、医疗以及购买生活必需品等方面，均享有一定优待。继之出台的《办法》，除了坚持《暂行办法》的有关精神，又增加如下规定：“公有土地、房屋、场所、器物在分给、出租、出借或卖给人民时，抗属有领取、租用、借用或购买的优先权”，“公营事业（如商店、工厂等）、公立机关雇佣员工时，抗属有受雇用的优先权”，等等。

---

①《毛泽东著作选读》下册，北京：人民出版社，1986 年，第 563 页。

为了贯彻落实优抚制度，边区各级民主政权和群众团体借助各种形式进行实物补偿。在诸多实物补偿中，优抗粮发放和年节实物优待是比较突出的优抚工作。优抗粮是优抚制度的一项重要内容，发放对象、数量、时间均有明确规定。不过，优抗粮的来源起初并不可靠，虽然边区在救国公粮开支一项上有明确规定，但是救国公粮存在征收和开支上的不平衡，导致优抗粮难以保障，因而此时期的优抗粮基本上靠群众性动员募集而来。1940 年，边区财政经济制度化以后，优抗粮作为边区财经收支的一部分，才有了较为稳定的来源，各地的优抗粮发放也有了保障。在发放时，各地根据具体情况和抗属家庭经济情况发放优抗粮。如 1941 年行唐县就规定，优抗粮应根据抗属的经济状况分为四个等次发放，标准为：每人每月 20 斤、15 斤、10 斤、5 斤。

年节实物优待，是对抗属进行优待的常见情形。在乡村传统社会中，年节具有丰富的文化底蕴，是群众渴求富足生活的特殊时刻，因而在年节中给抗属送礼慰劳成为一种普遍现象。比如，春节不仅是家人团圆的时刻，还是吃吃喝喝的节日，因而，实物优待是边区抚慰抗属的主要形式。1939 年春节，平山县，对抗属“实行普遍优待一次”，“估计分发粮食在一千石上下”，“还发些零用钱”；唐县，“发动了为抗属募集干粮运动”，并给抗属发了“优待粮票”；阜平县，发放了优待款，合计达 2 920.9 元，并规定非常贫困的家庭每人 1.5 元，一般贫困的家庭每人 0.8 元。

1940 年春节，中共中央北方局发起了向抗属赠送年礼的运动，指出：“两年多以来，八路军以其英勇的顽强的斗争，创造并坚持了晋察冀边区，成为全国模范的抗日根据地与敌后坚持抗战的主要支柱，为了给这些英勇的将士以广大人民对他们的爱护与慰藉，我们希望在这旧历新年的时候，发起一个普遍的群众的对于抗属和死难将士家属的年礼赠送运动，使他们能在群众的尊崇同情和帮助下，渡过这愉快的新年。”在这一号召下，各地迅速掀起了实物优待抗属的热潮。完县(今河北顺平)各级机关和群众团体募集实物有：小米2 278斤，玉米663斤，白菜145斤，山药2 243斤，红薯52斤，黑枣31斤，柴火100斤。望都县政府专门拨款4 794.4元作为优待款，并制定款项发放标准为：特贫家属，老年每人5元，壮年每人3.5元，幼年每人4元；赤贫家属，老年每人2.5元，壮年每人1.5元，幼年每人2元；次贫家属，老年每人2元，壮年每人1.2元，幼年每人1.5元；贫等家属，老年每人1.5元，壮年每人1元，幼年每人1.2元。晋察冀军区的后方留守机关积极开展募捐活动，共募集117.7元。各种群众团体也是运动的主要参与者。如晋察冀边区农救会正月初一将饺子、馒头送给附近各村的抗属，行唐县青救会号召儿童团给抗属拜年，新乐县则组织宣传队分赴各区向抗属们拜年慰问，等等。

即使在晋察冀边区陷入经济困难的时期，在年节中对抗属实行实物优待的活动也坚持进行。比如，1942年春节，冀热察区党委召开春节优抗会议，要求各级机关、群众团体以及部队后方机关发动“一毛钱运动”，指示“对抗属实行以村为单位的互助”，发动每家每户“一碗米运动”。此次会议精神很快在地方得到了响应，平西县政府在除夕日发动“一把柴”运动，龙华五区发动了“一个干粮”“一块钱”“一斤柴”“一个饺子”等慰劳活动 。

优抗政策的目的，不仅在于在物质上给抗属以能够看得见、摸得着的物质福利，更在于从感情上打动抗属群体，进而启发广大人民群众的思想觉悟，调动其抗日的热情。在实际工作中，一些基层干部犯了官僚主义和形式主义的错误，把优抚抗属简单等同于发放实物，“只是单纯的实物补助”，认为“发了优抗粮就算把优抗工作做得尽善尽美，在发粮上一般则非常机械，对个别孤寡无劳力抗属照顾很差，游击区则有的不按规定制度发粮，缺乏细密的调查工作”。①有的持“饿不着抗属即可”②的认识，只做物质补偿工作，而不做生产动员。有甚者对抗属持仇视态度，认为抗属工作是麻烦和负担，入村时从不主动“去访问抗属”，即便遇到抗属也“故意避开”，“怕抗属出困难给添麻烦”。更严重的是出现了对于优抗粮留存不发而是留作他用以及漠视抗属生命的恶劣现象。如 1945 年，应县某区政府“存六十多石优抗粮未发下”，有住在三区上角峪村的区干部，“抗属都病死了……都熟视无睹”。③这些现象严重伤害了抗日军人及其家属的感情，加大了动员农民参军的难度。总之，在优抚制度执行过程中，一旦脱离群众甚至伤害了群众尤其是抗属的感情，“无论如何也不会将农民对中国共产党的感激有效的转变成征兵和动员的实绩”④。

不只是基层干部在执行制度时有所偏差，乡村群众也存在一定的错误认识和行动。比如，有的群众眼红于抗属的特殊优待，就弄虚作假，冒充抗日战士的姑、舅、姨等亲属，要求政府给予抗属优待。基于此，边区政府在《办法》中明确界定了享受优待的抗日军人家属的范围，并规定，享有优待资格的抗属，“须经村民代表会通过，报区公所核准后，始得享受优待”⑤。而对于优抗政策，有些抗

---

①《四专区检查优抗工作》，《晋察冀日报》，1945 年 1 月 10 日第 2 版。

②《冀晋区的优抗工作》，《晋察冀日报》，1945 年 1 月 10 日第 4 版。

③《应县开会检讨反省：拥爱运动存在严重缺点》，《晋察冀日报》，1945 年 2 月 7 日第 2 版。

④［美］詹姆斯·R. 汤森、布兰特利·沃马克著，顾速、董方译：《中国政治》，南京：江苏人民出版社，2003 年，第 106 页。

⑤《晋察冀边区优待抗日军人家属办法》，《晋察冀日报》，1945 年 12 月 2 日第 2 版。

属故意曲解，甚至滥用优待权力。突出表现为，有些享有“代耕”优待的抗属充斥着浓厚的“享福”思想，坐等代耕人员辛勤劳作，而自己却不事生产。正如有报告所指出的，“目前，一部分抗属正在发展着不劳而食，形成社会寄生阶级的倾向”①。诸如以上曲解优抚政策、享受优抚特权的现象，背离了优抗政策的初衷，加重其他群众的负担，引起这部分群众对抗属的不满。简而言之，干部中存在的不良作风和农民以自我为中心的传统意识，制约了优抗运动向群众运动的发展，致使优抗运动单单依靠政府的力量，给政府带来了沉重的负担，“譬如阜平粮银的收入，每年才六千元左右，而按口归粮的优待抗属每月所需即达五千余元”②。

尽管存在诸多令人不甚满意的现象，实物补偿在抗属优待中的优点还是明显的。或许实物优待不足以使一个贫穷多年的家庭脱离贫困，但是在生活困难时期能够有物质补偿，尤其是在年节中举办一场大规模的、群众性的实物优待运动，还是冲击到了抗属们的心理，表现在现实行动上就是对这种实物优待的感激和感动。如唐县一名60多岁的妇女对新入伍战士讲：“你们……在子弟兵打日本鬼子是顶光荣不过的事。……不要惦记你们的家，你们的老婆，你们的孩子，你们的母亲！他们是有人照顾的。……你们要打走了鬼子再回到家里来！……你们放心的勇敢的去吧！”③有的抗属致信中共中央北方分局，表达对优抚政策的感激：过年节时，“本村青年会员和男女儿童团”送了很多年节物品，“如馒头、油食、煮角、玉交子、饼，还有拾匣子火柴。并且还向我们抗属诸位，行鞠

① 《抗日战争时期晋察冀边区财政经济史资料选编》（总论篇），天津：南开大学出版社，1984年，第788页。

② 李公朴：《华北敌后——晋察冀》，第100页。

③ 李公朴：《华北敌后——晋察冀》，第33页。

躬礼，很感谢你们，但是我们在这抗战时期，抗日却是应该负的责任，你们大家费心了”。①

三、劳力优待

在农业自然经济的条件下，绝大部分耕作由人力承担。如果家中的主要劳动力参军，可能导致农业生产的困顿，进而影响家庭的生活水平。农民对劳动力的珍惜，是晋察冀边区军事动员需要考虑的重要因素。正如有学者所指出的，战争时期招收新兵所面临的最大问题，“不是要克服对敌人的子弹或战争艰苦的恐惧心理，而是要使这些人相信，他们的家庭将会得到很好的照顾，他们的牲口和庄稼也会得到妥善照料”②。因此，如何有效地弥补因农民参军而无人耕作的劳动力空缺，维持抗属生活水平，不致下降，在边区的参军动员中至关重要。

基于以上，如何开展对抗属家庭的劳力补偿，以打消其对失去劳动力会无人耕作的疑虑，俨然就成为对边区政府政治智慧的一种考量。对此，边区政府迎难而上，创造性地提出了“助耕”“代耕”等制度安排。其中，助耕的基本条件是抗属中“缺乏劳动力，又无力雇人耕种土地者”。请求助耕的程序为：先“经村民代表会通过”，再向村公所提出“动员人力、畜力助耕”之请求。③ 而代耕的基本条件是抗属中“无劳动力或劳动力不足”者。符合条件之抗属，由党和政府组织群众进行代耕、代锄和代收等，并尽可能地“带动抗属积极生产”；此外，为了提高抗属生活水平、保障日常家务所

---

①《感激中共北方分局》，《抗敌报》，1940 年 3 月 13 日第 1 版。

② [美]韩丁著，韩倞等译：《翻身：中国一个村庄的革命纪实》，北京：北京出版社，1980 年，第 216—217 页。

③《晋察冀边区优待抗日军人家属办法》，《晋察冀日报》，1945 年 12 月 2 日第 2 版。

需，还组织群众“帮助抗属解决日常生活困难，从而达到建立家务”的目的。[①]显然，代耕是一种政治行为，直接解决了抗属家庭劳力不足而带来的农业生产问题。它也不同于具有自愿色彩的劳动互助，带有一定的强制性。此外，在实际生产过程中，抗属家庭如果面临畜力不足、肥料短缺等临时困难，基层政府还会派出临时工予以帮助。

在上级关于代耕精神的号召下，各基层政府和群众团体密切配合，给抗属家庭以劳力优待，各地相继掀起了为抗属代耕的劳动热潮。据有关报纸报道，在河北行唐，二区的代耕工作热火朝天，共计“组织 1 048 名人力代抗属耕种了 534 亩土地”[②]；在山西繁峙，布置春耕生产任务时，为了“保证抗属不荒一寸土地”，“先给抗属代耕”[③]。如此一来，抗属家庭由参军造成的劳动力损失最大限度地得到政府补偿，其对参军后会丧失家庭劳动力、生活质量无法保障的恐惧逐渐消除。代耕以其实实在在的劳力优待效果，受到广大抗属的欢迎。

不过，在制度执行过程中，某些影响代耕制度的不良行为同样存在。在群众层面，有些担负代耕任务的群众，或因怕耽误自家生产而拒绝代耕，或在代耕时持应付心理，敷衍了事。如在完县，某村给抗属代耕时派了一群众，该群众因“怕耽误了种家里的麦子”而“没有去”；还有被委派了代耕任务的群众“下晌早，起晌迟，锄苗把小苗儿留得一堆一堆的”，并自言“派我代耕，我就不掏实在心眼

---

① 李翔：《陕甘宁及华北抗日根据地代耕问题初探》，《抗日战争研究》，2005 年第 2 期，第 90—106 页。

② 《行唐掀起代耕热潮》，《抗敌报》，1940 年 4 月 2 日第 1 版。

③ 《拥军爱民工作繁峙县府作具体布置》，《晋察冀日报》，1944 年 2 月 1 日第 1 版。

儿像干家里的活儿似的去干”①。在领导层面，也存在着督导不严的情况，代耕任务分派出去之后就放任不管了，致使代耕工作流于形式。如在完县，有的代耕人“支应差事，吊儿郎当，做一天活顶不住干自家的半天”，对于此种情形，有的是“没有人看着”，有的则是明明看到了却睁只眼闭只眼，而“不去及时纠正教育”。②

尽管如此，代耕在抗属优待中的重要作用还是非常明显的。李翔在撰文探讨陕甘宁及华北抗日根据地的代耕问题时就指出：“代耕与扩军、归队、士气相互促进、相互支持。……代耕首先卸下壮丁奔赴前线放心不下家属不能全力投入战争的包袱，其次通过组织人员代耕，使现有劳动力充分流动起来……使农业生产未因扩军而减少产量。因而代耕具有扩增效应，即有一名队员从事代耕就可以解放一名壮丁或多名壮丁参加抗日队伍，代耕队员增多，抗日队伍会随之成倍扩充，而抗日队伍的扩充，部队的巩固和壮大又为根据地营造了稳定局面，使根据地的经济生产、代耕有了和平的环境。”③

四、精神慰藉

农耕是农民的生存方式，这决定了男丁在家庭中举足轻重的地位。现实生活中的生产需求与“不孝有三，无后为大”的观念相结合，使农民重视自家“香火”的延续。在这种家庭伦理观念支配下，绝大多数的父母都不希望儿子离家，对于当兵打仗更存在本能的拒斥。此外，约定俗成的风俗习惯、价值观念和伦理道德塑造着

---

①《完县展开优抗运动，组织抗属家庭生活》，《晋察冀日报》，1945 年 1 月 28 日第 3 版。

②《完县展开优抗运动，组织抗属家庭生活》，《晋察冀日报》，1945 年 1 月 28 日第 3 版。

③ 李翔：《陕甘宁及华北抗日根据地代耕问题初探》，《抗日战争研究》，2005 年第 2 期，第 90—106 页。

农民行为和思维习惯,比如做人要尊祖崇古,处事要讲究人情面子,判断是非要以乡村固有的伦理道德为准等。总而言之,流传了几千年的"封建传统思想和意识"一直在广大民众的头脑中占据着主宰地位。① 因此,晋察冀边区乡村的农民群众在日常生活中非常看重"面子"。这里的"面子",按照杨懋春的解释,是"一种个人的心理满足,是其他人给予他的社会评价"②。如同贫穷会使人失"面子"一样,在"兵匪一家""好男不当兵"的固有偏见中,参军也是有失"面子"的事情。这种"面子"心理,对中共的参军动员工作构成了极大威胁。在这种情况下,运用各种象征和仪式等精神慰藉方式,提高边区抗属社会地位,增强其"一人参军,全家光荣"的荣耀感,不失为打破传统社会心理对农民参军的制约、营造"参军光荣"的社会氛围的重要举措。为此,边区各级政权和群众团体采取多种途径提高抗属的政治地位、社会地位,不仅让抗属和荣军感到为抗战付出是件光荣的事情,而且使其在村庄中感到"面上"有光,即使从传统道德的角度,也能得到认同和尊重。

政治关怀是对抗属和荣军进行精神慰藉的一条重要途径。为显示抗属、荣军地位的特殊性,边区各级政权非常重视从政治角度对其进行精神慰藉。1943 年 2 月,阜平县召开联席会议布置优抗工作,精神慰劳的方法是其主要内容。会议详细提出了精神慰劳的方式方法,主要包括:第一,各村组织政权、干部、团体、群众向抗属举行亲切的慰问;第二,各村召开抗属联欢会,设光荣席,安慰抗属,当场检讨优抗工作,争取抗属对工作的意见,向抗属解释当前

---

① 朱汉国主编:《中国社会通史》(民国卷),太原:山西教育出版社,1996 年,第 208 页。

② 杨懋春著,张雄、沈炜、秦美珠译:《一个中国村庄——山东台头》,南京:江苏人民出版社,2001 年,第 162—163 页。

政治形势；第三，发动政府人员、小学生等为子弟兵写、寄慰问信，为抗属贴光荣春联，动员妇女儿童为抗属送光荣花；第四，发动抗属给在前方抗日的子弟兵寄信，嘱咐其安心杀敌，奋斗到底；第五，动员儿童给抗属扫房子、帮助推碾子等。①

凝聚了中国传统文化内涵的民俗节日更是彰显政治关怀的理想时机，比如，寄托着乡村群众丰富情感的春节。在中国乡村文化内涵中，春节是一个家人团圆的时刻，届时无论家人身在何处，都渴求团圆，倘春节时刻家人不能团圆，这对于任何家庭都是一件不开心的事情。这种民俗心理深深影响着抗属们的家庭，即使身处战争环境中，依然如此。对此情形，边区有着清醒的认识。1941 年 1 月 8 日，《晋察冀日报》刊发了社论《新年的优抗工作》，开篇即点出抗日军人对于边区的意义："晋察冀边区的建立、壮大和巩固，都是与边区子弟兵分离不开的。三年以来，边区子弟兵，和敌人不知作过多少次残酷的浴血战斗。在抗战初开始，中华民族正在风雨飘摇的时候，边区子弟兵用自己的血肉，从枪林弹雨中，把边区抢建起来。而后，当敌人用尽心机企图扑灭边区而进行频仍的'扫荡'时，他们又用自己的血肉，累次地粉碎了敌寇的'扫荡'，保卫了边区。没有边区子弟兵，就没有边区。"在此基础上，社论强调了春节期间优待抗属的重要性，公开呼吁边区民众与抗属一同欢乐，"不致使其感到寂寞而'佳节思亲'"，并提出在开展人民团拜和祝贺时要对抗属表示特别的"崇高尊敬和热爱"，号召各地将春节办成优抗节，造成"慰劳抗属，优待抗属的热潮"。②显然，在特殊的社

---

①《边区各地准备春节优抗劳军并布置文化娱乐工作》，《晋察冀日报》，1943 年 2 月 3 日第 1 版。

②《社论：新年的优抗工作》，《晋察冀日报》，1941 年 1 月 8 日第 1 版。

会环境中，利用春节的团圆心理，开展优待抗属的政治活动显得异常重要。诚如1941年3月29日《新华日报(华北版)》刊发的一篇文章中所指出的，“如果那些穷苦的抗属，要是得不到政府和乡亲的实际有效的援助和精神上的关怀与安慰，偶尔再遇到些什么不快意的事，就会愁眉不展”，从而加倍思念“出征在外的丈夫或儿子”，并会影响到“前线健儿抗战杀敌的情绪，甚至英雄气短，儿女情长，做出不体面的事情”。①

基于此，各地纷纷结合自身情况设定春节前后某一时间为优抗节，并在优抗节召开大会，表彰抗属功绩，组织抗属吃年饭。如在曲阳，“每年十二月二十五至正月初三”为优抗节；在涞源，“每年元旦”为优抗节，其间，各村群众要“轮流宴请抗属吃饭拜年”②；在行唐县，“每年二月八日至十日”为优属节，并将“正月初二日”定为正式优抗节。为了确保每个贫苦抗属都能够快乐地过年，行唐还曾指示各区“请抗属聚餐”，1941年所办“以区为单位的抗属大会餐”，还“特聘当地的名剧团演剧助兴”，参加会餐的抗属有1 200多人。③ 优抗节的设立表明边区政府对抗属和荣军的关爱，彰显了抗属和荣军在政治上的崇高地位。

相较起来，边区各级领导干部下乡面对面地慰问抗属，更让抗属感到无比光荣，也是政府从政治上关心抗属的具体表现。如在平山县，1939年春节，区级干部分别下乡到抗属家里慰问和拜年。④ 在行唐县，1943年春节，行唐县县长利用各区请抗属聚餐之机给抗属敬茶、献酒；还有干部帮助抗属贴春联、送饺子，同抗属一

①《关于优待抗属》，《新华日报(华北版)》，1941年3月29日第4版。

②《认真执行双十纲领　各县热烈优待抗属》，《晋察冀日报》，1941年2月8日第1版。

③《行唐的优抗工作》，《晋察冀日报》，1941年4月3日第1版。

④《平山热烈慰劳部队并行优待抗属》，《抗敌报》，1939年3月17日第1版。

起过年,等等。[①]也有领导干部虽不能亲自下乡,但通过贺年卡、慰问信等方式向抗属表达慰问和关心。如1942年春节,晋察冀边区五专区军政首长向全专区抗属寄送贺片万余张,在接到贺片后,各地抗属感到非常欣慰。[②]

优抗大会是对抗属和荣军进行精神慰藉的一条常用途径。其核心是凸显抗属、荣军的身份地位,大会组织者设计出完整的优待程式,彰显"抗属光荣""参军光荣"的氛围。比如,1939年3月,五台县某区为了增强抗属的荣誉感,召开了全区的优抗大会,邀请了342名抗属参加,并将抗属们的座位设在舞台正中央对面,座位上还摆放着花生、开水。开会前,该村群众表演戏剧助兴。开会时,首先进行礼仪程序,各驻军、各团体、各机关的代表们先后上台致辞,用语淋漓扼要,演讲感人。附近各村儿童团、自卫队、游击队,以及其他群众约有1 700余人,配以标语、传单、壁报等诸多宣传品,会议气氛热烈。重要的是,大会结束前,出席大会的代表依次走向抗属席位,表示对抗属的慰问,认真倾听抗属的意见,将抗属提出的问题和意见予以解决,慰问完毕,向抗属发给慰劳品白面2斤,共发出700余斤,随后奋斗剧社表演了新剧。[③]有的地区为了强调抗属身份的荣耀感,还特意增加了一些会议程序。比如,在大会开始时,首先向抗属致敬,为抗属戴光荣花。在抗属进会场的时候,组织儿童或青年分列道路两旁,高喊口号:"我们要尊敬抗属。"在这样的优抗大会上,抗属受到了鼓舞,感受到政府和群众的爱戴和关心。

---

①《行唐的优抗工作》,《晋察冀日报》,1941年4月3日第1版。

②《五专区恭贺春节》,《晋察冀日报》,1942年2月12日第3版。

③《五台群运工作积极开展》,《抗敌报》,1939年3月9日第4版。

悬挂牌匾是对抗属和荣军进行精神慰藉的又一条表现途径。只是言语或行动上的精神慰藉，能够使抗属产生一定的心理满足，但倘要使抗属家庭长期保持作为抗属的荣耀感，在其门楣悬挂光荣牌是非常重要的措施。因为这既是抗属身份的标识，也是现成社会秩序对抗属政治地位的认同。在悬挂光荣牌匾后，很多抗属家庭都感到光荣，受到社会各阶层的尊重，欣喜不已。比如，井陉县在抗属门楣悬挂“民族英雄”光荣匾额的做法就取得了非常好的效果，诸多抗属都表示感到了无限光荣和欣慰。[①]有些地区在大年夜，组织秧歌队给抗属送光荣灯。[②] 这种做法，凸显了抗属政治身份，受到抗属的欢迎。平陆县计王村抗属罗先生说：“大家待我很好，家也没啥东西送大家，几句话表表我的心意。送给村干部的：蠢子去当军，家有二双亲，自老做不动，连累干部人；送给群众的：蠢子去当兵，家留二老翁，年老做不动，连累众群众。”[③]对抗属的大力表彰，刺激了伪属，他们抱怨自己的伪属身份。比如，建屏县李村的伪属李经贤说：“咱发了这么大财，孩子也说不上一个媳妇。”川坊村的伪属说：“我不愿意见抗日干部，一见觉得短短的！”水碾村的伪属说：“看人家抗属他们在过年时，又是送白面送肉，多么光荣！咱们真背臭极了！”烟堡村伪属说：“出了这背臭小子，家里也跟着背臭。”古贤村伪军张白白回家结婚，他的未婚妻不嫁他，说他是汉奸，所以他没娶成。[④]

儿童慰劳在对抗属和荣军的精神慰藉中发挥着特殊作用，因

---

①《井陉、平山、唐县各界春节热烈优抗》，《晋察冀日报》，1942年2月22日第3版。

②《关于春节文娱活动指示》，河北省档案馆藏，革命历史档案，51/1/12/1。

③《平陆县年关春节工作总结报告》，山西省档案馆藏，山西革命历史档案，A179/01/31/03。

④《旧历年节对敌军政治攻势总结》，河北省档案馆藏，革命历史档案，117/1/43/4。

为人人喜欢儿童的天真烂漫。1942 年 2 月,唐县的青年儿童组织开展了优抗活动。他们组织宣传队和秧歌队,到抗属门前向抗属拜年并敬献新年礼物。通过这些活动,抗属感到了由衷的光荣和感激,青年儿童也意识到尊敬和爱戴抗日军人的至亲家属是自己光荣的不容推卸的义务和责任。①而且,边区的儿童并未止于认识层面,而是将之实实在在地表达到实践中:“见了抗属就敬礼”,过年节时给抗属拜年、跳舞歌唱,“一方面提高他的社会地位,一方面安慰他不要想前方的儿子”②。

慰问信,是抗属与出征在外的军人进行联系的重要媒介。信的内容关系到前线战士的抗日情绪,从这个角度讲,慰问信对维护抗日将士的士气的作用不容低估。在儿童慰劳抗属的活动中,代写慰问信是其中一项重要内容。有的地区注意到了慰问信的作用,特意规范慰问信的写作。比如,1939 年 7 月,晋察冀边区青救会对慰问信的内容和形式做出了比较详细的规定,具体情形见下:

> 一、内容
>
> 我们应该首先把慰劳的意思,充分有力地写到上面。这封信的内容,应该注意到下列几项:1. 询问他在最近的战斗中(如上下细腰涧的战斗、大盘华的胜利、北线的出击等)的英勇故事。2. 详告后方的广大同胞,他们的父兄子弟、姑嫂姊妹、亲戚朋友等正在努力救国工作,并且正在进行慰劳工作。3. 安慰他们不要惦记家庭,说明抗属是怎样受人尊敬和优待,并且可以连带说到青救最近号召举行“优抗周”的意义。4. 说

① 《唐县青年儿童新年募捐优待》,《晋察冀日报》,1942 年 2 月 13 日第 3 版。

② 《晋察冀某区儿童团给后方小朋友的一封信》,王用斌、刘茗、赵俊杰编选:《晋察冀边区教育资料选编》(续集),北京:北京师范大学出版社,1991 年,第 315 页。

一个有关抗战的谜语让他猜。5. 画一幅有关抗战的图画夹在信里。6. 约定和接到这个慰问信的将士，以后做一个亲密的朋友，把自己通信地点给他，顶好把自己的照片，也附上一张给他，表现诚意。7. 鼓励他勇敢杀敌，在这里顶好指出为我们有把握获得抗战的最后胜利。8. 最后关心对他个人的身体应该怎样珍重。

其他，当然还有更多宝贵的内容，总之撩起更高的热情，同时有更正确的政治认识与抗战胜利的信心，而英勇地毫无苦闷地向抗战胜利的前途大踏步前进。

二、形式

内容确定以后，形式容易商量，但是我们也应该特别加以注意，如果形式不好，结果就不能表现内容，发挥内容，相反会蒙蔽内容，妨碍内容。在形式上值得注意的！1. 用白话信的通俗的体裁，使个个将士看得懂。2. 用顶通俗的语句，不识字的人，请人家念，也能听懂。3. 写的消息要直爽，不要光顾着文字上好看。4. 用和蔼可亲的语句，使将士如同接到自己家里，或者使接到顶亲热的朋友们的信一样快乐。5. 用活泼而庄重的语句不轻薄滑稽。6. 不要聊聊几行就了事，可以多写几页，更觉得慰问的至诚。7. 不要写草字，起码要用准正楷字，清楚，才不致使将士讨厌或错会了意思。8. 组织可以用粉红的、黄的美术信笺，使将士一抽出来，马上就感到兴奋了，并且从颜色上也充分反映出慰问和祝颂的意味。9. 信尾署名，自己的称谓应该亲爱而有意义些，譬如"你的弟弟"、"你九岁的小弟弟"、"你的妹妹"、"你的朋友"等等，使读后有无限的感动。10. 信尾要用盖私章或亲笔画押。11. 信封要用学校机关商店、团体的有衔信封，如果不隶属于任何部分，就用普通信封。12. 信不必封口。①

由以上规定可见，慰问信的内容不仅有对前线战士战争生活的询问，也有对后方抗属家庭生活的汇报，不过，两者总是围绕鼓舞前线战士士气的中心思想展开。慰问信在形式上不仅要求通俗性的语言，还要求亲切性的落款称呼，不论怎样，形式上总是围绕能看懂、有亲切感展开。当前线战士接到儿童用他们略显稚嫩的语言写出来的慰问信的时候，每个前线战士都足以感受到来自家庭的那份惦念，而当了解到家属受到的优待情况时，这份惦念就会转化为努力革命的动力。

大多数抗属和荣军曾经感觉是村里最没“面子”的人，边区借助精神慰藉，让抗属和荣军成为乡邻里最有“面子”的群体。这迎合了广大农民尤其是贫、雇农希望有“面子”的心理需求，其心理得到了极大的满足，精神得到了极大的抚慰。为了回报政府、社会及周围民众对自己的尊敬，抗属纷纷致信前方亲人，鼓励他们奋勇杀敌、保家卫国。比如，有的抗属说：“从前我是最被人瞧不起的，现在倒叫人抬得这样高……只有给儿子写封信，嘱咐他好好打日本，多杀几个日本鬼子，争得功劳去报答我们的乡亲吧。”②还有的抗属说：“我们在家里处处受人尊敬和优待，你们在前线应当放心的勇敢的作战……一定要多为国家倾尽功绩，早日把鬼子赶出中国去，才不辜负我们的政府和亲友们对咱们的意思哩！”③诸如此类的来自家乡亲人的慰问信，大大增强了人民子弟兵抗战的信心和勇气，使得中共领导的边区部队更加巩固、更有凝聚力和战斗力。

---

①《怎样写慰问信》，《抗敌报》，1939 年 7 月 1 日第 4 版。

②《过旧年，在抗属家里》，《晋察冀日报》，1943 年 3 月 2 日第 4 版。

③《四专区热烈优抗劳军》，《晋察冀日报》，1943 年 2 月 20 日第 1 版。

综上所述，优抚是晋察冀边区建设的一项重要工作，其相对独立的行政体系和相对完善的制度共同支撑了边区的优抚工作。在具体的政治实践中，边区优抚工作表现为实物补偿、劳力优待、精神慰藉三种方式。晋察冀边区主要通过这三种方式动员了广大群众，不仅抚慰了抗属和荣军的心理，还安定了前线战士的抗战决心。不过，倘若从军事动员与乡村传统之间的关系来看，无论是乡村群众因参军得到了物质优待和政治身份的提高，还是因参军获得了荣誉感和他人的尊重，都给抗属和荣军提供了他人无法享有的尊崇和实际利益，这在相对贫困的晋察冀边区，就是一种异于普通家庭的"优抚"。正是借助"优抚"带来的"福利"，边区逐渐改变了乡村群众对于参军的认识和态度，这无疑是对乡村社会固有观念的一种冲击。不过，固有观念并没有彻底被赶走，处处体现于优抚工作的实践环节中，成为边区军事动员的一种障碍。

全国抗战时期，优抚政策作为边区军事制度体系重要的组成部分，其思想基础既建立在乡村传统意识之上，也不断突出现代的民族国家意识，通过各种优待政策抚慰抗日军人及其家属，从而达到有效巩固部队、军事动员的目标。不过，优抚毕竟不能完全依靠政府单方面的行动，需要的是全边区的社会力量。而大规模群众运动的开展，点燃了群众支援抗战的热情，在边区物资相对匮乏的乡村地带将优抚工作不断推向深入，使其由政府行动演化为群众性的自觉行动，为晋察冀边区坚持抗战打下最坚实的群众基础。

第三章　晋察冀抗日根据地的政权建设

政权建设是根据地维系和保障自身建设与发展的基本前提和核心支柱，并与根据地的抗日斗争、经济建设、社会发展等息息相关，相辅相成。正是基于此，在晋察冀抗日根据地创建和发展过程中，政权建设始终是各地的首要任务。

第一节　抗日民主政权的肇建及初步设计

一、抗日民主政权的肇建

1937 年 7 月 7 日抗日战争全面爆发后，日军加快对华北地区的侵略步伐，以致晋察冀边界地区的旧政权渐次崩解。1937 年 11 月，山西省府太原沦陷，晋察冀地区陷入极度的混乱与危险，除零星县份的县长不曾逃跑外，其余各县政府都“树倒猢狲散”，区、村等政权机构更是不言自明。显然，晋察冀地区的国民党政权系统几乎已被摧残殆尽，出现前所未有的无政府状态或权力“真空”。各方势力盘踞、互不统属，散兵及土匪乘机作恶、抢劫滋扰，汉奸、特务和亲日分子也为虎作伥、制造事端，建立伪政权或维持会。一言以蔽之，晋察冀地区到处是混乱、崩溃及破坏，人心惶恐，民怨载道。

1937 年 8 月，中共领导的八路军部分力量分赴华北抗日前线，协同配合国民党军队开展对日作战，并取得一系列战斗的胜利，鼓舞了士气，壮大了声威，也播下了创建敌后抗日根据地的“火种”。1937 年 11 月 7 日，经中共中央批准，以平绥、同蒲、正太、平汉铁路沿线为区域的晋察冀军区在山西省五台县正式宣布成立，聂荣臻担任军区司令员兼政委，其斗争区域和基本方针是以五台山为中心，向四面辐射，开展游击战争。为发动和组织群众、壮大抗日武装力量，晋察冀军区尽力抽调人员组成许多工作团和工作小组，分赴各个县区向广大人民群众广泛宣传抗日救国的道理，并且组织战地动员委员会、抗日救国会等团体。这些抗日救国团体千方百计地动员、组织和武装群众抗日，同时负责征收合理负担、供给部队给养、逮捕审讯汉奸等，俨然成了担负和履行部分政权职责的权力机构。不过，受到种种条件的制约，这些星散各县的半政权性质的机构相互独立、政令不一，无法凝聚和形成更强大的力量。而且，随着敌后抗日力量的壮大，兵员招补及给养供应的问题日益凸显和棘手；社会秩序的恢复和稳定，也迫切需要建立统一的政府。各自为政的抗日救国团体日益难以适应抗战形势的变化和边区根据地的发展。总之，出于创立与巩固晋察冀抗日根据地、团结一切抗日力量并开展持久对敌斗争的需要，晋察冀边区内军事、财政、经济以及其他行政机构和职能，已经到了必须进行改良和统一的时刻。因此，组建一个统一而高效的政府已是势在必行，不容拖延。

1937 年 11 月，晋察冀军区领导机关由山西省五台县移驻河北省阜平县后，聂荣臻迅即落实中共中央和北方局筹建边区统一政府的决策，与时任山西第一行政区政治主任、五台县县长宋劭文取得联系，并商讨如何统一整个边区政权机构。结果双方一拍即合，达成共识——创建统一的边区政权已如箭在弦，引而待发。是月18日，聂荣臻主动邀集冀、察两省的军政人士围绕建立统一的边区政权交流和征求意见，并获得了大家的一致赞同和支持，为组建晋察冀边区临时政权机关铺平了道路。1937年12月5日，由宋劭文、胡仁奎、刘奠基、张苏、王斐然5人担任委员的晋察冀边区临时政府筹备处在阜平县挂牌成立，其设有主任、副主任各一人，下设总务组、视察组、起草组等科组，各组均设组长一人，并聘请干事若干，具体负责各项工作。各项准备工作随即紧锣密鼓地展开。一方面，筹备处将前期情况通报晋、察、冀三省各有关军政领导；另一方面，组织人员起草《晋察冀边区军政民代表大会召集法》，派遣各委员分赴晋东北、冀西各县，以及平汉铁路以东的冀东各县，向各县军政代表等宣讲游说，并邀请他们届时出席边区军政民代表大会。在此期间，宋劭文数次致电呈报阎锡山，吁请成立统一的边区临时政府。阎锡山最终对此予以首肯，转呈南京国民政府并得到批准。万事皆备，只待"东风"。1938年1月10日下午3时，来自晋察冀边区所辖各县135名代表、筹备处3名筹备委员以及《抗敌报》2名新闻记者(列席代表)，齐聚阜平县城第一完全小学礼堂，举行晋察冀边区军政民代表大会开幕典礼。宋劭文主持会议并致辞，申述成立边区临时政府的必要性和迫切性。聂荣臻也发表演说，分析和阐述了此时边区面临的形势及成立边区临时政府的重要意义。同日下午6时半，宋劭文又主持召开大会预备会，向与会代表报告了边区军政民代表大会的筹备经过，同时议决将《晋察冀边区军政民代表大会的召集法》修订为《晋察冀边区军政民代表大会组织法》。经过会议推举，"聂荣臻、刘奠基、高鹏、姚东昌、王文仲、宋劭文、李耕涛等7人组成大会主席团”，“邓拓、舒同、黄敬、刘奠基、李耕涛、赵宝藩、宋劭文等7人组成提案审查委员会”，“邓拓、舒同、宋劭文等3人为大会宣言起草人”。① 1938年1月11日至15日，各县与会代表先后参加了8次全体会议，讨论和表决通过了巩固和发展晋察冀边区政治、军事、财政、经济、教育、妇女、群众运动等方面的议案、报告及政策、措施，通过投票民主选举产生了边区临时行政委员会委员。1月15日中午，在热烈而激昂的口号声中，晋察冀边区军政民代表大会迎来了闭幕时刻。是日，边区临时政府也郑重宣告成立。其后不久，南京国民政府军委会及行政院复电，正式批准成立晋察冀边区行政委员会及其组织机构和相关人选。统一的抗日民主政权在晋察冀边区正式诞生。这是中国共产党在高擎抗日民族统一战线的旗帜下，经过民主选举产生的第一个敌后抗日民主政权，也是敌后唯一经过国民政府行政院和军委会批准承认的合法政府，在敌后抗日根据地历史乃至整个抗日战争史上都占有举足轻重的地位。

二、抗日民主政权的阶级构成、性质和任务

晋察冀边区军政民代表大会组织召开了多次会议，其间计有多达149名代表坐在会场的主席台下。他们或身着军衣，或头戴毡帽，甚至乔装改扮，从穷乡僻壤、冀中平原或游击区和敌占区跋涉而来，聚集一堂，共商抗日救国大计。代表们之所以形形色色，是因为他们当中既“有着全边区各武装部队的代表，有着一百四十余县的政府代表，有着代表了一百万余群众的群众团体的代表，更

① 谢忠厚：《晋察冀边区军政民代表大会研究》，《军事历史研究》，2015年第3期，第1—17页。

有蒙、回、藏少数民族代表，和尚喇嘛的宗教代表与国共两大政党的代表”①。显而易见，这次代表大会吸纳、集聚和覆盖了工、农、商、学、军、政、妇女等各党、各派、各军、各界的力量。尤其是为数不少的工人和农民代表，直接彰显了这个政权具有广泛的民众基础。这也在很大程度上决定了边区统一政权是广大民众利益的代言者，必将得到民众坚决拥护和支持。概言之，晋察冀边区政府是由不同党派、阶层和民族联合组成的抗日民主政权，其阶级或阶层构成之众多、广泛、复杂是前所未有的。这充分表明各党、各派、各阶层、各群众团体、各武装部队在抗日民族统一战线引领下的同心合胆、精诚团结。

晋察冀边区政府如同磁石一般将不同党派、阶层和民族的代表们紧紧地吸附和聚集在一起，“奥秘”在于边区政府的先天属性和历史使命。就行政体系而言，晋察冀边区政府成立经过了国民政府的批准，并接受国民政府的法律与辖制，换言之，它是接受并服从国民政府领导的地方性政权。俟将来收复全部失地，恢复晋、察、冀三省政权，边区临时行政委员会的任务将“自然”终结。可见，晋察冀边区政府又具有临时性。不过，这个政权最鲜明的特征或“标签”是抗日和民主。一方面，晋察冀边区在与日军的艰苦卓绝的斗争中诞生，并在日军的不断“围剿”中巩固和扩大。从具有半政权性质的抗日救国团体组织到具有完全合法地位的晋察冀边区行政委员会，边区的民主政权同样是在与日军持续的斗争中建立和发展的。参加晋察冀边区军政民代表大会的代表们坚持抗日高于一切的精神和原则，认真讨论了各种有关抗日救亡的重要提

① 柳林：《晋察冀边区的过去和现在》，《解放》第 51 期，1938 年 9 月 8 日。此处所列数字与大会通电有出入，原文如此。

案，并选举了积极抗日的先进分子，成立了边区临时行政委员会。就这种意义而言，抗日是晋察冀边区政权的第一属性和首要任务。另一方面，如果没有被动员和组织起来的广大民众，就不会有晋察冀边区的诞生；没有广大民众的坚定拥护和参与，也不会有边区政府的建立和巩固发展。而且，晋察冀边区政府是由各党派、各阶层、各军队、各级政府机关、各群众团体的代表共同选举出来的，从而给予了广大民众真正而非口号式的民主。正因为如此，晋察冀边区政府从筹划成立伊始，就注重坚持和厉行民主。因此，抗日与民主犹如晋察冀边区政权的“两轮”“双翼”，它们相向而行，相辅相成，而不能有偏颇和失衡，否则很可能无法“行远”“高飞”。与此相应，晋察冀边区政府“天生”固有的抗日民主属性，赋予并决定了晋察冀边区政府的历史任务，即领导组织和武装边区人民开展对日斗争，同时改善人民生活、保障民主权利，坚决和彻底肃清一切汉奸；统一财政经济、保证部队给养、发动群众高度的积极性去参加战争，从而使晋察冀边区成为华北抗战的良好的根据地，以夺取抗战的最后胜利。一言以蔽之，由各党、各派、各阶层联合组织起来的晋察冀边区政府，是涵括多种阶级力量的政府，是具有广泛民众基础的政府，是具有抗日和民主属性的政府，也是肩负重要而伟大任务的政府。

三、抗日民主政权的建设和改革

如前所述，在晋察冀边区政府成立之前，该地区旧有的政权系统几乎完全土崩瓦解。在中国共产党尽力动员和组织下，具有半政权性质的战地动员委员会、抗日救国会等团体组织纷纷成立。但总体而言，当时工作人员不足，广大民众也未被充分动员，以致短期内不可能迅速填补旧有政权的空缺或对其进行彻底改造，进而呈现两种政权并存的现象和格局。一方面,县政府、区公所等旧有政权依然在边区某些地方苟延残喘,行使职权。另一方面,战地动员委员会、抗日救国会等团体在边区纷纷涌现,并代行一些政权机构的职能和任务。新、旧两种政权虽然并存共处,但不可能亲密无间、相安无事,反而难免相互拮抗、彼此冲突,而且特别容易导致行政上的混乱。然而,囿于当时的客观条件和社会环境,两种政权的并存是迫不得已,也是必然过程。同时,这也注定这种格局不会长久存续和维持均衡,必须根据形势的发展和需要而进行改革。

1938 年 1 月,晋察冀边区行政委员会的成立宣告了边区统一政权的诞生,也标志着两重政权并存的终结。作为晋察冀边区最高行政机关,边区行政委员会获得了国民政府军事委员会批准,同时是经过人民代表选举而产生的。它的成立不仅给予民众真正的民主自由,而且起到了示范和鼓舞作用。广大干部和民众的热情得到了高度的调度和释放,以致边区工、农、青年、妇女等抗日救国会相继筹建,在各县不断地开展工作。同时,区、村等各级政府机关纷纷成立。尤其是村政府(村长)皆由普遍民选成为亮点。1939年,边区政府以人的改选作为改革旧有村政权的突破口而铺开村政府民主选举。于是,撤换鱼肉乡民、横行贪污的旧村长并选举新村长,成为当时广泛的群众运动。然而,事与愿违。许多地方改选村长的结果是“换汤不换药”,新选村长仍大多为土豪劣绅。有鉴于此,边区政府开始在选举中注意阶级成分,但“上有政策,下有对策”—— 一些被豪绅地主豢养和扶持的流氓地痞“踊跃”参选。尽管后来大多数当选者是真正抗日的农民出身,但不久又发现他们中间有些人接二连三被地主豪绅收买。事实证明,仅仅改选村长徒劳无功,根本之策是改革村政权的组织机构。

村政权是政权的基层组织。只有村政权真正民主地建立起来，让广大民众真正享受到民主自由，才有利于开展工作，达到目标，从而使县、区政权建设更加容易推进。1939年后，作为地区政权机构的区代表会开始尝试建立，而村一级的权力机构依然由村民大会选举产生。这一时期，无论是边区政府，抑或村级政权机构，均相应设立民政、财政、教育、实业、司法等5个部门，自上至下地建立起一套垂直和较为高效的组织机构模式。特别是在村一级，不仅通过民主选举产生村长、村副，还有由村代表组成的上述5种委员会，共同讨论法令、公粮、动员民众等所有重要问题。这种组织架构保证了各种政令和措施的层层下达，越到下级，动员、组织和落实能力越强，而且因为吸纳了各阶层积极分子参与其中，所以边区政府的每项指令和政策易于贯彻到村。这一时期各级政府还按照形势需要纷纷组建公安局。作为各级政府的一个工作部门，它是根植于民众、不脱离生产、不领薪俸的锄奸团和政治警察及广大的自卫队和民兵——这使其与旧日的宪兵、警察、保安队等相比具有本质的不同。其职责和任务是清除汉奸、守卫地方治安和保障所有抗日民众的人身财产安全。

以上从边区政府直至村政权的政权建设的探索与实践，在一定程度上推动整个边区政权建设走向系统化和高效。但因为很多方面没有先例可循，所以不可避免地存在认识上的偏差、误区和制度上的漏洞、短板，许多未曾设想或预料到的新情况和新问题逐渐显露。例如，边区和县级政府尚未设立正式的民意机关，边区行政委员会及县长、区长也未实行普遍民选，政府机关中冗员逐渐增多，尸位素餐及形式主义等问题日益严重。凡此种种，不一而足。政权建设和改革中产生和遇到的问题必须通过继续改革来解决。从1940年夏季开始，边区政府对症下药，有的放矢，在边区各级政权组织机构中解决这些问题，其中主要是厘清和确立各级民意机关及其与行政机构的关系。当时,有人主张两者都应由全民投票,直接选举、罢免,两者为相互平行、互相牵制的平等关系。这种制度安排看似十分民主,实则是在披着极其民主的外衣下,暗中剥夺人民真正的民主权利。在1940年4月扩大干部会议上,边区政府明确而果断地驳斥和否决了这种意见,并且确定民意机关应被赋予全面的至高无上的权力,负责各级政府行政委员会或其首长的选举、任命及罢免,各级政府有义务绝对服从民意机关(边区参议会及县议会等)的决定。同时,各县设立县议会,县议会与县长之关系援引边区参议会与边区行政委员会的关系,县长由县议会选举、罢免,科长仍由上级委任。县议会设驻会议员,而不设立县行政委员会。县政府,县长与科长形成政务会议,讨论处理行政事务。专区及县以下的区不属于一级政权,故而不设立民意机关,而由上级委任专员负责行政事宜。至于已设立民意机关的专区则暂时搁置不决。同时,各村设立经由符合条件的村民普选产生的村代表会,其代表经各村民小组在村民大会上当众选举,而各村民小组可对其不认可或不满意的代表随时予以撤换。一旦该代表被选任,他就有权领导选举他的村民小组,村民倘若有事,即各找其代表协商解决。就这种意义而言,作为各村的民意机关,村代表会其实是一个包括大多数村民的组织形式。村长、副村长由村代表会的主席、副主席兼任,其下设的各委员会主任则由代表互选,各委员则不局限于代表,可吸纳其他人充任。这样便可以大量吸收村中各阶层的积极分子(包括开明士绅)加入村代表会的组织机构。总之,通过梳理晋察冀边区政权建设和改革的简要历程及主要脉络可以发现,随着时局的变化,边区政权架构和体系逐步扩大、健全和完善,其间各种问题和矛盾相伴而行。

第二节　抗日民主政权建设的指导原则及制度实践

一、抗日民主政权建设的指导原则

（一）中共中央政策地方化、具体化的原则

晋察冀边区贯彻执行党在抗战期间的各项方针政策，经历了逐步深入、逐步完善的发展过程。1940 年 8 月，为巩固和发展晋察冀边区统一战线，团结边区一切抗日力量，发展边区政治、经济、文化建设事业，巩固和保卫边区，边区政府将过去一贯主张和执行的，同时在今后仍要继续贯彻落实的政策，编订为《晋察冀边区目前施政纲领》①，罗列 20 条款项，所以又称《双十纲领》。它的编订经历了较长时期的酝酿和筹划，以及持续多次的讨论和完善。1940 年 8 月 13 日，该纲领在获得中共中央批准后正式颁布，成为边区政权建设的重要遵循和指南。之所以施行这个纲领，是为了更好地贯彻党的方针路线，贯彻《中国共产党抗日救国十大纲领》，巩固与发展晋察冀边区，坚持敌后抗战，扩大抗日民族统一战线，争取抗日战争的最后胜利。就这种意义而言，这个纲领是中共中央抗日民族统一战线的方针和《中国共产党抗日救国十大纲领》的地方化与具体化。例如，该纲领规定边区政府必须坚持国共合作、团结抗战的方针，旗帜鲜明地反对和惩处一切破坏团结抗战的势力及行动；破坏和摧毁敌伪政权，没收敌伪财产，充作抗日经费；瓦解敌伪军，争取伪军反正，宽待敌军俘虏；对逃亡敌占区的汉奸嫌

① 具体内容参见晋察冀边区阜平县红色档案丛书编委会编《晋察冀边区法律法规文件汇编》，北京：中共党史出版社，2017 年，第 4—6 页。

疑犯，只要返回边区抗日，发还其全部财产；在全边区广泛武装人民，实行全民武装自卫，开展群众游击战争；拥护边区人民子弟兵，号召群众积极参军，或为部队输送给养。在政权建设方面，该纲领明确规定，务必坚持和发扬民主原则，尽力争取和吸收开明士绅等无党派人士参加各级政府机关工作，同时健全和完善各级民意机关及政府机构的职能。一切坚持抗日的人员都有权享有言论、集会、结社、出版及信仰自由等。而且，无论任何机关、团体或个人，在未经法定许可或合法手续的情况下，均不得无故和随意逮捕、关押、揪斗及侮辱他人，从而达到保障人权的目的。

在经济政策方面，为切实保障所有抗日人士的财产所有权，除依照政府规定缴纳赋税外，所有机关和团体，均不得巧立名目，借端勒索或罚处。同时，“二五减租”“减租减息”政策也要得到切实执行和落实。各级政府机关和团体建立科学、严格的经济制度，防止和杜绝贪污浪费行为；健全银行机构，加强金融管理，驱逐伪币，巩固边币，使边区金融趋于增扩和活跃。在农业生产方面，大力开展垦荒拓殖，不断扩大耕地面积，积极保护并繁殖牛马等耕畜，根据各地实际改良种子、肥料、农具等，有条件和有计划地凿挖井渠和改良土壤。在军事工业方面，努力发展军工、矿业及手工业，努力实现工业品的自给自足；倡导和支持开展多种形式的生产互助合作，保障正当贸易。在社会福利方面，规定设立救济灾民的专门机关，同时重视和保障妇女、儿童的权益，反对和禁止歧视、虐待妇孺；对抗日烈士遗属及因公致伤、致残人员等给予优待和抚恤。在文化教育方面，为达到提高国民文化水准及民族觉悟的目标，规定实行普及性的免费教育，建立和健全各级学校，特别是改进大学及专门教育；加大自然科学教育的力度，对科学家及专门学者给予尊重和优待。在普通民众中广泛开展识字运动和文化娱乐活动，逐步扫除文盲，积极保护和抚慰知识青年及流亡学生，提高小学教员的业务水平和生活待遇。除上述诸多方面外，该纲领还重视民族团结，规定边区各民族应相互尊重彼此的生活、风俗及宗教习惯，在平等基础上紧密团结、共同抗战，在民主选举中则对少数民族代表或同胞给予优待。

总之，《双十纲领》的颁布和实施，起了良好的作用，使晋察冀边区的各项建设进入了新的发展阶段。而且内容规定非常“接地气”，非常具体、细致，具有强烈的针对性和可操作性。这个纲领的提出是边区政府根据中共中央抗日民族统一战线方针、《中国共产党抗日救国十大纲领》《中国国民党抗战建国纲领》并结合边区实际情况的结晶，也是边区政府在政权建设中坚持中共中央政策地方化、具体化的原则的典范。顾名思义，这个纲领不是指导全国的总的纲领或方针，而只聚焦晋察冀边区，着手处理边区政治、经济建设过程中亟待解决的问题。因此，这个纲领的出发点和落脚点首先是持续不断地扩大和巩固晋察冀边区的抗日民族统一战线。只有牢不可破、覆盖广泛的边区统一战线，才能够巩固与发展边区。其次是从政治上和经济上保障工农劳苦群众生活，给他们以实际的援助，使他们有精力与时间更积极地参加保卫边区和发展边区的建设事业。因为敌后抗日根据地之得以保卫与发展，以及全国抗战之得以维持，只有依靠群众才有可能，特别是在战略相持阶段，我们必须更进一步地依靠群众。最后是保障边区抗日斗争的持久性。边区抗日斗争坚持与经历的时间愈久，其民主政治愈趋完善和健全，统一战线愈加巩固和广泛，广大民众的生活愈加向上，各党派、各阶级、各阶层的关系愈加紧密，其抗日的积极性和主动性愈加提高与强化，边区的社会秩序愈趋良好，使晋察冀边区成为抗日民主根据地乃至践行新民主主义建设的模范。显而易见，这个纲领并不是只讲原则和总的方针的宣传纲领，而是当前具体的行动纲领。

在那之后的几年时间内，晋察冀边区政府根据上级指示贯彻落实了一系列施政纲领中的重点工作，并相继实行精兵简政，厉行节约运动，严惩贪污浪费，裁汰不必要的机关及职员，提高干部质量，以期减轻人民负担和增强抗战力量。此外，边区政府着力发展根据地经济建设。加强对敌经济斗争，同时开展深耕易耨、增加农业生产运动。奖励工商企业，鼓励私人投资，扶助家庭副业及合作事业，发展境内贸易，以增加根据地内物资，继续实行减租减息，改善人民生活。边区政府还根据上级要求实行全民武装，开展群众游击战争，加强民兵组织训练，使民兵成为人民武装中之坚强骨干，并团结沦陷区与游击区广大同胞，开展各种对敌斗争，摧毁敌伪政权、敌伪组织及其“一切奴役中国人民之设施”等。[①] 1943 年初，依照中共中央《关于华北敌后抗日根据地 1943 年工作方针的指示》，晋察冀边区积极动员并广泛开展了以减租减息、增加工资、反贪污浪费等为目标的群众性经济斗争，并且把其与争取民主的政治斗争结合起来，使民主斗争与民生斗争相辅相成、相得益彰，从而壮大和巩固党在斗争中取得的胜利成果。与此同时，边区政府有重点、分步骤地改造区、村等各级政权机关，努力吸纳广大民众直接参与政权管理，在各级组织机构中充分发扬民主精神，坚持民主集中制原则和新民主主义的政治制度。对于军事斗争，则强化普遍的群众性质的游击战争的指导原则，认真加强民众教育工

---

① 参见晋察冀边区阜平县红色档案丛书编委会编《晋察冀边区法律法规文件汇编》，第 6—7 页。

作等。[①] 另外，晋察冀边区还根据形势需要或上级指示，适时修订和完善了《晋察冀边区行政委员会组织条例》《晋察冀边区县区村组织条例》《行政督察专员公署组织大纲》《村行政干部奖惩办法》等规章制度或规则办法。上述这些活动或事例无疑都是晋察冀边区政府在政权建设中坚持以中共中央为指引，并结合实际工作具体细化和执行的直观体现。

（二）广泛的民族统一战线的原则

自晋察冀边区政府成立以降，边区政权建设和改革始终坚持以扩大和巩固抗日民族统一战线为指引、中心和目标。经过近两年的发展，以国共两党为基础的抗日民族统一战线不断巩固和扩大，不同党派、民族、阶层的人士和群众不分彼此地紧密团结在一起，充分享有平等、民主和自由等各项权利，故而自动地热烈地参加抗战，加入抗日民族统一战线中来。特别是近两千名妇女参加到政权工作中来，使得抗日民族统一战线的基础更加巩固，使边区政府能够顺利地执行各种基本政策。以妇女参政为例，许多县份为动员妇女积极参政而召开扩大干部会，详细讨论各种动员办法与步骤，估计可能发生的困难及克服的办法，使干部都学会一套工作方法，对妇女开展深入宣传和耐心说服。这个工作不但在妇女中进行，而且要对其丈夫、公公进行；不仅用各种传单、标语、漫画和报纸来进行宣传，而且必须用口头说服和解释；不但在会员大会、群众大会中进行宣传，而且在每个干部会、街头谈话、家庭访问，必须提到妇女参政问题。有些县份采用竞赛的方式，形成妇女参政的热潮。她们在县与县、区与区、村与村之间相互挑战，看谁

---

① 参见晋察冀边区阜平县红色档案丛书编委会编《晋察冀边区法律法规文件汇编》，第11—12页。

的工作成绩好，谁的工作深入细致。干部们都被这个竞赛鼓舞和激励，他们夜以继日、不厌其烦地在群众里鼓动妇女参政。此外，很多县份的妇女抗日救国会都展开热烈的小组讨论，并保证成员能够参加选举。有些县、区的妇女抗日救国会干部甚至直接到村里发动和鼓励妇女参选等。

为解决妇女干部卫生保健方面的实际困难和问题，保护妇女干部及其幼儿身体的健康，边区政府于 1945 年重新修订《关于优待妇女干部及其幼儿之决定》，明文规定对于处在月经期间的妇女干部，应酌情减轻其工作任务，并让其拥有 1—3 天不等的时间进行适当休息。而且，考虑到工作地区、工作性质以及妇女干部自身体质强弱等种种不同的因素，各政府机关可根据具体情况延长或缩短休息时间，并不应安排或从事走远路、涉水、上操等过重或不宜的劳作。关于卫生费用，规定每人每月发给一定数量的例假纸，若出现不足或有剩余，可互相调剂。若有月经过多等特殊情形而又不便于调剂的，则应按照实际需要多予发给。若纸张仍有剩余，可以用其换领同等代价的纱布、布袋、软布等其他实物，但例假纸或布均不得改作他用。为避免妇女羞于领取及耽误时间，例假纸应在每月伊始即行发给。关于孕妇及婴儿，该决定规定，鉴于孕妇在产前、产后易发生一些生理变化或疾病，机构领导要对此多加注意和关照，使其适当休息，不从事繁重工作和劳动，并适当减少生产任务。如果孕妇自己认为身体变化属于正常，而不以病号自居，那么在产前 20 日，她即可享受给假休养的待遇。至于情形特殊者，自应酌情决定。怀孕期的妇女仍可照常领取例假纸，以备分娩之需。至于分娩后，则发给小米 20 斤，作为购买鸡、糖、芝麻、油类等费用。在分娩后的休养期间，其应领粮食柴菜金仍照发（尽量调剂细粮），如果是单独起灶，柴、炭则照当地实际情形发给。孕妇产后的休息时间一般为 40 天，若产妇体格过于虚弱或患病，产假可酌情延长。该决定鼓励妇女干部最好是回家分娩，以便能够得到家人的照顾，至于因故不能回家而所在机关又难以照料的，则需要临时找人照护。总之，领导要很好地掌握，非必要不得找人。另外，早产或流产对妇女干部身体损害很大，其产后休假时间与保养费应与大产同。特别是流产者(怀孕 2 个月以下的)可休息 20 天，发保养费小米 10 斤，例假纸照发或多发，并视具体情形而定。关于幼儿哺育及待遇，该决定规定妇女干部在条件允许的情况下应自己哺乳婴儿，哺乳期为一或两个月。这对妇女及幼儿身体均有好处。特别有些工作量不大或任务不重的妇女干部，更应该尽量自己哺乳，而不是找专人代为哺乳。尚未满月的婴儿，其母自己哺乳，因需较多营养，所以除其母应领的粮食外，一律额外发给小米 45 斤(包括分娩费在内，因此数已足资营养，故不另发 20 斤小米的分娩费。因生母无奶或生病等特殊情形而在婴儿未满月前即由别人代为哺乳的，应将此项粮食转发给奶母，同时仍发给妇女干部以分娩费)。婴儿满月后至一周岁前，无论自己哺乳或找人代为哺乳，一律每月发给小米 45 斤(不另发柴菜金、零用费)等。

(三) 工农为基础、武装为骨干的原则

开展抗敌斗争，必须以武装力量为依托。在边区不仅有军事坚强和政治坚定的一部分八路军作为武装骨干，而且有广大的民众武装作为政府的支柱。八路军总部在五台分兵时，只留了很少的正规武装力量。其实早在八路军总部离开五台县之前，已经有零星的游击队开始组建，只是人数不多，规模很小，武器装备也少。1937 年 11 月忻口会战结束后，晋东北有很多游击队陆续组织起来，老百姓连人带枪一起参加游击队。在这个基础上，边区部队得到了逐步扩充和发展，其中的关键是放手组织和发展工农武装。成千上万的农民

加入农民抗日救国会，农村的妇女通过妇女抗日救国会贡献力量，工会团结了广大的工人阶级和农村手工业者，广大的青年参加青年抗日救国会，还建立了青年抗日先锋队等半武装的组织，在抗战中起到英勇的先锋作用。许多文化工作者、小学教师和乡村知识分子组建了文化界抗日救国会，商人、和尚、喇嘛和士绅也都参加或建立了各种救国的团体。后来边区各界还成立了抗敌后援会，团结全边区人民抗敌的力量。总之，纷纷武装起来的广大民众，配合军队，甚至于单独地袭击敌人，破坏交通，放哨，守卫，侦察除奸，运输，慰劳，筑成了保卫边区的天罗地网。

1938 年 1 月，在晋察冀边区军政民代表大会上，众多议案付诸讨论和议决。其中一条便是组建人民武装自卫队。为普遍加强人民武装自卫的能力，进行抗日的游击战争，完成民族革命的神圣任务，晋察冀边区普遍地组织人民武装自卫队。人民武装自卫队的任务包括配合抗日军队作战，开展游击战争；侦察警戒，封锁消息；维持地方治安，剿缉逃兵盗匪，镇压汉奸活动，捕捉敌探间谍；传达消息，运送军实及伤兵；破坏敌军交通，维持我军交通，进行战地准备，协助军队构筑工事。凡 15 岁以上、45 岁以下之人民，没有疾病者，不分男女均得参加自卫队，自卫队之队员以不脱离生产为原则。人民武装自卫队的编制如下：(1) 班——每 6 人至 15 人为一班，设班长 1 人。(2) 分队——每 2 班至 4 班为一分队，设正、副分队长各 1 人，政治工作员 1 人。(3) 中队——每 2 分队至 4 分队为一中队，设正、副中队长各 1 人，政治工作员 1 人，干事若干人辅助之。(4) 总队——每县成立一总队，设正、副总队长各 1 人，政治指导员 1 人，政治工作员 3 人，干事若干人辅助之。(5) 总指挥部——边区设自卫队总指挥部。总指挥部设正、副指挥各 1 人，政治部正、副主任各 1 人，参谋及政治干事各 1 人至 3 人组织之。女队员单独编为班或分队，不与男队员混合。自卫队以村或乡为单位，成立班或分队；以镇或区为单位，成立中队；以县为单位，成立总队。人民武装自卫队为政府之一部分。自卫队总指挥部受边区行政委员会的领导；总队、中队、分队及班并受县、区、村或乡政府的领导。人民武装自卫队的训练任务分为两种——军事训练和政治训练。前者包括学习和练习站队、集合、散开、行军，以及武器使用、侦察警戒、救治伤员、辎重运输等基本的战斗动作，同时学习和练习有关游击的战术及军事常识等。后者包括学习民族革命的普通知识，动员和组织群众的方式方法，以及政治常识、军事纪律、文化娱乐等。自卫队平常训练是以村或乡为单位，时间为每星期集合训练 1 或 2 次，每次 2—3 小时。班及分队的训练具备或达到相当基础和水平时，即能以区为单位，分别进行为期 1 周的中队训练。至于各总队的训练，则根据实际需要，以县为单位进行，每半月或 1 月集合训练 1 次，每次一般不超过 2 天。自卫队之纪律，则为坚决抗日救国，听从命令服从指挥，不扰民，与人民联合一致等。

3 年后，晋察冀边区政府又修订和颁行《晋察冀边区人民武装抗日自卫队组织章程》。其内容包括总则、队员、组织、编制、职权、会议、纪律、经费、附则等 9 章 36 款。总则部分明确了自卫队的名称为“晋察冀边区人民武装抗日自卫队”，其性质为人民自己的群众武装组织，但执行基本任务时接受上级和同级政府之指示与指挥。其以组织与壮大人民武装自卫力量、保卫家乡和边区、争取抗战胜利并实现独立自由幸福的三民主义新中国为宗旨，以进行群众游击、配合抗日部队作战、维持后方治安、担任抗战勤务等为基本任务。为壮大自卫队的规模，该章程明确凡是年龄在 16 岁以上、55 岁以下的边区人民，不分阶级、性别、种族及宗教信仰，均应登记并参加自卫队，成为自卫队的队员。自卫队队员享有选举权与被选举权及平时的罢免权，以及参加会议向本队提出建议的权利，同时履行遵守本队章程、坚决服从上级领导、执行命令和完成任务等义务。

晋察冀边区人民武装抗日自卫队奉行民主集中制的组织原则。自边区至乡村的各级人民武装抗日委员会中，除边区设有委员 7 人，其余均由 5 名委员组成。各级人民武装抗日委员会均设正、副主任各 1 人，下设总务、组织、训练教育、妇女、模范队、青年武装等 6 个部门，每个部门设有部长 1 人，干事若干人。正、副主任及各部部长由委员中推任，干事则由各级委员会通过聘定。边区至区各级得设青年抗日先锋队队部，为各级人民武装抗日委员会所属之独立组织系统。区至区各级青年抗日先锋队队部组织法另定。区级人民武装抗日委员会下设模范队队部。队部设队长、指导员各 1 人，队部下设干事若干人；队长、指导员由委员兼任，干事由队部聘定。区与村级人民武装抗日委员会之间，如工作需要，于中心村设区人民武装抗日委员会分会（不为一级），并分妇女、模范、青年等部及干事若干人，常驻于中心村所在地。边区至县级人民武装委员会通过本区或县级代表大会选举产生，村级人民武装抗日委员会则由村队员大会直接推选。同时，村级人民武装抗日委员会可以参加该村村务会议。边区至村级人民武装抗日委员会任期均为 1 年，也均可连选连任。此外，同一级别的青年抗日救国会、妇女抗日救国会则从相应的推荐代表中选举产生。

作为抗日自卫队基本组织的村级人民武装抗日委员会，下设妇女队、自卫队、抗先队与模范队 4 队。其中，妇女队由 16 岁至 55 岁之妇女队员编制而成；自卫队由 16 岁至 55 岁除参加抗先队、模范队者外全体队员编制而成；抗先队由 16 岁至 23 岁之自卫队员自动参加抗先者编制而成；模范队则由 24 岁至 35 岁之自卫队员自动参加模范队者编制而成。妇女队、自卫队、抗先队与模范队皆以村为单位，编为队、小队和班，其编制如下：队设正、副队长各1人，以及干事1至2人。队通常包括2至4个小队，每个小队各设1名正、副小队长。小队以下为班，每班5至14人，设正、副班长各1人，2至4个班组成1个小队。妇女队之小队、班、队员之组合原则如下：16岁至25岁之全体队员及26岁至30岁之大足无小孩(4岁以下小孩)者混合编制而成。自卫队小队、班、队员则按照16岁至35岁者除参加抗先、模范队者混合编制，36岁至55岁者混合编制的原则组织。在职权方面，自卫队的最高权力机关为边区代表大会，大会闭幕期间为边区人民武装抗日委员会。边区至村各级人民武装抗日委员会正、副主任，负责领导各部工作，有主持会议、对外交际及负责指挥之权。同时下设相关职能部门，包括负责文书、会议、收发、庶务及不属于其他各部事宜的总务部；负责调查、统计及审查干部等工作的组织部；担负对外宣传、军事训练及思想政治工作的教育训练部；负责妇女队之组织、教育、训练等工作的妇女部；负责青年抗日先锋队等工作的青年武装部；负责模范队的组织、教育、训练等工作的模范部。其中，各级青年抗日先锋队队部在同级人民武装抗日委员会领导与指挥下，负责领导与指挥抗先队一切工作。抗日先锋队队部执行人民武装抗日委员会之统一方针、决议及教育计划，根据青年特性分别具体执行，并有单独及发布命令之权。区级人民武装抗日委员会区分会有向下级就近督促、检查与训练、指挥所属队员之责。区级模范队队部在区级人民武装抗日委员会之直接领导下，负责领导指挥模范队之一切工作。

晋察冀边区人民武装抗日自卫队各级代表大会及村级队员大会召开期间规定如下：边区至村均为1年；上项会议均由各该级委员会召集之。各级委员会召集期间如下：边区至县均为1月；区以下均为半月；各级委员会均由主任召集之。边区至区级代表大会、村级队员大会及各级委员会必要时可召集临时会议。本队全体干部及队员均须遵守本队章程，服从上级领导与指挥，坚决执行命令，完成任务。违犯纪律者得由各该级上级按其轻重予以批评、警告、处罚勤务或撤职、开除等处分，但得报告上级，并绝对禁止打骂、罚款及一切物质处罚。另外，本队经费来源主要有两种途径：一是政府补给，二是胜利品一部或全部。本队经费由边区人民武装抗日委员会统一预算，统一分配与统一按期向边区政府报销并向大会作报告。① 1941 年 7 月，晋察冀边区召开扩大干部会议，讨论并议决将各级人民武装部改组为完全民选、具有独立系统且实行民主集中制的各级人民武装委员会。各级人民武装委员会的组织原则，完全根据中央军委 1941 年 11 月指示执行。在人民武装委员会下，自卫队与民兵各有其独立系统。与此同时，为加强对民兵工作的领导，使民兵成为人民武装中之骨干，在加强对敌斗争上，在日常行政工作上，为了发挥集中的指挥作用，在各级人民武装委员会下成立民兵指挥部，执行人民武装委员会的决定，指挥部长由武委会主任兼任之。②

此外，拥政爱民与拥军优抗政策也是边区政府坚持以工农为基础、以武装为骨干的原则的体现。为了使拥政爱民与拥军优抗形成广泛的群众运动，获得应有的实际效果，边区政府发布指示，要求必须进行普遍深入的宣传动员，使军队全体指战员、党政民干部及广大群众彻底认识到拥政爱民与拥军优抗是党在解放区行之有效、极其

---

① 参见晋察冀边区阜平县红色档案丛书编委会编《晋察冀边区法律法规文件汇编》，第 369—372 页。

② 参见晋察冀边区阜平县红色档案丛书编委会编《晋察冀边区法律法规文件汇编》，第 17—18 页。

重要的政策。

开展拥政爱民与拥军优抗运动，必须两手抓，两手都要硬，不可偏废失衡，但中心环节是军队。应使每个指战员彻底了解到，如果军队能够做到每个指战员都更好地拥护政权和爱护老百姓，那么，政权和老百姓就没有不更加积极拥军之理。如果以为在战争环境中，只应责备（或应多责备）党政民对军队照顾不够，不应责备（或应少责备）军队对党政民的不良行为，这是错误的。应当指出，这是过分夸大军事力量的重要性，忽视群众力量的重要性，这种单纯军事观点，就是军阀主义思想的表现，应再三教育全体指战员：我们是人民的子弟兵，我们来自人民、属于人民、为了人民，并且处处依靠人民，像鱼离不了水一样。拥政爱民是我们神圣的天职。但同时应指出，地方党政民对军队的关心爱护不足，也是不对的。认真实行拥军优抗，也是我们神圣的天职。

在群众中普遍深入地宣传八路军、新四军 1944 年在敌后战场的伟大胜利，宣传部队为减轻人民负担而开展生产运动的成绩。要让广大民众知道并相信，在中国只有共产党领导的军队，才能这样以无比的忠诚和英勇，保卫祖国，解放人民。没有八路军、新四军和敌后人民的团结奋斗，国民党的正面战场早已不堪设想，即使同盟国在太平洋上的胜利反攻也是不可能的。我们要鲜明地指出，不但坚持抗战的力量主要是依靠八路军、新四军，而且配合盟国驱逐日军出中国，也只有依靠八路军、新四军。为了保卫我们已得到的利益，争取中华民族和中国人民的彻底解放，必须坚决拥护军队，帮助荣誉军人、退伍军人，特别是从各方面帮助抗属，使子弟兵在前方安心地勇敢作战，这是我们每一个抗日人民的光荣义务。同时，要高度发扬群众的英雄主义，在部队与地方上普遍宣传战斗英雄、劳动英雄、模范工作者的英雄业绩，特别是在拥政爱民与拥军优抗运动中，经过民主选举产生的拥政爱民和拥军优抗的英雄模范，以他们为旗帜和标杆，大力宣传其模范事迹，号召广大群众积极向他们学习和看齐。另外，在宣传方式方法上，应力求实际有效。经过干部会、军人大会、群众大会、座谈会等，讨论文件，根据文件及拥政爱民公约、拥军公约逐条逐句深入检查，开展自我批评与批评领导，并制定符合本单位具体要求的新的拥政爱民与拥军公约，在进行赔偿、道歉及各种联欢等活动时，都应开展活泼的宣传工作。文化娱乐活动也须围绕这个中心，并应把宣传工作与制定本机关部队的生产计划及帮助抗属、荣军、退伍军人建立自己的计划相联系等，以防形式主义的偏向。①

（四）实现民主、改善民生的原则

晋察冀边区的一切经济政策及设施，是以粉碎敌人的经济进攻，求得边区的战时经济自给，支援长期抗战，并改善民生以利于发动人民积极参战为原则。通过普遍实行减租减息，废除苛捐杂税，以及发展农、副生产，战时的边区经济逐步焕发了活力，边区人民生活实现了一定的改善。譬如，边区废除一切苛捐杂税，只收田租及烟酒、契税、印花、营业等国税，并征收新税、合理的直接税，包括一般财政税、遗产税、所得税，其税率均按统一的递增的累进税率。设立边区海关，税率高低与贸易政策有关，发行小额低利之救国公债，完全以自愿认购为原则等。扩大耕地面积，边区公布《垦荒条例》，公荒及地主不要之私荒，无政府核定，准许农民自由开垦。地主不得收回，在战时不纳地租，并实行集体垦荒，由农会及各群众团体组织无地农民、难民、失业者成立垦荒团。已实行者，

① 参见晋察冀边区阜平县红色档案丛书编委会编《晋察冀边区法律法规文件汇编》，第18—19页。

大半全靠农会力量组织的春耕委员会，成立垦荒团。同时仍需防止新荒，在新收复地区，由政府设法无代价借给农具食粮，使恢复生产。抗战军人家属及残废军人之土地，皆由“代耕队”代耕。逃走地主之土地，借给农人无租耕种。改进农业生产，废除苛杂，减租减息，成立农民合作社，政府银行举办低利农业放款等。改善农业生产技术，改良工具、技术、水利、肥料等。建立农业仓库，统一仓库管理，防止浪费，鼓励农民增加生产，并多种早熟产量丰之农产品，少种烟草等不必需之农产品。在工业方面，扩大战时必需的工业部门，发展农村手工业，开展国防工业，充实工业生产资金，鼓励工业投资。保护私人商业，统制重要商品之出入口，建立边区贸易总局，以促进贸易。调节全区物品供需，保持商业的平稳，取缔奸商之囤积居奇。总之，通过厉行减租减息，废除苛捐杂税，同时积极地倡导“为了抗战增加生产”，公营工矿业不断增设，私人工商业也逐步恢复，增加了生产，减少了失业，使边区粉碎了敌人的经济阴谋而解决了经济的难题。另外，为尽力团结各个阶层的抗日力量，并且改善边区群众的基本生活，边区政府采取了限制和削弱封建剥削的政策，而不是一下子消灭或打倒，这是兼顾各阶层利益的稳妥措施，是合乎民族利益和各阶层利益的，便于各阶层的团结和一致抗日。

二、选举制度及实践

（一）选举制度的建立与改革

1938 年 1 月，晋察冀边区军政民代表大会召开，149 名代表出席会议并对多项重要议题进行了讨论和议决。其中，涉及边区、县、区、乡（村）各级政府的组织、分工及职权，规定边区政府定名为“晋察冀边区临时行政委员会”，遵照南京国民政府颁布的省政府组织法之规定，设立 9 名委员及 3 名候补委员，以委员 1 人为主席，均须经代表大会选举产生。边区政府分设秘书处及民政、财政、教育、实业等厅，各厅长均由委员兼任。晋察冀边区临时行政委员会视行政上之必要，在适当地区设政治主任公署。政治主任公署则设有主任 1 人，以及秘书、书记、干事等人员。其中，主任一职由边区行政委员会任命，秘书、书记、干事等则由主任鉴选，并呈请行政委员会批准委用。县政府的组织构成包括县长及其秘书各 1 人，附设总务、财政、教育、实业等 4 科，各科设有科长 1 人，科员 2—4 人不等。县长、秘书及各科科长，均须依照法章民选产生，在未能实行民选以前，则由边区临时行委会委任。区政府则设立区公所，包括区长 1 人、助理员 2 人或 4 人，其均由民选产生，在未能民选之前，由边区临时行委会民政厅委任。区长负责召集会议解决辖区内一切事宜。乡镇或村公所一般通过民选产生 1 名乡长、镇长或村长，有时视实际情况和工作需要而增设乡副、镇副或村副，以及聘请若干名工作人员。

（二）各级政权选举运动的展开、深化及成就

1939 年以后，边区政府从改选入手，将其作为改革旧有村政权的突破口。村政权或曰村长选举成为当时广泛的群众运动。不过，在具体改选时，很多问题暴露出来。如进行村选时，群众态度很狭隘，独占的倾向极浓厚，非常怕地主、特别顽固分子当选复辟，又来压迫他们。同时初次竞选，特别是作竞选讲演，对工农群众是一件生疏而且困难的事情。1940 年后，县、区等各级政府才逐渐建立了统一的组织模式，即从上至下地建立起涵括民政、财政、教育、实业和司法等 5 个部门的较为完整的组织架构。特别是在村级政府中，民政、财政、教育、生产和调解（实即村政府的司法机关）等 5 个委员会也俱全。此举从政权的组织机构上扫除旧政府组织机构“头大脚小”的弊端，而且让广大民众真正享受到民主自由，极大地

调动了他们的参政积极性和抗战热忱。但在政府机构人员选举过程中也出现一些问题,后予以纠正。例如,有人主张必须有两年以上行政经验的候选人才能当选区长、县长。但如果这样规定,无形中便剥夺了广大群众的被选举权。因为广大的工人、农民、青年及妇女中,很少有两年以上行政经验的。若没有两年以上的行政经验即不能当选,而不能当选就不能收获和积累行政经验,如此只能让政权落入一群旧官吏手中。另外,有人主张军人没有被选举权,有人主张吸鸦片的没有公民权,或仅有选举权而无被选举权,还有人认为公民权须附加居住年限的条件等,这些意见或主张均因不切实际或不够妥当而遭到否决。民意机关及行政机关实行定期改选,通过定期考核和改选的方式,使当选者尊重民意,心存敬畏,避免因任职过久而易于懈怠和不思进取的弊端。由村代表至边区参议员组成的各级民意机关,都是按照平等原则由公民直接选举产生,并且选举产生行政机关人员。民意机关对于所选行政人员有权随时召回和撤换,并不必另有法律根据或理由,只需原来的选民或选举机关过半数通过即可。

1943 年初,随着抗战形势和社会环境的改变,边区政府颁布了《晋察冀边区参议会组织条例》。其中规定,参议会参议员由边区公民选举和边区行政委员会聘请两种形式产生,受聘的参议员不得超过参议员总额的 1/5。所有参议员任期均为 2 年,可以连选连任。同时,该条例规定了参议会具有行使选举并罢免边区行政委员会领导,审议和决定边区各项基本政策和重要计划方案,审查和批准边区行政委员会所提的预决算,审议和督促检查边区行政委员会重要兴革事项及执行等职责。根据规定,参议会设有议长、副议长各 1 人,均由所有参议员通过无记名投票选举产生,正、副议长对外代表参议会,对内则负责召开常会临时会。参议会开会期间，临时设立秘书处，秘书长 1 人，由大会推定之，承议长、副议长之命，办理大会事务。参议会通常每年开常会 1 次，若遇 1/10 以上的边区参议员、1/30 以上的边区公民或 1/5 以上之县议会提议或请求等诸多特殊情况，参议会可召开临时会议。若出席会议的参议员人数达不到半数，则参议会不能召开；若没有获得出席参议员过半数之通过，则不予讨论议决。另外，参议会开会时，边区行政委员会委员应依例列席报告工作，并进行解答质询。对于交由边区行政委员会执行的议决案，如果行政委员会认为不便执行，则应于开会期间详陈理由，并送请参议会进行复议。若参议会复议后，仍持原议，行政委员会则应无条件地立即执行。

每届开会时，参议会都设立参议员资格审查委员会、提案审查委员会，以及在必要时设立其他专门委员会。各委员会委员及名额，均由大会选举决定。会议期间，参议会设有驻会参议员办事处，由参议员互选，并与议长、副议长共同组成。依据参议会所赋权限，驻会参议员对边区行政委员会决议执行或其他重大措施有疑问或意见时，有权质问或建议。除驻会参议员外，其他参议员均没有薪酬，只是酌情发给旅费。为鼓励和保证参议员履行职责、建言献策，他们在开会时所发表的言论及表决，对外不负责任。除执行犯外，在会期中的参议员若不经参议会许可，不得遭到逮捕或拘禁。但当参议员违法失职时可以罢免，有候补的依次递补，无补者则另外选举。若聘请的参议员违法失职，边区行政委员会可随时对其解聘。参议会经费由大会制定预算，交边区行政委员会拨付之。参议会议事细则另定之。①

---

① 参见晋察冀边区阜平县红色档案丛书编委会编《晋察冀边区法律法规文件汇编》，第 55—56 页。

同时，边区政府还制定了《晋察冀边区选举条例》，对边区参议员、县议员、村民代表的产生进行了明确规定，即他们均须通过选民用无记名直接投票法选举产生。沦陷区、游击区因无法实行直接普选，故可以通过间接选举方式产生。前项行间接选举之区域，其选举细则，由该管县政府拟定呈准边区行政委员会施行之。凡在边区辖境内年满18岁的公民，无论何种性别、职业、民族，以及阶级党派、宗教信仰、文化程度、居住年限等，经选举委员会登记后，均有选举权与被选举权。但是，有些人则被剥夺选民和选举资格，如有汉奸行为及加入伪军、伪组织，经边区司法机关、军法机关褫夺公权尚未恢复，以及经边区行政机关通缉有案尚未撤销的人等，均没有选举权与被选举权。但是，对于那些已经反正或准予自新，或确系被迫参加并已宣布脱离伪军、伪组织的人员，则不在此限制范围以内。至于政府、银行、学校或其他机关工作人员，均可于所在地参加边区参议员选举。至于选区划分和名额分配，边区参议员以县、市为选举单位，并规定人口在3万人以下的县份，选举参议员2人；人口在3万人以上的县份，每增加3万公民，增选参议员1名，所增尾数超过1.5万人，也可增选1名参议员。处于沦陷区的各县，每县选举参议员1—3名，其不能选举者，由边区行政委员会聘请之。例如，平、津两市的参议员名额为3人，而太原、石家庄、保定、唐山等其他市镇的参议员名额为1人。其不能选举者由边区行政委员会聘请之。边区参议员中还有以部队、学校、团体及民族为单位参加选举的。例如，军区部队的参议员名额分配为20人，各产业工会选举参议员则为3人。蒙、藏、满各民族均各选参议员1名，回族则选参议员5名，其不能选举者，由区行政委员会聘请之。例如，中国人民抗日军政大学分配选举参议员1名。至于县议员的选举，则是以区为单位。人口在2万人以下的县，可选举县议员 20 名。2 万人以上的县，每增加 2 500 人，增选县议员 1 名，所增尾数超过 1 500 人，也可增选县议员 1 名。各县议员的名额依据其各自的选民数量比例来确定。至于村民代表，则以公民小组为单位，通过村民大会选举产生，每个小组选举代表 1 名。每个小组视村民的多寡而定，一般包括 15—45 人，可以自由组合。

各级议员的选举须依照既定的竞选规则和程序进行。例如，边区参议员及县议员的选举，是由各党派、团体、部队、学校及自由组合的公民提出候选名单，并在不妨害选举秩序的情况下，实行自由竞选。自由组合的公民，人数须在 50 人以上，并造具履历名册和联署推荐参议员，报请县选举机关审查登记，方为有效。各县市当选之边区参议员，不受地域限制，均以得票较多数者为当选，次多数者为候补。每一选举单位内的候补人不得超过当选人数的 1/3，若当选人不足 3 人，则可设 1 人候补。边区及县议员因病亡故或其他原因去职时，可由候补依次递补，若无候补，应即补选。不过，村民代表之当选人，则以居于本村为限，而且村民代表不设候补人。若村民代表因死亡或其他原因不能履职，由公民小组另行选举以递补。另外，边区参议会及县议会每两年改选一次（边区参议会、县议会遇有特殊情形不能如期改选者，不在此限），而村民代表会则每年改选一次。

各级议员的选举是由各级选举委员会负责办理。其中，边区选举委员会由委员 11 人至 21 人组织之，其人选由边区参议会驻会参议员办事处与边区行政委员会就各机关部队、团体学校及抗日绅商名流学者中聘请之。县选举委员会的组成人员包括县议会议长、副议长，以及该县县长、民政科长及群众团体代表等各 1 人。而村民代表会主席、副主席、民政委员及村群众团体代表各 1 人组成村选举委员会。边区参议员以部队、学校、团体、民族为单位选举者，其选举机关依下列规定：军区部队由军区司令部、军区政治部组织特种选举委员会办理，边区各产业工会由边区产业工会办理，抗日军政大学等则由各该校组织特种选举委员会办理，蒙、藏、满、回各民族由各该民族团体组织特种选举委员会办理。各级选举委员会行使办理公民登记进行选举动员，审查选民资格，监督选举，检举选举违法事项及其他有关选举事项等职权。①

边区第一届参议会的胜利召开，使边区的民主政治迈入了一个新阶段。为把这次会议民主团结的精神贯彻到县、区、村去，进一步激发广大民众的参政热情，巩固各阶层的团结，参议会决定于1943年四五月间在北岳区率先进行县议会的改选。这次县议会改选具有重要的历史意义，因为1943年是争取反攻胜利的一年，也是敌后抗战最艰苦的一年。为了动员足够的力量以应对行将到来空前残酷的局面和克服经济上的困难，亟须进一步巩固各阶层的团结，高度发扬民主，使边区人民都能自觉积极地团结对敌与参加经济建设。县议会的改选与县议会工作的加强就是达到这个目标的重要措施。

自1940年县议员选举与县议会成立以来，边区的民主建设取得了重要成绩，但同时也存在不少缺点及问题。如形式主义和官僚主义严重，表面上看选举声势浩大，气氛热烈，但其中存在强迫群众参加选举，或者遗漏公民登记等诸多情况。不少地区还发生了种种违反民主的行为，如随意剥夺和取消了一些落后或顽固分子的公民权。另外，当选的议员绝大部分为在职干部，甚至个别口碑不佳的议员也当选，在一定程度上有悖于通过选举使议会成为

---

① 参见晋察冀边区阜平县红色档案丛书编委会编《晋察冀边区法律法规文件汇编》，第64—66页。

各抗日阶层的代表机关的宗旨，产生了一些消极和负面影响。议员和选民之间的关系不和谐，大部分县议员认为自己当选后即与选民脱离关系，毫无瓜葛，导致议员和选民之间互存隔阂和芥蒂。为了克服上述缺点，使县议会真正成为一县人民的权力机关，并将此次边区参议会的精神与决议贯彻下去，使边区民主建设更加完善，县议会决定健全改选工作。一是明确县选的中心任务，即在县议会改选工作中，要做到进一步提高人民参政热情，改进与调整各阶级阶层间的关系；对于违法或投敌的议员应该提交政府依法惩办，以提高议会在人民中的威信。要选举各阶层人民的领袖，能够代表各阶层人民的利益的人做议员。二是明确要求在县选中，将边区参议会民主团结的精神在干部与人民中进行传达，肃清干部中的一切强迫命令等不民主作风。三是必须与人民当前的切身问题密切联系，对于人民的困难与迫切需要解决的问题，要切实解决，如救灾、春耕、负担之减轻、发展生产合作、解决租佃纠纷、统累税调查、游击区反敌伪掠夺斗争等，应该成为县议会讨论的中心，如果人民吃饭问题不能予以适当解决，则人民参政是没有实际内容的。

根据这次边区参议会的精神，县议会总结两年来县议会的工作，要根据本县的具体环境，确定重点，如灾区着重于民生问题，游击区着重对敌斗争问题等，要反对大而无当浮泛空洞的总结。一是由县政府负责协同县议会及群众团体调查民间疾苦及急需解决问题，研究解决办法，准备议会提案，对存在某些问题的县单行法规之起草等。二是选举的政治动员要确定宣传重点，要以边区参议会通过的施政纲领实施重点为中心，特别是加强关于民主参政与对敌经济斗争、根据地经济建设相联系的宣传。三是对于这次边区参议会通过的选举条例、县议会组织条例（见县区村组织条例），详加研究，并吸取过去县选及县议会工作经验，要进行切实周密的计划，组织县、区、村各级选举委员会，划分选区，配备与训练干部，调查与提出候选人，这些工作都要做充分的准备。

在县选的组织与领导方面，根据选举条例组织县、区、村选举委员会，办理公民之调查登记，召集会议，监选，印发选票，宣传动员等。在公民登记中，严防随便取消公民权的现象发生。在选区的划分方面，在一个行政区内划分得越小越好（三五个行政村一个选区），这样可以吸收更多的选民参加。候选人的提出，应当包括各阶层人民的代表，每个行政区尽量提当地人做候选人。在选举过程中，充分发扬与尊重人民的民主，任何违反选举法的行为要坚决反对，其犯妨害选举罪者应依法究办，对于敌探、汉奸破坏选举的言行，必须严加防范与制裁。选举步骤一般以前半个月为组织与动员、公民调查登记、训练与配备干部之时间，后半个月即可分区突击选举。票由县政府印发，发票与收票须由选举委员会切实负责检查。

限于环境，游击区一般不进行县选，但这并不意味着放弃县选，而仍需要梳理和总结县议会的工作及对县议员进行调查和局部改组。对于议员缺额的情况，县议会需要在进行详细摸底调查的基础上，按照既定手续聘请对抗战有所贡献或为人民所拥护爱戴的人士进行补充。对于那些不称职、只挂虚名的议员，要经过议会或该区人民予以罢免或撤销。至于环境比较好的游击地区，在1943年五六月间应召开一次局部改组后的县议会，会议以传达参议会的精神及如何进一步团结对敌、减轻人民负担为主。在斗争艰苦的游击地区，一般不必召开县议会进行传达，但要通过其他方式尽可能地向群众进行宣传。

1945年，晋察冀边区政府开展了一次规模更大的民主选举运动。这次民主大选举的目的,是进一步建设边区民主政治,贯彻实行"三三制",更好地巩固边区各阶层人民的团结,扩大抗日民主政权对沦陷区的影响,在新解放区则是改造旧政权,使新解放区的基本群众参加政权,以发动与团结新解放区的广大人民,来发展与壮大解放区的力量,积极准备反攻,推动全国民主的联合政府的成立。具体而言,民主选举有利于团结边区各党派、阶层和民族的民众,推动和壮大解放区的武装力量,早日实现建立全国性的民主的联合政府。而就晋察冀边区来说,1945 年的民主选举相较于 1940 年的大选尤其具有重大意义。因为 1945 年的民主大选是在数年来根据地政治、经济、军事、文化各种建设获得很大成绩的基础上进行的,特别是自 1944 年开展大生产运动以来,人民生活进一步改善,边区民主政权迅速扩大与发展。

边区政府为做好这次民主选举进行了广泛、深入的宣传和思想动员。民主大选举运动的进行,必须在区以上的干部中以及在村干部与群众中,广泛地进行宣传教育,使其具有充分的思想准备与组织准备,选举真正为群众服务的积极分子,参加各级人民代表机关及政府机关,严格防止特务分子混入,以保证"三三制"的贯彻实行。同时,边区重视妇女的政治地位,深入发动妇女公民,促使其重视自己的民主权利,积极参加选举,从而使一定数量与广大妇女有密切联系及在抗日工作上有成绩的妇女领袖参与到各级政权中。边缘地区除应将边区民主运动深入宣传到沦陷区以推动开展沦陷区工作外,应认真物色沦陷区进步的抗日人士,吸收到县议会或县参政会及边区参议会。总之,通过广泛深入的宣传和动员,所有干部都彻底认识民主大选的意义,掌握"三三制"的精神实质、基本政策、民主制度、民主作风,达到思想上的统一,为保证选举的彻底胜利奠定了思想基础。

这次民主选举坚持的原则是“三三制”，其精神与实质就是民主团结。“三三制”的认真贯彻，与边区各种基本政策的正确执行及民主作风的发扬，有极密切的联系。“三三制”的精神与实质贯彻到政策法令制度之中，就是民主政策和民主制度。因此，必须总结几个主要政策，来掌握边区在“三三制”执行方面的情况，为县议会、边区参议会的召开，做有效的准备工作。首要的是，检查总结民主制度的执行情况，即有重点、有计划地帮助县调查三个典型村：一个“三三制”执行较好的，一个群众充分发动、“三三制”执行较差的，一个群众发动很差、没有贯彻“三三制”的。调查总结内容主要包括：村政权的成分，村干部与村民（各阶层）联系，村民团结情况，主要政策贯彻情形，各阶层人民反映，以及村干部作风等。县以上各级政府有计划地召开各种小型座谈会，如士绅座谈会、地主座谈会、佃户座谈会、雇工座谈会、工商业者座谈会等，贯彻“言者无罪，闻者足戒”的精神，使大家真正做到“知无不言，言无不尽”，倾听各阶层人士对边区的批评，对各种政策各方面的意见，从而进一步熟悉各阶层人士的脉搏，以达到加强团结、改进工作的目的。

为此，边区政府制定了民主选举“两步走”的策略，即分为准备和选举两个阶段。其中，准备阶段，所花的力量与时间要占 2/3，主要是调查研究与整风工作；选举阶段，所花的力量与时间占 1/3。村、县、边区三级选举中，村选是决定性的环节，因此在力量使用上，调查研究总结村政权要花最大的力量，在时间支配上，村的研究总结放在前面，县与边区的研究总结放在后面。在村政权方面，要研究公民小组代表会，编组、选举办法，闾、村公所组织，编村、市镇组织等应予改进之处，这些问题必须依靠仔细的调查研究总结，不能只靠片面的材料，骤下判断。县以上政府应找典型村进行调查研究，然后做出总结，提出改进意见。在县政权方面，要研究县议会与选民的联系，驻会机关与县政府关系，县政府组织、制度，每一个专区调查一到两个县，主要任务是总结近两年来的经验教训，并据此提出具有针对性的意见。

各级政府在这次民主选举中充分而广泛地发扬民主，组织广大群众开展批评与自我批评运动。各级政权干部，特别是县区干部，应本着为人民服务、一切属于人民、对人民负责的精神，深入反省自己思想上、执行政策上和工作作风上存在的一切缺点与错误，坦白地进行自我批评。县、区干部在准备选举中，应切实帮助领导村干部进行检查工作，开展批评与自我批评。在选民大会、村代表会、县议会上，政权干部应认真检讨工作，进行自我批评，克服以往只提成绩不提缺点的问题。只有在干部自我批评的基础上，才能发动并开展群众性的批评运动。在批评运动中，应高度发扬民主，使人民能够做到"知无不言，言无不尽"，领导者要采取"言者无罪，闻者足戒"的态度，倾听人民对政府的一切意见，并发现群众中存在的一切问题，从而让政权工作中存在的官僚主义与主观主义暴露出来，有针对性地进行整改，同时让在政权工作中一切违反人民利益的分子暴露原形，使人民辨别好坏，进一步唤醒和提升群众的政治觉悟和热情，进一步巩固抗日民主政权，加强政权与人民群众的密切联系。各地区群众防奸运动能与此结合进行者可结合进行，如尚未达到进行时期时，亦可打下基础，便利今后的进行。

同时，村代表会及县议会或县参政会要认真进行改进和健全，真正尊重并重视各级人民代表机关。村代表选出后应马上召开村代表会，讨论中心内容，应在为人民兴利除弊及有利团结抗日的大前提下，根据各地不同情况及人民迫切需要具体确定。一般应注重大生产、对敌斗争、村负担、文教工作及政策执行等问题。具体地说，巩固区应注意解决村财政相当浪费的问题，讨论秋、冬两季大生产具体的步骤与做法，注意贯彻“耕三余一”及发展副业，健全合作社，开展文教工作等；游击区及新解放区应注意对敌斗争，反敌伪抢掠勒索，改进负担办法，贯彻土地政策等，并根据不同工作基础，讨论组织人民经济生活的办法。县议员选出后要抓紧时间，召开本届第一次县议会，着重讨论问题与村代表会同。但必须事先注意准备工作，除开会时一切事务组织的准备工作外，特别重要的是总结过去的议会工作及本县全面工作。其中，着重总结边参会通过之施政纲领中的实施重点，即对敌斗争、经济建设（即大生产）、精兵简政（主要是组织领导，特别是县对区、村的领导）及贯彻政策、文教工作、保障人权等方面；新收复城市及扩大了解放区之县，应很好总结管理城市、扩大解放区工作中的经验；关于建立相当于县、区的市公所问题，各地可进行研究，提出意见。各级领导机关，应认真健全村代表会及县议会，进一步发挥人民代表机关的作用，克服一切看轻与不尊重人民代表机关的心理。

为保证民主选举顺利开展，各级选举委员会纷纷建立。根据《晋察冀边区选举条例》第七章第十六、十七、十八条之规定，建立各级选举委员会，行署、专署亦建立选委会，皆冠以地区名称。选委会是在各级政府领导之下动员组织党、政、军、民力量，统一步调，并办理一切选举事务的机关，其职权完全依照条例规定执行。各级选委会有上下级领导关系，上级选委会对人民可发通告，对下级可发通知，下级选委会应及时对上级汇报，全属政策法令的解释或颁布则属于政府。选委会的工作，应贯彻民主作风，不直接组织竞选，应根据政府法令慎重审查选民资格，对无选举权及被选权之人民，应报经政府宣告，选委会不能直接代替政府进行宣告。另外，不同地区应根据实际情况在采用的方式上有所区别，防止“一刀切”。例如，在群众已经发动起来或基本上发动起来的巩固区，可实行普遍而直接的选举，把民主选举作为中心工作，同时与开展大生产运动密切结合起来，将竞选宣传与生产会议相结合，利用生产空隙及农闲时间进行选举。在游击区及新解放区，如果已经被动员起来的群众占有优势，并且在环境允许之下，尽可能进行普遍而直接的选举。但在选举时应提高警惕，武装保卫选举。至于在群众尚未发动起来的新解放区，可以根据群众的迫切诉求，先对旧有政权进行改造，执行减租政策及清算账目等，后采取间接选举、推选或聘请等方式进行选举。

民主选举的步骤及日程，因各地区情况有所不同，不宜作统一具体规定，原则上规定边区参议员选举一律于 1945 年 11 月 15 日以前选毕，至迟当年 11 月底将选举结果及选举总结逐级报告边区选委会，县选、村选视各地具体情形决定。

选举工作也与其他重要工作相结合。具体地说，在大选举运动中必须抓紧大生产运动的领导，贯彻发展农业、副业的方针，切实执行防灾备荒工作。同时继续扩大解放区，加强军事、政治、经济各方面的对敌斗争，在新解放区尤应放手发动与组织群众，贯彻各种基本政策，开展群众减租与改造村政权的斗争，解决当地群众迫切需要解决的问题。

这次民主选举虽然经过了广泛的宣传和思想动员，以及认真细致的调研和准备，但选举的实施过程并非风平浪静、一团和气，而是各阶层民众的竞选与斗争异常激烈，并且暴露出一些明显的问题。对冀中所属各县各阶层参加选举的比例进行调查可以发现，女公民参加选举的比例在村选为 83%，而在区选为 81%，仅比男子的比例低约 2%，这充分反映出农村广大妇女的政治觉悟已经有了很大的提高，她们为争取自身政治权利及社会解放而积极参加民主运动。若以年龄来看，青年公民积极性最高，在村选为90.7％，在区选约为92％。昔日毫无政治地位的乡村青年，如此积极参选，不但反映了他们的抗日积极性，而且显示了他们反封建斗争的积极性。从阶层的区别来看，工人积极性最高，在村选为93％有余，在区选则为94％有奇，积极性占第三位的则为贫民，在村选比例为85.5％，在区选则约为86％。这表示乡村无产阶级及半无产阶级在反封建的民主斗争中和在抗战中的积极性与领导作用，表示工人和贫农在政治及经济生活改善后，政治积极性已大大提高，并以极大的注意力关心政权。他们惧怕地主、资产阶级取消民主政治，又恢复其封建野蛮的专政。

乡村的无产阶级及半无产阶级几乎全为贫民和工人，就他们当选的比例而言，在村代表会中占49.2％，区代表会中占44.6％，在县议会中则占30.5％。依照上述相关统计，占全体公民54.8％的工人和贫农，当选的比例仅占49.2％和30.5％，换言之，工人和贫农当选的比例，即其在政权中之地位尚低于其在公民数量中所占的比重，但工人和贫农已把自己上升为统治阶级的一部分。然而，仅仅从这一点还不能说明各阶层在普选中的政治地位之变化，必须把中农、典型的农村小资产阶级在民意机关中所占的比例，与工人、贫农所占比例加起来看，问题才更加明显。在同一统计中，中农当选代表或议员，在村代表会中占37.9％，在区代表会中占47％，在县议会中占51.6％。若把工人、贫农和中农当选人数合并计算，则他们在各级民意机关中所占比重分别为在村代表会中为87.1％，在区代表会中为91.6％，在县议会中为82.1％，都占有绝对的压倒性优势。

再看地主、富农及商人，他们在所调查县份中当选的比例合计分别为在村代表会中为12.9％，在区代表会中为8.4％，在县议会中为 17.9%，但他们在公民总数中所占的比重，则仅为 7.9%。显然，他们当选的比例远高于他们在公民总数中所占的比重。同时，相较于工农出身的代表，这些代表或议员的知识、经验更丰富，活动能力更强。但无论如何，通过民主选举，这些少数人的专政已被打破——这是无可置辩的事实。至于工人和贫农当选的比例，之所以越到高级越减少，一方面是因为我们要力求实行政权“三三制”，而且工人、贫农因文化程度较低，越到高级越难当选，越难胜任；另一方面，在政治觉悟程度较低的工人和贫农看来，村政权对于他们似乎还更重要些，因此在村选中他们无论如何都不心甘情愿地把票投给中间分子，极不愿意看到自己的领袖落选。另外，地主公民参加选举的比例在村选为 90.7%，在区选为 84.6%，其比例仅低于工人，其积极性占第二位。这反映出地主与农民斗争的激烈程度。但有人认为这是顽固分子的反攻，因而产生惧怕和顾虑。其实，这恰恰表明“三三制”政权及保护抗日人民的政权、人权和财权的具体政策，已经使地主及资产阶级对抗日民主政权的态度从最初的反对甚至抵拒转为拥护和支持，已从进行反对抗日民主政权的非法斗争转为参加抗日民主政权而进行合法的斗争。总之，民主政权的持续巩固，迫使地主及资产阶级不得不转变其对抗日民主政权的态度与斗争方式。至于富农参加选举的比例比中农还要高，并不意味着富农在抗日斗争及新民主主义革命中的积极性比中农要高，而是农村阶级斗争依然异常激烈的一个表征。参选最为消极的是商人。有些商人在选举时因经商在外而未能参加，而且抗日民主政权在过去对商人征税较轻，各种减租减息和改善工人生活的斗争对其影响远不如对地主和富农来得直接和深刻。

若从年龄观察，在国民党专政时期，老年及壮年公民在政权中的地位和威信较高，而青年人在政权中的地位则相形见绌、无足轻重。在村选中,老年公民的比例占31.8%,而老年公民选入政权机关的比例,在村代表会中只占16.3%,在区代表会中所占比例更低,仅为10.3%,在县议会中的比例为11.6%,其中当选议长、副议长的只占4.8%,当选县长的则尚付阙如。这与当时战争环境中工作艰苦及他们自身体力难支有很大关系。反观青年人的情况则不同。青年公民只占村选公民总数的25.1%,他们在各级政权中所占比例分别是:在村代表会中为28.5%,在村主席、秘书中的比例为30.6%;在区代表会中为32.8%,在区代表会主席、秘书中所占比例为47.6%,在区长中则约占21.6%;在县议员中占37.8%,当选县长者则为42.8%。这些数据足以表明,青年已成为打破封建政治制度和社会传统秩序的生力军。

在此次普选中最为明显的是妇女参选积极性的空前高涨。占全体公民一半比例的妇女,在村代表会中所占比例为21.3%,在区代表会中仅占12.8%,在区代表会主席、秘书中约占15.7%,而区长只占5.9%。在县议会中,妇女所占比例为15.9%,在县议长、秘书中则只占14.3%。仅就绝对数值而言,"能顶半边天"的妇女在政权中的地位低下、有限,但与抗日根据地建立以前妇女毫无政治地位的情况相比较,已是今非昔比。因此,妇女的积极参选是当时边区社会解放的显著标志,尽管她们的解放困难重重。

从文化水平来衡量,文化水平越高的,积极性反而越低。工人、贫农虽多为文盲,但他们参加选举的比例最高,这在形式上是文化水准的差别,实质上则是阶级关系的差别。此外,那些尚未离开家庭而留于村中的大、中学生,有一部分在政治上比较落后,甚至顽固不化,而那些思想前卫、比较进步的大、中学生大多早已挣脱了家庭而投身抗日斗争。因此,那些留于村中的大、中学生,对于自己在村选、区选中是否投票,似乎漠不关心。透过上面这些统计和分析，可以明显发现边区各阶层民众在民主选举中大多持有积极心态。正是激发和调动了各阶层民众积极投身抗日民主政权中，才推动了抗日民主政权的日渐巩固和壮大。

这次民主选举基本能够按照民主集中制原则进行合法的竞选，但选举准备和实施过程并不是风平浪静的，而是暗流涌动的。例如，有的地主为了标榜自己的"开明"，在选举准备过程中投机举办各类慈善事业，借机与区村干部套近乎，口口声声地表示要为民族、为人民牺牲奋斗，以收买和笼络人心，缓和其平日造成的群众恶感。有的地主为了竞选，一天中不辞"辛劳"地奔走十余村，作秀般地进行演讲和竞选。有的地主在竞选大会上，要求工农群众的候选人当场报告国内外形势，解释政权组织条例或选举法等，从中挑剔，使工农领袖当场出丑；或公开或秘密地攻击工农群众领袖平日某些不检行为，使之落选；有的眼见自己的竞选大势已去，却依然心有不甘，转而争取中间分子合作或协助其竞选。因为在他们看来，即使是最开明的士绅当选，也比共产党员和进步分子当选要好些。有的地主在竞选宣告失利后，却集中投票给所谓精明强干的顽固分子，力挺和扶持顽固分子作为代理人上台，以便在选举产生的民意机关中安插人手，开展破坏。当然，还有极少数的顽固分子，千方百计地对民主选举活动暗加阻挠破坏或扰乱摧残。已被发动起来的广大群众对选举活动抱有很大的热情和期待，而且在选举活动中基本能够严格遵守各项规定，但在斗争激烈的地区，暗中操纵或把持选举的事实也偶有所闻。有的在开票结束或中途发现失利时，临时宣布为试选；有的不预先宣布选举日期，只秘密通知各团体群众，逢集逢会或乘土劣离家的机会，突然进行选举，用所谓"调虎离山"之计，使顽固分子落选；有的则临时按预定计划，不加甄别地划分公民小组，把顽固的集团拆散，以所谓"满天星"的编法，使顽固分子束手无策；有的故意把票写错、唱错或计错；有的雇农甚至强迫雇主选自己，并美其名曰“劳资合作”。至于预选和选举大会上当场开展反顽固斗争，虽不违法，但却不合时宜。因为这次民主选举标榜秉持民主原则和法治精神，唯有这样才能巩固扩大统一战线，更加紧密地团结各种抗日力量，并用掷地有声的行动及显著成果来雄辩地证明新民主主义政治远胜于国民党的独裁政治，使广大群众在活生生的政治实践中，亲身感受和体认民主政治的优越和好处。有不少心存疑虑的开明士绅或地主，也在民主选举活动中接受了教育，改变了观念和态度。因此，边区政府的民主选举必须严格遵照法治和民主精神进行，即使暂时付出部分失利的代价，也是值得的和在所不惜的。

综上所述，民主选举的实行坚持了抗战建国纲领、《晋察冀边区目前施政纲领》及抗日民族统一战线的一贯方针，继续保障一切抗日人民之人权、财权、地权、政治权利，保证一切政策法令的深入实现，巩固各地、各派、各阶层、各民族的精诚团结，同仇敌忾；同时，充实民主政权内容，进一步亲密军民团结，爱护边区人民子弟兵，也加强边区的经济建设，发展农业生产，活跃运销事业，激发国民经济，蓄积反攻力量。

第三节　抗日民主政权的法制建设

晋察冀边区政权能够在艰苦卓绝的环境中创建并逐步发展壮大，离不开边区政府的法制建设。边区政府在成立之初便设立高等法院及高等检察处。其中，高等法院设有 1 名院长、3 名推事及 2 名书记官。高等检察处则包括首席检察官、检察官及书记各 1 人，并且呈请中央给予边区高等法院以最终审判权。边区各县普遍设立司法处，包括1名审判官和1—4名书记，同时县长兼检察官。至于地方法院，则在必要时才配设。未设立司法处的县份，所有民、刑案件暂时由县政府代为审理；司法处虽建立而未健全的县份，由县下令协助该处审理。区、乡（村）政府对于民、刑案件，只有调理之责，而无受理之权。边区及地方法院的院长与检察官，按理应归国民政府司法院正式任命与领导，然而囿于实际情形和困难，只得交由边区临时行政委员会负责建立并转请司法院任命。

为遏制和惩处贪污腐败的恶风，边区政府于1942年10月15日正式颁行《惩治贪污条例》。该条例将边区各部队、机关团体的工作人员，以及接受边区政府领导或指导办理社会公益事业人员纳入管理范围，并且明确规定克扣或截留应发给或解交财物粮饷而占为己有，买卖公物从中舞弊，盗窃侵吞公有财物粮饷，擅自挪用或处置公有财物以图私利，挥霍浪费公有财物及伪造或虚报收支账目、勒索敲诈收受贿赂者等属贪污罪。而且，其还详细规定了根据贪污数目的多少及造成后果和影响的大小制定量刑惩处的标准。以盗窃侵吞公有财物粮饷为例，贪污数目在500斤小米（市价）以上者，可判处10年以上的有期徒刑或死刑。贪污数目在300斤小米（市价）以上而未满500斤者，则处7年以上的有期徒刑或死刑。贪污数目在100斤小米（市价）以上而不足300斤者，须处1年以上7年以下的有期徒刑，并且处以500斤以下小米折价的罚金。至于贪污数目未满100斤小米（市价）者，则处1年以下有期徒刑或拘役，并处以相应罚金。另外，如果贪污实物，则依据贪污行为发生时的当地市价进行计价估值。贪污者非法所得的财物，属于公有的，应予追缴；属于私人的，需视其性质分别予以没收或返还受害人。若无法追缴，则没收其财产以作抵偿；若财产不及或仅及应追缴的价额，应酌留其家属的生活费用。诬告或陷害他人违犯该条例的人,依刑法规定从重惩处。触犯该条例之贪污者,由拥有军法职权的机关进行审判,并且呈请晋察冀边区行政委员会核准执行。

1943 年 1 月 20 日,《晋察冀边区法院组织条例》颁布施行。它是根据中华民国法院组织法的基本精神,并结合边区具体实际而编订和颁布的,成为边区判决民事、刑事、诉讼及其他司法事务的实用指南。该条例规定,边区法院分为高等法院和地方法院,其中高等法院归国民政府最高法院管辖,并接受边区行政委员会的领导。当与最高法院因故不能联系,或者民众不服高等法院判决时,可向边区行政委员会申诉。县或市可设地方法院,但须视环境和条件而定,或者合数县市而共设一个地方法院。地方法院设有院长 1 人、书记官长 1 人,以及若干名书记官和推事,而案件审判则由推事独自担任,有的推事还可兼任院长,综理全院行政事务。没有设立地方法院及不归地方法院管辖的县份,可暂设县司法处。县司法处的行政事务由县长兼理。此外,地方法院及县司法处可设立看守所及监狱,并另行拟定组织规程。

边区政府设有高等法院,并可根据管辖地区的情况而设高等法院分院。通常而言,关于不服地方法院或县司法处第一审判决而上诉的案件,以及关于不服地方法院或县司法处裁定而抗告的案件,均由高等法院负责审理。此外,高等法院还有权复核县司法处所处理而未经上诉或撤回上诉的案件等。高等法院设院长 1 人,由边区参议会选举并报请国民政府任命,拥有综理整个边区司法行政和全院行政事务,以及监督指挥全院一切诉讼案件之进行的职权。高等法院院长任期为 2 年,而且可以连选连任。高等法院设下列各部门,分别为:司法行政科,设 1 名科长及若干名科员,掌管各级司法人员之铨叙教育,司法经费和收入,以及看守所、监狱事宜。民事刑事法庭,设有推事若干人,负责审理民事、刑事、诉讼案件。书记室,设有1名书记官长及书记官若干人,掌管记录、编案、印信、文牍、统计、收发及保管证物等诸项事宜。看守所,主要掌管犯人的监管教育事宜。高等法院及其分院审判案件,须以推事3人合议行审,除非在迫不得已的情形之下,才可由1名推事单独进行审理。此外,高等法院及其分院均设有感化机关,并厘定相应的组织规程。关于检察官的配置,各级法院均设有1名首席检察官及若干名检察官。首席检察官通常由各该管辖地区的地方行政长官兼任。县司法处也可设1名检察官,并由县长兼理。检察官负责实施侦查,提起公诉,协助自诉,指挥刑事裁判的执行,以及法令所规定的其他职责。检察官要服从首席检察官的指挥,各级法院的首席检察官需亲自检查检察官所负责处理的案件及事务,并可视情况将案件或事物转移于其他检察官处理。此外,各级法院及县司法处均设有人数不等的检察员、执达员及法警,且可调用同级政府警卫员,以执行司法警察的职责。

该条例还规定了司法行政的监督情况。高等法院院长有权监督各级法院与其分院及县司法处,高等法院分院院长负责监督该分院与所属下级法院及县司法处,而地方法院院长只对其所辖法院行使监督权。此外,高等法院的首席检察官可以监督整个边区的检察官,高等法院分院的首席检察官监督其所辖区域内的检察官,地方法院的检察官则须接受该院首席检察官的监督。若有废弛职务、侵越权限或行止不检者,给予警告,情节严重者则须依法惩戒。

1943年2月,边区政府对司法机关进行改制,规定将各县司法处取消,同时由高等法院负责在各行政督察专员区设立法庭,名为晋察冀边区高等法院第几法庭,各专署原有的看守所也改组为晋察冀边区高等法院第几看守所。对于各管区内的二审案件，高等法院各法庭均由驻庭推事独任审理，但巡回推事莅临法庭时，则须开合议庭。高等法院推事及书记官长、司法行政科长、各县司法处审判官及边区自新学艺所所长等均由边区政府相关机构委任，书记官、管狱员、看守所长及边区自新学艺所干事、分队长由高等法院委任。高等法院在各专区所设法庭的检察官，以及由各县县长兼任的县司法处检察官，均不另行加以委用，但仍须着力强化检察工作。高等法院各法庭的驻庭推事，以及县司法处的审判官仍须代替专员及县长审理特种刑事案件。此外，县司法处应报送复判的刑事案件，报由高等法院在该管专区内所设的法庭复判。县政府做出的特刑判决，除贪污案件外，仍报送专署代核等。高等法院在各专区所设的法庭及各县司法处的经费收发、缮印文件等诸多事宜，仍依照各区司法处、各县司法科与署县关系的旧例办理。总之，晋察冀边区政府在秉承法律历史渊源的基础上，结合边区的具体环境和实际情况，通过将革命理论与法理精神进行融会贯通，在法制建设道路上探索出了一条较为成功的司法道路，不仅有助于抗日民主政权的巩固和发展，而且为抗日战争的最终胜利做出了贡献。

第四章　晋察冀抗日根据地的文艺

晋察冀抗日根据地是新民主主义革命的重要战略基地和试验场，而文艺是动员和引导民众支持与参加新民主主义革命的有效手段，也是新民主主义文化建设最具特色的时代表征之一，对于乡村的社会变迁产生了重要的影响。

第一节　晋察冀抗日根据地的文艺政策

一、推动文艺队伍建设

推动文艺队伍的建设，是晋察冀抗日根据地文艺政策的重要内容之一。其施策着力点，可从一个社论、一个决定来分析。其中，《抗敌报》1940 年 4 月 24 日社论，从文化工作部门和文化工作者两个维度分析了推动根据地文化工作的施策重点，并强调指出：(1) 加强对文化工作部门的政治领导和经济帮助。以往，各地文化运动虽有若干成绩，由于政治上领导不强，经济上力量不足，现有的文化机关和文化队伍还未能充分发挥其作用。密切注意文化部门的工作，特别是出版机关的工作，加强对这些部门的政治领导，以使其配合目前政治任务而充分展开工作。在加强文化部门政治领导的同时，还需要给它们以必要的经济上的帮助。否则，发展文化运动也是困难的。(2) 在政治上、工作上、生活上进一步帮助文化工作者。帮助文化工作者，就是在政治上加强他们的锻炼，工作和生活上尽量给予优良的条件，以使他们能胜任并愉快地进行工作。①

部队文艺工作，是晋察冀抗日根据地文艺工作的重要组成部分。为了更好地促进和规范军区部队文艺工作的开展，1941 年 5 月，晋察冀军区政治部专门做出关于开展部队文艺工作的决定，从组织机构、人员配备、日常工作及任务等方面进行了详尽规定。具体为：(1) 军区政治部宣传部下设文艺工作科，具体负责组织和领导晋察冀军区所有部队的文艺工作；(2) 军分区政治部宣传科设"文艺干事"1 人，负责组织领导全分区的文艺工作与俱乐部工作；(3) 团宣传队规定为 10 人，应具有单独演出简单戏剧的能力，但重要的是必须组织、指导与具体帮助连队成立各种戏剧、歌咏小组，建立其经常工作；(4) 以连为单位成立戏剧小组与歌咏小组，广泛开展与活跃工作并建立经常工作；(5) 配备得力文艺干部，选拔优秀分子参加剧社及宣传队；(6) 各剧社及宣传队，各文艺小组，各文艺干事，每月月终须将文艺工作全部总结向直属宣传部门作工作报告，各宣传科、各剧社的报告，皆送至军区；(7) 各剧社每月至少送剧本 2 个、歌曲 3 首、文艺习作 2 篇及美术作品几幅，交军区文艺工作科，各文艺干事及文艺小组组员，每月至少送作品 1 种交军区

①《社论：广泛发展抗日文化运动》，《抗敌报》，1940 年 4 月 24 日第 1 版。

文艺工作科，以便批评、介绍、修改、刊登，并酌量给予奖励。①

二、繁荣文艺创作

（一）创办报刊，扶植文艺创作

文艺报刊是繁荣文艺创作的重要物质基础。在烽火硝烟的战争岁月，在敌人严密封锁、经济十分贫乏的边区，创办文艺报刊的困难是可想而知的。但正如《红星》杂志的编辑所言，“在这敌人四面封锁的区域出东西，真是一个铅字要出一粒汗珠的”，而之所以偏偏要坚持出，是因为“我们看到日本帝国主义不只破坏了中国领土的完整，而且粉碎了中国的文化教育”，在这长期持久抗战的艰难过程中，“我们不敢放松一点，好似人类生活着不敢半刻离开空气”，“我们要把它当做武器参加到这种拯救民族危亡的伟大的民族革命的战场来”。② 边区的文艺工作者克服着难以想象的重重艰难险阻，在晋察冀边区创办了大量文艺期刊。单是1938年统计，仅冀西一带就创办刊物50余种。其中，半月刊有《民族革命室工作通讯》（五台牺盟中心区）、《乡村妇女》（定县妇救会）、《救亡半月刊》（保安一区军政教导队）、《实生活半月刊》（实生活学校）、《战友习作》（战友社）；旬刊有《战友》（新二师政治部）、《人民旬刊》（边区工农妇青会联合编辑室）、《战友园地》（战友社）；周刊有《抗日周刊》（阜平县政府）、《奋斗》（定襄奋斗社）、《群众周刊》（唐县群众期刊社）、《救亡教育》（平山教联会）、《武装自卫刊》（定襄自卫总队部）、《自卫周刊》（人民自卫军总指挥部）、《忻县周刊》（忻县周刊

---

①《晋察冀军区政治部关于开展部队文艺工作的决定》，《抗敌三日刊》，1941年5月26日。

②《红星·编者的话》，《红星》半月刊创刊号，1938年。

社)、《民众周报》(涞源民教馆)、《烽火周刊》(平山烽火周刊社)、《民主政治》(盂县政府)、《火线周刊》(蔚县政府)、《前线》(繁峙前线周刊社);三日刊有《开路报》(易县开河报社)、《前卫》(平山前卫报社)、《战友三日刊》(新二师政治部);日刊有《战友通讯》(新二师政治部);刊期不详者有《火线报》(平山火线报社)、《自卫军》(平山自卫队总部)、《抗敌园地》(抗敌情报社)、《工作通讯付刊》(五台牺盟中心)、《曙光》(五台救国会)、《冲锋报》(曲阳冲锋报社)、《战友儿童特刊》(战友社)、《挺进》(保安一区政治部)、《先锋报》(定县民教馆)、《广播台》(四分区抗日救国会)等。① 另据 1939 年 6 月抗敌报《文化界》副刊编辑部的统计,晋察冀边区文化艺术类杂志有《边区文化》《长城》《山洪》《文艺通信》《文化纵队》《战地》《诗》《大众看》《诗建设》《晋察冀通讯》《边区诗歌》等;报纸类有《抗敌报》《抗日三日刊》《救国报》《新建设》《战斗五日刊》《挺进报》《导报》等;单行本类,诗集有《粮食》《人多主意多》《给自卫军》《战士万岁》《文化的民众》《街头》《在晋察冀》《歌创造》,歌集有《五月的歌》《参加保卫麦收》《在太行山上》《五月的吼声》,独幕话剧有《血的教训》,等等。②

整个抗日战争时期,晋察冀边区各种书籍报刊的编辑与出版,呈现出一派蒸蒸日上的可喜局面,出版物之多、速度之快、质量之高是前所未有的。这首先主要是由于边区各级党委重视新闻及报刊书籍的编辑出版工作,及时指出方向,全力支持新闻及文艺工作者们的工作;其次则在于边区拥有一支素质较高的新闻出版队伍,

---

①《1938 年初边区出版报(纸)刊物达五十余种》,《抗敌报》,1938 年 8 月 25 日第 1 版。

② 抗敌报《文化界》副刊编辑部:《晋察冀边区 1939 年出版报刊统计(节录文化艺术部分)》,《抗敌报・文化界》副刊创刊号,1939 年 6 月 27 日第 4 版。

其中不乏著名的作家、艺术家、新闻记者、编辑和出版家，他们的辛勤工作使边区的新闻出版事业走向了一个新的天地，也推动着边区文艺创作的繁荣和发展。

（二）奖励文艺创作

为了发动和鼓励文艺创作，晋察冀边区设立了鲁迅文艺奖。评奖标准为“必须反映群众斗争，又对群众斗争有一定影响，且为群众所喜爱。政治性与艺术性相结合，而以政治性为主。群众的意见与专家的意见结合，而以群众的意见为基本标准”①。鲁迅文艺奖设有季度奖、年终奖、特别奖（如“军民誓约运动征文奖”“政治攻势文学奖”）等奖项，入选作品包括短篇小说和中篇小说、墙头小说、小故事、叙事诗、街头诗、儿童诗、诗传单、歌谣、鼓词、传说、通话、报告文学、散文、歌曲、合唱、歌剧、话剧、相声剧、木刻、招贴画、连环画、布画等，都是现实题材，而且多是普及性艺术作品。此外，获奖的还有建筑设计、帐篷舞台设计、画册、音乐论文等优秀作品。

尽管当时受限于战争，文艺获奖作品多来自环境比较稳定的北岳区，但它的影响却遍及全边区，对晋察冀边区发动文艺创作、鼓励文艺创作起了十分积极的作用。

（三）开展群众性文艺创作活动

1938年底，随“西北战地服务团”从延安到晋察冀边区的田间、邵子南、史轮等诗人，大力提倡街头诗运动。“有名氏，无名氏的诗人们呵，不要让乡村的一堵墙，路旁的一片岩石，白白地空着。也不要让群众会上的空气呆板，沉寂。写吧，抗战的，民族的，大众

① 中共中央宣传部办公厅、中央档案馆编研部编：《中国共产党宣传工作文献选编（1937—1949）》，北京：学习出版社，1996年，第666页。

的。唱吧，抗战的，民族的，大众的。”[①]街头诗运动逐渐成为群众性创作活动。“工农兵群众自己，也参加了这个运动。有一位乡村的老太太，提着一篮子鸡蛋，到集上去换红绿纸，为的是回到村里，叫人去写街头诗。”[②]

1939年1月，晋察冀边区各团体共同发起“晋察冀的一周”（1月10—17日）群众写作运动。随即《晋察冀的一周》编辑委员会成立，并在《抗敌报》刊登征稿启事：“晋察冀边区的存在与发展，已经引起了全国乃至全世界人士的亲切的注意和无限的关怀，他们都迫切要求知道边区的情况和边区里生活着的每一个人是怎样在战斗着的。为了回答后方广大同胞和全世界人士对我们的关切，同时也为了扩大边区的政治影响……现在经各方面的商量，除了对外发表关于边区的系统的著作之外，更决定发起编辑‘晋察冀的一周’。选择了比较适当的一个礼拜的时间里，要边区各方面的人，各部门的工作同志，把他在这一周里最有意义的工作或生活的断片写出来，经过一番整理，合成一本书，使它能够最活泼地反映出全边区各方面的动态。这本书就叫做‘晋察冀的一周’。”[③]这次写作活动收到上至边区领导，下至乡村的农民、妇女、儿童送来的稿件十五六万言，只是出于某种原因未能编辑出版。“晋察冀的一周”是边区首次开展的群众性创作活动，在根据地产生了较大影响。此后，边区群众性写作运动便持续不断地开展起来。

1941年5月，冀中区党、政、军、民以5月27日为标准日，发起“冀中一日”群众写作运动，得到冀中军民的热烈响应，“全区所有

---

① 田间：《海燕颂》，北京：北京出版社，1958年，第47页。

② 田间：《写在〈给战斗者〉的末页》，《诗刊》，1958年第1期。

③《〈晋察冀的一周〉征稿启事》，张学新、刘宗武编：《晋察冀文学史料》，天津：天津社会科学院出版社，1989年，第287页。

村庄、连队都将征文的那一天视为自己的盛大节日，不少主力团队、地区和县游击队、农村游击小组以及村干部等，为了完成征文任务，专门在那一天去打仗、破路、割电线、深入敌人据点抓汉奸或举行劳动比赛”①。“冀中一日”写作运动，动笔写稿的近10万人，成了冀中抗日民主根据地的文化奇观。经过几个月的编辑，选出233篇，约35万字，分编为《鬼蜮魍魉》《铁的子弟兵》《独立、自由、幸福》以及《战斗的人民》等4辑，油印出版。《冀中一日》记载了抗日军民的真实生活，具有宝贵的历史价值和文学价值。冀中军区政委程子华为《冀中一日》题词道：“《冀中一日》是冀中军民各方面有组织的首次集体创作，是大众化文学运动的伟大实践，是我们向新民主主义文化战线上进军的一面胜利的旗帜。”②

1942年12月，晋察冀边区文联与鲁迅奖金委员会、北岳区文救会发起1943年新年征文，其办法如下：“一、应征作品内容：(1)对敌斗争、冬防运动、群众武装斗争为主并以能适合新旧年群众文娱活动采用者为宜；二、应征作品以短小精干为主，包括剧本(话剧、旧剧、街头剧、活报等)、小说、故事、诗歌、报告文学、大鼓、快板、歌曲、画、木刻以及其他新旧形式的文学艺术创作，均可应征；三、应征人以小学教师、文救会员、乡村知识分子、老先生、村剧团干部为主，专区以下各级地方干部也可应征；四、征文日期，自民国三十二年(1943年)1月1日至3月15日截止。”③这次征文运动

① 冀中人民抗日斗争史资料研究会编：《冀中人民抗日斗争文集》第5卷，北京：航空工业出版社，2015年，第1445页。

② 程子华：《题词》，冀中一日写作运动委员会编：《冀中一日》，石家庄：河北人民出版社，2011年。

③《开展乡村文艺创作运动　文联发起新年征文》，《晋察冀日报》，1942年12月29日第1版。

“应征作品计 696 篇，其中散文、小说、故事、报告、诗歌、歌谣、歌曲、连环画、话剧、笑剧、快板、舞蹈等，共 358 篇，杂感及一般文章 67 篇，旧剧、秧歌、梆子、大鼓、杂耍、旧诗文、对联等 271 件。全部作品篇幅都很简短，文学作品中，只有两篇各长五六千字，其余都在三千字以内。剧本中最长的也不过一万字，作品内容都合乎当前政治形势和工作任务”①。这一征文运动活跃了乡村的新年文化生活，配合了政治攻势，鼓励了蛰居乡村的知识分子，进一步扩大了乡村文化统一战线，对乡村文化工作作了一次比较确切的实地调查，并打下了继续开展工作的基础。

1943 年 5 月，冀中六地委发起“伟大的一年间”写作运动，要求用群众性的报告文学创作，反映冀中军民粉碎侵华日军“五一”大“扫荡”的历史胜利，鼓舞冀中军民再接再厉，夺取更大的胜利。“伟大的一年间”写作运动的作者，“主要是士兵、侦察员、班排区村干部和小学教员，他们以炽热的心情描写刚刚过去，或正在进行的斗争，有的伤口还没有好，在地道里倚着潮湿的土墙写稿；有的被俘脱出虎口后，在饥饿的家境和过度疲劳的残酷情况下，倚着枕头喘息着口述其斗争的经历，并托付别人记录下来向人民控诉敌人的暴行”②。“伟大的一年间”写作运动期间，正值日伪的“剔抉清剿”，敌人掠夺和自然灾害造成了空前的大饥荒，稿件损失严重。但收集上来的 400 多份作品质量普遍较高。这些稿件生动地反映了“五一”反“扫荡”后冀中人民英勇的抗敌斗争，“每一篇文章都像一首战歌，每一张稿件都像是人民的血书。群众的坚强意志和必

---

①《晋察冀文艺工作者下乡工作成绩优良》，《解放日报》，1943 年 7 月 11 日第 2 版。

② 胡苏：《河北人民的新文艺》，《河北文艺》，1950 年第 3 期。

胜的信心闪耀在每一个字句中间”[1]。不少篇章“情节惊心动魄，描写细致入微”[2]，特别是《日寇清剿河栏井》等篇，使从事多年文学写作者也自叹不如。

1944 年 5 月，冀中七地委又发起“伟大的两年间”写作运动，号召群众：“我们不能让烈士们的鲜血因岁月消逝而变得暗淡，我们不能让这些英雄事迹隐没下去。我们如果不把这光荣的史诗记录下来传播出去，那就是我们的罪过。我们要把敌寇、汉奸的滔天罪行，向全中国、全世界的正义人士控诉，使他们受到严惩；我们要把全体军民用血汗创造出来的成绩，向全中国、全世界广播出来，使它更加发扬光大。”[3]冀中七地委还特别强调：“我们要把这个写作运动开展成为有群众的文化运动，不只写过文章的同志要写，没有写过的也要写；不只能拿笔写字的人要写，不识字的同志也可以把动人的故事讲出来，让别人代笔。”[4]当时正值抗日战争胜利在望之际，边区军民忙于反攻准备工作，稿件收集上来后没来得及编辑出版。

群众性文艺创作活动，极大地调动了边区农民、工人、干部、战士、知识分子和文艺工作者的创作热情。“其意义在于以前不知笔墨为何物，文章为何物的人，今天能够执笔写一二万字，或千把字的文章了。”[5]作家徐光耀当时“家信还写不大通”，受群众文艺创作运动的鼓舞，也拿起笔进行了创作。[6] 诗人远千里在新中国成立之

---

① 《前记》，孙犁等：《平原上的故事》，天津：天津人民出版社，1957 年。

② 冀中一日写作运动委员会编：《冀中一日》下集，天津：百花文艺出版社，1959 年，第 421 页。

③ 中共冀中七地委：《展开“伟大的两年间”写作运动》，孙犁等：《平原上的故事》，第 158—159 页。

④ 孙犁等：《平原上的故事》，第 159 页。

⑤ 力编：《关于〈冀中一日〉》，《解放日报》，1942 年 11 月 3 日第 4 版。

⑥ 徐光耀：《我怎样写〈平原烈火〉》，《文艺报》，1950 年第 10 期。

初曾写道："现在有不少的作品，甚至是在全国流行的作品，有不少是从前在冀中工作的干部或当时的群众写的。有的作家，他的第一篇文艺作品，很可能是为'冀中一日'写作的。'冀中一日'写作运动为他们打开了写作之门。"①

群众性文艺创作活动，也推动了文艺工作者思想的转变。"在推动文艺工作者与工农兵相结合，改造自己的世界观、文艺观和创作上，其意义和影响比它的直接目的更深远。"②如"冀中一日"群众创作活动，"对上层文学工作来一个大刺激，大推动，大教育，使上层文学工作者更去深入体验生活，扩大生活圈子重新较量自己，在《冀中一日》照射之下，许多人感到自己的文章，空洞无物，与人民之生活之感情距离之远"③。

群众性文艺创作活动，也推动了边区文艺的繁荣。在冀中区，"冀中一日"运动后，文艺读物大受欢迎，冀中区文建会先后翻印了《表》《不走正路的安德伦》《毁灭》《未开垦的处女地》等书，自编了《抗战英雄故事》《冀中街头诗选》《文艺学习》等书。文艺刊物的投稿者也大为增加，文建会主编《文艺习作》（月刊）、《平原文艺》（冀中导报副刊）、《连队文艺》（冀中军区政治部主编）等刊物，均面目一新。安平县编了《安平一日》，亦见精彩。各学校、机关，亦开展小规模的一日征文运动。孙犁称赞"冀中一日"写作运动是"从群众中来到群众中去"的，所以使冀中文艺青年感到特别亲切，在写作上也大大提高了一步。④

---

① 远千里：《关于"冀中一日"》，《晋察冀边区的文学（1937.7—1948）》，河北省文学艺术界联合会 1963 年编印，第 66 页。

② 纪桂平：《试论晋察冀边区的报告文学》，《晋察冀文艺研究》，1985 年第 3 期。

③ 力编：《关于〈冀中一日〉》，《解放日报》，1942 年 11 月 3 日第 4 版。

④ 王林：《回忆"冀中一日"写作运动》，《晋察冀边区的文学（1937.7—1948）》，第 70 页。

群众性文艺创作活动，有助于推动对边区现实生活及工作的再认识。以《冀中一日》为例，“在这部书里，人们以无限热情歌颂我党我军的伟大英明，用满腔悲愤控诉敌寇汉奸的滔天罪行，或者描绘一次难忘的斗争，或者记述一件有意思的生活。在这里，可以看到根据地欣欣向荣的建设面貌，可以看到我军英勇杀敌的战斗，可以看到各种类型的人民英雄，可以看到亿万人梦寐以求的新中国的雏形。这里，自然也描画了帝国主义者穷途末日的残景，和那些丧心病狂的侵略者的丑恶灵魂”①。“《冀中一日》之另一意义，在使冀中干部人民，从文学上再认识现实生活及工作。认识各地，各种工作、生活的现象。一种发扬，一种楷模，一种检讨。使冀中以外人士从这些实际工作者笔下，看见他们的工作和生活。”②

群众性文艺创作活动，对新中国成立后的文艺创作产生了重要影响。有人曾这样评价“冀中一日”写作运动：“这是我国新民主主义革命时期，广大工农兵群众自己动手描写自己的生活的一次光辉范例，有着极其鲜明的政治倾向。尽管是地区性的，但却具有代表性和典型意义，应该被认为是中国现代文学史上的一个重要事件。”③边区群众性文艺创作活动，在新中国成立之初得到一定程度的沿袭。1958年中共河北省委发动了全省的“歌颂大跃进、回忆革命史”群众性文艺写作运动。河北保定、徐水、束鹿等地，直接采用了“保定一日”“徐水一日”“束鹿一日”等名义，发动群众写作。

---

① 林呐：《寻书简记》，《晋察冀边区的文学（1937.7—1948）》，第76页。

② 力编：《关于〈冀中一日〉》，《解放日报》，1942年11月3日第4版。

③ 袁宝玉、曹外分：《致一位老作家》，《晋察冀边区的文学（1937.7—1948）》，第79页。

三、推动乡村文艺运动发展

边区的文化工作，得到了边区各地和社会各界的高度重视。1940 年 8 月 28 日，晋察冀边区文救会在告边区各界同胞书中提出："要团结全边区一切抗日的文化工作者，共同开展边区民众识字运动及乡村文化娱乐工作，并提高干部的文化水平与各部门文化的质量"，"要在最短的时期内普遍地建立与健全各界文救会，并积极地在救亡的工作上、技术上起领导作用，使他们成为边区文化战线的强有力的据点和战斗单位"。① 1942 年 3 月，北岳区文救会为了解乡村文化运动进展的实际情形，决定进行全面的深入的调查与研究工作。该会决定：凡专区与县级干部，必须选定典型村庄，至少以半月的时间，抽暇进行工作。② 1942 年底，在边区文联的主持下，发动了创作运动，文联、北岳区文救及各级文救编印了不少材料，训练了很多文艺干部，并实际帮助了不少村剧团，特别是在材料供给、干部训练与帮助村剧团方面，其意义实在巨大。

对于戏剧的重要性，晋察冀边区有关部门有着充分的认识。晋察冀边区剧协分会就认识到，戏剧"是一支最尖锐最有力的宣传武器"，"县、区、村成立剧团，不单是必要的，而且是可能的"，于 1940 年 2 月号召边区"各县普遍建立县的、区的、村的，不脱离生产的剧团"，并指出，边区各剧团，"组织上可以非常简单，干部要求上也不可太高，只要经常能作简单的演出宣传就可以"。③ 1940 年 12 月 18 日，晋察冀边区剧协还专门致函村剧团，号召开展新年

---

①《晋察冀边区的文学(1937.7—1948)》，第 37 页。

②《晋察冀北岳区文教会调查乡村文运工作》，《解放日报》，1942 年 3 月 15 日第 3 版。

③《广泛建立地方不脱离生产剧团——全国剧协边区分会的号召信》，《抗敌报》，1940 年 3 月 3 日第 4 版。

戏剧工作。“在新年里，所有村剧团都要作戏剧演出，不论话剧、歌剧、秧歌剧、旧形式新内容的戏，演得愈多愈好。在演出中注意锻炼提高，并在新年演出活动中建立和健全自己的组织和各种制度。”①

1942 年 1 月，晋察冀边区剧协分会发出《1942 年度为创造模范村剧团而斗争》的倡议，以“健全组织，经常工作，不断进步”为口号建设村剧团，并提出模范村剧团的标准：“(1) 组织健全，机构精干，不让坏分子混进去；(2) 能配合中心工作，积极进行宣传活动，而且建立平时工作，经常和定期地进行艺术活动；(3) 材料上自力更生，能大胆创造；(4) 经济上不铺张，不浪费；(5) 对艺术有高度的热忱，不断进步。”②

在边区政府和有关部队的高度重视下，晋察冀边区各地的村剧团创作了大量的优秀作品，并产生了非常大的社会影响。其中，阜平高街村剧团创作的《穷人乐》颇具代表意义。对此，中共中央晋察冀分局于 1944 年 12 月 23 日专门颁布决定给予肯定，并号召各地村剧团沿着“穷人乐”的方向发展群众文艺运动。该决定指出：《穷人乐》一剧“真实地反映了边区群众翻身的过程”，所采用的真人演真事，“真实地表现了劳动人民的思想感情”，这种“表现本村群众斗争生活，歌颂自己爱戴的劳动英雄”，“实为我们发展群众文艺运动的新方向和新方法”。各个乡村、连队、工厂、机关、学校，“都应沿着这个方向，采用这种方法”，结合各自实际情况，“开展本

---

① 《剧协致函村剧团，号召开展新年戏剧工作》，《抗敌报》，1940 年 12 月 22 日第 1 版。

② 剧协：《为创造模范村剧团而斗争》，《晋察冀日报》，1942 年 1 月 7 日第 4 版。

单位的文艺运动”。① 同日《晋察冀日报》发表社论:“各系统各级领导机关应根据毛主席所提一九四五年任务第十五条及分局关于《穷人乐》的决定,检查对文艺工作的领导。我们的努力不但要把对敌斗争和组织人民的经济生活列入议事日程,还必须把组织人民的文化生活列入议事日程,发展群众的文艺运动,并以文艺的武器推动我们的战争、生产和各项工作。”②

此外,对于音乐的重要性及其发展方向,边区各界也给予充分注意。1940 年 2 月 18 日,晋察冀边区音乐界协会筹委会公布了《音乐工作纲领》,规范和引导边区音乐工作向着大众化的方向发展,进而推动音乐在乡村社会的良性发展。该纲领明确提出:“加强音乐作品的现实化和大众化,用全力将文艺深入到民间,使音乐成为广大群众的运动。”③

总之,晋察冀边区关于乡村文艺运动的一系列政策,对于边区文艺运动的繁荣和发展,起了至关重要的作用。

---

①《中共中央晋察冀分局关于阜平高街村剧团创作的〈穷人乐〉的决定》(1944 年 12 月 23 日),政协河北省委员会编:《晋察冀抗日根据地史料汇编》中,石家庄:河北人民出版社,2015 年,第 2008 页。

②《社论:沿着“穷人乐”的方向发展群众文艺运动》,《晋察冀日报》,1945 年 2 月 25 日第 1 版。

③ 西战团团史编写组集体讨论,朱星南执笔:《西北战地服务团大事记(1937—1945)》,1988 年编印,第 15 页。

第二节　晋察冀抗日根据地文艺的繁荣与发展

一、戏剧

（一）戏剧运动的开展

1. 建立剧社

晋察冀边区最喜闻乐见的娱乐形式是戏剧，但在边区成立以前，这里的剧团组织比较少，演出的内容充斥着大量迷信、落后内容。[①] 七七事变后，开展抗日宣传活动便成为此时最迫切的任务。所以，势必要打破戏剧根本不能适应抗战宣传、动员群众工作需要的旧有局面。为了动员群众、坚持抗战，边区党、军、政、民等部门先后组建了许多剧社。此后，开展轰轰烈烈的剧社运动便成了边区文化建设中最主要的内容之一。

从一定的意义上讲，边区抗战文艺的兴起，是以剧社的纷纷建立为显著标志的。

根据隶属关系的不同，剧社大致分为军队剧社和地方剧社两种。其中，建立时间比较早、规模比较大的剧社几乎全部是军队剧社。其中主要有：晋察冀军区抗敌剧社、第一军分区战线剧社、第二军分区七月剧社、第四军分区火线剧社、冀中军区火线剧社、第六军分区前锋剧社、第八军分区前卫剧社、第九军分区前哨剧社、回民支队抗战剧社、人民自卫军独一旅光复剧社。其他军分区虽然尚未正式建立剧社，但也都成立了宣传队。总之，在这一时期组建的剧社，其成员“是一群年轻的小知识分子，多数是土生土长的，

---

① 张志永、张勇：《晋察冀边区文化史稿》，北京：解放军出版社，2005 年，第 38 页。

少数是红军宣传队的骨干，一部分是来自北京、上海等大城市的追求革命的青年学生及'左联'成员，他们之中大部分人是没有做过文艺工作的，只有少数几个人是在30年代从事过戏剧活动，其中有的人甚至连戏也很少看过的。好多人想都没有想过自己有一天要做演员或作家，他们只有一个理想：要跟着共产党、八路军干革命，要打日本，救中国"①。

军队剧社的成立，有力地推动了各地群众文艺活动的开展。许多地方政府、群众团体也纷纷仿效他们的做法，组织起了自己的专业或业余剧团，边区各地逐渐兴起了组建群众性文艺团体的热潮。其中比较有名的是：平山铁血剧社、冀中新世纪剧团、晋东北大众剧社、大众剧社。

各剧社成立之初，大多数还没有编写剧本的人才，加之边区文化建设的"对象是物质条件和文化水平都较低的群众，所以，戏剧的形式，恰好是短小精悍的形式"②。这两方面因素，促使各剧社成立之初只能学演现成剧目。学演的话剧主要有：《顺民》《红灯》《秋阳》《反正》《烙痕》《打虎沟》《张家店》《游击队》《亡国恨》《一心堂》《八百壮士》《古刹钟声》《林中口哨》《无名小卒》《流寇队长》《迷途的羔羊》等。

当然，除了话剧，还有街头剧和活报剧等形式。在街头剧中，《放下你的鞭子》最为有名且演出频率最高。该剧讲述的是一名老汉领着自己的女儿四处奔逃，被迫靠卖艺谋生的故事，因为他们的家园被日军侵占，早已无家可归。由于每天的饥饿再加上背井离乡带来的悲伤，小姑娘几度哽咽，无法演唱，此时老汉只能强忍着

---

① 张志永、张勇：《晋察冀边区文化史稿》，第41页。

②《孙犁全集》第3卷，北京：人民文学出版社，2004年，第10页。

内心的巨大悲痛举起鞭子抽打她。观众中冲出一工人，指责老头，老头趁机倾诉由于日本帝国主义侵略，家乡沦陷，被迫四处逃亡，流浪街头的悲惨遭遇。听了老头的倾诉，场上工人向观众呼吁："我们若不赶快起来自救，这样的灾难必定也将落到我们头上！"最后，整场达到故事的高潮，全体爆发出"打倒日本帝国主义"的怒吼。活报剧是苏联介绍来的一种"轻骑兵"式的短小杂剧，由唱歌、对白、舞蹈、演说和音乐等多种形式组成，演出时不需要布景、衣饰、道具等，可以因环境需要而随时演出，及时报告社会、政治、军事等新消息。[①] 当时节目有《联合战线》《音乐会》《陆海空军总动员》等。

显然，以上大多数戏剧的内容都是揭露日军屠杀中国人民的罪行，批判顺民思想，启发民族觉悟，动员人民参加抗战，以及防止汉奸特务，等等。所以，边区戏剧运动具有强烈的政治意义。在初期，它发挥着以下 4 个方面的重大作用：首先，最主要的作用是宣传、动员人民参加抗战；其次，进行政治宣传，争取、改造各种杂色武装；再次，筹借抗日物资，壮大抗日队伍；最后，配合地方政权，开展各项中心工作。除了宣传抗战、募捐和扩军等经常性工作，戏剧还在其他临时性工作中发挥了巨大的动员作用。

总之，边区各种剧社成立后，克服各种困难，因陋就简，以戏剧为斗争武器，在动员、团结广大民众从事抗日斗争中发挥了不可替代的作用。当然，剧社刚刚建立，还存在着诸多方面的不足。因此，也出现了一些不良倾向。

2. 成立"剧协"

各个剧社经过一段时间的努力，开始学习自己动手编写剧本，

---

① 张志永、张勇：《晋察冀边区文化史稿》，第 45—46 页。

如此一来很快地解决了“剧本荒”的问题。边区创作问题座谈会召开之后，剧作者们认识到，“戏剧艺术源于生活”，“又须同现实生活保持密切的联系”，如此才能“具有强大生命力”，“从此，便逐渐掀起了紧密结合边区抗日斗争实际，精心从边区军民对敌斗争、民主建设和生产支前事迹中取材，创作出不负时代需要和人民渴望的戏剧作品的热潮”。[①] 但是，“边区戏剧运动缺乏一个总的领导机构，每个剧社都单独的行动、各自为战，这既影响了戏剧战斗力的有效发挥，也无法解决全局性的戏剧创作、戏剧运动发展等问题，同时，也影响了同大后方戏剧运动的联系”[②]。为了团结边区各戏剧工作团体与戏剧工作者，便于统一领导，1939 年 7 月 7 日，中华全国戏剧界抗敌协会晋察冀边区分会（简称“剧协”）在边区成立，剧协接受全国组织的统一领导，“根据全国及边区现实情形，而决定一切工作”。其任务在于，一方面，把晋察冀边区戏剧运动的情形，报告给总会及各分会，取得工作上的联系；另一方面，团结边区各戏剧团体，讨论解决戏剧工作中各种问题，以便有计划有组织地开展晋察冀边区的戏剧运动。[③]

剧协成立后，边区戏剧团体及戏剧工作者几乎无一例外地参加了剧协，增强了边区戏剧运动的统一性和组织性，为边区戏剧运动的发展创造了良好的条件。1940 年 1 月，边区政府制定了大规模开展乡村文化教育的工作方针。2 月 6 日，边区各界抗敌救援会发出号召：“各村组织戏剧班，练习话剧，可提倡村与村的竞赛，以求戏剧的大众化，而以戏剧教育大众。”与此同时，剧协结合戏剧运

---

① 刘谷主编：《晋察冀革命文化艺术发展史》，北京：中国戏剧出版社，2007 年，第109 页。

② 张志永、张勇：《晋察冀边区文化史稿》，第 95 页。

③ 张志永、张勇：《晋察冀边区文化史稿》，第 97 页。

动发展中的不足，向各县教育科、文救会、宣传联席会发出指示，明确指出："戏剧运动还没有向〔像〕其他群众运动那样广泛开展起来，仅依靠现有几个剧团的活动，显然是不够的。""希望你们马上动手"，多多组织村剧团，面向大众开展活动，使戏剧运动真正成为群众运动。①

此后，边区各县根据政府和剧协的指示，迅速掀起村剧团运动。然而，因边区过去文化事业比较落后，文艺人才匮乏，专业素质较差，各地在组建村剧团时又出现了"干部荒"情况。鉴于这种情况，剧协决定采取学校教育以及开办乡村艺术干部训练班等形式，分层级培养农村基层文艺干部和文艺人才，并将之作为剧协的一项中心任务。其中，华北联大文艺学院侧重于培养专业文艺人才，而一些专业文艺团体开办的乡村艺术干部训练班的侧重点则在于培训文艺骨干和业余文艺干部。②

1939 年冬，华北联大文艺部正式开课。1942 年 11 月，联大文艺学院暂时停办。在这两年的时间里，华北联大文艺学院共举办了 3 期文艺训练班。然而由于乡村文艺人才缺口太大，边区开展群众性戏剧运动的需求远远不能得到满足。在这种情况下，一些专业文艺团体就在部分县、区开办了乡村干部艺术训练班，突击培养不脱产的乡村艺术干部。其中，西战团、冀中新世纪剧社培训工作最为突出。另外，其他一些专业文艺团体也开展了乡村、连队艺术干部的培训工作。如 1940 年底至 1941 年春，晋东北大众剧社在五台县耿镇组织各区、村镇剧团的艺术骨干参加了短期"乡村文艺骨干训练班"。除了学校教育和开办乡艺干部培训班，各文化团体

---

①《晋察冀边区剧协号召广泛建立群众剧团》，《抗敌报》，1940 年 3 月 1 日。

② 张志永、张勇：《晋察冀边区文化史稿》，第 98 页。

还经常开展群众文艺辅导工作。它们随时随地进行文艺辅导工作，取得了不小的成绩。经过华北联大和各专业文艺团体的艰苦努力，乡村文艺干部培训工作取得了较好的成绩。首先，戏剧知识的普及，为开展乡村文艺运动初步提供了理论来源。其次，大批干部和文艺骨干，通过此次运动逐渐培养起来。最后，在培训中，专业剧社的文艺水平得以提高。

总之，以上各种文艺培训工作，初步解决了文艺干部匮乏的问题。“各县乡村剧运动都是在乡艺同学的努力下，蓬蓬勃勃的开展起来，就是在游击区，也在那里撒下艺术的种子。”①当然，由于培训时间短、学员文化水平偏低，根本不可能给学员系统地讲授文艺知识，这就限制了以后群众性戏剧运动的进一步提高。

3. 专业剧社的戏剧创作

1938 年 10 月左右，一支无论是性质还是任务都与群众性文艺团体有明显区别的文艺队伍，即以军队系统为主的专业文艺队伍，在边区基本建立起来。这支文艺队伍，“带有严格的党性、阶级性、军事性、战斗性”，每个剧社社员都是“为党宣传，为抗战宣传”，在鼓舞军民斗争情绪的同时，“推动并参加部队工作及群众工作”。②

最初，为了适应抗战宣传需要，专业剧社着重进行了改造旧文艺的工作。从 1939 年开始，晋察冀边区专业剧社纷纷开展了旧艺术改革工作，主要采取“旧瓶装新酒”的办法，利用旧文艺形式编演革命题材现代戏。“如冀中火线剧社利用京剧《八蜡庙》改编了《大

---

① 叶频：《在晋察冀群众中播下艺术的种子——记西战团第一期乡村艺术干部训练班》，《晋察冀、晋冀鲁豫乡村文艺运动史料》，河北省文化厅文化志编辑办公室 1991 年编印，第 36 页。

②《晋察冀军区政治部抗敌剧社大事记》，《敌后的文艺队伍》（一），晋察冀文艺研究会 1986 年编印，第 80 页。

报仇》，还演出根据京剧《打渔杀家》改编的《松花江上》等剧目，揭露了日军对东北人民的残酷统治和压榨，呼吁民众起来反抗日本帝国主义压迫。”①

最初的改造旧形式是秧歌舞剧。这是一种充满革命性内容的新文艺形式，不但借鉴了现代歌剧的某种形式，而且是建立在中国传统“秧歌”、戏曲基础之上的。1939 年后，边区群众性文艺活动逐渐形成了一个高潮，传统秧歌、戏曲等成为主要文艺形式。1939 年 12 月，编写了《新年秧歌舞》；1940 年 2 月，创作了配合春耕生产的《春耕快板剧》。这些秧歌剧成为当时新秧歌的典型。后来，有论者在谈到秧歌舞时指出：“今天的秧歌舞，是从过去扭秧歌的形式批判的利用进步发展改造过来的东西。……过去扭秧歌的形式，因为是集体性的，比较简单，在流行上又很广泛，在表现群众新生活上，有着相当适合的欢乐、跳跃、鼓舞等好因素，加以大剧团的利用和提倡，所以他能一开始就被踊跃的拉向抗日情势下，而被置于对于群众特别重要，发展进步很是使人惊奇的地位。”②另外，他们还创造了一些新文艺形式，如幕表戏，即演出时根据现实材料，编出情节梗概，定好人物关系，拟出台词大意，由演员在台上按主题即兴发挥。“这种形式具有强烈的时效性和宣传性，非常有利于推动紧急任务的完成。”同时，许多专业剧团响应剧协开展儿童戏剧运动的号召，纷纷组建儿童演出队，开展对边区少年儿童的抗日宣传工作。如 1941 年 1 月，西战团正式成立了儿童演剧队，后改为少儿艺术队，演出节目除唱歌、舞蹈、器乐外，还有话剧《表》《路》《归队》《读书好》《童养媳》《抓汉奸》《自己的书》，以及歌剧《相信谁》

---

① 张志永、张勇：《晋察冀边区文化史稿》，第 120 页。

② 康濯：《秧歌舞——零碎想起的一些意见》，《晋察冀日报》，1941 年 5 月 7 日第 4 版。

《八路军与孩子》等反映儿童抗日生活的节目。①

各专业文艺团体还注意提高自身的文艺水平，主要表现为演“大戏”。所谓“大戏”不是专指多场多幕的大型戏剧，而有其特定历史内涵，是指当时在延安和其他敌后根据地上演的外国名剧和中国“五四”以来优秀剧作。“如 1939 年 7 月，西战团为庆祝抗大二分校建校一周年，演出大型话剧《祖国三部曲》；11 月，抗敌剧社排演了三幕大型话剧《我们的乡村》，1940 年 5 月，又排演了大型话剧《儿童万岁》等剧目，但他们都不属于大戏。边区演‘大戏’倾向主要表现在 1940 年夏以后，主要有曹禺的《雷雨》《日出》，高尔基的《母亲》，果戈里的《巡按》《婚事》，根据托尔斯泰小说改编的《复活》，以及苏联话剧《带枪的人》等。这些剧目具有很高艺术价值，对演员和舞台设备条件要求也比较高，演‘大戏’往往代表了一个剧团的水平。”②

总之，演“大戏”对于边区戏剧运动的发展起到了很大的积极作用。首先，提高了剧社的专业水平；其次，促进了艺术性和政治性的统一，增强了文艺运动活力；最后，不仅有效提高了戏剧干部和专业剧社的艺术水平，也带动了群众性戏剧运动水准的上升，使群众剧运更加正规地开展起来。

经过 1943 年的文艺整风运动，文艺为工农兵服务的方向更加明确了，特别是学习毛泽东《在延安文艺座谈会上的讲话》以后，提高了与工农兵相结合、改造思想的自觉性，晋察冀的戏剧工作者掀起下乡入伍运动，去“与新的群众的时代相结合”，更好地反映“新的人物，新的世界”。在此期间，边区戏剧工作者创作出不少反映

① 张志永、张勇：《晋察冀边区文化史稿》，第 121 页。

② 张志永、张勇：《晋察冀边区文化史稿》，第 122 页。

边区军民现实斗争生活的佳作，把晋察冀的戏剧创作推向了更加成熟的大丰收阶段。

4. 村剧团的兴起与发展

晋察冀边区开创后，在中国共产党领导下，边区广大农民的积极性空前高涨。在其精神生活中，除了歌唱，演戏也成为最热闹、最受欢迎的文艺活动。“如平山县东漂里村有百十来户人家，群众文化水准也不算高，是一个很平凡的村庄。1939 年秋末，平山青救会铁血剧社进驻到村中，剧社每天排戏、跳舞、唱歌，吸引了村里很多人围着看热闹”①，渐渐觉得新剧好闹，只要心眼儿不死板，上台一凑就成。于是，东漂里村成立了村剧团，一共有 45 人参加，青年和儿童各半，民校教员当了剧团的指导员兼导演。他们除了请铁血剧社派人进行认真指点，还主动和边区、分区各剧团取得联系，要剧本歌片，让他们修改自己创作的剧本，请他们来看演出，而且一定要提出意见，特别是缺点，所以，他们很快就能独立演出了，很受群众欢迎。东漂里村剧团一炮打响后，周围村子也纷纷仿效起来，村剧团越来越多，自发地形成了组织村剧团的热潮。以后逢年过节，不少区、县开展村剧团集中检阅、比赛活动，进一步推动了村剧团运动的兴起。边区出现了平山陈庄、柯山、漂里等比较模范的村剧团。冀中情况也基本如此。在文建会的领导下，冀中区乡村戏剧运动很快开展起来。据不完全统计，仅 1939 年冀中区就有 300 多个村庄建立了剧团或歌舞队，创作、编写许多戏剧、歌舞。但是，由于这一时期村剧团主要是自发建立起来的，缺乏统一的组织和领导，所以不但村剧团数量较少，而且乡村戏剧运动远远没有实现大众化和群众化。

---

① 张志永、张勇：《晋察冀边区文化史稿》，第 106 页。

1940 年 1 月，边区政府制定了大规模开展乡村文化教育的工作方针。随后，边区剧协更是以广泛建立群众剧团为号召，要求普遍建立县、区、村不脱离生产的剧团；同期，西战团、新世纪剧社等专业文艺团体开办的乡村艺术干部培训班也为村剧团运动培养了大批艺术骨干力量。此后，村剧团由自发阶段迅速发展到自觉阶段。

各地干部大多按照边区政府等部门的指示，有计划、有组织地开展了当地的乡村戏剧运动，其主要特点是村剧团数量急剧增加，演出频繁。如 1940 年初，阜平县城南庄成立了全县第一个村剧团——前进剧团，并于正月十五首次公演。他们演出了话剧、梆子和舞蹈，效果非常好。定县一区在妇救会领导下成立了神北、南神甫、北神甫、南清醒、北清醒等 5 个村的妇女剧团，演出效果也很好。在完县，村剧团、歌咏队经常开展活动的有北大悲、贾各庄、刘各庄、安阳、康关、西朝阳、齐各庄、东杨各庄、辛庄等。“1940 年以后，农村剧运开始具有群众性的规模”，“农民们普遍认为村里不闹剧团，没有文化娱乐是很丢人的事”。① 村剧团演出的内容都是抗日戏剧或救亡歌曲，演出形式更是五花八门。当时，由于各地经济、文化的不同以及领导力量的强弱，村剧团大致分为 4 种：第一种村剧团，大多是经济、文化相对发达的集镇组建的，这里在乡知识分子多，干部也比较重视村剧团，提供较多帮助，故村剧团比较正规，在组织上模仿职业剧团。不过，这种剧团数量比较少。第二种村剧团，很少得到干部和外边文化团体的帮助，本村的文化艺术基础更是几乎为零，所以该种剧团多是贫穷落后的村子组建的，然而村民们又愿意开展戏剧活动，于是他们创造演出像文明戏一类

① 河北省文化厅文化志编辑办公室编：《晋察冀、晋冀鲁豫乡村文艺运动史料》，第 151 页。

的或是“四不像”的东西，一部戏里有对话、新旧歌曲、快板、舞蹈，或者牵牛牵驴上台，有时演员又领导群众喊起口号等。虽然这种剧团很不“艺术”，但却反映了农民自己的真实生活。这种村剧团数量比较多。第三种村剧团，主要是一些有旧艺术基础的村庄组建的，村民恢复了原有的秧歌、梆子等，因此演出的层次较前两种更高些，甚至会演出一些配合抗战的新节目，但因过去各地子弟班本来就不多，故这种村剧团数量最少。第四种村剧团，严格说还算不上真正意义上的“剧团”，其实就是遍及各村山沟小道的小型宣传队。剧团成员几乎都没有受到过正规的艺术教育，但这种村剧团数量最多。

随着村剧团运动的普及开展，据统计，迨及 1940 年 7 月，边区已经发展了 500 个到 1 000 个乡村剧团。不过，由于村剧团处于刚刚发展阶段，而边区村庄众多、专业文艺工作者太少，各地村剧团发展是很不平衡的。另外，这一时期的村剧团，在量的发展上获得了很大的成绩，却缺乏质的提高。

（二）戏剧运动的成绩

1. 话剧趋向繁荣

边区话剧走向繁荣的重要表现是一批优秀的剧作人创作出了脍炙人口的精品力作。其中，丁里的创作颇可称道。1943 年冬，反“扫荡”斗争结束不久，丁里创作出了大型话剧《子弟兵和老百姓》。这部剧作反映了反“扫荡”斗争的真实生活，“描写了阜平山区某村，八路军正在帮助老百姓抢收抢种，军民共享劳动欢乐时，部队突然接到命令，为执行一项偷袭任务，连夜撤走了。接着日寇来进行疯狂的‘扫荡’，村中百姓为保护子弟兵伤员临危不惧，有的为此壮烈牺牲”①。最后八路军星夜赶来，打击了汉奸，摧毁了日军据

① 刘谷主编：《晋察冀革命文化艺术发展史》，第 269 页。

点，为乡亲们报仇雪恨。这部戏歌颂了边区军民之间的骨肉情谊，通过不同性格的人物，表现了抗日军民的革命英雄主义和革命乐观主义精神。此外，丁里创作的话剧还有《兵》《光荣》《警惕》《打特务》《英雄儿女》《蒋匪末日》《反敌伪顽河流》，导演的剧目有《前线》《李国瑞》《不要杀他》《俄罗斯人》《李大娘送子归队》等。

刘萧芜的创作也引起轰动。1944 年 3 月，冲锋剧社社长刘萧芜根据曲阳县的民兵英雄——李殿冰，创作了话剧《李殿冰》。剧中，李殿冰带领民兵以步枪和地雷相结合，在反“扫荡”作战中“用游击战的方式巧妙的打击敌人，保护群众完全转移”。刘萧芜为创作此剧，多次到李殿冰的家乡深入生活、收集素材。为排演好此剧，“和冲锋剧社的演员们还向当地群众征求意见，虚心向群众学习”。该剧演出后，“逼真的剧情、生动的表演受到了广大群众的热烈欢迎”①。1944 年 4 月 24 日，延安《解放日报》不仅报道了《李殿冰》创作和演出的情况，还发表了艾思奇的评论，称赞该剧是“毛主席所指示的文艺方向在前方实现的一个重要表现”，是“前方文艺运动的范例”。

“子弟兵的母亲”戎冠秀之所以家喻户晓，胡可的功劳不可小觑。1944 年 4 月，胡可根据戎冠秀的真实故事创作了大型话剧《戎冠秀》。该剧令人信服地描写了戎冠秀怎样由一个软弱善良的普通农村妇女，在党的教育和战争环境的锻炼下，成长为一名英雄模范的先进事例，歌颂了“子弟兵母亲的光辉形象”。为了创作好这部戏，胡可多次深入生活，“在和戎冠秀相处的日子里，努力了解和发掘主人公的真实生活与闪光的心灵，因而在信中才把人物塑造的有血有肉，全剧富有浓郁的生活气息，是同类题材作品中比较优

① 刘谷主编：《晋察冀革命文化艺术发展史》，第 270 页。

秀的一部。这出戏也是胡可在戏剧创作上的一个新起点”①。此前,他创作的话剧已有《五十九个殉难者》《瞎了眼睛的人》《游击区米荒》《司务长刘光明》《伪军队长》《贫农和土地》《课外活动》《拒马河的水》等,另有秧歌剧《翻身记》、儿童剧《秋风谣》。

剧作家崔嵬,1939年随华北联合大学到晋察冀边区,担任文艺部戏剧系主任,创作了《矿工队》《参加八路军》《三个游击队员的故事》《黄鼠狼给鸡拜年》。1942年冬,崔嵬调冀中军区火线剧社任社长。“他刚到冀中火线剧社之初,便首先抓剧目建设,在他的组织指导下,剧社很快排出《把眼光放远一点》、《十六条枪》、《母亲》和《狼叼来喂狗》一组独幕话剧。其中《十六条枪》更是在他的亲自参与下,整理改编出的一出比原作戏剧情节更丰富、人物性格更鲜明、语言更生动、结构更严谨的戏。”②

除了上面介绍的话剧剧目,晋察冀抗日根据地的优秀剧目还有大型话剧《长城线上》(王舒编剧)、《杨明甫》(白兢编剧)、《天营镇》(贾克编剧)、《罪人》(胡丹沸编剧)、《身在曹营心在汉》(鲁前编剧)、《四个英雄的故事》(刘大为编剧)、《胡顺义》(羽山编剧)、《肖树桂》(刘佳编剧)等。独幕话剧更是佳作迭出,几乎每个剧社都有自己的创作剧目,主要有《向着八路军》(王树萍编剧)、《村长》、《粮食》(邢野编剧)、《门里门外》、《中秋佳话》(刘佳编剧)、《万民庄战斗》(王牧编剧)、《军民团结在一起》(王楠编剧)、《李甲长》(羽山编剧)、《口供》、《战利品》(傅铎编剧)、《纸里包不住火》、《一坛酒》、《血衣》、《天晴了》、《东西庄》(何迟编剧)等。这些戏都是剧作家深入生活,从切身感受和收集到的丰厚素材中创作出来的,都非常好

① 刘谷主编:《晋察冀革命文化艺术发展史》,第271页。

② 刘谷主编:《晋察冀革命文化艺术发展史》,第275页。

地表现了边区军民的斗争和生活。

2. 民族新歌剧的发展

1943年5月，西战团演出了牧虹编剧、卢肃作曲的歌剧《团结就是力量》。此剧是在团结农民进行减租减息斗争中创造出来的，演出后反响热烈，大受欢迎。其主题歌《团结就是力量》广泛传唱，至今不衰。

1943年至1944年底，王血波、王莘作曲的小歌剧《纺棉花》和大型歌剧《过光景》在演出中也取得了突出成就。小歌剧《纺棉花》是一出以教育老百姓改良妇女纺织为内容的宣传戏。在当时，“随着边区生产运动的开展，先进的生产技术逐步在农村中得以推广，并取得了可喜的成果。但是农村中旧的习惯势力仍然在一些上年纪的人中占上风。他们墨守成规跟不上生产速度的发展，对先进事物持怀疑、观望的态度。《纺棉花》以一个普通的家庭为缩影为人们展开了大生产运动中的一个生动的画面。《纺棉花》演出后不但受到延安文艺界的好评，而且很受群众欢迎”①。大型歌剧《过光景》讲述的是勤劳本分的农民王好善一家，从过去他一人说了算，听不进别人的意见，造成家庭生活不和谐，到在事实教育下，开展家庭民主、解决家庭纠纷，全家和睦参加互助合作劳动、发展生产的故事。该剧首次演出是在1945年的晋察冀边区群英大会上，受到英雄模范们的热烈欢迎和奖励。令作者始料未及的是，短短不足一年时间，该剧传遍边区各地，尤其农村剧团普遍上演，甚至还加上了他们自己常运用的各种民间形式，影响可谓深远。

大型歌剧《王秀鸾》的问世，是晋察冀边区歌剧走向成熟的标志。该剧主要是围绕着农村妇女王秀鸾展开的，她的丈夫叫张大

① 王剑青、冯健男主编：《晋察冀文艺史》，北京：中国文联出版公司，1989年，第460页。

春，但是因为连年灾荒，生活再也无法维持下去了，只得离家出走，另辟他路来求得生存。公公通过耍手艺，虽然挣到了些钱，但没有时间顾家，当家的婆婆又好吃爱赌，专横无理，把钱花完了，就变卖东西、典当土地。最终到了无法维持生活时，婆婆独自带着女儿弃家而去。此时的王秀鸾困守在家里，在呼天不应、入地无门时，响应了抗日村干部根据中共中央的号召，组织灾区群众"生产渡荒"的活动，肩担手拉，施肥种地。作为村妇救会的干部，王秀鸾不仅带头渡荒，还负责组织妇女同志为八路军做一些力所能及的事，以求为抗日出力，如送递机密文件和鸡毛信。后来，秀鸾参加劳动和支援前线的积极性大大提高，因为她听闻丈夫大春离家后竟参加了八路军。她进一步把妇女组织起来，进行副业生产，并成立了识字扫盲班，开展文化活动。参加军队之前，大春看不起妻子，回来之后，见到秀鸾积极劳动，政治上进步很大，大春十分高兴并且下定决心上战场保家卫国。秀鸾也表示种田保家乡，让丈夫无后顾之忧。婆婆带小姑子去寻找公公，竟然违背事实，和公公说了秀鸾种种坏话，公公回来后，见到家中一片欣欣向荣之景，便四处走访，向村里人打听以了解事实，公公弄清真相后，怒斥婆婆的肮脏卑鄙行为，不肯再把她留在家中。王秀鸾顾全大局，为婆婆求情，婆婆被感动，决心痛改前非、重新做人。由于王秀鸾对于巩固和发展革命根据地有贡献，对落后分子能团结、改造，被村、区、县选为劳动英雄，带上光荣花，出席了晋察冀边区政府召开的劳模大会。① 该剧公演后，受到晋察冀军民的热烈欢迎。著名作家孙犁看过《王秀鸾》的演出后写了一篇文章，指该剧"和观众的生活息息相关"，"再现了农民的生活、悲苦和愉快"，"是一幅完整的农民历史画"。

---

① 刘谷主编:《晋察冀革命文化艺术发展史》，第279—280页。

3. 戏曲的改革和新编

1939年，冀中火线剧社陈乔利用旧京剧《八蜡庙》的形式编写了《大报仇》，用“旧瓶”装进了“新酒”，打算借之呼唤民众起来反抗日军和汉奸的压迫，起来英勇杀敌。该剧社还演出了延安鲁艺王震之改编的《松花江上》，这是根据旧京剧《打渔杀家》的人物改写了唱词，用以表现侵华日军对东北人民的残酷统治和压榨。

上述“旧瓶装新酒”的做法，虽也起到了一定的教育作用和审美作用，但戏剧形式和内容之间存在着难以协调的矛盾，影响了演出效果。1940年，抗敌剧社王久晨改编京剧《陆文龙》，写了由潞安洲到陆文龙归宋以及曹宁杀父、大义灭亲等情节。剧中表彰了民族气节，配合了民族革命战争的形式宣传。此后，郑红羽编写的京剧《史可法》和崔嵬编写的《岳飞之死》也属此类，是由“旧瓶装新酒”转向新编历史剧的有益尝试。1944年7月，为了配合党的整风运动，王久晨创作了新编历史京剧《李自成》，由抗敌剧社和分局党校联合演出，引起较强烈的反响。《李自成》的主导思想来源于《甲申三百年祭》一书，此书是郭沫若在1944年为了纪念明朝末年李自成农民起义胜利300周年写成的。毛泽东于1944年发表的《学习和时局》中指出：“我党历史上曾经有过几次表现了大的骄傲，都是吃了亏的。”将《甲申三百年记》列为整风文件的目的，“也是叫同志们引以为戒，不要重犯是胜利是骄傲的错误”。从这个意义上来讲，新编历史京剧《李自成》便是形象的整风文件，其突出的价值正在这里。另外，王久晨继续创作了新编历史京剧《洪宣娇》《雍正》。《洪宣娇》是通过天王洪秀全之妹和萧三娘等太平天国女英雄的动人事迹来从侧面写“天津事变”的。由于此剧存在对有的历史人物如杨秀清臧否失当的问题，演出不久即告停演。《雍正》是写雍正兄弟之间的篡权斗争的内讧，雍正虽害死康熙，到头来自己也不免唱了一首被刺身亡的离歌。

戏曲改革的另一方面是编演革命题材的现代戏。早在1939年，王久晨就创作了现代京剧《救国公粮》。该剧是晋察冀边区编演现代戏的开端，主要是写一个自恃为军属的母亲手中有粮食，不交公粮，反被日军全部抢走的沉痛教训。同年，抗大文工团出演了《黄土岭战斗》一剧，该剧讲述了中共抗日部队击毙日军中将阿部规秀的英勇战斗事迹，大振人心。1943年，崔嵬编写了现代京剧《老英雄》，该剧主要讲述日军"扫荡"时，一个乡村老大爷将女干部藏在自己家中，在被日军抓去带路时，将日军带入根据地民兵所布地雷阵，自己也触雷牺牲的感人事迹。

此外，像河北梆子《血泪仇》《失足恨》《二流子转变》等其他戏曲的现代戏创作也相当活跃，演出同样受到了各地军民的热烈欢迎。

二、诗歌

（一）诗歌的初创期

随着边区戏剧运动的广泛开展，边区文学也逐渐活跃起来。而在各种文学形式中，诗歌具有文字浅显、更贴近底层民众等特点，故诗歌比较早、比较普遍地在边区民众中流行开来。诗歌"是文艺工作者首先使用的一种战斗武器，也是在各个艺术门类中收获最早、并取得巨大成绩的一个文艺品种"①。这些诗歌，多是写在墙壁上或崖壁上，所以通常叫作"墙头诗"。顾名思义，就是把诗歌贴到街边墙头上，给群众看，使对诗歌的认识由少数知识分子扩大到更广大的人民群众。

---

① 王维国主编：《河北抗敌题材文学史》，石家庄：花山文艺出版社，1999年，第23页。

墙头诗开始于何时何地，无从查考。但将大量诗歌搬上墙头和行军途中的岩壁，作为激励斗志、坚定抗战信念的武器，则是晋察冀革命文艺战士从事宣传工作时的首选之举。1938 年 10 月，诗人田间、邵子男、史轮、高敏夫等在延安发起街头诗运动，倡导“使抗战诗歌走上街头，走向群众，走向战场”时，是否曾受到晋察冀边区墙头诗的启发不得而知。但可以肯定的是，当街头诗运动的发起者，将若干短诗贴在布幅上，在延安街头举办诗歌展览时，在晋察冀抗日根据地，墙头诗却早已普及开来。只可惜，受到印刷条件的限制，当时这些书写在墙壁、岩壁上的诗歌，绝大部分未能以文字形式保存下来，留寄在人们心中的，也因时间的流逝、继咏者的相继离去而黯淡了许多，令今人很难完整而准确地描绘出当日的辉煌。但无论如何，墙头诗对边区抗战诗歌的贡献是无法抹去的。

（二）诗歌创作第一次高潮

1939 年至 1941 年，是边区诗歌创作的蓬勃发展时期，其突出标志就是诗歌队伍的壮大和作品的丰富。1938 年冬，大批延安等地的诗歌作者来到边区后，与本地诗歌作者汇集在一起，相互砥砺，很快形成了一个以田间为首，以邵子南、钱丹辉、史轮等为骨干的抗战诗人群，被后人称为“晋察冀诗派”，其核心为战地社和铁流社两个诗歌团体。①

铁流社是边区成立的第一个诗歌团体，隶属于东北挺进纵队干部队。钱丹辉任社长，叶正轩、蓝矛任副社长，主要成员有林真、邓康、张维等 30 余人。铁流社本着创作与传播街头诗、朗诵诗及一切产生并服务于斗争生活的诗歌，进行抗战的革命的和面向大

① 张志永、张勇：《晋察冀边区文化史稿》，第 129—130 页。

众的诗歌活动为宗旨，创办了诗刊《诗战线》。“《诗战线》登载的诗，有街头诗，有传单诗，多数是行数稍多一些的抒情诗和叙事诗，尤其是以英雄的战士为主人翁，也写了英雄的群众，来反映敌后抗日游击战争的诗，占着相当的比重。”①

战地社，隶属于西北战地服务团，虽然创立时间稍晚，却在边区诗歌团体中影响最大。战地社主要领导人为田间、邵子南，他们在抗战前就享有盛名，到边区后被称为边区的“两大文豪”。战地社主要成员有史轮、力军、方冰、谷扬等一大批成绩斐然的诗人。1939 年 2 月，战地社还创办了边区第一份诗歌杂志《诗建设》，并以此为阵地大量介绍、刊登街头诗，成为全边区诗歌创作、新诗建设、引导诗歌方向的权威刊物。

1939 年 1 月，战地社和铁流社在平山县蛟潭庄共同组织了边区首个“街头诗活动日”，形形色色的街头诗贴满了街头，从而揭开了晋察冀边区街头诗运动的序幕。街头诗运动，不仅宣传了抗日的道理，而且向群众普及了诗歌，很快就形成了边区群众性诗歌运动。尤其是在文救会成立后，除了专业诗人写作，其他文艺工作者也逐渐写作街头诗，还有许多八路军指战员、知识分子和农民业余写作街头诗。1939 年 8 月，为纪念延安“街头诗运动日”一周年，《诗建设》发起了 1 000 首街头诗创作活动，边区诗歌作者创作出大量的街头诗，除少部分发表在诗歌刊物上，更多的是直接粘贴在墙头和山岩上。后来，这些诗作被编入《粮食》《战士万岁》《力量》《文化的民众》等诗集。李公朴考察边区后赞叹道：边区街头诗运动“让诗和人民在一起”，“以抗战的、大众的、斗争生活和抗日与民族存亡为根本题材，表现人民的喜怒哀乐，反映人民所关心的现实，

① 王剑青、冯健男主编：《晋察冀文艺史》，第 106 页。

并鼓舞和帮助人民前进”。[①]

除街头诗外，这个时期的诗歌开始向抒情诗和小叙事诗等方面发展，出现了一些较有影响的诗歌。这些诗比街头诗篇幅长，内容丰富，充分反映了边区军民的斗争生活，具有主题鲜明、感情真挚、形象深刻的特点。其中，孙犁的《梨花湾的故事》《白洋淀之曲》《儿童团长》，以及魏巍的《好夫妻歌》等，无一不是脍炙人口、引人入胜的佳作。不过，“由于我们的诗人，或事变后的大后方接受了一些五四运动以来的新诗歌的传统，或受外国诗歌的一些影响，对民歌、古典诗歌的学习，还没有提到日程上来。同时那时战事频繁，没有对民族形式进行探索，所以反映现实歌颂抗战的诗歌，不能不运用当时所能掌握的武器，表现在我们诗歌上，还不够通俗、大众化”[②]。沙可夫也承认：“晋察冀几年来诗作产量是非常丰富的，街头诗、标语诗等等那是不用说，就是长篇叙事诗与巨著抒情诗，也是层出不穷……但绝大部分是为读者所不懂，不喜欢，实际上只能给自己或自己趣味相投的文艺工作者、文化人、知识分子所欣赏、爱好赞美的东西。”[③]

（三）诗歌创作的新突破

1943 年整风运动后，边区诗人遵循着毛泽东《在延安文艺座谈会上的讲话》精神，如同其他文艺工作者，也都纷纷下乡入伍，坚决

---

① 周巍峙：《晋察冀抗日根据地文艺工作概述》，《晋察冀抗日根据地》史料丛书编审委员会编：《晋察冀抗日根据地》第 2 册（回忆录选编），北京：中共党史出版社，1991 年，第 157 页。

② 曼晴：《春风杨柳万千条——回忆晋察冀边区的诗歌运动》，《新文学史料》，1979 年第 5 期，第 189—190 页。

③ 沙可夫：《晋察冀新文艺运动发展的道路》，张学新编：《晋察冀革命戏剧运动史料》，河北省文化厅文化志编辑办公室 1991 年编印，第 64 页。

走文艺同工农兵相结合的道路。艺术源于生活，人民大众的生活正是各种艺术形式的材料来源，是一切文学艺术的取之不尽、用之不竭的源泉。所以，诗人们纷纷奔向火热的斗争，在农村，在前线，在反“扫荡”的壮烈斗争中摘取了丰富、厚实的创作素材，创作出许多高质量的诗歌作品。这些诗作，不仅在内容上真实地反映了边区人民的生活与斗争、愿望和追求，在形式上也走向大众化。此间，诗歌的创作有了新的突破，进入了深入发展的阶段，诗人田间、曼晴、方冰、陈辉等在这一时期都有佳作问世。

诗人田间在火热斗争中经受了丰富的锻炼，积累了深厚的生活经验，还如饥似渴地收集民歌、民谣和民间传说故事，在诗歌民族化的探索和创作上获得了大丰收。1944 年，田间创作了歌颂农民战斗英雄、劳动模范等的诗文结合的《盂平英雄歌》；1945 年，他追求诗歌大众化的《1940 年民谣》及《太原谣》问世；同年，他也开始了史诗型长诗《赶车传》的构思和创作。

诗人曼晴，1943 年边区文艺整风后下乡到曲阳县抗日救国联合会，一边工作一边继续诗歌创作，这时改变了自己的写作风格，尝试了民歌体的写作，成功创作了《磨豆腐的老太太》《纺棉花》《打野场》等诗歌。曼晴的诗质朴平易、情感纯真、自然和谐，得到著名作家孙犁的高度称赞。

诗人方冰，在平西游击队工作期间，于 1940 年创作了千行叙事长诗《柴庄》。该诗以晋察冀一个普通小村庄的生活、生产、抗日斗争为线索，赞扬了共产党领导下人民积极生产和英勇抗敌的事迹。

另外，这个时期群众性写作活动也很活跃。1943 年 5 月冀中六专区发动的“伟大的一年间”写作运动与 1944 年 5 月七专区发动的“伟大的两年间”写作运动，都是对冀中军民“五一”反“扫荡”后英勇斗争的真实反映。“前者仍能收到 2 000 多份稿件，后者收稿近万份；作者主要是士兵、侦查员、班排区村干部和小学教员。”[①]这些作品一般受作者文化程度所限，技术是粗糙的，但内容和情感却是火热的。有些地方群众也创作了一些诗歌，如盂县大坪五六个农民成立了文教小组，他们就经常将自己写就的诗贴到墙上以供人诵念，他们的街头诗一般都是为配合各项中心工作而作，如《入伍学文化》《劝儿上战场》《娃娃学本领》等即典型代表。

三、音乐

抗战时期，晋察冀边区的音乐活动主要表现为群众性的歌咏运动。其特点是：内容平易近人，易为人民群众所接受；政治性较强，能够紧紧围绕当时的政治路线开展活动，并为当时的政治斗争提供了战斗力量。所以，边区各级组织都非常重视抗日歌曲的普及工作，不论政工干部或军事干部，都得会几首歌，这些都有力地推动了歌咏运动的开展。

起初，八路军在打击敌人的间隙教唱革命歌曲，宣传抗日。当时，部队战士就是抗日歌手，连长、指导员、文化教员就是音乐指挥，只要部队一集合或与地方干部一结合，就进行歌咏比赛。部队每到一地，当地群众很快就学会革命歌曲，除“工农兵学商，一起来救亡”外，什么“炮火连天响，战号频催，决战在今朝”，“枪口对外，齐步向前”，《大刀进行曲》《中国人不打中国人》《五月的鲜花》《新编九一八小调》等，特别是《流亡三部曲》真是脍炙人口。后来，地方政权建立后，各地政府和文化部门也加入了歌咏运动。他们深

① 胡苏：《河北人民的新文艺——在河北省首届文代大会上的报告》，河北省文化厅文化志编辑办公室编：《晋察冀、晋冀鲁豫乡村文艺运动史料》，第 109 页。

入农村，举办训练班，教了许多抗日歌曲，如《打回老家去》《游击队歌》《到敌人后方去》《码头工人歌》等等。这些歌曲很快传遍了广大农村。

在各级党、政、军、群等干部的推动下，边区很快形成了群众性歌咏运动。“那时群众也非常爱学歌爱唱歌。似乎谁不会唱几支革命歌曲，谁就不像抗战的样子，不像革命的样子。学校老师不会唱歌教歌就不是好老师，不配当老师。村中的青抗先、妇救会、儿童团更是如此。他们积极找人教歌，连简谱也不认识。……谁先学会了一支新歌谁就有了资本，谁就显得是很进步的，也就成了唱歌教歌指挥的带头人。”儿童团爱唱《快快长》《红缨枪》《站岗放哨查路条》等。青年人爱唱《青年进行曲》：“前进！中国的青年！抗战！中国的青年！中国恰向暴风雨中的破船，我们要认识今日的危险……”这支歌曲曾经鼓舞了广大城市和农村青年参军参战，走上革命道路。妇女自卫队也会集合起来唱“送哥哥上战场”，“我为战士缝衣裳”，等等。

总之，当时的歌曲对于直接传达农民愿望和鼓励农民勇敢站起来参加战斗起着至关重要的作用。1938 年，美国驻华大使馆参赞卡尔迅参观边区后说：“我对于边区最忘不了的便是大众进行的脚步声与到处充满了的歌声。”这说明当时边区歌咏运动在动员民众抗日中产生的巨大影响。然而，因为边区初创，还未形成自己的音乐队伍，所以边区传唱的歌曲一般都是从外面传入的，边区本地作者创作的歌曲极少。

抗战进入相持阶段以后，大批外地文艺团体和文艺工作者纷纷下乡下部队，深入基层火热的斗争生活，陆续创作了不少优秀的文艺作品。因此边区音乐队伍也很快形成了，主要有周巍峙、曹火星、卢肃、李劫夫、晨耕、王莘、张非、王引龙等。他们积极开展边区音乐运动，发挥了相当大的宣传、鼓舞作用。1939年5月1日，边区音乐界的唯一刊物《歌创造》创刊，边区文艺工作者们才正式开始了歌曲创作活动。

音乐家周巍峙，在担任中共中央北方分局文委、西战团主任、边区文联及音协的领导工作之余，创作了许多有影响力的歌曲。他作曲的《青纱帐起》是一首表现活跃在“青纱帐”里的游击健儿的队列歌曲。整首乐曲充满了革命乐观主义的战斗豪情。曲作的绝大多数乐句的后面都使用四分休止符或八分休止符。乐曲进行中的规则停顿，增强了旋律铿锵顿挫的力度，更好地表现了游击健儿勇敢、顽强、战胜敌寇的决心和意志。1943年5月后，他创作的姐妹篇歌曲——《李勇要变成千百万》和《李勇已变成千百万》，均是歌颂爆炸英雄李勇的英勇行为。1944年1月，周巍峙和贾克为《春耕生产》大歌舞写了主题曲。①

曹火星，原名曹峙，1924年生，河北平山人。1941年，在华北联大文艺学院音乐系学习的后期，开始学习作曲。《向敌人进攻》《春天里暖洋洋》《统一累进税真正好》等歌曲是他最早的作品，收到了未曾料想的突出效果，由此增强了他继续创作的信心。而且他决心作曲宣传党的政策，反映人民生活，鼓舞人民斗志。1943年10月，针对蒋介石《中国之命运》大肆宣扬的“没有国民党那就是没有了中国”的反动谬论，年仅19岁的曹火星以极高的革命热情和创作灵感，谱写了《没有共产党就没有中国》。这首歌从边区唱到延安，从抗战唱到解放，深受群众喜爱。1950年，毛泽东为这首歌在“中国”前面加了一个“新”字，从此，《没有共产党就没有新中国》这首歌更为家喻户晓，长远流传。

---

① 刘谷主编：《晋察冀革命文化艺术发展史》，第302页。

卢肃，原名卢方平，1917 年生，江苏徐州人。1938 年，开始了在延安大学鲁迅文艺学院音乐系的学习生涯，毕业后留校成了普通部的一名教员。1939 年 9 月，他随华北联大文艺部来到晋察冀边区，为配合抗战和边区的中心任务，创作了许多深受群众喜爱的歌曲。1943 年秋，他在减租减息运动中创作了独幕歌剧《团结就是力量》。直到今天，这首革命歌曲仍在亿万人民中传唱，甚至还流传到越南、日本的革命音乐活动之中，足以说明这首战歌的分量和价值。1944 年 1 月，当边区军民热烈开展“双拥运动”时，卢肃又创作了《拥军公约歌》。

李劫夫，原名李云龙，1913 年生，吉林农安人。1937 年 5 月到延安，1939 年随西北战地服务团来到晋察冀边区。1943 年 5 月，他满怀对敌人的仇恨，控诉日军大屠杀罪行，创作了《忘不了》，又被英雄事迹感染，写下了《李勇对口唱》。其后，又创作了《英雄赞》《望见了北斗星》《两个英雄》《唐河怨》《歌唱李殿冰》等歌曲。1944 年 4 月以后，他的《国民党一团糟》《模范拔工组》《八月十五》等歌曲和歌表演相继问世。以上作品将叙事融入其中，曲调非常动人，旋律和节奏亦流畅而明快，所以广泛流传演唱于边区内外，边区广大军民的抗战斗志受到了极大的鼓舞。

晨耕，曾名宝锷，1923 年生，满族，河北顺平人。1941 年在华北联大文艺学院音乐系进行研习，之后于 1942 年 9 月担任冲锋剧社音乐队长一职。1943 年创作了《四恨》《县选歌》《炮楼谣》《送平阳》《军民对口唱》《意志坚又坚》《生铁炼成钢》《我们是党的铁兵团》，并与他人合作为歌剧《军民团结在一起》作曲。这些歌曲配合当时的形式，积极宣传抗战，歌颂了许许多多反“扫荡”中的英雄，在当地广泛流传。

王莘，又名王耕莘，1918 年生，江苏无锡人。1935 年在上海积极参加抗日救亡活动，1938 年冬到达延安入鲁迅艺术学院音乐系学习，翌年随校来到晋察冀边区，在华北联大文艺部任音乐文化教员。这一期间，他创作了大量抗战歌曲。1943 年 4 月调边区群众剧社，首先为歌剧《犯人》作曲；12 月，又为小歌剧《纺棉花》作曲，曲调采用河北民歌的旋律，流畅动听，广受群众好评。此后，他还创作了《战斗生产》等歌曲和《自从来了八路军》组歌。1944 年 12 月，他和刘沛、火星共同为大型歌剧《过光景》作曲。该剧的音乐吸收了定县秧歌与河北民歌曲调，富有地方特色，所以很受群众欢迎。

张非，原名金成钧，曾用名张明如，1918 年生于河南开封。1939 年春加入陕北公学，同年夏随华北联大文工团到达晋察冀边区，1942 年 11 月调到晋察冀边区剧社。1943 年 9 月创作了《让地雷火起来》，歌曲热情歌颂了游击战士在反"扫荡"斗争中的英勇无畏顽强和革命乐观主义精神，旋律流畅生动感人，在边区广为流传。1944 年 1 月，他与卜一共同创作了《拥政爱民公约歌》。另外，在这一年里，张非还创作了大量的齐唱、独唱、说唱、联唱歌曲，主要有《张老汉》《劝伪军》《反军阀主义残余》《庆祝第二战场开辟》《希特勒挨炸》《高街做鞋组》等。

王引龙，1923 年生，河北定县（今河北定州）人。1940 年秋季反"扫荡"胜利后，参加冲锋剧社音乐队，开始当小提琴手，后从事音乐创作。1942 年入华北联大音乐系学习。之后，他创作了《警戒线上之歌》，该歌曲是借鉴正格节奏和民族音调创作而成的。曲作的特色是以铿锵有力的节奏、不严格均等的节拍突出警戒线上的不稳定感。在反日本帝国主义的"蚕食"斗争阶段，这首曲子曾广泛传唱于三分区前沿部队，当时的战士们非常喜欢。1943 年 7 月，创作歌曲《比一比》。是年底，又与晨耕等一起为歌剧《军民团结在一起》作曲。1944 年 4 月，创作了《民兵战歌》，这首歌曲同样是借鉴河北民歌音乐素材，完美表现了民兵战士的英雄气概和顽强斗争精神，在当地广泛流行。①

四、美术

美术工作与其他文艺工作一样，在晋察冀甚为活跃，也极富特色，在民族斗争和人民解放事业中发挥了应有的战斗作用。各剧社美术队除了进行舞台设计、绘制布景、帮助演员化妆，还开展了漫画创作、书写抗战标语等美术工作。由于美术具有文字浅显、直观通俗、有趣等特点，非常容易为普通民众所接受，所以美术的宣传教育功效极为明显。尤其是漫画常常是在斗争最尖锐的地方出现的，充分暴露日伪军丑恶罪行，具有很强的揭露、讽刺和嘲笑作用，同时也鼓舞了人民的斗志，因而深受人民喜爱。

（一）木刻

1938 年，晋察冀的木刻创作逐渐兴起。当时，为纪念鲁迅逝世两周年，活跃在晋察冀军民中间的广大文艺工作者特别创办了文艺刊物《海燕》。刊物上刊载了鲁迅的木刻肖像和木刻刊头。之后，一些木刻作品开始在《抗敌报》《抗敌画报》上发表。1939 年底，在木刻创作领域已获得一定成绩的沃渣、陈九、吴劳等随华北联合大学从延安来到晋察冀。他们大大提高了晋察冀的木刻创作特别是木刻艺术水平，成为创作中坚。

沃渣在进入晋察冀之前，曾先后在上海、延安积极从事中国新兴木刻运动，进行木刻创作，开始形成自己的艺术风格。1936 年 1 月底，沃渣与江丰、野夫等在上海成立了铁马版画会，先后出版了 3 期《铁马版画》，发表了部分木刻作品。1938 年 10 月 1 日，鲁迅艺

① 刘谷主编：《晋察冀革命文化艺术发展史》，第 308—309 页。

术学院在延安成立，沃渣担任美术系主任。

沃渣在晋察冀的木刻创作是极为丰富的。他将自己日臻圆熟的刀法、鲜明的艺术个性与晋察冀军民雄劲炽烈、可歌可泣的抗战生活完美结合在一起，并注意学习苏联版画家法佛尔斯基雅的创作技巧，在晋察冀的木刻创作活动中逐渐形成了自己的艺术风格。如《坚壁》以其错落有致、富有起伏感的画面，表现了军民打持久战的斗争生活，军民保存粮食的形体动作刚劲有力，蕴含着乐观精神。《袭击》简练地展现了两名普通游击战士静卧在大地上手持枪弹的画面。画面相对集中，走刀粗犷，现场气氛也很浓郁，非常有纪实色彩。①《八路军铁骑兵》气势磅礴，展现八路军奋勇击敌的雄姿，具有强烈的战斗性、鼓动性。《八路军为人民利益而战，夺回我们的牛羊》是沃渣在题旨上反复提炼、概括，表达了深厚内容的作品，将八路军、抗战、人民利益贯穿在一起，统一在画面里，表达了八路军英勇无畏，坚持抗战，使人民利益失而复归，给人以只有坚持抗战才能从敌人手中夺回“利益”（牛羊），人民群众更应积极参军和支前劳军的深意，思想内涵丰富而有层次。沃渣的木刻作品还有《杀死你们的日本官长，到八路军这里来呵》《无声的凯歌》《战斗和生产相结合》《八路军帮助人民麦收》。沃渣木刻作品思想内容的表现，是集中、概括、极为鲜明的，还有着可供进一步开掘的深层意蕴，情感表露也是充沛的。1942 年 6 月 20 日《晋察冀日报》载文说：“沃渣的木刻作品有鼓动性与刺激性，更可发现纯熟的特异的个性，他在我们的血脉里交流着，栽根于我们的心里，我们很清楚的没有忘记，这位中国的木刻大师，将那无产者与劳苦大众的形象，都从他锋利的雕刀忠实表达出来。”

---

① 王剑青、冯健男主编：《晋察冀文艺史》，第 555 页。

陈九也随沃渣一起从延安来到晋察冀。陈九在1938年4月参加武汉成立的木刻人联谊会,6月当选为全国木刻界抗敌协会常任理事。“不久,陈九奔赴延安,在鲁迅艺术文学院美术系工作。陈九来到晋察冀后,积极从事晋察冀的木刻活动,主要致力于部队美术工作的开展。他在晋察冀军区抗敌剧社创作了部分木刻作品,显现了他木刻艺术上的成熟。1942年,陈九创作了《运输队》,荣获晋察冀边区文联的鲁迅文艺奖金,成为他在晋察冀具有代表性的木刻作品。1943年12月1日,陈九在反‘扫荡’的战斗中被敌人所俘,他英勇不屈,至死保持中华民族的崇高气节,是年年仅27(岁)。”①

吴劳进入晋察冀后立即进行木刻创作活动,投身抗战斗争,创作了《平沟》《得了》《送粪》《阿Q正传组画》等木刻作品。吴劳的木刻作品,思想情感丰富,刀法细腻,讲求画面构图的美,如《得了》摘取了八路军指战员深入群众作抗敌宣传的动人场景,表达了一名老母亲内心的强烈愿望:“你愿意抗日,我更愿意抗日……”这一说明文字加深了作品的立意,灌注着作者激烈和沉郁的感情,有着投入抗战的召唤力量。

(二)漫画

晋察冀的漫画创作,“在广大民众和战士中是极受欢迎的,漫画以其简练明白又丰富多变、具有强烈表现力的线条,或夸张或变形,表现晋察冀军民对敌人的讽刺、嘲笑揭露敌人的丑恶残暴等现象,抒发了军民的机智幽默和乐观精神”②。《晋察冀日报》载文说:“漫画常常是在斗争最尖锐的地方出现的。因为只有在这种关头,

① 王剑青、冯健男主编:《晋察冀文艺史》,第559页。

② 王剑青、冯健男主编:《晋察冀文艺史》,第566页。

才能暴露敌人和异己者的丑陋，而必须给予及时的揭穿讽刺和嘲笑；同时也是常常在这样的时候，胜利的斗争着的人民，也最能表现，他所加予敌人的那种更机智，更加动人心魄的讽刺和嘲笑而赋予作家以创作漫画的灵感。……而大大有助于人民当前正在进行着的正义性的斗争。”

在晋察冀的漫画创作中，丁里的漫画作品较为突出。在画风上，丁里很有苏联漫画家叶菲美夫作品的幽默意味。其漫画作品有《草木皆雷》《找好了掩体》《民意欤？》《中国法西斯给人民的“自由”》《在重庆表演的双簧戏》等。丁里的漫画作品多在夸张上用力，讽刺性强，表现丰富。例如，《草木皆雷》表现了游击战争的威力，揭露了日本侵略者为人民战争的汪洋大海所包围，画面上疲惫的日兵瑟瑟于一团，四周是不能涉足的葬身之地，枪上那面标有“快速”两字的小旗便造成绝妙的讽刺。《找好了掩体》是一幅讽刺希特勒法西斯军队所谓军事胜利的作品。画面上，希特勒和两个德国兵躲在打开了盖的棺材内，希特勒说：“伙伴们，我们已经找好了掩体，我们决不投降，绝不逃到外国去！”角度选择独特，饶有妙趣，寓意也深。

李劫夫、秦兆阳的漫画作品在晋察冀拥有众多读者。李劫夫为人幽默诙谐，有自己独特的风格，画风有质朴的憨味，也很有艺术的灵气。其作品《苏联红军冬季攻势下，德国法西斯匪军之狼狈溃逃》，描绘了德军丢盔卸甲、混乱败逃的狼狈相，凶恶、骄横的面孔透露出颓丧、惊魂未定的神色。这幅作品饶有趣味的是，一杆纳粹党旗的飘展与德军败逃的方向相反，表达了德军身后苏联红军迅猛追击的强劲雄风，一下子点活了画面。[①] 连环漫画《如此“扫

① 王剑青、冯健男主编：《晋察冀文艺史》，第567页。

荡”》通过4个画面讽刺了日军“扫荡”的所谓战果，从侧面表达了晋察冀军民反“扫荡”的胜利。第一个画面是日伪军进犯边区，很有扫平一切的气势；第二个画面是日军向两个伪装的草人冲杀去，不料背后飞来了子弹；第三个画面是日军伤人折兵，“拿老百姓泄气，烧了房子又杀鸡”；第四个画面描绘了日军拖尸拄拐、灰心丧气的《扫荡规程》。这一组漫画有夸张有变形，场景选取具有讽刺意味，浅显易懂，生动活泼。秦兆阳的漫画作品朴实、自然，有浓郁的生活气息，是极为大众化的。在1941年边区艺术节展览会上，秦兆阳讽刺汪精卫等的几幅漫画作品，受到好评。其中一幅《毫不知耻的重庆发言人》，立意尖锐泼辣，笔锋深刻有力，鞭挞强劲。1942年以后，秦兆阳由华北联大转入冀中，在编印《前线画报》期间曾创作了一些政治性较强的漫画作品，发表在《前线画报》上。

五、小说

晋察冀边区还活跃着一大群小说家。“他们在这块贫瘠而神奇的土地上战斗着，生活着，同时也濯洗着自己的笔。在党的领导和毛泽东文艺思想的指导下，他们坚持不懈又充满信心的辛勤笔耕，结出了丰富的果实，为解放区文学增辉壮色，影响颇为深远。”①

孙犁的文学创作生涯是与轰轰烈烈的全国抗战一起开始的。1937年冬，他在家乡安平县参加了吕正操领导的人民自卫军的抗日宣传工作，编写了小册子《民族革命战争与戏剧》和中外革命诗人的诗集《海燕之歌》。1938—1942年，他先后当过文艺教官、记者和编辑，发表过论文、通讯，写过诗和戏。但由于有较坚实的文学理论修养，且较为熟悉冀中农村生活，他更愿意把自己对农村、农

① 王剑青、冯健男主编：《晋察冀文艺史》，第171页。

民的独特、深刻的感受通过小说创作表现出来，所以早在 1940 年就创作小说《邢兰》，其后还创作了《女人们》《琴和箫》《丈夫》《走出以后》《老胡的事》《黄敏儿》《第一个洞》等短篇小说。小说中的主人公都是普通的农民，以小见大，歌颂了崇高的民族美德。在此期间，他还写有《鲁迅论》《现实主义文学论》《通讯员与通讯员写作》等文章。①

王林的长篇小说代表作《腹地》，是边区小说创作中出现的一部重要作品，它是以 1942 年大“扫荡”中遗失的《在平原上》手稿为基础编写的。这部小说完成于 1943 年的战争环境中，因种种困难直到新中国成立以后才得以出版。《腹地》以 1942 年冀中反“扫荡”为背景，真实生动地描绘了冀中军民生活图景和奋斗精神，歌颂了边区广大干部和群众崇高的民族气节。② 作家对反“扫荡”斗争的真实而多彩的描写，使小说成了“一幅民族苦难图和民族苦战图”。

邵子南被派到阜平县当小学教员期间，与当地军民一起参加了反“扫荡”的斗争，不仅经受了生活的磨炼和残酷的战争考验，而且积累了丰富的创作素材，为以后的小说创作打下了坚实基础。他的小说创作是 1944 年 5 月随西北战地服务团返回延安后开始的。当年 9 月 21 日《解放日报》发表的《李勇大摆地雷阵》，着重描写了李勇带领农民巧布地雷阵，使日军尸横遍野、闻风丧胆的英雄事迹，歌颂了这位民兵英雄智勇双全、无私无畏的品质。作者着力描写了李勇在党的教育下，从群众中汲取智慧和力量的成长过程，以及开展游击战的传奇性的故事。小说人物形象丰满，情节生动，

① 刘谷主编：《晋察冀革命文化艺术发展史》，第 279—287 页。

② 刘谷主编：《晋察冀革命文化艺术发展史》，第 288—289 页。

语言通俗，具有民族化、大众化的艺术风格。该小说是邵子南创作的第一部短篇小说，问世后成了他的代表作。此后，邵子南又陆续发表了《贾西哲夜下西庄》《牛老娘拉毛驴》和《阎荣堂九死一生》等优秀作品。

在这一时期里，康濯的小说《腊梅花》《灾难的明天》，描写了抗日烽火中晋察冀边区农民的生活，反映了减租减息的斗争和抗灾斗争的故事；俞林的小说《家和日子旺》，通过农民一家人际关系的变化，展示了解放区农村的新气象。

六、摄影

晋察冀军区在 1939 年 2 月便正式设立了新闻摄影科，当时沙飞担任第一任科长。这一专门的摄影机构——晋察冀军区新闻摄影科，在中国解放区摄影事业上实属先例，并且意义重大。

晋察冀军区所在地是北岳区，所以晋察冀摄影工作首先在此地开展起来，而冀中、冀东是紧随其后开展的，至此，晋察冀摄影事业最初的局面就开创起来。沙飞、石少华、罗光达等在这一时期做出了较大贡献。

沙飞，原姓司徒，名传，广东开平人。1937 年 10 月参加八路军后便开始了历时 13 年的革命摄影生涯。他是第一个参加敌后抗战的摄影家，是晋察冀摄影及画报出版事业的创始人之一。其中，抗日战争时期是他创作最丰富、成就最高的时期。《沙原铁骑》《挺进长城内外》《塞上风云》等优秀作品，是沙飞参军当月跟随骑兵营进行采访并拍摄的。1938 年上半年，沙飞曾到晋察冀边区军政民代表大会、平山洪子店战斗前线采访，拍摄了《缴获日军战马》等作品。1938 年 6 月，白求恩大夫来晋察冀，沙飞拍摄了许多关于白求恩的历史性镜头，如聂荣臻与白求恩会面、白求恩与小战士等。

1938 年 12 月，沙飞分别到军区一、三、四分区进行工作和采访，这期间，以军旅生活、边区妇女儿童抗日活动为题材的作品相继问世。1939 年下半年，沙飞在三、四分区进行了较为广泛的摄影创作活动，创出了《瞭望哨》《五台山和尚参加军训》等作品。1939 年 8 月，彭德怀领导的八路军发动了百团大战，沙飞和各位同人一道前往正太线进行了采访。在此期间，沙飞拍摄了《向井陉煤矿发起攻击》《给日本小女孩喂饭》等优秀作品。也正是在这一年，一些具有拓展创作体裁的意义的作品问世了，如《做军鞋》《形象教学》《拥护施政纲领》等作品。1941 年，沙飞有两个方面的作品引人注意：第一个方面是“拍摄文艺组织演出活动的照片”，第二个方面是“拍摄以会议为题材的作品”，其“部分作品如《反汪反投降大会》《广场剧》《抗敌剧社演出歌剧〈白毛女〉》均为优秀作品”。① 1942 年，沙飞还拍摄了晋察冀画报社为创办《晋察冀画报》工作的一些场景，这无疑为新中国摄影出版事业留下了弥足珍贵的史料。1943 年 1 月，沙飞作为晋察冀边区第一届参议会参议员参加会议，进行了大量的采访活动，拍摄了《妇女参议员》等作品。1944—1945 年，沙飞创作的《走天桥》《跳远》《妇女拔河赛》《刺杀表演》都是反映军队文体活动的典型作品。

晋察冀摄影的开创者，还有石少华。石少华主要从事冀中摄影工作，其摄影作品从一些特定的角度来看，能给人以更为丰富的审美感受，从而更具艺术魅力。从 1940 年到 1945 年，石少华在 5 年时间里创作的作品主要有：《子弟兵的母亲——戎冠秀》《担土》《垦荒》《哦，地道口原来在这》《白洋淀上雁翎队》《芦苇丛中监视哨》《游击队员》《杜伦先生》等。在创作的同时，石少华还不断从摄

① 王剑青、冯健男主编：《晋察冀文艺史》，第 610 页。

影实践中汲取正、反两方面经验教训，提高自己的摄影理论水平。1945 年，石少华与同人合作写就的第一篇理论文章——《关于攻克城镇的摄影工作研究》发表。之后，《谈新闻摄影》《采访漫谈》《摄影记者的工作》等有关摄影理论的文章也相继问世，这些均为新中国的摄影理论领域提供了别具一格的珍贵史料。

罗光达是第二个进入晋察冀的专业摄影记者。他在晋察冀主要负责《晋察冀画报》《冀热辽画报》的创办和编辑出版事宜，对开辟晋察冀摄影工作有不可磨灭的贡献，亦属于开创者之一。他的摄影作品，在晋察冀摄影实践中同样占有极为重要的地位。其代表作《英勇卫士》，“以一旭日东升、云霭纷乱的清晨景象为背景，用略仰的角度、逆光来拍摄，使一持枪卫士威武挺拔的身躯与足下坚硬厚重的岩石通为一体，构图简练俊美，蕴意深长回转，形成让人感奋又深沉的气氛，表达了作者激烈壮美的情怀，具有动人心魄的感染力。这样一幅在中国摄影史上堪称一流的作品，不是灵光闪现、偶然得知的结果，而是作者为求得典型瞬间，长期构思，悉心琢磨的结果”①。另外，罗光达在晋察冀摄影经验的基础上，系统总结了解放区摄影经验，以亲身实践的真切感受和兼容他人的理性认识写就了《新闻摄影常识》一书，成为研究中国摄影美学理论的重要资料。

---

① 王剑青、冯健男主编:《晋察冀文艺史》，第 262 页。

第五章　晋察冀抗日根据地的灾荒及其救济

除冀中平原外，晋察冀抗日根据地境内大多是山岳地带，主要河流的河道坡度变化较大，“水流湍急，一入平原，陡坡骤减，河道易淤浅，不利于洪水宣泄”①。从气候来讲，晋察冀抗日根据地季风气候特征显著，易暴雨致使河水上涨决堤形成水灾，易干旱引发蝗灾等灾害。出于地形和气候等方面的原因，加之日伪破坏，晋察冀抗日根据地灾荒频发，引发诸多社会问题，需要中共政权的高度重视和积极应对。

第一节　晋察冀抗日根据地的灾情

一、水灾

1937 年秋，冀中地区多日暴雨连绵，再加上日军在潴龙河教台、大清河八牌、唐河万安、滹沱河王岗等处决堤放水，致使各河决

① 中国科学院中华地理志编辑部编：《华北经济地理》，北京：科学出版社，1957 年，第 4—5 页。

口 120 处、险工 28 处①,给冀中地区人民造成了巨大的损失。

1939 年七八月,晋察冀边区各地连日大雨,导致山洪暴发,冲决河堤,发生严重水灾。在北岳区,曲阳一区冲坏地 18 顷,房子坍 800 间,难民 500 多名;曲阳二区冲地 20 顷,连不能种地的共有 130 顷,坍房子 1 200 间,难民有 500 名②。行唐的二区、四区和八区倒塌房子 7 094 间、水冲毁地 5 126 亩、沙在地 6 842 亩、水漫地14 192 亩。③ 在冀中区,白河、永定河、大清河、子牙河、潴龙河、滹沱河、胡卢河、滏阳河、古漳河等主要河流及其各支流全部暴涨决口,其中,潴龙河与滹沱河决口之处最多,也最为严重。④ 鹿钟麟在上陈重庆的公文中概述了此次冀中各县遭灾情况:十成灾 5 县、九成灾 10 县、八成灾 8 县、七成灾 6 县、六成灾 1 县、四成灾 1 县、二成灾 1 县,竟有八成以上的县均遭灾,淹没良田15.385 2万顷,损失 1.6 万余万元,191.28 万余名百姓无衣无食,惶恐终日。⑤

1940 年,晋察冀抗日根据地就整体而言,虽然全年降雨较 1939 年减少许多,但局部地区依然遭受了水灾侵袭。是年 7 月 23 日,繁峙县即因连续降雨而引发山洪暴发,致使全县 40 余村受灾,仅西义一村就死亡 40 人。是年 7 月 30 日下午,浑源三、四、六区暴雨不止,使得老百姓极为看重的生产工具——牲口损失 18 头。⑥

---

① 冀中行署:《冀中区五年来水利工作总结》(1943 年 4 月 22 日),《抗日战争时期晋察冀边区财政经济史资料选编》(农业编),天津:南开大学出版社,1984 年,第 334 页。

②《曲阳灾情》,《抗敌报》,1939 年 8 月 26 日第 1 版。

③《行唐水灾严重,急待设法救济》,《抗敌报》,1939 年 8 月 22 日第 4 版。

④ 郭化若:《救济晋察冀边区水灾　加强敌后抗战力量》,《抗日战争时期晋察冀边区财政经济史资料选编》(农业编),第 676 页。

⑤《冀水灾严重　暴敌决堤枪杀民众　冀南各县景象尤惨　鹿主席电中央请赈》,《大公报》(重庆版),1939 年 9 月 14 日第 2 版。

⑥《浑繁水雹成灾》,《抗敌报》,1940 年 8 月 25 日第 4 版。

1942 年 7 月，北岳区连续降雨，流经冀中地区之河流上游多山洪暴发，大水又直冲下游，再加上 8 月间冀中地区降雨不断，致使子牙河、沙河、唐河、潴龙河、滹沱河等河流水量急剧上涨，白洋淀的堤岸岌岌可危。而日军又将群众冒雨抢修的堤坝炸开和毁坏，造成白洋淀三十二连桥、沙河、唐河等堤坝决口，致使冀中区 35 个县均受水灾袭扰，九成、十成灾的县份达到了 15 个，受灾的村庄数更是占整个冀中区村庄数的 95%以上，良田和房屋的财产损失更是不计其数。粗略计算，流离失所的灾民就有 200 余万人。①

1943 年，冀中局部地区再次暴发水灾，其中，白洋淀附近各县特别是安新、安平、河间、肃宁、晋深极等县的部分地区受灾较为严重。②

1944 年 7 月，受暴雨影响，滹沱河、永定河发生决口，冀中八区、九区的良田被淹没 55%以上，平地水深在 7 尺，140 万灾民无所依靠。

1945 年秋，晋察冀抗日根据地 40 余县又遭水灾，56 万亩土地被淹没冲毁，仅冀东地区就被冲毁房屋 6 000 间。③

二、旱灾

1939 年春季，晋察冀抗日根据地境内许多地区干旱少雨，小麦歉收。

1940 年，天津到保定一带在经过 1939 年大水灾之后又遭旱灾，灾民“食草根树皮，即树皮每磅须售价 9 分，柳叶售 1 角 2 分，

---

① 军事科学院外国军事研究部编：《凶残的兽蹄——日军暴行录》，北京：解放军出版社，1994 年，第 64 页。

② 冀中区行署：《关于冀中区人民负担问题》(1943 年 6 月)，《抗日战争时期晋察冀边区财政经济史资料选编》(财政金融编)，第 506 页。

③ 水生：《八年来晋察冀怎样战胜了敌祸天灾》，《抗日战争时期晋察冀边区财政经济史资料选编》(农业编)，第 735—736 页。

草根则售 1 角 5 分，灾区内之树木无皮者已占其半”①。

1941 年冬至 1942 年春，晋察冀边区雨量普遍很少，致使境内多地发生严重的旱灾。其中，冀西地区就十分严重。仅 1942 年的春旱，冀西根据地受灾面积即遍及 39 个县，在受灾民众的统计方面，仅盂县、广灵、涞源、满城、龙华、易县、完县（今顺平）、云彪、灵寿等 11 县，灾民就多达 4.752 万人。② 在随后的 5—7 月，本该雨水增多的时候，仍有部分地区连续 80 多天滴雨未降，致使重灾区禾苗全部枯死，轻灾区作物的收成也只有两三成，而山货（如柿子、核桃、花椒等）收成也不好，造成了大的灾荒。

1943 年春，旱灾继续在边区局部地区发生，有的地区依然十分严重。其中，冀西区由旱灾引发的饥荒不断蔓延；北岳区 14 个县 43 个区灾民人数多达 6.439 3 万人；冀中区的旱灾也甚为严重，受灾面积几达全区的 4/5。③

1945 年，冀晋区的气候一直以炎热干燥为主，只有 7 月才下了几次小雨，并不能满足作物的生长需要，有 1/4—1/3 的小麦旱死。④

三、蝗灾

蝗灾常常伴随着旱灾而来。冀中区的文安、白洋淀、丰武等由于地势低洼，芦苇和盐碱荒多，特别适合蝗虫的繁衍和生长。加之与冀南的蝗患发源地相连，晋察冀抗日根据地的蝗灾十分猖獗。

---

①《敌寇人造恐怖下冀中灾情益严重》，《新华日报》，1940 年 4 月 28 日。

② 魏宏运主编：《晋察冀抗日根据地财政经济史》，北京：中国财政经济出版社，2017 年，第 186 页。

③ 魏宏运主编：《晋察冀抗日根据地财政经济史》，第 187 页。

④ 水生：《八年来晋察冀怎样战胜了敌祸天灾》，《抗日战争时期晋察冀边区财政经济史资料选编》（农业编），第 736 页。

1940年秋，天气干旱少雨，蝗灾在井陉、徐水、安国等县暴发，其中安国县三区一带的蝗灾尤为严重，庄稼禾苗都被啃噬殆尽。

1943年，平山和满城发现了大量的蝗蝻，不少禾苗未发芽就被吃掉，再加上扑打得不干净和冬天干燥少雪，很多蝗卵没有被消灭，给来年蝗灾的暴发埋下了引线。

1944年6月，冀中行唐县暴发大面积蝗灾，覆盖了西城、上方、阳关等7个村庄，其中庙上和井凹就损失了接近800亩的禾苗。①另外，《栾城县志》对1944年7月的蝗灾也有所记载："飞蝗群侵入栾城县，遮天蔽日，庄稼多被食尽，十五六天后生蝻。"②而在阜平一带，蝗蝻多到一堆就是二三升，庄稼已经被毁坏。③曲阳的蝗灾，四区尤为严重，蝗蝻前后出现了3批，第三次暴发最为严重，蝻子的数量也是最多的。《晋察冀日报》曾刊文描述曲阳的此次蝗灾：大蝻子类比大豆，小蝻子就如麦粒一样，数量之多遮盖了地皮。④随后在涞源多处和行唐的7个村子也发现了蝻子，庙上和井底各被吃了320亩和550亩的禾苗，老牛沟苑羊关村已经出来的苗子里一半已经被蝻虫吃光了。随后蝗蝻陆续出现在平山道家口和下寨、东黄泥滩，"一把便可抓住92个"⑤。

1945年，蝗灾更加严重。在冀晋区的第三专区，灵寿县800亩

---

① 行唐县地方志编纂委员会编：《行唐县志》，北京：中国对外广播翻译公司，1998年，第128页。

② 栾城县地方志编辑委员会编：《栾城县志》，北京：新华出版社，1959年，第233页。

③《中共阜平县委为迅速捕灭蝗虫的紧急号召》，《晋察冀日报》，1944年6月9日第1版。

④《曲阳集中力量扑灭蝗蝻　预计半月即可完全肃清》，《晋察冀日报》，1944年6月6日第1版。

⑤《涞源发生蝗蝻》《行唐解放区七个村进行紧急灭蝗运动》《平山通家口一带发现蝗蝻正予扑灭》，《晋察冀日报》，1944年6月22日第1版。

小麦毫无收成，1 600 亩的土地减产一半；建屏县被飞蝗咬坏小麦 4 000 亩；阜平有 1.5 万亩的庄稼减产。① 冀晋区加上冀中地区，共有 22 个县饱受蝗灾困扰，据不完全统计，有 1.2 万亩的农田被飞蝗啃食。②

四、其他灾害

（一）雹灾

1939 年初秋季节，曲阳县三区遭受雹灾，冰雹砸毁房屋多处，砸倒禾苗 2 顷，使得 84 户村民无家可归，财产受到损失。③ 同年，冀中七专区也有 20 多个村庄遭到了冰雹的袭击。④

1940 年 7 月 23 日，繁峙县六、七区天降冰雹，下了 3 个小时才停，冰雹大如拳头，农民死亡 9 人，受伤 7 人。7 月 30 日下午，浑源三、四、六区降大雨冰雹，31 日上午才渐停，而此时地上冰雹已堆积四五寸之高，不仅庄稼地的作物全部损毁，还砸死了 1 名牧童。⑤

1941 年 6 月，井陉突降冰雹，“黑水库、大落水周围六七里之村庄，尽被灾”⑥，庄稼毁坏殆尽。7 月下旬某天夜里，地处灵寿二区的黄土梁南枪杆村突下冰雹，数量之多，落地有 2 尺厚，果树损失 94%，其他作物损失 87%，而高粱、玉茭等作物被砸倒高达 95.5%

---

①《1945 年冀晋区生产会议总结报告》（1945 年），《抗日战争时期晋察冀边区财政经济史资料选编》（总论编），第 637 页。

② 水生：《八年来晋察冀怎样战胜了敌祸天灾》，《抗日战争时期晋察冀边区财政经济史资料选编》（农业编），第 736 页。

③《曲阳灾情》，《抗敌报》，1939 年 8 月 26 日第 1 版。

④ 冀中区行署：《关于冀中区人民负担问题》（1943 年 6 月），《抗日战争时期晋察冀边区财政经济史资料选编》（财政金融编），第 506 页。

⑤《浑繁水雹成灾》，《抗敌报》，1940 年 8 月 25 日第 4 版。

⑥《井陉水雹为灾　各村民众积极补种》，《晋察冀日报》，1941 年 7 月 5 日第 3 版。

之多，羊还被打死3只，另外还有3人受伤。8月，石咀沟一带遭受雹灾，而行唐县三区冰雹下了3个小时之久，“田禾蔬菜尽被摧毁，甚至屋瓦亦有被打碎者，此雹灾之惨为数十年所罕见”①。

1944年，冀中、冀西等地又相继遭受冰雹、蝗虫之害，毁坏耕地280万亩，受灾民众近200万人。其中，仅阜平一县灾民就有2.3万多人，占全县10万人口的23%强。②

1945年夏秋之际，晋察冀抗日根据地遭遇近10年来没有过的冰雹灾害。据记载，当时最大的冰雹块竟可达到二三十斤的重量。这一年的雹灾，摧毁作物200万亩，使得大多地区没了收成，仅冀东区就有灾民50万之巨。③

（二）虫灾

1939年8月，虫灾在北岳区肆虐。在阜平，绿色黏虫吃灭秋苗无数；在唐县，玉米等作物被啃食得只剩下光杆。④

1941年三四月间，枣步曲虫灾暴发，祸及唐县、曲阳和阜平，使得境内枣树大量减产甚至停产。⑤ 灵寿一带在秋天还暴发了玉米螟等专吃玉米的虫灾，致使玉米大量减产。

1944年，唐县各区曾因蝼蛄之害毁种3次。涞水、云彪等县发生棉蚜虫灾。除此之外，还有栽种马铃薯的地区多暴发二十八星瓢虫灾，玉米钻心虫、谷子粟蛾、稻苞虫等虫灾也普遍发生。⑥ 黑

---

① 霍林：《灵行阜少数村庄遭严重雹灾》，《晋察冀日报》，1941年8月16日第3版。

② 魏宏运、左志远主编：《华北抗日根据地史》，北京：档案出版社，1990年，第246页。

③ 水生：《八年来晋察冀怎样战胜了敌祸天灾》，《抗日战争时期晋察冀边区财政经济史资料选编》（农业编），736页。

④《曲、望、完、唐发生虫灾》，《抗敌报》，1939年8月26日第1版。

⑤ 农牧局：《消灭枣树害虫步曲》，《晋察冀日报》，1942年1月6日第4版。

⑥ 晋察冀边区阜平县红色档案丛书编委会：《大生产与抗灾自救》，北京：中央文献出版社，2015年，第401页。

婆、蝼蛄、黄豆虫也无声无息地侵吞着人们的劳动成果。1944年阜平暴发玉米螟灾害，在一亩地中用了一天半的时间捉了1 034只虫子。①

1945年，阜平、行唐、曲阳等地枣步曲虫再次成灾，冀晋三专区则暴发了小麦的绿虫病。②

（三）疾疫

大灾之年必有瘟疫。再加上晋察冀抗日根据地内环境卫生状况不佳、医疗水平落后和日军大打细菌战，疾疫流行实属无可避免。

1938年9月，易县东山南村虎疫流行，3日内即死亡8人。③

1939年水灾过后，冀中地区流行猩红热、伤寒症等传染性极强的疫病。从秋季开始，涞源和易县等地暴发了严重的疫病，仅是调查到的110 550人中，就有70 040人发病，比例已经占到了63.4%，直至1940年夏天，情况才有所好转。④

1941年秋，日军细菌战导致北岳区成了人间地狱，患病10万余人，仅盂县和平山就病死1万多人。⑤

1942年7月，唐县霍乱流行，死者众多。

1943年10月14日，晋察冀军区卫生部队于灵丘县五区下辖的乞回寺村发现，该村村民整体健康状况十分堪忧。据时人统计，

---

①《快捉玉角害虫——玉米螟》，《晋察冀日报》，1944年7月18日第4版。

② 晋察冀边区阜平县红色档案丛书编委会：《大生产与抗灾自救》，第402页。

③《易县东山南村虎疫流行》，《抗敌报》，1938年9月8日第4版。

④ 北京军区后勤部党史资料征集办公室编：《晋察冀军区抗战时期后勤工作史料选编》，北京：军事学院出版社，1985年，第557页。

⑤ 水生：《八年来晋察冀怎样战胜了敌祸天灾》，《抗日战争时期晋察冀边区财政经济史资料选编》（农业编），第736—737页。

该村全部人口中，健康人口仅占 4.1%，其余人口分别患有疟疾、回归热、感冒等。其中，患疟疾者所占比例最大，高达全村人口的 67.7%；其次是回归热，占全村人口的 7.5%；再次是感冒，占全村人口的 6%。① 同年冬，日军散播细菌，加速“扫荡”，致使灵寿县 24 个村子里的 7.4 万人中就患病 814 人；三区内患病 3 784 人，病死率极高，多达 1 295 人。②

1944 年，繁峙白喉流行，文溪村 20 户人家，患者 18 名，死亡儿童 3 名。此病还在蔓延，附近村庄已经有患者。③ 同年夏，斑疹伤寒在繁峙县流行，给群众造成了严重的生命威胁，仅仅代堡一处就死亡 70 余人。④

1945 年，曲阳县全区暴发了麻疹病，成为一害，最严重的是七区，其他四、五、六区全都蔓延到了，报庄有一户因生麻疹病绝了后代，还有一户在几十天内死了 4 个孩子。短短的一个月内——就罗庄村而言是十分痛苦的一个月，该村 16 岁以下的儿童中就有 366 人患有麻疹，占全村儿童的 49.2%之多，患病儿童中 47 人死亡。⑤

（四）兽灾

天灾人祸之际，经常发生野生动物袭击人类村庄、破坏庄稼、咬食家禽和伤害人类的兽灾。

---

① 刘璞：《防疫工作》，《卫建》第 3 卷第 2 期，1944 年 4 月。

② 水生：《八年来晋察冀怎样战胜了敌祸天灾》，《抗日战争时期晋察冀边区财政经济史资料选编》（农业编），第 736—737 页。

③ 蔡公琪：《白喉》，《晋察冀日报》，1944 年 4 月 6 日第 1 版。

④ 蔡公琪：《预防斑疹伤寒》，《晋察冀日报》，1944 年 6 月 15 日第 2 版。

⑤ 晋察冀军区卫生部：《急起扑灭和预防麻疹病灾的流行》，《晋察冀日报》，1945 年 3 月 2 日第 2 版。

在寿榆、盂平、繁峙等县内，山猪、野山羊、狐狸、搬仓鼠和兔子等兽害泛滥成灾，还有麻雀、野鸦、野鸡等动物也经常糟蹋庄稼。除此之外，由于连年战争和天灾，对野狼的狩猎大大减少，致使狼伤人、吃人和家禽的事件屡见不鲜。唐县王家峪在 3 年内被狼咬死了 13 个人、70 口猪、120 余只羊，繁峙县西泡池（只 30 来户人家）半年内死伤于狼口者 10 余人，繁峙县 1945 年夏秋因狼伤亡者 100 余人。①

（五）风灾

晋察冀抗日根据地区域内多发生风灾。每年春夏之交，风沙毁苗极多，如 1945 年正定风沙毁苗 200 顷左右。②

第二节　灾荒袭击下的社会镜像

一、民众饱受灾荒之苦

（一）生命受到摧残

1939 年大水灾中，仅“涞源南部一带村庄被水冲不见了的二、三、四三个区就有八九百人，粮食也都被冲没有了”③；曲阳县统计死亡 51 人以上，灾民更是在 3 380 人以上④；行唐淹死 4 人，伤 13

---

①《1945 年冀晋区生产会议总结报告》(1945 年)，《抗日战争时期晋察冀边区财政经济史资料选编》(总论编)，第 641 页。

② 晋察冀边区阜平县红色档案丛书编委会:《大生产与抗灾自救》，第 403 页。

③《涞源等县各团体节食救灾》，《抗敌报》，1939 年 8 月 22 日第 4 版。

④《曲阳灾情》，《抗敌报》，1939 年 8 月 26 日第 1 版。

人①;阜平伤亡 9 人,受灾大人 20 470 人、小孩14 081人。② 1940 年,繁峙县山洪暴发,西义村民众被水淹死 40 人;雹灾在浑源和繁峙县造成 70 余人伤亡。③ 同年,冀西、察南和晋东北发生水灾,仅浑源一县就有 3 000 多人死亡。洪水倒灌天津,第一天就淹死了 1 000 余人,总计死亡 1 万人以上。④ 阜平被水淹没者 1 500 人以上。⑤ 1942 年,水灾导致流离失所而无食者就达 200 万人。⑥ 1944 年,冀中灾民达 140 万人。

除了直接危害群众生命,灾害造成的大饥荒也威胁着灾民的生命安全。比如,1942 年由旱灾引发饥荒,涞源、云彪和盂县三地仅 6 月有灾民 9 000 余人,整个冀西就有 18 万灾民无食。⑦ 一些灾民以麦秸杂以黏土为食,吃后皮肤慢慢转黄,继而遍身发肿至于死亡。为采摘树叶攀高树而摔死人的惨事不断发生。处于饥饿和死亡边缘的灾民,生命受到极大的折磨。

灾荒过后的疫病流行,也严重摧残着灾区民众的生命。1939 年秋至 1940 年夏,涞源、易县两地疫情严重,涞源二、三、四、八区死亡 1.65 万人,死亡比例达 25.1%,易县七、八、九区死亡 1.2 万人,死亡比例达 26.6%。⑧ 1942 年 7 月,唐县霍乱流行,死者众多。

---

①《行唐水灾严重,急待设法救济》,《抗敌报》,1939 年 8 月 22 日第 4 版。

②《阜平灾情与救灾工作》,《晋察冀日报》,1939 年 8 月 10 日第 1 版。

③《浑繁水雹成灾》,《抗敌报》,1940 年 8 月 25 日第 4 版。

④ 魏宏运:《1939 年华北大水灾述评》,《史学月刊》,1998 年第 5 期,第 94—100 页。

⑤《边区政府打电报给行政院请拨大款救济灾民》,《抗敌报》,1939 年 8 月 10 日第 2 版。

⑥ 军事科学院外国军事研究部编:《凶残的兽蹄——日军暴行录》,第 64 页。

⑦ 冀中行署:《冀中区五年来水利工作总结》(1943 年 4 月 22 日),《抗日战争时期晋察冀边区财政经济史资料选编》(农业编),第 334 页。

⑧ 北京军区后勤部党史资料征集办公室编:《晋察冀军区抗战时期后勤工作史料选编》,第 557 页。

1943年,灵丘县乞回寺村95.9%的村民饱受病痛折磨,其中疟疾就占67.7%,回归热占7.5%,感冒占6%。① 1944年2月,灵丘南部病人占全部人口的40%。② 1944年春,繁峙白喉和斑疹伤寒猛烈流行,仅代堡一带数日内即死亡70余人。③ 同年秋,曲阳麻疹,导致七区岸下村和附近几个村庄在一个月内就有300多名儿童死亡。④ 罗庄村16岁以下的儿童中就有366人患有麻疹,占全村儿童的49.2%之多,死亡47人。⑤ 据不完全统计,抗战时期晋察冀边区的患病总人数高达4 000余万,因疫病死亡的人数就高达240余万。⑥

在灾荒之下,许多地方几乎是无家不戴孝、村村有哭声,甚至有些就是尽村无遗者,逃荒的路上更满是死去的灾民,家人来不及收尸,还有被野兽咬食的,造成了早死有人埋、晚死无人抬的现象。有些资料如此概括受灾村庄的景象:一家十余口,存命仅二三;一处十余家,绝嗣恒八九。此类文字形象地描画出一幅灾荒之年民众生命遭到摧残的惨痛景象。

(二)生活更加困苦

灾荒侵袭之下,根据地老百姓的生活更加困苦。1939年3月间,据四专区统计,各县无食的灾民数目已达到惊人的程度:曲阳3个区灾民无食者达8 238人,唐县4个区灾民无食者达2 480人,完

---

① 刘璞:《防疫工作》,《卫建》第3卷第2期,1944年4月。

② 蔡公琪:《开展地方居民卫生工作》,《卫建》第3卷第2期,1944年4月。

③ 蔡公琪:《预防斑疹伤寒》,《晋察冀日报》,1944年6月15日第2版。

④《曲阳游击区麻疹调查》,《晋察冀日报》,1945年5月27日第4版。

⑤ 晋察冀军区卫生部:《急起扑灭和预防麻疹病灾的流行》,《晋察冀日报》,1945年3月2日第2版。

⑥ 北京军区后勤部党史资料征集办公室编:《晋察冀军区抗战时期后勤工作史料选编》,第568页。

县(今顺平)4 个区灾民无食者达 3 000 人,阜平 4 个区灾民无食者达 2 983 人,以上 4 个县 15 个区无食灾民总计多达 16 701 人。1942 年春,冀西 39 个县出现了严重的春荒,没有水可用来浇地,导致种植的作物没有收成,尤其是入秋之后情况更为严重。根据冀西 11 个县的统计,受灾群众多达 47 520 人。发展到 1943 年初,不仅春荒问题没有解决,甚至连冀西根据地中心区的边缘和腹地也有相当数量的灾民断炊。据曲阳三区太平庄的统计,全村共 170 户,春节时没米下锅做饭的,即有 70 多户。①

另外,据资料记载,完县(今顺平)一区和二区饥荒情况也很严重,从调查数据来看,无食灾民的数量随着时间的推移在增长。如表 1。

表 1　完县一区、二区粮食可维持月份情况一览表②

区别	总人口	粮食能吃到的月份					
		当下无食者	2 月	3 月	4 月	5 月	6 月
一区	18 157	1 441	3 002	2 541	2 614	1 452	1 339
二区	20 440	1 350	2 716	2 775	3 442	3 314	1 996

由表 1 可知,就完县两个区相加,春节期间无食者已达到了 2 791 人。

由于粮食断绝,灾民往往饥不择食。1939 年大水灾之后,水还没有退尽,原沿河居住的灾民就捞取鱼虾水藻以充饥。在白洋淀一带的村庄,灾民依靠挖地梨维持生命。1942 年旱灾引发饥荒,糠菜和树叶都是求之不得的食物,大多灾民只能以一些作物的种皮来填饱肚子,比如花生皮、荞麦皮、山药秸等等;而在阜平的街上,

① 魏宏运主编:《晋察冀抗日根据地财政经济史》,第 187 页。

② 魏宏运主编:《晋察冀抗日根据地财政经济史》,第 188 页。

灾民看见生豆子就往嘴里塞，小孩还捡拾别人吐掉的枣核来吃；还有灾民为了全家生计把孩子拿去换几斤红枣，或者1元钱就将5岁小孩卖掉。[①] 安平滹沱河一带榆树叶竟达每斤1.15元。[②]

严重的旱灾之下，饮水也成了大的问题。很多地方人与牲畜抢水喝，导致腹泻、疟疾等肠胃疾病，基本丧失了劳动力，不少人生活无以为继，只能通过卖妻女、啃树皮、食野菜为生。不少地区的无食灾民外出逃荒，开始了颠沛流离的生活。逃荒的灾民中，乞讨或找临时短工下苦力谋生者众多，但是当灾民饱和时，卖苦力也是无人要的；多数人扶老携幼，带着家中仅有的一点衣物、家具等逃荒到一些收成较好的地区兑换一点粮食吃，能劳动的尽力找点短工做零活，老弱妇孺多数靠乞讨度日。再加上日军的"扫荡"袭扰，机枪扫射，抢掠壮丁、家当、妇女，逃荒之路也是危险重重。

不少地方的日伪还设立了所谓的劳工招募所，将灾民骗至或掳掠到一些日伪会所做苦工，致使骨肉离散、家庭分崩离析。如逃亡天津的灾民，在津浦线上被伪军和警察抓捕和运送，一天就有十几车壮丁送到关外。日伪抓劳工多是抓夫留妻、抓子留母，导致灾民家庭失去劳动力，生活难以维系，即使灾荒过后也没有人种地，后续生活问题也是比较严重的。

二、经济生产严重受损

严重的灾荒，除了危及民众生命财产安全，使民众饱受身体和精神之苦，还对社会经济造成巨大的损害和破坏。

---

① 《晋察冀边区行政委员会对于目前救灾工作的指示》(1943年3月5日)，《抗日战争时期晋察冀边区财政经济史资料选编》(农业编)，第703页。

② 冀中区行署：《关于冀中区人民负担问题》(1943年6月)，《抗日战争时期晋察冀边区财政经济史资料选编》(财政金融编)，第507页。

（一）直接经济损失

严重的灾荒，给灾区民众造成了巨大的直接经济损失。1939年大水灾中，冀中区淹没村庄6 752个，受灾面积达30余县，被淹没村庄占当时该区全部行政村总数（8 625个）的78%；农民们辛辛苦苦劳作的田禾被淹15万顷，其中禾苗绝收者达6万顷，占比达2/5，致使200万人无食充饥、无家可归。[①] 在北岳区的冀西、察南和晋东北，不少的山林、耕地、村庄被毁，粮食、牲口损失严重。据平山、灵寿、行唐、井陉4县统计，财产损失达467万元，房屋被毁3.6万间，冲走粮食（已收、未收均在内）32万石之多；又据平山、灵寿、行唐、浑源、灵丘、井陉、蔚县、曲阳、易县、唐县、定县、阜平、正定、盂县等14县统计，冲毁耕地584.999万亩，淹没耕地41.584 2万亩，灵寿一县冲走树木10万株，平山一县淹死牲口800头。[②] 全北岳灾民达100万人之多。据统计，阜平一县冲倒房间2 000间，冲坏水田1.968万亩，旱田6 790亩，冲走牲畜85头以上，存粮1 265石，家具585件，树木5.738 3万棵。[③]

1939年大水灾后，晋察冀边区政府曾致电行政院，综述晋察冀边区水灾造成的经济损失：（1）多地春旱持久，6月刚刚播种就遭到洪水侵袭，导致秋禾错过农时无法补种。有的地方河流多次泛滥，田地被反复冲刷，难以种植，损失之巨无法统计，仅五台耿镇一带就损失良田200余顷，繁峙的产粮之地就全部成为沙石地。（2）冀西的坡田多被冲毁，少数的平地都变成了沙砾地。（3）沙河流域的县份，两岸麦苗全被冲毁，曲阳的村庄上千户人家被洪水淹

---

① 魏宏运主编：《晋察冀抗日根据地财政经济史》，第113页。

② 刘恰文：《救救灾难中的华北同胞》，《新华日报》，1940年3月22日第4版。

③《阜平灾情与救灾工作》，《晋察冀日报》，1939年8月10日第1版。

没。(4) 唐河流域受灾也很严重,唐定交界处遭冰雹肆虐,砸毁 30 余个村庄的大多半,后洪水暴发,良田变沙地,损失高达百万元;灵丘东南部、涞源南部和唐县西部北部山洪暴发,致使田地房屋全部冲毁。(5) 滹沱河一带,平山郭苏区的稻麦田全部冲毁,正定第三区各村的房屋也是毁坏一半以上。(6) 拒马河流域的灾情也与上面相仿。(7) 冀中区田地村庄不复存在,道路也是全被阻断,尤其是一些平原内还相对低洼的地方如安平、饶阳等,庄稼棉花都被淹没。①

以上仅是 1939 年大水灾造成的直接经济损失,如土地、房屋、牲畜、庄稼、农具、家具等。在晋察冀抗日根据地,每年各地都会发生大大小小、不胜枚举的各类灾荒,导致的经济损失是无法具体估计的。

(二) 间接经济影响

1. 通货膨胀严重

从 1938—1942 年北岳区货币、物价和人口比数可以看出,作为经济支柱的粮食稀缺,直接导致物价上涨、通货膨胀,老百姓购买力下降。见表 2。

表 2 1938—1942 年北岳区货币比数、人口(边币流通地区)比数情况②

年份	每人平均边币比数	物价比数(以小米为准)	人口比数
1938 年	1	1	3.8
1939 年	2.5	2	3.4
1940 年	5.0	4	3.0
1941 年	10.0	7	2.6
1942 年	40.0	23	1

资料来源:宋劭文:《当前对敌经济斗争的方针》(1943 年 2 月),《抗日战争时期晋察冀边区财政经济史资料选编》(总论编),第 542 页。

---

①《边区政府打电报给行政院请拨大款救济灾民》,《抗敌报》,1939 年 8 月 10 日第 2 版。

② 此表比数中的"1"均系假定数。

粮食严重不足造成的物价上涨，使边区经济遭到摧残。冀中区调查统计数据见表3、表4。

表3　1942、1943年冀中区小米价格一览表（以边币计值物价）

1942年	6月初	小米	每市斗	15元	深北大李村
	8月初	小米	每市斗	25元	安平北郝村
	10月底	小米	每市斗	40—45元	安平彭家营
	12月底	小米	每市斗	60—65元	安平彭家营
	12月底	小麦	每市斗	85—90元	安平彭家营
1943年	2月	小麦	每市斗	110元	饶阳

资料来源:《冀中区经济斗争总结》(1943年3月),《抗日战争时期晋察冀边区财政经济史资料选编》(总论编),第738页。

表4　1942、1943年冀中区玉米价格一览表（以伪钞计值物价）

1942年	10月底	玉米	每市斗	6元	白洋淀
	11月底	玉米	每市斗	9元	白洋淀
	12月底	玉米	每市斗	22元	白洋淀
1943年	2月	玉米	每市斗	30元	白洋淀

资料来源:《冀中区经济斗争总结》(1943年3月),《抗日战争时期晋察冀边区财政经济史资料选编》(总论编),第738页。

根据地通货膨胀，晋察冀边区政府只能竭尽所能去赈济灾民和帮助生产，通过打击经济犯罪、从各地调剂和募捐急需的救灾物资去平衡物价，维持市场平稳，但效果有限。1941年秋冀中区小米每斗35元，至1942年底上涨到了600元，涨幅达16倍之多。①1941年北岳区物价基本平稳，从1942年开始，物价直线上升，小米由每斗7.50元涨至33元，小麦由每斗9.70元上涨至42元，土布由每斤9元上涨到28元，盐从每斤1.25元上涨到3.50元。1943

① 魏宏运主编:《晋察冀抗日根据地财政经济史》，第266页。

年，小米、棉花、食盐等主要生活物资价格更是上涨迅猛。

2. 商业贸易停滞

大灾过后一些交换市场直接消失，使得经济生产进一步受挫。洪子店是河北平山县的一个大市镇，在滹沱河畔，东临公路直达平山，东南连接井陉，西面是山西盂县，地处交通要道。周围有大片的枣树林，还有杏仁、花椒、核桃、栗子、梨、柿子、烟叶、羊毛等特产。农民把这些山货运到洪子店卖出，将食物、棉花、煤油、食盐等购入。商人则贩卖至天津、石家庄。本是居中转运、贸易活跃的大集市，但在 1939 年水灾肆虐下，洪子店损失惨重，满目疮痍，极大地影响了地方商业发展和贸易流通。① 凡此种种，还有很多。灾荒直接阻断了当地的经济生产，使得日后重建集市也得花费一番工夫。

3. 恢复生产困难

连年灾荒，使得晋察冀抗日根据地的生产力大幅下降，各种生产条件被破坏殆尽。首先是劳动力的大量流失。天灾和人祸之下，大量人口死亡、逃荒和被抓壮丁，使得本地区的劳动力流失，给恢复生产造成了巨大困难。其次是耕地的退化。水灾之后，大量土地被砂石淹埋，土壤肥力丧失，变成盐碱地，甚至直接成了河床；旱灾之后，土地龟裂，无法种植作物。耕地的退化对于恢复生产造成了极大的困难。最后是生产工具的变卖。在冀中，1 张耕犁换 4 升高粱，1 把锄头换 2 升米。② 对于许多已经一无所有的幸存者，灾后恢复农业生产谈何容易，这也导致边区政府倡导恢复生产时困难重重。

---

① 魏宏运主编:《晋察冀抗日根据地财政经济史》，第 147 页。

② 冀中区行署:《关于冀中区人民负担问题》(1943 年 6 月)，《抗日战争时期晋察冀边区财政经济史资料选编》(财政金融编)，第 507 页。

三、社会秩序受扰脱轨

各类灾荒接踵而至，不仅给晋察冀抗日根据地群众的生命和财产安全造成了巨大的创伤和损失，更为严重的是彻底击垮了一部分群众的内心，致使一系列社会问题产生，严重破坏了已有的社会秩序。

（一）逃荒现象普遍

据资料记载，就 1943 年春天，曲阳的一个区就有 448 户，计 2 040 人逃往外地谋生；完县一区逃走了 240 户，二区逃走了 1 456 人；易县四区逃走了 676 户，八区逃走 3 123 人；唐县三区有 20 个村子所有住户全部逃荒而去。① 其他地方也有很多类似情况。逃荒问题是一个大的社会问题，不仅影响受灾地的社会秩序，增加社会管理的难度，还会给逃荒地造成很多的社会问题。

（二）道德沦丧现象严重

当饥荒时间持续延长，灾民得不到食物接济，饥饿击溃了灾民的心理，活下去的本能使其打破道德底线。一些地方偷盗盛行，甚至党员干部也参与其中，合力偷取赈济公粮和储存的坚壁清野的物品，满足自己的食欲。还有灾民自发结伙去抢夺公粮，甚至杀人越货。如阜平一残疾军人被灾民打倒，抚恤金随之被抢。②

道德底线的突破还体现为卖儿卖女以求饭食，甚至发生过易子而食之事。在这种情况下，妇女卖淫更是多有发生，有的为了自身，有的为了家庭生计被男人逼迫。1943 年，易县龙居村就有 8 个

---

①《北岳区当前的灾荒和我们的斗争》（1943 年 4 月），《抗日战争时期晋察冀边区财政经济史资料选编》（农业编），第 723 页。

②《走到救灾生产的阵线上去》，《抗日战争时期晋察冀边区财政经济史资料选编》（农业编），第 705 页。

妇女为了活命嫁给了特务，其中就包括了村妇救会主任。有的妇女直接改嫁，为家庭换回30元、80元伪钞不等。

饥饿击溃了百姓的心理，部分灾民加入了伪军，为害乡里。有些还直接落草为寇，或是加入号称抗日的队伍，实则为土匪或国民党的散兵游勇，抢劫老百姓，并暗地里和日伪军往来，社会秩序混乱到了极点。

（三）家庭关系大为恶化

中国历史上的严重灾害，往往造成"人相食啖"的惨状。在根据地和游击区当然不会再出现这样的现象。但是，在连年的灾荒之下，灾民为了生存下去，卖小孩、姊妹、老婆的比例大幅上升，导致家庭关系加速恶化和瓦解。如桑村一户13口，在饥饿和死亡的绝境下，跑了两个媳妇，卖了几个孩子，最后只有父子两人。在这样的情况下，家里人各顾各的性命，离婚事件也是日益增多，自行离婚的妇女沿村找寻出嫁对象以图一食，被迫离婚的就拿去换粮食。在死亡面前自己杀害儿女之事也层出不穷，有的卖不掉的孩子，直接溺死或者丢弃。有的忍痛卖掉妻子、儿女，或把未成年的女孩子给人家当"童养媳"，甚至自卖自身。有的为了糊口，仅一袋谷子或高粱的代价，就把十四五岁的女孩嫁给20岁以上的男子；二三岁或是四五岁的小男孩，4斗高粱就卖给人家。① 这样的场景，在灾荒严重之年并不少见。

（四）党组织失序

在天灾和人祸的双重作用下，社会秩序混乱，人口比例失调，基层党组织经常发生人员变动，致使根据地的党建工作受到严重

---

① 冀中区行署：《关于冀中区人民负担问题》（1943年6月），《抗日战争时期晋察冀边区财政经济史资料选编》（财政金融编），第507页。

影响。有的党员为了一己之私，带头偷取或抢掠公粮。有的党员直接逃散不知何地，如完县一区逃走党员 71 人，二区逃走党员 17 人，从而导致所在党组织直接涣散或者党的教育和制度不能向下推行，也严重影响了抗日工作和灾后救济。有的党员党性觉悟不够高，遇到困难就直接退党，有的党员甚至参加了当地的会门和宗教。如此种种，由于不能及时上报所处支部和管辖地区的情况，因此党组织瘫痪，进一步使得社会秩序无人维持，受扰而脱轨。

第三节　晋察冀抗日根据地的灾荒救治

一、控制灾情

灾荒发生伊始，晋察冀边区就迅速行动，及时开展救灾工作，最大限度地保障灾民的生命和吃穿用度，消弭灾民中蔓延的悲观绝望情绪，以保证社会秩序和各项工作的平稳进行。

（一）救灾政策指导

全国抗战伊始，中国共产党就明确提出了在抗战的过程中，必须改善人民的生活，要“救济失业，调节粮食，赈济灾荒”①。在此精神指导下，随后建立的各抗日根据地制定自身施政纲领时，无不将赈济水旱等严重灾荒，救济灾民于水火之中，作为改善所处地区民生的重要举措。

在晋察冀抗日根据地，边区政府成立不久即颁布了自己的施政纲领，其中第 11 条就指出，切实设立救灾治水的专门机关，以

---

①《中国共产党抗日救国十大纲领》（1937 年 8 月 25 日），中共中央文献研究室、中央档案馆编：《建党以来重要文献选编（1921—1949）》第 14 册，第 477 页。

县、区、村为单位“发挥高尚的民族友爱的互助精神”,“建立大众互助的储蓄救灾组织”,“提倡清洁运动,改良公共卫生,予〔预〕防疾病灾害”。① 之后,边区政府又颁布了《救济灾民难民条例》,使根据地的救灾治荒有了更为明确的实施方针,即标本兼治,既要于急要时救灾民之命,又要根据灾后实际情况组织群众大力发展生产,以自力更生的方式增强群众的抗灾能力,最大限度地减弱自然灾害对人民生活的不良影响。

（二）建立、健全救灾机构

做好救灾工作,只有政策、方针和口号是不行的,必须设立相应的部门来管理,如此才能在灾害发生之际快速反应,救济灾民。晋察冀抗日根据地在建立、健全救灾机构方面也是颇可称道的。

晋察冀边区政府成立之后,即在边区各级政府中设立了民政部门,由其具体负责领导救灾事宜。具体来说,在边区一级,设立了民政局;在专署和县一级,均设立了民政科;在区一级,设立了民政助理;在村一级,则设立了民政委员会。这些负有救灾职责的民政机构,在平常有收成的年份,主要负责指导群众屯粮,灾荒发生之后则负责抚恤和救济灾民。

1939 年大水灾之后,晋察冀抗日根据地各级政府迅速行动,从边区政府到各村都成立了救灾委员会,服从边区政府的统一领导,又快又好地组织救人赈灾。委员会的成员则是涵盖了社会各阶层的代表,并吸收灾民和妇女代表。在不同时期,边区政府设立的各级救灾委员会的任务也不相同,但最终目标是一致的,就是实现百姓的安居乐业,抗灾救灾。在历年的组织和安排下,根据地的救灾

---

①《晋察冀边区目前施政纲领》(1940 年 8 月 13 日),《抗日战争时期晋察冀边区财政经济史资料选编》(总论编),第 85 页。

体系日益完善，救灾机构也更加健全，后期所开展的赈济和恢复生产活动更是有条不紊。与此同时，边区政府并未忘记敌占区的受灾群众，尽力给予援助，并于1942年春成立了援助敌占区同胞抗日委员会①，号召敌占区同胞及英美等友邦人士到边区参加抗日工作。

（三）放赈救灾

灾害后多发生饥荒，受灾群众生活困难，甚至连基本的温饱都无法保障，必须发放急赈来解除困境。尽管财政拮据，晋察冀根据地各级政权还是千方百计调集粮食、钱款发放给受灾群众。说是急赈，实则这部分钱粮是半贷半送，对于家庭实在困难的贫苦灾民，就予以赠送或者减免偿还数额，以确保广大灾民的基本温饱。截至1938年底，全区共设粥厂90余个，收容所30余处，平粜30余处。随后，不断扩大难民收容所，每一县设立1所或2所，有的设至4所，全区共设立78所，收容难民3万余人。②

1939年大水灾后，为了恢复生产，边区政府决定将种子半价卖给灾民，规定："一、一亩地的发给种子五升（市升）。二、凡有空地没钱买荞麦种子的，都可领种。三、由边委会代出半价，其余由县政府暂垫，秋收后再还。四、应该领荞麦种子的，必须经村长村副负责，和各团体的证明。"③阜平还成立了赈灾委员会，分7个小组进行调查，对受灾最严重的沙河北边发放200元，南边发放500元

① 宋劭文：《边区行政委员会工作报告》（1943年），《抗日战争时期晋察冀边区财政经济史资料选编》（总论编），第509页。

② 中共河北省委党史研究室、冀中人民抗日斗争史资料研究会编：《冀中抗日政权工作七项五年总结（1937.7—1942.5）》，第20、23页。

③《边委会通令各县　半价发给农民种子》，《抗敌报》，1939年8月22日第4版。

来救济,同时发赈米 100 石。[①] 等洪水退去以后,政府立即在被灾各县普设粥厂、收容所救济遇灾群众。据统计,全边区有 20 万以上的灾难民得到政府救济,共计用款 6.7 万余元,用粮 480 余石。[②]

1940 年,边区春耕检查团携款 12 万元救济灵丘灾民,使其能够顺利渡过春荒难熬时期,并进行生产。[③]

1940 年秋,平西根据地开辟。之后,鉴于平西根据地的受灾情形,边区拨款 1 万元用于救济灾民。1941 年,平西根据地受雹灾、水灾较为严重。鉴于这一情况,边区政府于 1942 年成立了平西救济委员会,发放赈款 1 亿元进行救济。[④]

1944 年春,冀中发生严重的水灾。为了救济广大受灾民众,根据地政府于半年之内就拨发优抗粮 994.8 万斤,抚恤粮 351.8 万斤,赈济灾荒的供贷款的粮食 345 万斤,最大限度保证了广大的抗日家属、烈士家属及受灾的冀中群众基本生存。同年,为了解决一、三分区由蝗灾造成的灾荒,解决灾民生活问题,晋察冀边委会发放救济粮和贷粮1 100多石,发放款项 1 500 多万元。到了 1945 年,冀中地区本身相对有所盈余后,向灾区拨放贷赈粮 600 万斤。[⑤]

(四) 调剂余缺

调剂余缺,既指同一地区或不同地区之间的粮食调控、互调余缺,又指灾区民众之间的互相借贷。在调剂余缺之后,又普遍建立

---

①《阜平灾情与救灾工作》,《抗敌报》,1939 年 8 月 10 日第 1 版。

② 中共河北省委党史研究室、冀中人民抗日斗争史资料研究会编:《冀中抗日政权工作七项五年总结(1937.7—1942.5)》,第 20 页。

③《春耕救灾检查团携款 12 万元救济灵邱灾民》,《抗敌报》,1940 年 4 月 22 日第 1 版。灵邱,即灵丘。

④《边区发巨款,救济平西灾胞》,《晋察冀日报》,1942 年 1 月 6 日第 3 版。

⑤ 冀中区行署:《冀中区财政状况》(1945 年 9 月),《抗日战争时期晋察冀边区财政经济史资料选编》(财政金融编),第 88、91 页。

粮食调剂所，一是赈粮，二是贩售粮。边区政府通过打击走私和一些商人的囤货抬价行为来保障灾区粮价一定程度上的平稳；同时还动员商贩或组织地下党在敌占区购粮屯粮来解决灾区缺粮之困境。

1940 年，晋察冀边区政府成立了专门集股购粮的机构——平粜局，这是由政府与群众合办的机构。平粜是指将存在于个人手中的部分粮食或地主、资本家手中的大批粮食，以市价正常购入，储存于各级平粜局之内，“以备随时调剂军食民食解决春荒及平抑粮价”①。通俗讲，就是相当于政府牵头，群众集资，在丰年时购入粮食，灾年时用于救济的一种方式。由于晋察冀边区政府的财政存在实际困难，于是 1940 年就由边区银行发行期票来鼓励股民购买，首次集资就购买到粮食 60 101 石，使得边区 1941 年全年粮价非常平稳，每市斗小米市价通年都保持在 5 元左右，较好保证了边区的军需与民食。有鉴于此，边区政府之后一直沿用了平粜这一做法，并将其推广出去。1941 年秋，继续筹集资本购粮30 186石，又一次利用平粜之法成功地稳定了粮价。②

平原调剂山地、境内互相调剂是调剂余缺的重要方面。平原调剂山地，即以平原丰富物资支援山区根据地军需民用。1939 年水灾过后，由于翌年小麦丰收，地处平原的冀中区已渡过灾荒且余粮充足，但山区根据地因地形相对复杂，滩田、坡地均被暴雨洪水冲刷，受灾很重，难以立时修复，致使军民生活仍很困难，调剂余缺成为迫切的任务。基于此，从 1939 年 7 月到 1940 年 4 月，边区内

① 中共晋察冀北岳区党委：《关于粮食平粜工作的决定》(1941 年 1 月)，《抗日战争时期晋察冀边区财政经济史资料选编》(财政金融编)，第 619 页。

② 宋劭文：《边区行政委员会工作报告》(1943 年)，《抗日战争时期晋察冀边区财政经济史资料选编》(总论编)，第 521、522 页。

部开展了大规模的运粮斗争,4 个月内完成了 1 100 万斤粮食的运输。随着敌人在铁路上挖沟修墙,在行人通过都很困难的情况下,运粮工作就由大车运转改为人力背运,如此一来,既运输了粮食,又以工代赈,帮助了灾民生活。最终,边区通过平原向山地调剂粮食 1 900 万斤,帮助灾区民众成功解决了一年的温饱问题。而境内互相调剂更是体现了根据地内部的团结一致,但凡有余力者就会向灾区运输粮食。据统计,仅根据地内专区间的调剂就达到了 1 600万斤,县与县之间的粮食运输更是在 3 000 万斤之上,至于村与村之间的调剂就更数不清楚了。不仅如此,群众之间也有互相接济的情况,不下十数万石。① 这种措施,使灾区粮食消耗过多的情况得到缓解。

（五）募捐物资

晋察冀边区颁布的《关于救灾治水安定民生的具体办法》号召社会各阶级团结起来,积极捐款来赈济灾民,快速进行灾区重建工作,首先就要求军政等各部门积极捐款,在抗日根据地内起到模范作用,进而鼓励群众积极参与募捐,继而前往敌占区和国统区开展募捐活动,重点激发不甘心做亡国奴的敌占区同胞帮助在敌后苦苦“坚持抗战的边区灾胞”②。此外,还提出了一系列口号,如“急公好义,仗义疏财”“富济贫,有济无”“亲戚相处,邻里互济”“根据地是一家人,快快救济受难的同胞”“一两米能救活一个人,一斗糠穷不了一家”等等,来广泛动员社会各阶层和各地区参与募捐。另

① 周政新:《实行统一累进税,建立健康持久的财政秩序,巩固抗日根据地》(1940 年 9 月—1942 年 4 月),宋劭文:《边区行政委员会工作报告》(1943 年),《抗日战争时期晋察冀边区财政经济史资料选编》(总论编),第 715、716、509 页。

②《晋察冀边区行政委员会关于救灾治水安定民生的具体办法》(1939 年 8 月 30 日),《抗日战争时期晋察冀边区财政经济史资料选编》(农业编),第 674 页。

外，为了使得宣传效果更佳，还组织政府、军队和农村剧团参与救灾公演，进行动员和推进募捐活动。

在边区政府的号召下，各级军政机关单位起到了模范带头作用，将各自的衣食住行的费用压缩到最低，有的将半月、一月甚至数月的津贴全部捐献出来救济灾民，还拿出了积攒很久的钱款和舍不得用的被褥、鞋袜、毛巾、蜡烛、火柴等等。如边委会财政处印刷第二局募捐到 500 元，华北游击大队第十一中队募捐到 1 000 元以上。① 几天之后，华北游宣队又捐 3 000 余元。② 广大群众也纷纷响应。据不完全统计，在未受灾的 24 个县就筹集到大量的救灾粮物，其中，募集小米 4 500 余石，枣子、花生和山药等总计 1.5 万余石，仅平山县就有 789 村近 5 万人得到救济款的支援。③ 直到 1939 年 9 月，仅晋东北、雁北、冀西等地区就收到捐款 73 624 元，冀中共募集到 546 500 元，而陕甘宁边区也募集了 1 万元来帮助晋察冀抗日根据地。④ 部分开明绅士也积极游说并且慷慨解囊以帮助灾民渡过难关，如 1938 年，代县富村的殷实人家就捐赠了硬柴 3 000 余斤，高粱 5 石 2 斗、盐巴 30 余斤，救济了该村 39 户贫农。⑤

随着募捐运动在晋察冀抗日根据地内迅速开展，晋东北、冀西和冀中 3 区总共募捐到 62 万元。其中，行唐专区就献金 7 748 元，行唐县五区某村农会主任，家里很穷，连吃穿都是问题，却毅然将

---

①《边委会财政处印刷第二局献五百元》，《华北游宣大队帮助生产募捐赈济》，《抗敌报》，1939 年 8 月 22 日第 4 版。

②《华北游击宣传大队献金三千余元》，《抗敌报》，1939 年 8 月 26 日第 1 版。

③ 王稼祥：《晋察冀边区的财政经济》（1944 年 2 月 25 日），《抗日战争时期晋察冀边区财政经济史资料选编》（总论编），第 587—588 页。

④《晋察冀边区行政委员会关于献金赈灾的指示》（1940 年 3 月），《抗日战争时期晋察冀边区财政经济史资料选编》（财政金融编），第 585—586 页。

⑤《代县富村农会救济该县贫民》，《抗敌报》，1938 年 9 月 16 日第 4 版。

自己省吃俭用的6元捐献出来，从而带动了村里老百姓竞相捐献。①

募捐活动的开展，对于确保灾民渡过难关和激发灾民求生欲望发挥了重要的作用。根据地之间的互相支援，更是增强了晋察冀抗日根据地的顽强斗志。

（六）节约救灾

节约救灾，是指军政机关通过节衣缩食等方式来缩减开支，减轻群众负担。在灾荒时节，晋察冀抗日根据地军政各单位都积极参与节约运动，最短2个月，最长8个月，也包括广大群众在内。

当时在边区内大力推行“三节约”活动：坚持吃饭节约，吃更少更粗一些的粮食；坚持办公节约，少用油墨，不浪费纸张，所有文件要回收再利用，1支笔要用4个月，煤油灯也要改成菜油灯等等；坚持消耗节约，不抽或少抽旱烟，不用或少用肥皂，用青盐代替牙粉，毛巾一律使用土布并扯开使用，等等。②

1939年大水灾后，军队就厉行节约，每人每日要节省出1两米、每马每日要节省出1斤草料；政府工作人员每人每日要节省出4两米；对于一般民众的要求稍微宽松，即每人每日节省2两米，对于特别劳动者则规定每人每日节省1两米即可。同时，要求各组织部门自行发动，彼此“互相检查”，以示监督。③ 对此，冀中区严格执行并在此基础上细化了节省粮食的斤数，所有用粮部门都要由三餐改为两餐，就连某些地区的军政干部“也曾经吃过麦苗、野菜、

①《行唐献金七千七百余元》，《抗敌报》，1939年8月22日第4版。

②《边区群众团体号召各级群众团体同志拿共赴国难精神来实行节约运动》，《抗敌报》，1939年9月9日第1版。

③《晋察冀边区行政委员会关于救灾治水安定民生的具体办法》（1939年8月30日），《抗日战争时期晋察冀边区财政经济史资料选编》（农业编），第674—675页。

谷糠、麻糁”，真正做到了高度发挥“艰苦奋斗的精神”；相关工作人员和军人更是自愿节省零用费以及取消一些不必要活动的费用如烤火费，来支援灾区。① 涞源等县各团体也发起了节食救灾的运动，规定“各工作人员在一星期内每天节食一顿，将所剩下的粮食薪柴、菜钱一并交给政府，来救济灾民”②。更有甚者，非灾区或轻灾区群众为了尽量减少粮食消耗和减轻政府负担，自发地开展了捕猎行动。1943 年 3 月，边区政府发布救灾工作指示，要求机关部队每日每人节省 1 两米，赠予最无办法的灾民，促使其能够恢复体力和信心，积极投入生产。③ 东进纵队在行军过程中，为救济行唐灾民，主动发起节食运动，数日来共省出玉蜀黍 300 余斤。④

整理地方财政来缩减一切不必要的开支，避免浪费，成为厉行节约运动的重要一环。由此边区政府强调要从节流方面来遏制地方财政的浪费，尤其是村庄财政必须公开透明，不能随便吃喝。经过严厉的整顿，县、乡、村各级地方财政状况好转，村款开支大大减少。晋、深、极一般村庄，每月每村就可节省 140 元；清苑、蠡县的一般村庄，每月每村较之前可节省 250 元；而安平的一般村庄平均每月可节省 145 元。按这样的节省比例，冀中地区全年可节省

---

① 王奂如：《广泛深入动员根据地的财力、物力，克服困难，渡过灾荒，实行合理负担，奠定新的财政基础》(1939 年 6 月—1940 年 8 月)，《抗日战争时期晋察冀边区财政经济史资料选编》(总论编)，第 693 页。

②《涞源等县各团体节食救灾》，《抗敌报》，1939 年 8 月 22 日第 4 版。

③《晋察冀边区行政委员会对于目前救灾工作的指示》(1943 年 3 月 5 日)，《抗日战争时期晋察冀边区财政经济史资料选编》(农业编)，第 700 页。

④《赈济灾难同胞，东进纵队节粮三百斤，行唐小学教师亦积极募粮》，《晋察冀日报》，1940 年 12 月 29 日第 1 版。

1 209.6万元。[①] 整顿地方财政的好处显而易见，对于灾民的救济也是大为有利的。

（七）代食品备荒

在晋察冀抗日根据地的救灾渡荒中，多收集和准备代食品是熬过灾荒的重要手段之一。如井陉印吉子，原每天全家吃粮 2 升，在荒旱的情况下，减少半升，多吃糠菜。[②] 在平稳年间，麦子、稻谷都是不脱壳，直接搭配野菜食用，以节省粮食备荒。

蝗虫在灾荒年间也是一种常见的渡荒代粮。蝗灾多发年间，飞蝗遍地，能吃的幼蝗是极易获得的食物。边区政府积极鼓励和支持灾民捕捉蝗虫来食用，报纸还刊文宣传“蝗虫可以吃，养料很大”以及干部带头吃蝗虫的消息来佐证蝗虫代餐的可行性。随即就有老人和小孩捡拾蝗虫来填饱肚子，补充营养。

（八）开展卫生运动

大力普及卫生知识、发展医药事业、恢复人民健康，是根据地救灾的重要任务之一，因为这样才能确保灾民有健康的身体及早自食其力，投入生产建设。

晋察冀根据地始终注意积极开展卫生运动。早在 1940 年，就明文规定必须在根据地内推行“提倡清洁运动，改良公共卫生，预防疾病灾害”[③]。之后，边区政府每年都拨出大量经费来推动与群

---

① 王奂如:《广泛深入动员根据地的财力、物力，克服困难，渡过灾荒，实行合理负担，奠定新的财政基础》(1939 年 6 月—1940 年 8 月)，《抗日战争时期晋察冀边区财政经济史资料选编》(总论编)，第 691—692 页。

②《1945 年冀晋区生产会议总结报告》(1945 年)，《抗日战争时期晋察冀边区财政经济史资料选编》(总论编)，第 648 页。

③《晋察冀边区目前施政纲领》(1940 年 8 月 13 日)，《抗日战争时期晋察冀边区财政经济史资料选编》(总论编)，第 85 页。

众健康关系紧密的医疗卫生事业的发展，仅 1944 年全年投入的药品经费就达 300 万元。[①] 边区还成立了各级防疫委员会，作为防治疫情的领导机构，负责广收各类药物和人才，开办医生培训班；派遣医疗队下基层调查卫生健康状况，宣传常见疫情的特征和防治手段；组织宣传队下村开展"防、治、养三结合"及"四净"的教育活动，保证村内干净，减少疫病传播渠道；建立监督机制，在村内设有卫生委员一职，负责领导和监督群众开展清洁卫生工作，还有妇女自发组成的卫生突击小组，多是妇女和儿童走街串巷，选出卫生模范让大家学习，等等。这些措施对于控制疫情和防止灾年的大型疾疫暴发也是极有效的。

二、生产渡灾

（一）积极恢复农业生产

水、旱、蝗等灾害，不仅严重影响了禾苗的播种和生长，还使得农田变成了河床或者盐碱地、沙石地而无法播种。灾后，在及时安顿和确保灾民温饱的同时，根据地各级政府、军队和基层党组织积极组织灾民重返家乡，利用一切机会，对尚能使用的土地进行紧急补种、改种和抢种，对不能使用的土地尽力恢复或带领灾民垦荒种地。为了让作物短时间内收获，就多组织群众种植了大量的短生长期的粮食，其中扩种小麦就是最常见的。盂平县就广泛种植了这种作物，1944 年种植了 6 957 亩，1945 年又在 1944 年的基础上扩种了 5 698.5 亩。[②]

---

① 宋劭文：《1944 年大生产运动总结及 1945 年的任务》（1945 年 1 月），《抗日战争时期晋察冀边区财政经济史资料选编》（农业编），第 452 页。

② 《冀晋区第二专署大生产运动总结》（1945 年），《抗日战争时期晋察冀边区财政经济史资料选编》（农业编），第 508 页。

总之，在边区政府的统一领导下，集合各方力量，及时遏制损失，帮助群众恢复生产，重塑了灾民对美好生活的向往，相当程度上避免了灾民无食果腹而死亡的命运，也缓解了政府的财政压力。

（二）大力推进运输业发展

在救灾工作中，调剂余缺是赈济灾民的非常重要的措施之一，因此发动运输是以工代赈的重要方面。当时受灾各地，根据不同灾荒的严重程度，有选择性地组织自卫队、农民或者灾民来进行运输，利用灾民的劳动力生产自救，尽快渡过灾荒。

1942 年冬，灾民运输已初见成效，仅三、四、五专区就有 3 万多灾民依靠参与运输来赚取粮食和小额的生活费用。1943 年 11 月，各地政府贯彻中共晋察冀分局的指示，“大量吸收灾民参加合作社的运销，通过运销生产救济灾民”①。一时间，招募灾民运输粮食等物资变成了一种既节省开支又救济灾民，并可稳定社会、持续发展的良法，从而在根据地大为流行。如 1945 年仅忻定地区就组织了 40 余村的 1 039 人、619 头牲畜给商店联社运送货物，并以此获利 1 700万元。②

诸如以上大规模运输活动的组织和开展，使得边区灾民能够做到自食其力，从根本上改变了灾民的生活状态，成为生产救灾、以工代赈的典范。

（三）组织合作社大力促进生产

灾害天气的侵袭导致大量人口和劳动力流失，致使本就落后的农业因缺乏青壮年劳动力而难以开展耕作，成为阻碍农业生产

① 《中共中央北方局》资料丛书编审委员会编：《中共中央北方局》（抗日战争时期卷）上册，北京：中共党史出版社，1999 年，第 969 页。

② 《发展工矿业，克服工农业剪刀差》（1945 年），《抗日战争时期晋察冀边区财政经济史资料选编》（工商合作编），天津：南开大学出版社，1984 年，第 305 页。

发展的因素之一。这就迫使广大人民必须团结起来,共用劳力、农具、牲畜等等,来发挥各自优势,以扩大生产,救灾渡荒。

在晋察冀抗日根据地内,主要有拨工、包工、劳动互助社3种形式。其中,拨工是最为常见的一种劳动互助形式,并主要有两种方式:一种是个体农民在农业生产时互相调剂人力、农具和牲畜,这是一种小型的拨工合作;另一种是由政府出面来组织群众在村与村之间流动,一般是用于抢收麦子、修滩地、修筑堤坝水利等等,需要将一村或者几村的人力、农具、牲畜集合起来运作,这种方式对于发展也是很好的。据有关资料统计,1944年,龙华地区某些做得较好的村庄,拨工已占全村的60%,全部算下来平均每村也有15%的人参加;唐县相对少一点,只占全县人口的19%;灵寿就有56%;盂平开展得最好,全县2/3的男人都参与了拨工合作。[①] 包工也是合作生产的一种重要形式。包工与前述的拨工虽然在劳动形式上有相似之处,但在具体的组织和实施中则有着一定区别。包工更注重个体农民之间的资源组合,即一般是以团体组合的方式被雇用去从事一些生产活动,领取一定的报酬。劳动互助社是一种长期固定的合作形式,成员之间可以相互帮助。它不仅可以促进农业生产,还可以收集各户余粮进行统一出售,来换取人民生活必需品(如盐、布、油等),不但促进了根据地的经济发展,而且极大地便利了人民群众的生活。

为了使合作社更加健康地发展,给人民带来更多的好处,仅1941年,边区就发放合作贷款900多万元[②],1942年更是以组织条

---

① 《拨工互助遍及游击区》,《抗日战争时期晋察冀边区财政经济史资料选编》(农业编),第575页。

② 宋劭文:《边区行政委员会工作报告》(1943年),《抗日战争时期晋察冀边区财政经济史资料选编》(总论编),第526页。

例的形式明确了合作社的主要业务，即供给、运销、生产和信用①。随着合作社的不断发展和成熟，其在发展生产、改善群众生活以及救灾渡荒等方面所起的作用也越来越大，越来越积极。

合作社在平调物价和防治疫病中也有特殊的作用。在1940年春荒中，主营粮食的合作社拿出大批粮食，将紧缺物资运销到重灾区，以及时救济灾情。据有关资料记载，冀中合作社于1941、1942年两年内就调剂出10万石的粮食，以远低于市价卖出，救济了25万灾民。② 冀西合作社于1942年12月到1943年2月的3个月时间内，积极调剂了小米、杂粮、食盐和土布来救济灾民，大大缓解了春荒。龙华还成立了医药合作社，专门救治严重的病灾，缓解人民病痛。仅张明远医药合作社里，张明远一人就治好3 000多人。③ 合作社还积极发展医药研究事业，降低药材成本，提高医治水平，这对龙华区的疫病防治和卫生事业做出了巨大贡献。1944年，张瑞目睹病灾严重，无人医治，于是就在合作社内成立了医药合作股，由一小学校长负责，优待赊账、价格便宜，还对贫农或灾民进行无偿救治，不到几个月就治好了1 000多名病人。④ 由此可见，医药合作社（股）的成立，对于保障群众生命、提高劳动力整体水平，有着良好的作用。

---

①《晋察冀边区合作社组织条例》（1942年4月2日），《抗日战争时期晋察冀边区财政经济史资料选编》（工商合作编），第770页。

② 宋劭文：《边区行政委员会工作报告》（1943年），《抗日战争时期晋察冀边区财政经济史资料选编》（总论编），第520页。

③ 水生：《八年来晋察冀怎样战胜了敌祸天灾》，《抗日战争时期晋察冀边区财政经济史资料选编》（农业编），第746页。

④《张瑞合作社创建经过》（1945年2月22日），《抗日战争时期晋察冀边区财政经济史资料选编》（工商合作编），第934—935页。

（四）发展副业及其他工业

农业是晋察冀抗日根据地的命脉，但无法满足生活中的所有实际需要，于是边区政府大力扶持副业和其他工业，给广大妇女和不能参加重体力劳动者提供了增收之道。尤其是在灾荒年代，发展副业及其他工业，无疑为灾民提供了维持生计的工作机会。

首先，提倡鼓励家庭副业。晋察冀边区对于家庭副业的支持是一以贯之的。早在 1939 年，边区就积极鼓励群众在冬闲时打柴、割草，来增加家庭收入、减轻对农业的绝对依赖性。如完县（今顺平）团结村，有 73 人依靠打柴过活，每人每天可打柴 50—100 斤，收入 7—14 元不等；在易县，也有一些灾民到狼牙山割荆条，并以此为生。① 1940 年，边区再次提倡发展家庭畜牧业，尤其是养鸡、养猪，做到户户有副业。此举的效果也极其显著，到 1941 年时，唐县一家有两口猪者已达 95%，冀中八区已经全部实现一户一猪甚至超过这一标准，冀西四、五专区则平均达到两人一鸡。通过以上举措，有的家庭在副业上的收入已经达到农业收入的 1/3，使副业真正成为家庭经济的重要支柱之一。②

其次，大力发展家庭纺织业。晋察冀边区对于家庭纺织业也极为重视，并一再采取积极鼓励的措施。1938 年，晋察冀边区政府一成立，就采取措施鼓励冀西和冀中地区恢复纺织业生产。其后，边区政府又于 1942 年特别规定纺织业等家庭副业一律免税，其他工业税也大加减免。在边区政府的鼓励下，北岳区于 1942 年底拨

① 《北岳区当前的灾荒和我们的斗争》（1943 年 4 月），《抗日战争时期晋察冀边区财政经济史资料选编》（农业编），第 729 页。

② 刘奠基：《晋察冀边区九年来的农业生产运动》，《抗日战争时期晋察冀边区财政经济史资料选编》（农业编），第 369 页。

放了 154 万元，主要用于发展纺织业。[1] 在边区各级政府的大力推动下，根据地的纺织业成绩喜人。1941 年，冀中织土布 900 余万匹。[2] 1942 年冬至 1943 年 6 月，完县在仅仅半年时间内参加纺织者就有 4 500 余人，共织土布 5 200 锭，同时还生产出大批纺线，参加纺织的妇女仅此就获得工资 21.5 万余元。另据当时 12 个县（包括易县、龙华等）的统计，参与纺织业的妇女有 38 983 人。[3] 冀西地区更是在 1942—1943 年组织了 40 万妇女从事纺织工作。[4] 纺织业在平时给群众带来了收益，在灾荒年间更是发挥了生产救灾的作用。纺织业发展好的地区，逃荒现象普遍较少，甚至逃走的灾民也都于灾后重返家园。如易县白沙村，灾时逃荒、灾后回来的就有 17 户，共 60 余人。[5]

最后，其他工业也在政府的组织筹划下遍地开花。所建工厂主要着眼于人民生活需要及军队需要的急缺物质的生产，诸如油厂、盐厂、线袜厂、沙纸厂、糖厂、蜡烛工厂等，均获得了边区政府的贷款等支持。

综上，在晋察冀边区政府的大力支持下，边区各阶层团结起来，快速地应对灾荒，防治灾害，控制灾情，生产救灾，切实贯彻了

---

① 《走到救灾生产的阵线上去》，《抗日战争时期晋察冀边区财政经济史资料选编》（农业编），第 710 页。

② 刘奠基：《晋察冀边区九年来的农业生产运动》，《抗日战争时期晋察冀边区财政经济史资料选编》（农业编），第 369 页。

③ 《北岳区的妇女纺织业》（1943 年 8 月 24 日），《抗日战争时期晋察冀边区财政经济史资料选编》（工商合作编），第 202 页。

④ 水生：《八年来晋察冀怎样战胜了敌祸天灾》，《抗日战争时期晋察冀边区财政经济史资料选编》（农业编），第 745 页。

⑤ 实业处：《生产运销救灾工作的初步检查》，《抗日战争时期晋察冀边区财政经济史资料选编》（农业编），第 716 页。

党中央发出的改善人民生活的号召，使得边区人民在灾荒之年也能在党的关怀下安稳渡过灾荒。患难见真情，这也是中共赢得广大老百姓拥护和爱戴的重要原因所在。

三、提升抗灾能力

如何有效应对灾害，提升抗灾防灾能力，是边区政府重点研究的课题之一。在这方面，晋察冀抗日根据地主要采取了如下措施。

（一）兴修水利以控制水旱灾情

兴修水利能在一定程度上提升控制水旱灾情的能力。1938 年 2 月，晋察冀边区政府通过颁布《晋察冀边区奖励兴办农田水利暂行办法》，强调不论是公营还是私营的水利工程必须在政府的监督下进行整理以求梳理洪水。[①] 之后，边区政府又在总结经验的基础上于 1943 年 2 月和 3 月先后颁发了两个条例，即《晋察冀边区兴修农田水利条例》和《晋察冀边区修滩条例》，进一步完善相关组织，明确责任，鼓励人民大修水利，预防灾害。

建立健全治河机构，进行统一管理，是提高全区防治水旱灾害能力的重要环节。在冀中区，各县均成立了统一的县河务委员会，为了加强领导，由县长担任主任委员；又在政府组成部门之实业科内增招了水利技术员，以指导治河和水利建设；在沿河地区，则设立河务委员会的办事处，确保及时精确掌握河流状况。健全的组织机构，可以有效动员民众贡献人力、物力资源，为兴修水利提供了重要保障。大灾过后，相关机构吸纳部分灾民参加水利建设，灾民可通过此种方式得到粮食和其他一些生活必需品。

---

① 《晋察冀边区奖励兴办农田水利暂行办法》（1938 年 2 月 21 日），《抗日战争时期晋察冀边区财政经济史资料选编》（农业编），第 247 页。

在边区政府的大力鼓舞和统一领导之下，兴修农田水利成为日常和灾后重建的重要工作。在冀中，为修复被大水冲毁或被日军破坏的堤岸，主要推行了以工代赈的办法，吸纳了很多灾民进行建设，共修堵大小河口 215 处、复堤筑堤 39 条、疏浚淤河 9 段，动员民夫 690 285 名。① 其中，王岗决口的修堵和河道的疏浚就是巨大的工程，共堵口 84 丈，浚河 2 763 丈，动员 21 005 人。此外，还修堵西里村决口，完成任丘、高阳各地的补堤抢险工作，共浚河 1.1 万余丈，堵口 6.6 万余丈，筑堤复堤 33.6 万余丈，修险1.38 万余丈，总计动员 937 877 人。② 王岗决口及西里村决口得到了修堵，新河得以开凿，从而消弭了 8 个县的水灾。③ 1941 年，为了养堤，确保其能在暴雨连绵中长久稳固，又计划动员 150 万人。④

（二）植树造林、保持水土

植树造林、培育水土是中国共产党的一贯理念。抗战时期，过度砍伐林木导致边区生活环境极度恶化，根据地特殊的地理位置和气候条件又加剧了旱涝灾害的严重程度。为了改善环境，防止泥石流和山体滑坡等灾害危及人民的生命和财产安全，晋察冀边区政府多次倡导各地植树造林、保护林木。

1939 年 9 月，边区政府颁布了《晋察冀边区保护公私林木办法》。紧接着，边区政府又于 10 月颁布了《晋察冀边区禁山造林办

---

① 冀中行署：《冀中区五年来水利工作总结》（1943 年 4 月 22 日），《抗日战争时期晋察冀边区财政经济史资料选编》（农业编），第 339—340 页。

② 徐大本：《冀中一年来的政权工作》（1941 年 5 月），《抗日战争时期晋察冀边区财政经济史资料选编》（总论编），第 175 页。

③ 冀中行署：《冀中区五年来水利工作总结》（1943 年 4 月 22 日），《抗日战争时期晋察冀边区财政经济史资料选编》（农业编），第 341 页。

④ 徐大本：《冀中一年来的政权工作》（1941 年 5 月），《抗日战争时期晋察冀边区财政经济史资料选编》（农业编），第 176 页。

法》。这两个办法详细规定了如何划分禁山区域，强调指出，禁山区域不得采伐，以“使能固结土壤，以防水患”，“新划之禁山，不论公有私有，只准造林，不得垦荒”。[①] 1940 年，边区政府又提出，要检查春耕中所开的荒山是否可以耕耘，不能耕种的要开展植树造林工作。[②] 此外，边区还积极推行“一人一树”活动，发动人民投入植树造林的运动。

在边区政府的鼓励和倡导下，各地因地制宜，开展了植树造林运动。冀晋二专区适宜种植果树，而种植果树既能固壤，又能让百姓有收成和收入，饥饿之时还可果腹，实在大有裨益。基于此，该地政府带头组织群众种植了花椒、核桃、柿子、梨和枣等，短短几年时间就大获丰收。如 1945 年，盂县的花椒和桃仁各收入 20 万斤；五台收获花椒 6 万多斤，桃仁 2 万多斤；榆次仅 10 个村庄就收获各类水果 6 万多斤；崞代的 53 个村中，每村产梨 20 万斤、枣 2 400 石。[③] 植树造林，大大改善了土壤保持能力，遏制了洪涝灾害范围的蔓延，提高了老百姓的抗灾能力，并给老百姓带来了较大的经济收益。

（三）保卫粮食以战饥荒

粮食是重要的战略物资，尤其是灾荒期间，粮食问题更成为头等重要的问题。晋察冀边区充分认识到粮食的重要性，并将保卫粮食作为提高人民抗灾能力的一项有力的措施。因此，保卫边区

---

① 《晋察冀边区保护公私林木办法》（1939 年 9 月 29 日），《晋察冀边区禁山造林办法》（1939 年 10 月 2 日），《抗日战争时期晋察冀边区财政经济史资料选编》（农业编），第 250、252 页。

② 宋劭文：《边区经济发展的方向与现阶段我们的中心任务》（1940 年 8 月 3 日），《抗日战争时期晋察冀边区财政经济史资料选编》（总论编），第 302 页。

③ 《发展工矿业，克服工农业剪刀差》（1945 年），《抗日战争时期晋察冀边区财政经济史资料选编》（工商合作编），第 301 页。

人民劳动果实，保卫麦收、秋收，预防日伪以各种方式掠夺粮食，就成为根据地的一项重要任务。

晋察冀抗日根据地主要通过反击抢粮运动、藏粮、禁粮出口、鼓励粮食进口等措施来保护根据地粮食的储备。(1) 反击抢粮运动。这主要是保护我方粮食不被抢掠，同时在有利条件下偷袭和抢夺敌人的粮食补给线，既补充自己又打击敌人，减少了根据地粮食的损失，增加了抗灾的粮食储备。(2) 藏粮。藏粮是根据地保护粮食最重要的手段。如 1941 年 7 月敌人在建屏、行唐抢粮，仅二区牛山、马山、鲍状等村被抢粮食百余石，县政府立刻下令其他各区赶紧藏粮，使得其他各区的粮食得到保护。① (3) 禁粮出口。商人和敌特分子出于私欲而走私晋察冀抗日根据地粮食，屡禁不止，尤其是在灾荒之年，大量的粮食、棉花、山货和药材被走私出口，加剧了物价的飞涨，政府缴不到应有数量的税款。在这种情况下，禁止粮食出口对于稳定物价、维持民众生活所需起到了重要的作用。(4) 鼓励粮食进口。这主要是给商贩尤其是敌占区的粮商提供便利，鼓励其向根据地贩卖粮食。晋察冀根据地还组织地下党积极往根据地内购入粮食，以破坏敌人灌仓的阴谋。

通过以上种种举措，晋察冀抗日根据地的灾荒救治工作取得了巨大成绩。其一，拯救了成千上万灾民的生命；其二，稳定了灾民的情绪，遏制了在灾民中蔓延的悲观绝望情绪；其三，生产和救灾相结合，为灾后经济的恢复和发展创造了条件；其四，提高了中共及其抗日武装的威信，使中共政权得到了民众的衷心拥护；其五，为新中国的救灾提供了经验和借鉴。对于晋察冀抗日根据地的灾荒救治工作，我们应予以充分肯定。

---

①《建屏行唐敌抢麦　我已通令各村速加掩藏》，《晋察冀日报》，1941 年 7 月 5 日第 3 版。

第六章　晋察冀抗日根据地的群团组织建设

七七事变后，为推动全国抗战顺利发展，1937年8月，中国共产党在陕北洛川召开政治局扩大会议，提出建立敌后抗日根据地，实行全面抗战的方针。在此方针指导下，中国共产党领导八路军、新四军深入敌后，开始创建抗日根据地，其中首创的是晋察冀抗日根据地。晋察冀抗日根据地初创时期，面临的形势十分险恶。1937年11月中旬，晋察冀军区刚成立不久，日军就调集2万余兵力，从各个方向对其展开围攻。领导边区创建工作的聂荣臻深刻认识到，要想渡过难关，“最关键的是必须要有更多的武装力量”，而欲达此目的，“除了积极发动群众，没有第二条路”。① 于是，在聂荣臻率领下，边区军政干部行动起来，组建工作团，分路向晋东北、察南、冀西等地进发，开始探索发动群众、武装群众的路径。战地动员委员会、抗日救国会等组织即应运而生。这些组织是在充分动员群众基础上建立的，是群众的团体，其建设直接关系着晋察冀抗日根据地的巩固与发展，成为根据地建设的一项重要内容。晋察冀抗日根据地的群团组织建设，在工作中积累了宝贵经验，为抗

①《聂荣臻回忆录》，第367页。

日战争的胜利做出了重要贡献。

第一节 各群团组织的成立及发展

1937年10月，聂荣臻率领八路军第一一五师一部分部队和军政干部留驻五台山地区，开始创建晋察冀抗日根据地。当时遇到的首要困难是兵力过于单薄，仅3 000余人。对此，聂荣臻认真分析客观形势，与军政干部探讨发展出路，在干部会上曾说："创建根据地的可能性，就在于人民群众支持我们"，而能否获得群众支持，则"取决于我们执行一套什么样的政策"。战争性质和社会基础变了，"我们的政策也必须随之发生较大的变化"。而变化的第一步，首先就是要在各地充分"贯彻统一战线、减租减息、合理负担等政策"，只要这些政策执行得好，"群众就一定能够发动起来"。① 聂荣臻注重在干部思想方面做工作，让边区干部同志从观念上认识到发动群众、依靠群众的必要性和可能性，为边区群众工作的开展奠定基础。对于晋察冀边区的发展，中共中央也非常关心，多次给予工作指示。1937年11月20日，刘少奇致电聂荣臻：加强与统一军事政治领导，应在晋察冀全区范围内"进行统一战线的民主政权的改造与建设"，同时应广泛"设立边区工会、农会、民先队部及妇女抗日会等筹备处"。② 同年11月30日，朱德、彭德怀、任弼时针对晋察冀军区基本任务和工作方针发出指示，要求全部武装部队应"切实执行优待抗日军人家属办法"，"应在'反对日寇进攻、烧杀、

①《聂荣臻回忆录》，第369—370页。

②《刘少奇关于为筹建晋察冀边区政府致聂荣臻电》(1937年10月20日)，政协河北省委员会编：《晋察冀抗日根据地史料汇编》上，第144页。

奸淫、抢夺'，'誓死保卫家乡'，'誓死不当亡国奴'，'八路军与山西民众共患难、共生死'等口号下，号召与动员全区民众积极配合我军参战"[①]。由上可见，在领导层面，党中央高度重视发动群众的作用，在关于边区发展的指示中一再强调发动群众的重要性，并提出具体指导办法。这为边区群众工作的开展指明了方向。

结合党中央的工作指示，聂荣臻领导边区发动群众，开展了深入细致的工作。边区各地首先建立起战地动员委员会，以此动员、组织和武装群众开展抗日活动，并暂时执行党中央颁布的诸如合理负担、减租减息、供给部队、逮捕审讯汉奸等命令和决定。以此为宗旨，战地动员委员会主要奉行三方面原则：一是积极组织和武装民众；二是认真实行真正合理负担，最大限度改善人民生活；三是充分实行民主政治，大力扶植抗日言论出版集会之自由。[②] 在战地动员委员会的指导下，组织工作团和工作小组纷纷行动起来，分别深入边区各地，在广大人民群众中广泛宣传抗日救国的思想。为了号召群众行动起来，主动配合党和政府一致抗日，加深对抗日民族统一战线的认识，消除可能出现的心理障碍、情绪抵触和情感上的不认同，边区相继组织成立农民抗日救国会、工人抗日救国会、青年抗日救国会、妇女抗日救国会、文化界抗日救国会以及青年抗日先锋队、儿童团等各种群众抗日救国团体。抗日救国会是在中国共产党领导下的统一战线组织，以工人、农民、知识分子、青年、妇女等各个阶层支持抗日的积极分子为联合对象，并团结吸收

---

① 《朱德、彭德怀、任弼时关于晋察冀军区基本任务和工作方针的指示》(1937 年 11 月 30 日)，《晋察冀抗日根据地》史料丛书编审委员会、中央档案馆编：《晋察冀抗日根据地》第 1 册(文献选编：上)，第 63 页。

② 谢忠厚、居之芬、李铁虎：《晋察冀抗日民主政权简史》，石家庄：河北人民出版社，1985 年，第13 页。

了一部分国民党旧政府留下的人员和开明绅士，共同开展抗日工作。它是抗战初期具有半政权半团体性质的机构，担负着宣传动员群众参加抗日活动、领导改造区村政权、办理军需供应、维持社会治安、建立抗日新秩序等多重任务，为激发群众的爱国热情、争取抗日战争胜利做出贡献。

晋察冀边区的群众团体组织是多样化的，其创建及发展经历了不断完善的过程。1938 年 1 月 10 日至 15 日，晋察冀边区军政民代表大会在阜平召开，晋东北、冀西、察南、冀东等地区到会代表共 149 人，选举产生晋察冀边区临时行政委员会，这是华北敌后第一个区域性的抗日民主政权。在此次大会上，明确规定："政府对群众运动的政策第一个任务就是给群众以各种自由，并经过政府的立法工作给群众各种利益以合法的保障与改善。"①为建立军、政、民的正常关系，此次大会还做出决议："举凡行政上的事情均由政府处理"，如果军民诸群体有意见，可报告给政府，并"建议政府采纳"；统一的合理负担办法，"由边区临时行政委员会规定"，"由各级政府执行；动员委员会、救国委员会等半政权性质的组织，应逐渐合并于政府"；统一的优待抗日军人家属办法，"由边区政府规定并公布"，各级政府负责具体执行，各群众团体负协助责任；统一的减租减息办法，由边区政府制定并公布，各级政府负责具体执行，各群众团体负协助责任；民众团体之组织，边区政府应予以扶植，并给人民以充分的"集会、结社、言论、出版及宗教信仰等自由"。② 在政府的政策支持下，1 月 16 日至 2 月 23 日，晋察冀边区

① 《晋察冀边区军政民代表大会经过》(1938 年 1 月)，政协河北省委员会编：《晋察冀抗日根据地史料汇编》上，第 45—46 页。

② 《晋察冀边区军政民代表大会政治问题决议案》(1938 年 1 月)，政协河北省委员会编：《晋察冀抗日根据地史料汇编》上，第 152 页。

的工人抗日救国会、农民抗日救国会以及妇女抗日救国会等群众团体的筹备会，先后在阜平县城成立。3 月 3 日，晋察冀边区工人抗日救国会、农民抗日救国会、妇女抗日救国会分别在阜平召开代表大会，确定各自的方针和工作纲领，选举产生领导机关。6 月，又成立青年抗日救国会筹备会。此后，还先后成立了抗敌后援会、佛教救国同盟会、文化界抗日救国会、儿童团等组织。

晋察冀边区的群众团体组织创建起来后，积极发动群众，开展群众运动。据不完全统计，动员群众约 300 万人，其中北岳区农会最多，有 50 余万人；妇女抗日救国会次之，有 26 万人左右；青年抗日救国会 13 万人；工会 10 万人；学生会 2 万人；文化界抗日救国会 1.5 万人；儿童团约有 28 万人。上层分子组织的牺盟会及抗敌后援会约有 2 000 人。这些组织起来的群众所占比例，与当地人口总数相比较，最高的（如阜平县）达到 75%；与应组织的群众数目相比较（一般是 8 岁以上的人口），最高的已达 90%，一般地区的比例约在 40%。[①] 依据社会形势，群众运动的开展大致经过 4 个阶段。以北岳区为例，第一阶段，自 1937 年全国抗战爆发至 1939 年，民生民主斗争逐渐深入，群众开始翻身；第二阶段，从 1940 年到 1941 年秋季大“扫荡”，群众展开反投降斗争，只平山一县参加群众大会者即有 17 万人之多，此时成立民兵组织，人民自己握有武装，阶级关系发生转变，地主削弱，农民中贫农向中农发展，中农占 50%—60%；第三阶段，从 1941 年大“扫荡”到 1943 年 1 月召开边区参议会以前，此时根据地的面积日益缩小，情况更加困难，群众团体组织开始联合，群众工作规模有所缩小；第四阶段，从 1943 年 1 月至 1945

---

① 刘澜涛：《晋察冀边区的群众工作》（1945 年 1 月），政协河北省委员会编：《晋察冀抗日根据地史料汇编》中，第 2060 页。

年，随着根据地的扩大，群众运动发展掀起新的高潮，与生产相结合，群众团体组织合作社、互助组等促进生产发展。①

晋察冀边区群众组织与群众运动的发展，与其干部队伍建设密切相关。据记载，群众团体组织兴盛时期，全边区共有团体干部八九千人。后来进行精简，北岳区干部有 2 900 余人，冀中区有 1 800 余人，冀东区没有统计。这些群众团体的干部，其阶级成分多样。以北岳区县级以上的干部来说，工会中，中农占 12%，贫农占 50%，雇农占 34%；农会中，富农占 3%，中农占 31%，贫农占 65%；妇女会中，地主家庭出身占 1%，富农家庭出身占 7%，中农占 39%，贫农占 51%；青救会中，地主子弟占 0.1%，富农子弟占 4%，中农占 36%，贫农占 58%，雇工占 0.1%(以上统计是 9 个县的干部调查)。将北岳区各救国会县级以上干部合并计算，地主家庭出身占 0.62%，富农家庭出身占 5.09%，中农占32.9%，贫农占 56.15%，雇农占 5.05%。② 从文化程度来说，区级干部，初中占 1.8%，高小占 18%，初小占 59.1%，文盲占 21.1%；县级干部，初中占 2.1%，高小占 35.4%，初小占 56.3%，文盲占 6.2%；专区干部，初中占 5.6%，高小占 72.2%，初小占 22.2%，没有文盲。③ 晋察冀边区群众团体干部从群众中选举而来，代表着群众的利益，其阶级成分基本反映了当时群众的阶级分布状况。他们的文化水平虽然不高，但是他们扎根群众，在团结群众、组织群众运动方面起

① 刘澜涛:《晋察冀边区的群众工作》(1945 年 1 月)，政协河北省委员会编:《晋察冀抗日根据地史料汇编》中，第 2061 页。

② 刘澜涛:《晋察冀边区的群众工作》(1945 年 1 月)，政协河北省委员会编:《晋察冀抗日根据地史料汇编》中，第 2060 页。

③ 刘澜涛:《晋察冀边区的群众工作》(1945 年 1 月)，政协河北省委员会编:《晋察冀抗日根据地史料汇编》中，第 2060 页。

着特殊的作用。在群众干部的带领下，边区的群众运动有力支援了抗战，为抗日战争胜利做出重要贡献。

一、工人抗日救国会

晋察冀边区的工人抗日救国会是根据地早期创建的群众团体组织之一。1937 年七七事变后，日军开始全面侵华，中华民族面临空前的危机。为挽救民族危亡，中国共产党发出建立各界抗日民族统一战线的号召。晋察冀边区的工人抗日救国会是响应党的号召发展起来的群众抗日团体组织。

晋察冀边区四分区集聚着大量的产业工人，在敌人压迫下萌生革命的思想，开始自发组织起来。最初，产业工人的群众组织非常隐蔽，后来随着革命形势发展，逐渐扩大形成公开的群众团体组织。例如在井陉矿区，自 1937 年 11 月间开始建立秘密工会的组织，很短时间内发展到一百七八十个会员，积极开展对敌人的破坏工作，并且帮助军队几次袭击矿场获得胜利。后来，公开组织成立了有 300 余人的工人游击队，与敌人开展无数次的战斗，摧毁了许多维持会，镇压了汉奸的活动。① 此外，在晋察冀边区，还有一些手工业者、雇农散布在广大农村，他们也是一支重要的工人力量。在抗日救亡的思想号召下，1938 年 3 月 3 日至 6 日，在阜平县城召开了晋察冀边区工人抗日救国会的筹备会第一次大会，参会人员是来自边区各地的工人群众代表。经过讨论表决，会议最终做出正式成立边区工人抗日救国会的决定，选举王文兴为主任。

晋察冀边区工人抗日救国会成立后，制定了组织章程和工作

---

①《抗战 1 周年四分区党的工作报告与总结》(1938 年 7 月 28 日)，政协河北省委员会编:《晋察冀抗日根据地史料汇编》上，第 323 页。

纲领，确定了工作宗旨，即在中国共产党领导下，团结全边区的“矿产工人、手艺工人、雇农、店员、职员参加抗战，以加强抗战力量，拥护工人利益，提高工人政治文化水平，实行抗战建国纲领，争取民族和工人之解放”①。工人抗日救国会的会员来自全边区各产业工会、各县工会以及各地方性的工会。在组织形式上，该会以全边区所属各工会会员所选举的代表构成组织，秉持民主集中制的原则，由代表大会选举19人至21人组织本会执委会，在执委会第一次会议上推选5人至7人组成常委会，然后由常委会推举主任、副主任各1人，其下设5部，分别负责总务、组织、宣传教育、抗战动员和劳动保护，各部设部长1人，由常委会互推担任；此外，各部工作繁忙时可设干事若干人，依行政系统下设各专区工会。根据规定，工人抗日救国会委员任期1年半，但得连选连任。在行政职权上，全边区工人代表大会是该会的最高职权机关，代表大会闭幕期间最高权力机关为执委会；常务委员会处理本会一切问题；正、副主任规划该会全盘工作，领导各部工作，主持一切会议及对外交涉。工人抗日救国会所设各部，具体职权是：总务部，负责文书、会计、收发、总务事宜；组织部，负责组织、调查、统计、分配事宜；宣传教育部，负责宣传、教育、指导、编辑、文化、娱乐事宜；抗战动员部，负责组织和发动工人参加抗战及一切抗战动员工作；劳动保护部，负责工人的经济合作、调解劳资双方的关系、介绍工人职业、提高生产率等。工人抗日救国会专区工会负责领导边区各县工作并督促及帮助边区工作。在工作方式上，工人抗日救国会定期召开会议组织开展工作，其中工人代表大会每1年半召开1次，必要时由执委会

---

①《晋察冀边区工人抗日救国会组织章程》(1939年7月)，政协河北省委员会编：《晋察冀抗日根据地史料汇编》上，第889页。

或会员团体1/2以上的提议得召开临时会议；执委会每半年召开1次，必要时由执委会2/3以上提议得召开临时会议；常委会每半月召开1次，必要时由主任召开临时会议。在组织纪律上，工人抗日救国会所属各会员团体必须遵守本会章程，执行本会决议案，如有违犯者得由本会执委会或常委会决议通过进行处分。在运行经费上，工人抗日救国会的活动经费主要有3种来源：一是各工会交纳的会费，每2个月交1次，数目相当于该工会每2个月整体收入的10%—30%；二是政府每月给予的津贴；三是临时由会员团体及其他个人进行捐助的费用。①

晋察冀边区工人抗日救国会成立后，相继建立起专区、县、区、村各级工会组织。例如，到1938年7月间，在平山县先后组织起120个村的工会组织，2 000来名手工业者及雇农成为会员。盂县建立2个村工会，有会员55人。灵寿县建立起32个村工会，会员千余人，主要是半农半工的织布工人。② 为进一步推动工人抗日救国会组织的发展，中共中央于1939年4月12日通过了《关于开展职工运动与“五一”工作的决定》。该决定强调指出：“我们党在工人运动中基本的方针，是与各抗日党派、各抗日团体的工人运动进行统一战线，在统一运动中把工人组织起来，积极参加战争的各方面工作，在抗战中去解决工人失业、饥饿与改善工人阶级政治、经济、文化的地位，以增加抗战建国的力量。”③在政府的政策宣传下，

---

①《晋察冀边区工人抗日救国会组织章程》(1939年7月)，政协河北省委员会编：《晋察冀抗日根据地史料汇编》上，第889页。

②《抗战1周年四分区党的工作报告与总结》(1938年7月28日)，政协河北省委员会编：《晋察冀抗日根据地史料汇编》上，第323页。

③ 晋察冀边区革命史编纂委员会编：《晋察冀边区革命史编年》，石家庄：河北人民出版社，2007年，第286页。

晋察冀边区的工会更加积极活动，不断扩大工人组织力量，带领工人英勇参加边区敌后抗战，到 1941 年边区工会成立 3 周年时，取得一定成绩，通过边区工人抗日救国会的各方面表现，说明了“中国工人阶级是中华民族最优秀的儿女，是中华人民最先进的分子，是中国革命的基本力量”①。

此后，随着日军自 1941 年起对边区进行大“扫荡”，边区发展面临很大困难，根据地面积日益缩小，工人抗日救国会也受到影响。1941 年 5 月，工人抗日救国会开始与农民抗日救国会、青年抗日救国会、妇女抗日救国会等群众团体进行合并，把群众力量集中起来，联合成立晋察冀边区各界抗日救国联合总会，原工人抗日救国会成为各界抗日救国联合总会附设的工运部。革命形势的变化，也直接影响着群众团体工作任务的变动。1943 年 6 月 28 日，冀晋区抗联工运部长会议召开。会议明确指出了工运面临的两个问题，即如何领导各业（主要是手工业）工人的生产及如何组织沦陷区工人。为推进工作，会议通过《冀晋区发展手工业生产的几个问题》，强调指出：“在工运领导上以往曾有过狭隘保守的思想与工作中的孤立主义现象，必须加以克服。”②1944 年，革命形势变化，工人、农民、妇女等救国会组织逐渐恢复建立。在随后的抗战反攻过程中，工人运动取得很大成绩。可见，工人抗日救国会作为工人群众的抗日救国统一战线组织，其组织形式是随着革命形势需要不断变化的，工作任务也不断调整，但组织工人力量团结起来进行革命斗争的宗旨是不变的。

---

① 《献给晋察冀边区工会成立 3 周年》（1941 年 3 月 7 日），政协河北省委员会编：《晋察冀抗日根据地史料汇编》中，第 1529 页。

② 晋察冀边区革命史编纂委员会编：《晋察冀边区革命史编年》，第 604 页。

二、农民抗日救国会

在晋察冀边区群众运动开展过程中，边区政府极为重视农民的作用，并特别注意对广大农民的动员。因此，农民抗日救国会作为一个重要群众团体组织，得以较早建立起来。1938 年 3 月 3 日至 6 日，晋察冀边区农民抗日救国会筹备会在阜平县城召开第一次代表大会，决定正式成立边区农民抗日救国联合会，杨耕田当选为主任。农民抗日救国会成立后，制定了组织章程及工作纲领。这为之后的工作开展指明了方向。

按照《晋察冀边区农民抗日救国会组织章程》的相关规定，农民抗日救国会接受边区政府的领导，其宗旨是：团结全边区的广大农民，加强对全边区农民救亡运动的领导，广泛动员全边区农民参加人民武装、参加抗战，并努力发展边区的农业经济，保护边区农民的经济生活、政治生活和文化生活的利益，早日争取全民族的解放。其会员范围广泛，凡是参加农业生产的农民，只要遵守本会章程，执行本会决议案，均可成为本会会员，不对其民族、党派和信仰做出特别要求。但是，《晋察冀边区农民抗日救国会组织章程》也明确指出有 3 种人不得入会，即一切汉奸、卖国贼、托洛斯基派叛国分子，压迫农民与不参加农业生产者，流氓地痞及有不良嗜好者。①

农民抗日救国会以民主集中制为组织原则，其各级委员会的委员与代表会的代表，均通过会议选举产生，选举人有权随时撤换人选；本会一切重要问题均经集体讨论决定，但经多数决定后，少数须服从多数，形成一致决议后开始执行；为保障工作的顺利开

---

①《晋察冀边区农民抗日救国会组织章程》(1940 年 7 月)，政协河北省委员会编：《晋察冀抗日根据地史料汇编》上，第 906 页。

展，把政策决议落实贯彻下去，下级组织要服从上级组织的指示。在组织形式上，基本组织为村农民抗日救国会委员会，由会员大会选举5人至7人组织之；有5个村农会以上的区，即可成立区农救会执行委员会，其组织由全区代表大会选举7人至11人构成，进而由执委会通过选举推出3人至5人，组成常务委员会；有2个区委员会以上的县，即可成立县农救会执行委员会，其组织由县代表大会选举9人至17人构成，进而由执委会通过选举推出5人至7人，组成常务委员会；按行政区成立各区农救会委员会，其组织由各区代表大会选举7人至13人构成，进而由执委会通过选举推出3人至7人组成常务委员会。区以上各级委员会，均设立组织部、宣传教育部、生活改善部、武装动员部及秘书处等机构。在行政职权上，农民抗日救国会的最高权力机关是全边区代表大会，代表大会闭幕期间，负执行之权的执行委员会即为最高权力机关。执行委员会组织由全边区代表大会通过选举推出21人至31人构成。在工作方式上，农民抗日救国会定期召开会议组织开展工作，其中全体代表大会每年举行1次，各行政区及县级代表大会每年1次，县以下区级代表大会每半年1次，村级会员大会每月1次，均由各该委员会召集。全体执行委员会每4个月召开1次会议，各行政区执行委员会每2个月召集1次，县执委会每2个月召集1次，区执委会每月召集1次，村委员会每半个月召集1次，小组会议每10天1次，除村委员会由主任召集，小组会议由小组长召集外，其余均由常务委员会召集各级执委会会议。各级常务委员会及工作会议一般每周召集1次，如遇有特殊事故，农民抗日救国会会员大会、代表大会、各级委员会均得召集临时会议及各种工作会议。在运行经费上，农民抗日救国会的经费主要有3种来源：一是会员日常用费，按照会员的生活情形，每月收取2大枚以上（贫苦者经农会组织批准，可免收或减收）；二是会员自动捐助经费，多少不限；三是政府资助费。县级农民抗日救国会经费须统一分配，一方面根据区农救会情形进行分配，另一方面县农救会每月交边区农救会3元以上会费，此外对村农救会组织酌发一些办公费。① 在组织纪律上，农民抗日救国会会员要履行会员义务，包括交纳会费、遵守章程、服从决议及参加各级组织内工作等事项。在经费使用方面，由全体代表大会选出保管委员会，专门负责保管农民抗日救国会基金，基金支出必须经执行委员会会议通过，否则不得动用。此外，各级委员会的账目信息受到监督，除每月须向会员公布外，还要向上级报告。如果会员经常违反本会章程决议，或有不利于本会的行为，并经过训诫不改，得经村会员大会通过，开除会籍。②

晋察冀边区农民抗日救国会是农民阶级的统一战线的组织，制定了详细的工作纲领。

第一，积极动员广大民众参加抗战，广泛建立农民武装组织，例如战时游击队、自卫队等。此外，为配合作战服务，还有运输队、担架队、慰劳团等组织。对抗日军人家属予以优待，并帮助他们解决日常生活中的困难。

第二，注重发展抗战时期的农业生产，在生产技术方面不断改进，扩大耕地面积，发展水利灌溉，还建立了农业互助组及劳动借贷所等服务组织，帮助贫苦农民解决种子问题，并帮助农民开展耕种收割作业。此外，还成立代耕团，专门对抗日军人家属开展农耕生产帮扶活动。造林及家庭副业也是其比较注重的方面。

---

①《晋察冀边区农民抗日救国会组织章程》（1940年7月），政协河北省委员会编：《晋察冀抗日根据地史料汇编》上，第907页。

② 大团结社编：《民众动员工作指南》，大团结社，1938年，第23页。

第三，以抗日高于一切为总体原则，不断改善人民生活，正确执行边区政府颁布的减租减息、整理债务、合理负担等有关政策，对有利于抗战的一切公共事业均予以积极支持，对贫民、灾民和难民积极给予救济，还专门成立难民工作介绍所，为解决难民就业服务。此外，还成立灾民难民垦荒团，以及低利借贷所、粮食借贷所等组织，并且注意保存旧仓库，募集粮食，帮助灾民难民解决实际困难，发展生产。

第四，全力支持政府制定的战时财政经济政策，向民众进行广泛宣传。在缴纳田赋方面，通过宣传使民众认识到完纳田赋的重要性，兴起颇有影响的完粮救国运动；在税收方面，通过宣传，帮助政府征收合理税收，为政权建设及抗战需要提供保障；在金融方面，通过一系列措施，一方面维持法币与边区银行所发行钞票的信用，另一方面根据形势渐次取消土票，进而逐步调整并统一边区金融。此外，为防止敌人扰乱边区金融秩序，严格对钞票使用情况进行检查，杜绝一切伪票；在民众中发起推销救国公债、救国公粮行动，开展储粮运动。

第五，在农民中实行互助合作制度，内容包括生产合作（例如在农具、种子、牲畜使用方面互助合作）、运销合作（主要是运输过程中开展合作，降低运销成本等）、信用合作（主要是通过合作为缺乏资金的农民提供无利借贷、低利借贷服务等）、消费合作（主要是成立农民合作社等），为解决农民生产生活中的困难找到办法。

第六，注重开展农民教育活动，使农民的文化知识不断增长，同时注重在农民中开展思想政治教育，不断提高他们的政治觉悟，从民族大义、国家存亡的层面，激发农民的民族自尊心，使他们能自觉为挽救民族危亡而积极投身抗战行动，坚定抗战胜利的自信心，坚持把抗战进行到底。在具体实践中，积极响应政府发起的识字运动号召，成立了识字班、农民夜校、冬学、新文字小组，通过辅导制、“小先生”制等形式帮助农民学习文化；对农民干部及会员，专门成立干部训练班、流动训练班，帮助他们增长文化知识，并注意开展政治教育，训练他们的政治素养；广泛印发大小刊物，通过这些通俗刊物扩大政治宣传；在主观上，开展思想批判活动，反对自由散漫、脱离工作及逃跑现象，反对怠工及悲观情绪，引导民众积极行动，对抗战胜利充满信心。

第七，在边区社会关系处理方面，实行民主政治，不断改善军政关系，加强军政民之间的联系。响应边区政府民主运动的号召，在边区实行普选运动，并不断扩大范围和影响，鼓励农民积极参加选举，充分行使民主权利；鼓励农民对政府行政事务予以关注，随时提出积极建言或者批评意见，并对政府肃清贪污法令予以支持；为增进军政民之间的了解，对军政联席会及军民联席会不断充实并加强完善，使军政民之间的沟通顺畅，在必要时，通过召开军政民联席会议的方式，增强军政民之间的密切关系。

第八，对汉奸托派严厉打击，全力铲除，以便为抗战前线与后方提供巩固的基础，并且切实坚壁清野，不断给敌人增加困难，为抗战胜利创造条件。为此，各农会在实际行动中，一方面加强宣传，对汉奸托派的罪恶以及骗人的外表予以揭露，提高民众的政治识别能力，使民众加强警惕，同时通过广泛宣传，扩大民众对坚壁清野意义的认知，使民众能自觉与自卫队建立密切联系，帮助军队工作，彻底铲除汉奸托派，对敌伪工作也积极加强争取；另一方面，加大侦察力度，成立秘密锄奸小组，构建严密的侦察网络，加强自卫队的岗哨工作。①

① 《晋察冀边区农民抗日救国会工作纲领》(1939 年 5 月 15 日)，政协河北省委员会编：《晋察冀抗日根据地史料汇编》上，第 884—885 页。

晋察冀边区农民抗日救国会成立后，很快得到广大农民的积极响应。在平山，农会在农村中普遍建立起来，总计有400余个村，3.5万余名会员。灵寿县的农会也建立起来，主要有三区、二区，会员有3万余人。盂县农会经过切实的整理，建立起112个村农会，会员3 927人。阳曲县建立9个村农会，会员620人。井陉县接近日军据点，农会组织采取秘密形式，正式建立了20余个村农会，会员2 000余人。正定五区建立了4个村农会。① 1938年5月初，冀中区农民抗日救国会成立，并召开代表会议，选举逯开山为主任，郑靠山为副主任。②

农民抗日救国会初建时期，在工作中曾出现了一些"左"倾的错误。例如，为发展会员，有些地方只注意到减租减息的经济要求，没有把抗日提到第一位，甚至在发展会员时不问职业、不问性别。盂县为发展农会会员，派人到农村组织村农会，穿着军衣，找村长打锣，召集村民开会。当时，一般民众还不甚了解农会，有的村庄认为这又是公事，"不办是顶不过去"，于是用支应差事的方式把牌子挂起来。结果出现这种情况：如果穿上老百姓衣服去问村里有没有农会，村民回答"没有"；如果穿着军衣去问，村民立即答复"有"。有的地方，一开始没有把握住统一战线的原则，在抗日斗争中只注意到对地主的斗争，实行减租减息，实际变成了不交地租利息。有的地方(如灵寿)在减租减息斗争中没有把群众的要求统一起来，结果造成一处一样，如"二五""三七""五五""四六""六四"

---

① 《抗战1周年四分区党的工作报告与总结》(1938年7月28日)，政协河北省委员会编：《晋察冀抗日根据地史料汇编》上，第321页。

② 冀中人民抗日斗争史资料研究会编：《冀中人民抗日斗争文集》第10卷，北京：航空工业出版社，2015年，第3635页。

“一九”的减租，吓得一些地主逃走。① 这些问题的存在，一定程度上反映了当时农民抗日救国会组织还不健全，缺乏工作经验，需要在历练中不断完善。

针对农民抗日救国会组织不健全的情况，各地农民抗日救国会组织逐渐形成深刻的认识，提出一些改进办法。例如，沁县农民代表大会上通过新的农救组织法，要求开展以下加强农救会的工作：(1)迅速建立区农民救国会，必须选拔各区最积极最热心且直接参加生产的农民为干部；(2)改组村农民救国会，在进行改组时注意须一律根据新组织法进行，选出新干部，清除旧的不健全的干部。② 有些社会人士也积极提出参考意见，在报刊上发表文章，为农民救国会的组织建设提供建议。例如，《战旗》刊物曾发表《组织农民救国会之途径》一文，作者在文中指出，组织农民救国会，政治号召必须与生活斗争紧密联系起来，要在不断的斗争过程中，来发现和培养新的干部，要成立农民救国联合筹备会。为保证农民救国会成为一种有力量的组织，该文提出 4 点具体意见：第一，农民救国会必须是发动广泛群众运动中心的一环，必须使得农民大众认为它是他们自己的有力的组织。第二，农民救国会必须是改善人民生活、彻底实行合理负担的执行者、保证者，这样才能提高农民的自动性与积极性，使农民救国会健全起来。第三，农民救国会必须是实行民主权利、改革政治机构的骨干。第四，农民救国会是

①《抗战 1 周年四分区党的工作报告与总结》(1938 年 7 月 28 日)，政协河北省委员会编：《晋察冀抗日根据地史料汇编》上，第 321 页。

②《关于组织并加强农民救国会》，民族革命社编：《民族革命与农民运动》，民族革命社，1938 年，第 33—34 页。

肃清汉奸及一切阻碍动员工作的坏官、坏绅、坏人的组织和领导机关。①

为推动农民抗日救国会的健康发展,1938年5月10日,边区农民抗日救国会在五台县石咀村举行第一次执委会,针对发动农民参加抗战、组织自卫队、搞好春耕、建立健全各级农救会组织等问题进行认真讨论,并落实了具体措施。会议决定最要抓好的几件工作是:发动群众参加游击队、义勇军,每县60人(不完整的县40人);组织纳粮购公债宣传周,时间为16日至22日;开展建立模范农会活动,每个县要建立一个模范区农会,每个区建立一个模范农会。② 在此次会议精神指导下,边区农民抗日救国会在工作中取得了一定成绩。在战争动员(如抬担架、运输)、财政动员(如推销救国公债)、春耕运动(包括帮助军属代耕垦荒)等工作中,农民抗日救国会均发挥了积极模范作用。此外,在动员农民捐献慰劳品、支援军队方面表现更是踊跃。例如,在为温塘战斗及阳历年节进行动员慰劳品时,平山农民抗日救国会收到成山成堆的慰劳品,包括猪羊肉3 000斤、鸡蛋七八千只、白菜2 000斤、大米五六担、薏米2石多、钱20余元,送到徐旅曾支队、第一一五师教导队、政治部、军分区。③ 农民抗日救国会在反贪污斗争方面也取得一些成绩。例如,在平山县,农民抗日救国会有一次领导700余名群众反村长,向县政府请愿,游行示威,最终取得斗争胜利。在灵寿县,曾动员300余人反对军用代办所的用大斗旧秤收、小斗新秤出,从中渔

① 《组织农民救国会之途径》(原载《战旗》第6号),民族革命社编:《民族革命与农民运动》,第40—43页。

② 晋察冀边区革命史编纂委员会编:《晋察冀边区革命史编年》,第219页。

③ 《抗战1周年四分区党的工作报告与总结》(1938年7月28日),政协河北省委员会编:《晋察冀抗日根据地史料汇编》上,第321页。

利的做法，通过斗争取得胜利。①

在随后的两年中，冀中区农民抗日救国会的工作成效较为突出，成绩也较为显著。冀中区农民抗日救国会尤其注重工作总结，根据形势及时调整工作任务。1940 年 11 月，冀中农救会召开了第三次代表大会，贯彻《双十纲领》精神，总结了一年来的农会工作，提出今后进一步巩固农村统一战线的方针。1941 年 12 月 26 日，冀中农救会召开扩大干部会议，进一步总结一年来的工作，确定今后的工作方针，决议继续开展敌占区、近敌区、落后区的工作，克服工作上的不平衡；健全集体领导分工负责和严格检查制度，加强区级领导；发动会员投资成立农业促进社，作为专门研究改良农业技术的实践场所。② 通过细致的工作，冀中区农民抗日救国会取得出色成绩。截至 1941 年 7 月统计，冀中农会组织有：冀中农会 1 个，专区农会 4 个，县农会 37 个，区农会 245 个，村农会 5 342 个，会员 471 815 人。各级开办训练班 156 期，培训干部 17 191 人。办农民识字班 2 707 个，学员 72 918 人。会员参军 12 801 人，动员了大批物资支援抗战和救济灾荒。此外，积极开展减租减息和民主建政工作，一年来减租 882 465 亩，减钱租 79 657 元，减粮租 14 954 石。③

从 1941 年起，随着日军对边区进行大“扫荡”，边区发展陷入困境，根据地面积日益缩小，农民抗日救国会也直接受到影响。

---

①《抗战 1 周年四分区党的工作报告与总结》(1938 年 7 月 28 日)，政协河北省委员会编：《晋察冀抗日根据地史料汇编》上，第 321 页。

② 冀中人民抗日斗争史资料研究会编：《冀中人民抗日斗争文集》第 10 卷，第 3651、3660 页。

③ 冀中人民抗日斗争史资料研究会编：《冀中人民抗日斗争文集》第 10 卷，第 3658—3659 页。

1941 年 5 月，农民抗日救国会与工人抗日救国会、青年抗日救国会、妇女抗日救国会等组织开始合并，集中力量，联合成立晋察冀边区各界抗日救国联合总会，原农民抗日救国会成为各界抗日救国联合总会附设的农运部。此后，随着革命形势的变化，农民群众抗日救国团体组织又逐渐得到恢复，其工作任务也随着革命形势的变化而不断调整变动，继续发挥自己的作用。

三、妇女抗日救国会

抗战时期，广大妇女成为中国共产党领导抗日民族统一战线、开展广泛社会动员的一支重要力量。为有效加强党与边区妇女群众的联系，在晋察冀边区，妇女抗日救国会组织应运而生。全国抗战爆发之前，国民党在晋察冀地区也建有具有官方色彩的妇女组织，即在国民党党部下设立的妇女部、妇运委员会及妇女协会。这些组织多偏向上层知识分子妇女，以城市为主，占妇女人口绝大多数的底层农村妇女不在其中。中国共产党自成立以来，十分重视妇女工作，历届代表大会都非常关注妇女问题。1937 年七七事变后，八路军来到阜平，为充分发动群众支援抗战，首先成立了战地抗日救国总动员会，这是一个由中国共产党领导的具有半政权性质的群众组织。为了广泛动员边区广大妇女积极参加抗日救国活动，有些地区的动委会在内部专门设立了妇女部，有些地区则直接在动委会带领下成立了各级妇女抗日救国会。1937 年 11 月，阜平县妇女抗日救国会最早成立；12 月，完县建立妇女抗日救国会；到 1938 年春，平山县相继组建 10 个区妇救会，并且开始重点筹建部分村妇救会。早期的各地妇救会组织比较分散，没有专门的组织领导机构及工作纲领。直到 1938 年 1 月，随着晋察冀边区临时政府的正式成立，为了动员和领导敌后抗日根据地的各界妇女参加抗战，组建专门妇女团体之事被提上日程。1938 年 3 月 3 日至 6 日，在边区政府的大力支持下，边区首届妇女代表大会正式召开。大会正式宣布，晋察冀边区妇女抗日救国会成立。晋察冀是诸多敌后抗日根据地中最早成立妇女抗日救国会的根据地，标志着根据地妇女界的统一战线开始建立起来。

晋察冀边区妇女抗日救国会成立后，积极开展抗日救国宣传，不断扩大组织建设。1938 年 3 月 8 日，冀中妇女抗日救国会筹备委员会在安平成立。5 月 15 日，随着冀中首次妇女代表大会的召开，冀中区妇女抗日救国会在安平正式成立，制定了各级妇女抗日救国会组织章程，推举赵亚平为主任，郭茂桐为组织部长，杨沫为宣传部长。当时已有 20 余个县建立了妇救会或动委会的妇女部，区村一级也有不少妇救会以及妇女识字班等群众组织。① 随着边区妇女抗日救国会宣传工作的不断深入，报名成为会员的妇女人数不断增加。据统计，到 1938 年 7 月，平山有 205 个村建立了妇救会，有会员 4 412 名；灵寿有 70 多个村建立了妇救会，有会员 2 600 余名；井陉以秘密方式在 15 个村建立了妇救会，发展会员 250 名；盂县在 34 个村建立了妇救会，发展会员 844 名。② 同年 10 月，据北岳区的统计资料，该区妇救会组织发展非常迅速，各级组织次第建设起来，其中县级有 28 个，区级有 154 个，村级有 13 035 个，会员达到 20 万人。③ 1939 年 4 月 12 日，晋察冀边区妇救会召开第三次代表大会，总结了一年来的工作经验，决定各级妇救会添设武装

---

① 冀中人民抗日斗争史资料研究会编：《冀中人民抗日斗争文集》第 10 卷，第 3634 页。

②《抗战 1 周年四分区党的工作报告与总结》（1938 年 7 月 28 日），政协河北省委员会编：《晋察冀抗日根据地史料汇编》上，第 322 页。

③《晋察冀边区妇运发展概况》，晋察冀边区北岳区妇女抗日斗争史料编辑组编：《晋察冀边区妇女抗日斗争史料》，北京：中国妇女出版社，1989 年，第 482 页。

自卫、青年妇女两部，旨在加强领导青年妇女以及妇女自卫队的工作，也有利于促进妇救组织与部队之间的联系。至此，晋察冀边区妇救会的组织建设发展进入新的阶段，其中村级组织增加到 3 749 个，区级 145 个，县级 30 个，会员达到 170 292 名。① 另据统计，到 1939 年 10 月，冀中地区有村妇救会 1 400 个，会员 12 万人，普遍成立了妇女识字班和妇女自卫队。到 1940 年春，全冀中有专区妇救会 5 个，县妇救会 30 个，村妇救会 2 295 个，会员 220 772 人，妇女识字班 1 247 个，自卫队 6 637 个。② 此后，各级妇女抗日救国会组织规模继续壮大。

到 1940 年 7 月，随着晋察冀边区第四次妇女代表大会的召开，边区妇救会的组织建设日益健全。经讨论，《晋察冀边区妇女抗日救国会组织章程》在此次大会上正式通过。该章程明确了妇救会组织的宗旨，即团结带领全边区的各妇女运动组织不断发展，广泛动员边区的广大妇女真正参加到抗战建国的伟大事业中来，努力争取抗战建国事业的最后胜利，实现新民主主义共和国，推动妇女解放事业发展。组织章程还对会员、组织形式、职权、会议制度、会费等内容进行了明确规定。具体如下：

第一，关于会员资格，明确规定了年龄限制，即“年满 15 岁以上的妇女”，对于组织章程应该秉持的态度，即“承认并遵守本会组织章程及执行本会一切决议”，以及是否有种族之别、是否有宗教和信仰之分、是否有党派和职业之别、是否有阶级之分的限定，即“不分种族、宗教、信仰、党派、职业、阶级”，一句话，凡是符合以上

① 晋察冀边区北岳区妇女抗日斗争史料编辑组编：《烽火巾帼》，北京：中国妇女出版社，1990 年，第 11 页。

② 冀中人民抗日斗争史资料研究会编：《冀中人民抗日斗争文集》第 10 卷，第 3646—3648 页。

条件的妇女全都可以成为“本会会员”。入会手续方面，需经过会员 1 人的介绍，常委会通过后实行登记。会员享有选举权与被选举权、参加本会向本会建议权、参加本会一切活动并享受本会所举办事业利益的权利，同时会员也有遵守本会章程、执行本会决议、服从本会纪律、按时交纳会费的义务。

第二，关于组织原则及组织形式与职权，规定本会以民主集中制为组织原则，在组织形式上设立边区、专区、县、区、村各级妇救会。各级妇救会委员及代表均由选举产生。妇救会组织的最高权力机关是全边区妇女代表大会，在妇女代表大会闭幕期间，由执行委员会担任最高权力机关。执委会与常委会为各级妇救会的常设机构，全面负责该组织建设的具体工作。其中，执委会由代表大会选举执委 29—35 人、候补执委 4 人组成，执行大会负责一切事宜，任期 1 年，连选得连任。常委会由执委会执委中推选常委 5—7 人组成，处理经常工作，任期 1 年，连选得连任。常委会设正、副主任各 1 名，正主任主要负责妇救会的全盘工作规划及推动执行，并督促、指导、检查各部门工作执行情况，副主任协理一切事宜。常委会下还设有生活改善、组织、宣传、武装、青妇 5 部及秘书处。其中，生活改善部的任务，主要是调查各地妇女生活，帮助解决困难，号召妇女参加生产，并给介绍工作；组织部的任务，主要是通过细致周密的调查，全面了解培养和分配妇救干部，考查并统计各种工作进展，收取妇救会费，健全妇救组织生活；宣传部的任务，主要是对干部会员及妇女群众开展教育，编印各种有关的宣传材料及时向外界进行传播，主持召开各种宣传工作会议，并负责领导宣传队及训练班开展工作；武装部的任务，主要是推动、研究、督促、检查妇女自卫队的工作；青妇部的任务，主要是对青年妇女进行教育，调查了解青年妇女的特殊问题并帮助其解决，在青年妇女中发起学习运动，充分调动其积极性，并且注重加强青年妇女的文化娱乐工作；秘书处的任务，主要是负责管理妇救组织的一切经济事宜，还要执行会计任务，负责保管收发文件以及各种杂务等。

第三，关于工作会议，规定边区妇救会代表大会每 1 年召开 1 次，如有 2/3 会员提议得临时召开；执委会每 6 个月召开 1 次，必要时得临时召开；常委会每 7 天 1 次，必要时开临时会。专区妇救会代表大会每 1 年召开 1 次，如有 2/3 会员提议得临时召开；执委会每 3 个月召开 1 次，常委会每 10 天召开 1 次，必要时各得召开临时会。县妇救会代表大会每 1 年召开 1 次，如有 2/3 以上会员提议得临时召开；执委会每 3 个月召开 1 次，常委会每 10 天召开 1 次，必要时各得召开临时会。区妇救会代表大会每 1 年召开 1 次；执委会每月召开 1 次；常委会每 7 天召开 1 次，必要时各得召开临时会。村妇救会会员大会每月召开 1 次；执委会每半月召开 1 次；常委会每 5 天召开 1 次；小组会每 10 天或半月召开 1 次，各会遇必要均得召开临时会。

第四，关于会费，规定会员每人每月至少交纳会费 1 大枚，各县对各专区每月可纳会费 2/5，各专区对边区交纳会费 2/5，如有特殊情形经上级批准可少交或免交。妇女抗日救国会的活动经费主要来源于会费及政府补助。①

根据组织章程，晋察冀边区的各级妇女抗日救国会在内部机构设置上基本一致，只是根据各自所处的级别，在具体工作的侧重点和工作方式上有所不同。其中，边区妇救会是最高的领导机关，其职责是向下传达中共中央及边区政府有关妇女问

---

①《晋察冀边区妇女抗日救国会组织章程》(1940 年 7 月)，政协河北省委员会编:《晋察冀抗日根据地史料汇编》上，第 910—912 页。

题的各项方针、政策，以及中共中央及边区政府保障妇女权益的相关法令、规章，还要将边区妇女工作情况及时向边区政府和中共中央进行汇报。县、区两级妇救会组织的任务是，具体执行边区妇救会安排的妇女工作，起到承上启下、密切妇救组织与妇女群众之间联系的作用。村妇救会是最基层的妇救组织，直接接触广大妇女群众，最了解妇女群众的要求与疾苦，工作方法更加灵活。

在1940年7月召开的边区第四次妇女代表大会上，制定并颁布了《晋察冀边区妇女抗日救国会工作纲领》。该工作纲领明确指出，边区妇救工作主要围绕以下方面开展：第一，广泛宣传动员广大妇女加入妇救组织，不限阶级、党派、种族、宗教信仰，为推动妇女统一战线的不断巩固与发展，号召妇女积极参加抗战建国工作，努力建成新民主主义的共和国；第二，通过宣传教育，使广大边区妇女成为拥护抗日民主政府、抗日队伍以及抗日民族统一战线的重要力量；第三，为实行真正的民主宪政，充分动员妇女参政，提高妇女地位，充分发扬民主作风，反对投降、分裂、倒退及主张一党专政的一切言行；第四，动员广大妇女积极支援前线，自觉做好后勤保障，对妇女自卫队加强领导，以促进边区政权巩固并不断发展壮大；第五，强化对妇女的思想政治教育，尤其是要深入开展新民主主义教育，通过教育不断提高广大妇女的知识水平与政治素养；第六，积极改善妇女生活状况，认真解决妇女所面临的一切困难，切实执行中共中央及边区政府关于妇女生活改善的一切法令，动员广大妇女积极参加生产劳动，提高广大妇女的经济社会地位；第七，动员边区广大妇女积极参加抗日斗争，倡导保护母亲和儿童，反对日本侵略者对妇女儿童的一切侮辱迫害；第八，密切与全国及华北各抗日妇女组织的联系，力争实现全国妇运统一，反对一切分裂、压迫、统制妇运发展的行为。①

在边区妇女抗日救国会工作纲领的指引下，各项妇女工作不断推进，取得良好效果。首先，积极宣传抗战救国、统一战线的方针政策，动员组织妇女群众行动起来，加入妇救会组织，促使妇女统一战线进一步巩固。在开展宣传动员工作过程中，边区各级妇救会组织通过深入群众家庭，挨家挨户谈话，组织宣传队，开展文艺会演，散发传单、标语等形式，在妇女群众中广泛宣传抗日救国主张。通过宣传动员，妇女抗日救国会规模不断壮大。据统计，1942 年边区妇救会会员已达 30 万人。在冀中区，一年内新建立村妇救会 789 个。②

其次，贯彻落实党与边区政府制定的有关妇女保护及妇女解放事项的政策法令，开展文化教育，促进妇女身体健康与心理健康共同发展，积极引导妇女参政议政，进而推动妇女解放事业不断前进。党与边区政府为保障妇女权益，推动妇女解放运动的发展，在法制建设方面，出台了一系列维护妇女权益的法令规章，为妇女工作的开展提供了法律基础。1941 年 3 月 10 日，彭真应邀出席晋察冀边区各界妇女纪念“三八”国际妇女节暨边区妇救会成立三周年大会干部会，并发表演说《关于妇女解放基本问题》。③ 除了宣讲政策法令，各级妇救会组织还积极帮助妇女解决实际问题，保护妇女利益。例如，1942 年 2 月，仅冀中 5 个县即处理解决妇女问题7 446件(其中婚姻问题 761 件，妇女继承权问题 312 件，调解家庭纠纷

---

①《晋察冀边区妇女抗日救国会工作纲领》(1940 年 7 月)，政协河北省委员会编:《晋察冀抗日根据地史料汇编》上，第 909 页。

② 冀中人民抗日斗争史资料研究会编:《冀中人民抗日斗争文集》第 10 卷，第3662 页。

③ 晋察冀边区革命史编纂委员会编:《晋察冀边区革命史编年》，第 418 页。

6 373件)。[1] 此外,妇幼保健工作得到加强。在 1940 年召开的边区第四次妇女代表大会上,通过讨论决定成立 4 个保育院,分布在晋东北和冀西各 2 个。随后,在 1941 年 3 月 11 日,针对战时儿童保育问题,晋察冀边区党政军民各界领导协商,决定在全国战时儿童保育会下设立晋察冀边区分会。1945 年,一专区平定、盂平、五台、定襄 4 县,四专区完县、望都、定唐、阜平 4 县,以及五专区井陉、行唐 2 县,全部开办了妇婴卫生训练班,而四专区定北县在设立了新接生员后,还普遍举办了"新接生员、村干部、小区委员训练班"。[2] 训练班的开设,吸引了广大妇女前来学习,进而向边区妇女宣传了卫生健康知识,为深入组织发动群众奠定基础。边区各级妇救会还通过设立妇女识字班、文盲学校、妇女冬校等机构,对农村妇女进行文化教育,提升其文化素养。例如,1940 年春,据统计,冀中区开设妇女识字班 1 247 个。在普及小学义务教育中,据武强等 12 县统计,女生占学生总数的 45.5%。[3] 在推动妇女参政议政方面,1938 年边区第一届军政民代表大会通过《妇女问题决议案》,为妇女群众参政议政提供了有力保障。其后,在边区政府大力推进的村选运动中,各级妇救会积极行动起来,广泛动员广大妇女积极参加竞选。据有关记载,在 1939 年底晋察冀边区平山、唐县、灵寿、完县、曲阳等 5 县进行的基层改选中,当选为村长、副村长、村政委员、村代表的妇女"共计将近 2 000 人"。[4] 此后,1940 年 6 月,《晋察冀边区暂行选举条例》由边区政府审议通过,为保障妇女的权益提供了法律支持,为进一步推动边区妇女参政议政工作的开

① 冀中人民抗日斗争史资料研究会编:《冀中人民抗日斗争文集》第 10 卷,第 3662 页。
② 晋察冀边区北岳区妇女抗日斗争史料编辑组编:《烽火巾帼》,第 91 页。
③ 冀中人民抗日斗争史资料研究会编:《冀中人民抗日斗争文集》第 10 卷,第 3648 页。
④ 朱汉国主编:《中国社会通史》(民国卷),第 205 页。

展提供了助力。

再次,积极组织边区妇女参加生产。妇女是边区生产建设的一支重要依靠力量。在边区各级妇救会的组织带领下,广大妇女积极投入生产劳动,在开荒、修滩、植树、纺织、养鸡、养猪等多方面发挥了积极作用。据不完全统计,到 1942 年 2 月,冀中区安平等 5 个县妇女代耕 2 164 363 亩,建设妇女菜园 464 个,并完成了养殖 10 万头猪和 100 万只鸡的任务。① 边区妇女群众通过参加生产,改善了家庭经济条件,一定程度上也促进了妇女地位的提高,为根据地建设发展以及妇女解放事业推进奠定坚实基础。

最后,积极动员妇女支援前线,为争取抗战胜利做出重要贡献。边区妇女在各级妇救会组织的宣传动员下,对抗战的认识日益加深,开展了一系列支援前线抗战的行动。一方面,在边区妇救会的带领下,广大妇女纷纷自发行动起来,充分发挥自己擅长家务的优势,建立起诸如洗衣队、做鞋队、缝补队等群众组织,制作各种日用慰劳品,支援前线战士。据不完全统计,1938 年晋察冀妇女为军队缝大衣棉衣 15 万余套,鞋袜 21 400 余双。② 1940 年百团大战时,仅四专区妇救会就捐军鞋 10 万双。③ 另一方面,边区妇女积极拥军优抗,在"送郎去当兵,妻子多光荣"以及"送子参加八路军光荣"等等宣传口号的影响下,边区妇女积极支持丈夫、儿子参军上前线与敌人战斗。在五台县,仅 1940 年就有 1 838 名青壮年报名

---

① 冀中人民抗日斗争史资料研究会编:《冀中人民抗日斗争文集》第 10 卷,第 3662 页。

② 吴平:《抗战两年来的华北妇女工作》,晋察冀北岳区妇女抗日斗争史料编辑组编:《晋察冀北岳区妇女抗日斗争史料》,中国老年历史研究会 1985 年编印,第 371 页。

③ 田秀涓:《抗日烽火中的晋察冀妇女》,政协河北省委员会编:《晋察冀抗日根据地史料汇编》下,石家庄:河北人民出版社,2015 年,第 2685 页。

参军。[①] 在各级妇救会的组织下，政府各项优抗拥军政策得到广泛宣传，举办的抗属联欢会等活动增强了抗属的自豪感。边区妇女还积极主动帮助抗属砍柴、缝洗衣服、耕种土地等，为抗属解决生活中的困难。此外，在妇救会的动员下，各地相继成立边区妇女自卫队，通过站岗放哨、检查路条等活动，协助抗战，成为一支重要的民众自卫武装力量。据不完全统计，在阜平县，民众自卫武装一个月之内就发展到几千人。[②] 边区妇女自卫队的迅猛发展，是边区妇救会宣传工作深入且扎实的结果，为抗战胜利提供了有力支援。

自 1941 年 1 月起，日本侵略军展开对晋察冀根据地的疯狂"蚕食"和"扫荡"，受此影响，边区政权所辖范围不断缩小，并一度限于北岳区一带。为适应革命形势的急剧变化，边区党委及时做出调整，改称北岳区党委，边区妇救会也随之改称北岳区妇救会。1941 年 5 月，妇女抗日救国会与工人抗日救国会、农民抗日救国会、青年抗日救国会等组织合并，晋察冀边区各界抗日救国联合总会在此基础上建立起来，原妇女抗日救国会组织成为各界抗日救国联合总会下设的妇女部。此后，妇女群众工作的任务根据边区建设与发展的需要不断调整。1943 年，边区政府发起大生产运动，广泛动员军民行动起来积极参加生产建设，帮助根据地渡过难关。在此情形下，边区各级妇救会的中心任务确定为动员妇女积极参加生产。1944 年 10 月 20 日，晋察冀边区抗联会妇女部发出《关于冬季妇女工作的指示》，要求各级抗联会妇女部组织广大妇女开展副业生产，在冬学运动中把学习和生产结合起来，加强妇女文化教

---

① 志忠、志强：《五台县的妇女抗日自卫队》，《五台文史资料》第 1 辑，五台县政协文史资料研究委员会 1985 年编印，第 11 页。

② 龚古今、唐培吉主编：《中国抗日战争史稿》上册，武汉：湖北人民出版社，1983 年，第 159 页。

育,发现和培养妇女劳动英雄。① 1945 年 10 月,根据形势需要,遵照上级指示,边区各级抗日救国联合会组织予以取消,重新恢复各级抗联中各个群众团体之间的独立领导系统。另外,抗战胜利后各个群众团体的名称也开始变更,“抗日救国”字号取消,在此情形下,妇女抗日救国会组织改为“妇女联合会”。其后,在新的社会形势下,妇女联合会不断开展新的工作,继续发挥着妇女群众团体的特殊作用。

四、青年抗日救国会

青年抗日救国会是顺应时代形势发展,由原共产主义青年团改造而来的青年群众组织。1937 年 4 月,西北青年救国会在延安召开第一次代表大会,标志着青年抗日救国会的创建。自此,西北青年救国会暂代全国青年运动的领导机构。

全国抗战爆发后,在紧张的抗战形势下,西北青年救国会决议同全国及地方各青年团体进行联络与合作。各抗日根据地青年积极响应西北青年救国会发出的抗战号召,立即行动起来,踊跃建立自己的组织。1937 年 11 月,在晋察冀根据地的阜平县,战地青年抗日救国总动员会成立,随即在根据地各区、县、村相应建立起各级动员会,积极向广大青年、农民、工人、学生等宣传中共的抗日救国主张。受动员会广泛宣传的影响,阜平县首先筹建青年救国会组织,随后五台县、满城县等也相继建立起青年救国会组织。但是,刚成立的这些青年救国会组织,在地域分布上非常分散,也没有统一的工作纲领,组织上欠缺系统性,不能很好地联合起所有青年力量进行抗日,而边区的战斗任务一天比一天繁重,特别需要教

① 晋察冀边区革命史编纂委员会编:《晋察冀边区革命史编年》,第 666 页。

育、组织动员极广大青年群众到抗日战争中，因此，革命形势发展要求建立一个晋察冀边区青年救国总会。1938 年 1 月，在晋察冀边区军政民代表大会上，成立统一的晋察冀边区青年救国会的决议得到边区党委一致同意。同年 6 月 16 日，边区第一次青年代表大会在五台县石咀村召开。经过会议讨论决定，晋察冀边区青年抗日救国会组织正式成立，齐一丁当选主任，全面负责青救会组织的一切事务，周敬学作为副主任，协助主任管理会务工作。

晋察冀边区青年抗日救国会成立，对边区青年运动进行统一领导，标志着党在晋察冀根据地的青年群体中建立起了统一战线的组织，对其他各地乃至全国青年抗日统一战线的建立起到了良好的示范和引导作用。其宗旨是："团结全边区抗日革命青年，参加抗战建国神圣事业，教育青年提高青年的政治文化水平，改善青年生活，提高青年地位，驱除日本帝国主义出中国，建立新民主主义共和国。"①该会不断发展，逐渐形成一套完整的组织机构与管理制度，所制定的组织章程对其会员管理、组织原则、组织系统、职权与分工、工作会议、经费与纪律等各方面都做出明确规定，具体如下：

第一，会员管理，包括个人会员与团体会员的来源构成、会员权利与义务等内容。其中，针对个人会员，规定"凡年满 15 岁以上 23 岁以下的一切青年，承认并遵守本会组织章程与执行本会一切决议者，不分宗教信仰、党派、职业、阶级，经过登记，得为本会会员。各机关团体、各种工作部门中干部，凡热心青年工作，承认本会章程，经各级常委会通过，得为各该级直属会员"。针对团体会

① 《晋察冀边区青年抗日救国会组织章程》(1940 年 4 月)，政协河北省委员会编：《晋察冀抗日根据地史料汇编》上，第 898 页。

员，规定“凡各种抗日救国的青年团体，承认并遵守本会章程，执行本会一切决议，经过本会执委会通过，得为本会团体会员”。[①] 在会员权益方面，规定所有会员都有参加选举与被选举的权利，都有参加并向大会提出建议的权利，可以参加本会业务范围内的一切活动，并可享受所办事业的利益权。在会员义务方面，规定会员同时承担一定的义务，即遵守本会章程、执行本会决议、服从本会纪律、按期交纳会费。

第二，组织管理。晋察冀边区青年抗日救国会以民主集中制为组织管理的基本原则，各级委员会均需通过民主选举方可产生；各种重要问题的处理均需通过参会同志的民主讨论才可形成决议，所有会员均可在决议未形成之前自由发表意见，表达主张，参与讨论。但会议讨论决议经过民主表决、多数同意通过后，所有会员都要本着少数服从多数以及个人服从整体的原则予以贯彻执行；下级组织须服从上级的决议和指示；下级有向上级批评监督和建议权。

第三，组织系统。晋察冀边区青年抗日救国会的组织机构分级设置，包括边区、专区、县级、区级以及村级 5 个级别。其中，边区青年抗日救国会，是负责领导全边区的青年抗日救国会组织，其最高权力机关是全边区青年代表大会，在全边区青年代表大会闭幕期间，由边区青年抗日救国会的执委会代行最高管理权力。在边区青年抗日救国会下面，专区、县、区等各级青年抗日救国会分别以所处层级之各级青年代表大会作为最高权力机关，在代表大会休会期间，同样由执委会代行最高管理权力。村级青年抗日救国会为边区青年抗日救国会的基本组织，会员大会为最高权力机关，大

① 《晋察冀边区青年抗日救国会组织章程》(1940 年 4 月)，政协河北省委员会编：《晋察冀抗日根据地史料汇编》上，第 898 页。

会闭幕期间，干事会代行会员大会的职权。边区、专区、县、区 4 级青年抗日救国会组织的执委均由各级青年抗日救国会代表大会选出，人数分别为 29 人至 31 人、9 人至 13 人、9 人至 15 人、7 人至 9 人，任期均为 1 年，但连选得连任。村级青年抗日救国会设干事 5 人至 7 人，由村级青救会会员大会选出，任期为半年。

边区、专区、区级青年抗日救国会设置常委会，各级常委会委员均由执委推选产生，人数一般为 5 人至 7 人，主要负责日常性的工作事务。常委会由主任一职负责全面工作，下设组织、宣传、生活改善、武装、儿童等 5 个部门，各部均设部长 1 人，由青救会常委会互推之，必要时得聘干事若干人。在县一级，青年抗日救国会直接由组织和执委会负责领导工作，没有常委会之设。在村一级，青年抗日救国会也不设常委会，只设干事会，有主任 1 名，负责日常工作。干事会下设宣传、组织、生活改善、武装、儿童各干事。此外，村级青年抗日救国会组织有各种不同性质的小组，每组由委员 5 人至 10 人构成，推选小组长 1 人，任期 2 个月。这种小组的形成以自愿为原则，旨在以组织的形式领导开展各种不同性质的青年活动。① 在组织关系上，边区各级青年抗日救国会除受上级组织的领导外，还要接受同级党委和政府的领导。在行政职权与分工上，各级青年抗日救国会所设常委会或干事会主任，其职权是负责全盘工作规划，领导、督促、监察各部的工作及主持会议和负责对外联络等，主任不在时，由副主任代理其工作。常委会或干事会下设各部，各有不同分工，具体职责分别是：组织部，主要负责训练、组织分配干部，开展调查统计，收缴会费；宣传部的职责有对内与对

---

①《晋察冀边区青年抗日救国会组织章程》(1940 年 4 月)，政协河北省委员会编：《晋察冀抗日根据地史料汇编》上，第 900 页。

外之别，对内主要是开展会员教育、组织干部学习，对外则主要是宣传、出版与发行诸事；生活改善部，主要侧重于改善青年生活，帮助其解决婚姻、家庭等生活问题，动员其积极参加生产劳动，提高其社会地位；武装部，主要是负责领导青抗先开展武装活动，动员广大青年参战、参军以及参加体育活动；儿童部负责领导儿童团。①

第四，工作会议制度。边区青年抗日救国会的工作运转主要通过一系列会议组织形式有序展开，包括定期召开的各级代表大会（村级会议为会员大会）以及各级执委会、常委会（村级为干事会）。其中，边区、专区、县级、区级 4 级青年抗日救国会代表大会每年举行 1 次，遇必要时经过 1/2 的会员提议或由执委中 1/2 的提议得召开临时代表大会。村级青年抗日救国会会员大会每月召开 1 次，必要时经过会员 1/2 的提议或由干事会决定得召开临时会员大会。边区、专区、县级、区级各级执委会的召开时间分别是每半年、每 3 个月、每 2 个月、每 1 个月召开 1 次，遇必要时由执委 1/2 的提议或由常委会决定得召开临时执委会。各级常委会每 7 天举行 1 次，遇必要时得召开临时常委会。村级青救会的干事会，一般是每 10 天召开 1 次，遇有必要时可经过讨论决定召开临时干事会，其下设之各小组会基本每 7 天召开 1 次。②

边区青年抗日救国会代表大会，是领导全边区青年抗日救国会工作的最高权力机关，主要负责研究与制定边区青年运动的方针和政策，根据所面临的形势和任务研讨具体工作方案，制定青救会的相关工作纲领与组织章程。其下所设之各级代表大会（村级

---

①《晋察冀边区青年抗日救国会组织章程》（1940 年 4 月），政协河北省委员会编：《晋察冀抗日根据地史料汇编》上，第 900—901 页。

②《晋察冀边区青年抗日救国会组织章程》（1940 年 4 月），政协河北省委员会编：《晋察冀抗日根据地史料汇编》上，第 901 页。

为会员大会)，主要负责讨论布置中心工作，制定青年工作的具体实施方案，促进边区青年救国活动的实际开展，并且为推动工作进展大力宣传教育。此外，各级代表大会(村级为会员大会)通过选举委员，形成各级的执委(村级为干事)会，工作任务是根据具体情况制定各种决议案。常委会主要负责日常事务。村级青年抗日救国会干事会负责领导各干事开展基层的日常青年工作，小组会主要负责讨论组织各种不同性质的具体的青年活动等事宜。

第五，工作纪律。晋察冀边区青年抗日救国会的组织纪律非常严格，要求全体会员必须遵守本会组织章程，遵守青年信条，服从上级领导并坚决执行与完成任务，如有违犯，则按实际情形予以劝告与批评、警告、开除等处罚。其中，属于开除会籍的情形有："一、屡次违犯本会章程决议，经 3 次以上的劝告警告不能改者；二、吞得公款经考查证实者；三、无故在 3 月以上不交会费(但有特殊情形经上级批准者例外)。"①任何会员如犯有以上情形中的一条即可被开除，但须经过大会或执委会通过并经上级批准。边区青年抗日救国会的组织纪律是会员活动的行为准绳，为维护该组织的健康发展提供了保障。

第六，活动经费。边区青年抗日救国会的活动经费以自筹为原则，其收入来源主要有 4 种：其一是会费，会员每月交纳会费 2 大枚(如有特殊情形者经上级青救会通过可免收及减收)，各县每月向边区青救会交纳会费 2 元以上；其二是由青救会举办的一切生产合作事业中抽征部分红利；其三是会员自动捐助；其四是政府

① 《晋察冀边区青年抗日救国会组织章程》(1940 年 4 月)，政协河北省委员会编：《晋察冀抗日根据地史料汇编》上，第 902 页。

帮助。①

晋察冀边区青年抗日救国会成立后，在边区党和政府的方针政策指引下，组织建设发展很快。在晋察冀边区四分区，至1938年7月，平山县已建立了308个村级青年抗日救国会，有6 800名会员；盂县有31个农村成立了青救会组织，会员有502人。阳曲县建立了2个村级青年抗日救国会，有会员42人。灵寿县有24个村庄建立了青救会，有340名会员。② 在冀中区，1938年9月霸县成立了第一个县青年抗日救国会，随后冀中区青年抗日救国会建立，到1940年冬冀中区青年抗日救国会召开第二次代表会议时，会员由初建时的6万人发展到15万人。③ 到1941年，冀中区的永清、安次、固安、霸县、容城、定兴等9个县基本都有了区、村级青年抗日救国会组织。④ 另据统计，到1939年7月，各抗日根据地建立的青年抗日救国会组织得到快速发展，其中"冀察晋边区有会员22万(内儿童12万)；晋西北有会员12万(内儿童一半)；晋东南有会员30万(包括儿童)；晋西南有会员8.2万(内儿童一半)；胶东有会员8万(内儿童2万)；冀鲁豫有会员7万(内儿童3万)；鲁西北有会员3万(内1/3为儿童)"⑤。晋察冀边区青年抗日救国会组织的不断发展，为晋察冀抗日根据地乃至整个华北抗日根据地的青年

---

①《晋察冀边区青年抗日救国会组织章程》(1940年4月)，政协河北省委员会编：《晋察冀抗日根据地史料汇编》上，第902页。

②《抗战1周年四分区党的工作报告与总结》(1938年7月28日)，政协河北省委员会编：《晋察冀抗日根据地史料汇编》上，第322页。

③ 冀中人民抗日斗争史资料研究会编：《冀中人民抗日斗争文集》第10卷，第3652页。

④ 阎素：《回忆抗日战争时期冀中十分区的青年运动》，冀中人民抗日斗争史资料研究会编：《冀中人民抗日斗争文集》第5卷，第1569页。

⑤ 团中央青运史研究室、中央档案馆编：《中共中央青年运动文件选编(1921年7月—1949年9月)》，北京：中国青年出版社，1988年，第479页。

运动提供了很好的组织保障，最大限度地凝聚了广大青年群众力量，为争取全国抗战的最终胜利奠定了良好的基础。

晋察冀边区青年抗日救国会主要是围绕宣传动员广大青年参加抗日救国活动、鼓励青年积极参加生产、举办文化教育活动、促进边区青年的文化水平提高、引导青年自发参加抗日民主政权建设等方面展开工作，经过不断努力，取得了一定的成效。

在培养青年干部方面，当时的抗战形势下，随着青年抗日救国会组织建设的扩大以及全国青年运动的迅速开展，各地都迫切感到缺乏干部，其中最感困难的是缺乏具有乡村工作经验的干部。[①]为此，青年抗日救国会把培养青年干部作为一项重点工作来推进，在晋察冀边区开办了多个青年干部训练班、儿童干部训练班。例如，唐县、曲阳、行唐、高阳 4 县都开办了青年干部训练班，收效明显。其中，唐县开办的青年干部训练队有学员 90 名，其课程设置主要有“青年问题，政治形势，统一战线，三民主义，军事常识，敌伪工作，军训，救亡歌曲等”，学员每天的学习生活很有纪律，对爬山、办晚会等课外活动也都积极参与。[②] 通过培训班等形式，青年的文化水平和政治觉悟均得到提高，大批青年干部得到锻炼和培养。据统计，1939 年晋察冀边区村级干部中，9/10 是青年，县级的青年干部有 360 名左右。[③] 到 1940 年冬，冀中区青年抗日救国会培训干部 11 664 人，有 500 名干部被提拔到区以上机关工作，积极参加

① 团中央青运史研究室、中央档案馆编：《中共中央青年运动文件选编（1921 年 7 月—1949 年 9 月）》，第 480 页。

②《唐县办青年干训队基干队破坏敌汽路》，《抗敌报》，1939 年 4 月 16 日第 4 版。

③ 共青团中央青运史研究室：《中国青年运动史》，北京：中国青年出版社，1984 年，第 194 页。

宪政运动，在五级选举中大批优秀分子当选为代表和干部。①

在发动青年积极参加抗日武装斗争方面，边区各级青年抗日救国会通过各种宣传方式，在党员干部起模范带头作用下，动员会员积极参军参战。例如，在冀中区，自区青年抗日救国会成立后，一年中直接动员 3 000 余名会员和队员参加了八路军，此外还积极组建了青年抗日先锋队（简称“青抗先”），会员发展到 7 万多人，一年来青抗先单独作战 1 790 次，配合部队作战 709 次，大小扰敌9 174次，毙伤敌伪 244 人，俘日本人 3 名，俘伪军 118 名，锄奸 688 名，除匪 112 名，破路 3 143 次，参加人数 82 392 人次，破路 12 219 里……②在 1939 年至 1940 年扩军时，冀中十分区号召党员1/2、村青会干部 1/3、青救会员 1/5 带头参军，实际参军人数超过所要求的人数。1940 年，全分区有青救会员 2 000 多人，由于参军，减少到 1 500 人，走了 1/4。不少村集体参军，如新城刘庄只剩下一个青年。③ 此外，边区青年抗日救国会还组织青年义务承担为抗日军人家属代种代耕土地、代收代藏粮食和烧柴用水等劳动，建立起“青抗先”等半军事性的群众武装组织，在监视、侦察敌情，警戒敌人，掩护群众，配合部队作战，维持后方治安，加强青年军事训练及政治教育等方面做了很多工作。

在广泛开展文化教育、鼓励青年积极参加生产建设方面，边区青年抗日救国会通过开办识字班、冬学班，成立学习小组、夜校、午校、读报组等各种形式，为青年接受教育创造机会。据统计，1939 年冬学运动期间，平山县成立识字班 1 963 个，参加学习人数

① 冀中人民抗日斗争史资料研究会编：《冀中人民抗日斗争文集》第 10 卷，第 3652 页。

② 冀中人民抗日斗争史资料研究会编：《冀中人民抗日斗争文集》第 10 卷，第 3652 页。

③ 阎素：《回忆抗日战争时期冀中十分区的青年运动》，冀中人民抗日斗争史资料研究会编：《冀中人民抗日斗争文集》第 5 卷，第 1569 页。

5.948 7万人；新乐县成立识字班 337 个，参加学习人数 1.596 3 万人；行唐县成立识字班 379 个，参加学习人数 1.820 7 万人；正定县成立识字班 95 个，参加学习人数 3 125 人；阜平县参加识字班学习人数 2.411 3 万人；完县参加识字班学习人数 1.662 1 万人；望都县参加识字班学习人数 1.6 万人；满城县参加识字班学习人数4 200 人；徐水县参加识字班学习人数 2 500 人；五台县参加识字班学习人数 5 463 人；定县参加识字班学习人数 1.025 1 万人。① 青年抗日救国会为提高青年的文化水平，还特别注重开展教育宣传。一方面，建立剧团、歌咏队，在各地区演出；另一方面，编写刊印各种读物教材、翻印宣传品，宣传教育的重要性与知识的重要性。据统计，1941 年冀中区 18 个县青年抗日救国会建立剧团 877 个，7 个县建立歌咏队 856 个，编印 257 种读物教材，翻印 393 种宣传品。② 为进一步激发青年学习的热情，各专区青年抗日救国会还号召开展竞赛运动。1939 年 6 月 1 日，二分区青年抗日救国会向边区各分区青救会发出竞赛挑战，挑战内容主要有 5 项：一是组织青年游击队 400 人；二是创造新的工作方法，开展夏令营等活动；三是搞好战斗教育；四是巩固、扩大组织，新发展会员 2 万人，发展抗先队员 2 500 人；五是开展游击活动 250 次。开展竞赛的时间为 6 月 1 日至 8 月 31 日。③ 通过竞赛，整个根据地的学习氛围更加浓烈。至 1939 年底，“晋察冀区共办冬学 5 379 处，入冬学人数由 1938 年度的 181 794 人增加到 390 495 人；1940 年更进一步增加到8 373 处、520 808 人”。另据 1939 年冀中区 27 个县的统计，“共办冬学

① 仓夷：《晋察冀边区的识字运动》，《新华日报》，1940 年 7 月 2 日第 4 版。

②《冀中青救二次代表会的主要总结及今后任务》，《晋察冀日报》，1941 年 1 月 3 日第 4 版。

③ 晋察冀边区革命史编纂委员会编：《晋察冀边区革命史编年》，第 296—297 页。

5 188处，入学人数 331 621 人”；据 1940 年七专区 7 个县统计，共“办冬学 1 213 处，入学人数达 338 004 人”。① 此外，根据地发展离不开生产建设，边区青年抗日救国会充分认识到发展生产的重要意义，于是以具体环境为依据，开展讨论布置工作。生活改善部具体负责落实，在大力进行生产宣传教育的同时，组织检查督促，动员与领导边区各地的青年和儿童积极参与开垦荒地、春耕、植树造林以及建立青年农场和青年菜园等活动，为推动边区经济建设做出重要贡献。例如，1941 年北岳区青年的生产成绩为：开荒园 314 个，开荒45 752.2 亩；代耕园 344 个，耕地 5 545.1 亩；青年林 666 处，儿童林 597 处；青年农场 181 处，共 388.5 亩，儿童农场 25 处，共 53 亩；青年菜园 419 处，共 160.39 亩，儿童菜园 179 处，共102.2 亩；配合修渠 91 道，凿井 52 眼；配合修堤 73 条，单独 12 条；青年田 298.5 亩，儿童田 14 处，共 47.3 亩，等等。②

从 1941 年 1 月起，日军改变了对晋察冀抗日根据地的战略部署，通过“三光”政策展开对根据地的残酷“扫荡”。在如此惨烈的形势下，边区进入了前所未有的困难时期，青年抗日救国会组织的发展也受到很大影响，存在工作消极怠慢、会员纪律不严等情况。针对这种情形，1941 年中共中央做出《关于青年工作的决议》，批评了青救会组织的一些不正确的工作方式，然后对青救会进行整顿。在整顿过程中，青年抗日救国会与其他抗日救国会组织（包括工人、农民、妇女等）整合，成立晋察冀边区各界抗日救国联合总会，原青年抗日救国会成为其下设的青年部。此后，根据地的青年工作进入缓慢发展期。后来随着形势逐步好转，青年工作又有所活

① 谢忠厚、肖银成主编：《晋察冀抗日根据地史》，第 266 页。

②《北岳区青年儿童去年春耕生产好成绩》，《晋察冀日报》，1942 年 2 月 13 日第 3 版。

跃。抗战胜利后，青年抗日救国会根据新的社会形势需要，继续以青年团的形式肩负重要责任，发挥重要作用。

五、其他群团组织

晋察冀边区的群众工作深入扎实，这是边区获得大发展的重要条件。而群众工作的开展，与各种各样的群众团体组织建设密不可分。根据不同的人员身份，边区形成了各种不同的群众团体组织。这些不同的群众团体组织为边区的建设和发展做出了应有的贡献。除了前面介绍过的工人抗日救国会、农民抗日救国会、妇女抗日救国会、青年抗日救国会等团体，边区还存在儿童团、抗敌后援会、文化界抗日救国会、佛教救国同盟会、职工抗日救国会、学联同学会等群众团体组织，兹分别简述如下。

（一）儿童团

儿童团是在国家危亡之际，为了发展儿童自我教育，动员儿童积极参加抗战救亡的行动，在边区政府及各群众团体的推动下发展起来的儿童组织。儿童团在组织上受到青年抗日救国会的领导，也得到边区政府的高度重视。1938 年 9 月 20 日，晋察冀边区行政委员会针对儿童团发展过程中各县组织不一致、领导与指挥存在很多分歧的情况，提出了关于儿童团组织训练及活动纲要的指示，对儿童团的组织原则、训练大纲及活动纲领做出了明确规定。

根据指示，儿童团的宗旨是：为组织训练广大的儿童，普遍实施抗日救亡教育，使其参加救亡工作，增加抗战力量。在具体的组织建设方面，儿童团由县区政府协同当地青救会负责，组织以村为单位，定名为某某村儿童团，其性质是统制的组织。团员要求是“凡年龄在 8 岁至 15 岁的儿童，均为儿童团团员”。团部机构要求各村都应设置儿童团，设正、副团长各 1 人，干事若干人。正、副团长由团员大会选举产生。团长统辖全团工作，干事分掌组织、宣传、教育、纠察、通信等事项。此外，根据实际需要，各校还可组织校团部，加强在校团员的活动。在编制上，儿童团为便于军事管训，对校内、校外儿童实行大队、中队、小队三级管理。其中，小队由团员 10 人至 20 人编成，设正、副小队长各 1 人；中队由 3 个小队至 5 个小队编成，设正、副中队长各 1 人；大队由 3 个以上中队编成，设正、副大队长各 1 人。指导员由各村小学教师或青救会主任担任，负有训练、指导、监督的责任。在有青救会的村庄，青救会主任为村儿童团指导员，小学教师负责校团部；在无青救会的村庄，小学教师为村儿童团指导员。儿童团的会议有两种：一是干部会议，由正副团长、干事及各级队长出席；二是团员会议，根据实际需要，由各队或全体团员出席。在训练纲领方面，儿童团根据“教学做合一”的原则，采用讲演、讨论、批评等方式，主要开展军事、政治及生活训练。其中，军事训练包括整队、解散与紧急集合、爬山、拟战游戏以及防空、防毒、救护、运输等演习；政治训练内容，主要包括民族革命战争的一般常识、中日关系及其实力的比较、日本的侵略政策、统一战线、抗战形势及边区形势等；生活训练，主要包括吃苦耐劳、勇敢冒险、扶助弱小、轻个人而重团体、爱国家等精神方面的训练，以及守时刻、守纪律、正当娱乐、整洁卫生等习惯方面的训练。在活动纲领上，主要对组织、宣传、教育、纠察、通信、协助等 6 个方面的工作内容进行规定。其中，组织工作包括：(1) 团员编制及登记；(2) 组织各种突击队工作团，协助救亡工作。宣传工作包括：(1) 演戏；(2) 讲演；(3) 张贴标语；(4) 散发传单；(5) 召开扩大宣传会、纪念会等。教育工作包括：(1) 实行“小先生”制；(2) 书写壁报；(3) 调查统计文盲及学龄儿童情况，并劝导其入学；(4) 协助民众学校及识字班等。纠察工作包括：(1) 站岗放哨、检查行人(站岗一律持用童子军木棍)；(2) 侦察汉奸；(3) 维持秩序等。通信工作包括：(1) 建立儿童通信网，以沟通全县消息；(2) 传送文件或书报等。协助工作包括：(1) 募捐；(2) 慰劳；(3) 春耕；(4) 护秋；(5) 帮助抗战军人家属；(6) 推销救国公债。①

边区行政委员会对儿童团提出的组织训练及活动纲要指示，成为儿童团行动的指南。在其具体指引下，边区的儿童团普遍发展起来，并且积极发挥了支援抗战的作用。例如，在冀中区，各县普遍建立了儿童团，儿童团由 8 岁以上、18 岁以下的少年儿童组成，主要任务是站岗、放哨、查路条，还有送信、带路。② 在四分区，到 1938 年 7 月，平山县组织儿童团 300 余村、2.5 万人；灵寿县组织儿童团 29 村、2 389 人；盂县儿童团 3 236 人。③ 儿童团的规模不断扩大，成为边区武装抗战的一支重要协助力量。关于儿童团的作用，彭真曾高度评价："今天边区到处站岗放哨的已不是手执警棒威风凛凛的警察，而是手执刀矛的儿童团的团员和自卫队队员。他们警卫了地方的安全，肃清了汉奸。他们协助政府行使了职权，并在敌寇进攻时协同军队卫护各级政府和家乡。他们成了在工作中把政府与群众密切联系起来的组织形式之一种，节省了维持警察制度所必需的庞大开支。"④

---

①《晋察冀边区行政委员会关于儿童团组织训练及活动纲要的指示》(1938 年 9 月 20 日)，政协河北省委员会编：《晋察冀抗日根据地史料汇编》上，第 251—252 页。

② 阎素：《回忆抗日战争时期冀中十分区的青年运动》，冀中人民抗日斗争史资料研究会编：《冀中人民抗日斗争文集》第 5 卷，第 1570 页。

③《抗战 1 周年四分区党的工作报告与总结》(1938 年 7 月 28 日)，政协河北省委员会编：《晋察冀抗日根据地史料汇编》上，第 322 页。

④ 彭真：《论晋察冀边区抗日根据地的政权》(1938 年 10 月 13 日)，政协河北省委员会编：《晋察冀抗日根据地史料汇编》上，第 902 页。

到1940年，随着儿童团的不断发展，边区进一步制定了《晋察冀边区抗日儿童团工作纲领》。该纲领主要包括如下内容：一是要团结全边区儿童，使之积极参与到抗日救国活动中来，绝不妥协和投降；二是要拥护与推动边区抗战教育的发展，粉碎敌人的奴化教育和反动教育；三是要积极开展喜闻乐见的文化娱乐活动，通过识字、歌咏、戏剧、舞蹈、游戏以及军事体育训练等形式，培养儿童团结互助、活泼友爱和民主的作风；四是要组织动员儿童行动起来，参加诸如站岗放哨、送信、引路、慰劳部队、参与生产、规劝家长救国等各种抗日救亡活动；五是要重视保护儿童权益，提高儿童地位，领导儿童学习参政、参加民主斗争活动，反对轻视及虐待儿童行为；六是要积极改善儿童生活，不断提高童工、学徒及店员待遇，对失学、失业及被灾儿童进行救济。此外，在生活习俗方面，要积极开展卫生运动，倡导卫生与保健，反对早婚、蓄童养媳、缠足、溺婴等恶习。① 同年，边区还制定了《晋察冀边区抗日儿童团团章》。团章除了进一步明确儿童团的目的、团员构成、组织建设及工作会议等情况，还对团旗、团礼、团歌、符号、武器等予以明确规定，并专门提出5条团规：其一，爱护组织，服从领导；其二，努力学习，积极工作；其三，上操、开会遵守时间，训练时要爱护武器；其四，不打人，不骂人，不偷盗；其五，不上敌人汉奸的当。② 1942年以后，因为乡村儿童多、少年少，他们的任务基本一致，加上形势发展，所以将8岁至17岁的少年与儿童合并组织为童子军，但男女儿童分开编制，同时根据年龄进行分组，以女子为例，8岁至12岁的女孩参

---

①《晋察冀边区抗日儿童团工作纲领》(1940年7月)，政协河北省委员会编：《晋察冀抗日根据地史料汇编》上，第524页。

②《晋察冀边区抗日儿童团团章》(1940年7月)，政协河北省委员会编：《晋察冀抗日根据地史料汇编》上，第524—525页。

加幼童军，12 岁至 14 岁的女孩参加女童子军。① 此后，少年儿童共同行动起来，在边区政府及青年抗日救国会的领导下，为边区生产建设、抗战后方站岗和送信等服务工作做出了积极贡献。

（二）抗敌后援会

晋察冀边区抗敌后援会是边区各界联合起来共同援助抗战的群众组织。1939 年 4 月 25 日，晋察冀边区抗敌后援会在阜平召开成立大会，杨耕田等 25 人当选执行委员，会议通过了《晋察冀边区抗敌后援会组织简章》。不久，各县抗敌后援会先后成立。

组织简章明确规定了抗敌后援会的宗旨，即“（一）在政府领导下，团结与组织全边区不愿做亡国奴的群众参加抗战。（二）领导与推动全边区各界群众组织，执行抗战建国纲领，并统一步调。（三）在抗战建国的过程中，适当的谋得群众生活之改进，并加强群众教育，提高其政治文化水平。（四）帮助政府帮助群众，密切军政民的联系。（五）巩固扩大抗日民族统一战线”②。同时，组织简章还对该会的会员、组织、会议、经费等做出了规定。其中，在会员方面，规定该会会员由个人会员与团体会员两部分构成。凡同意大会宗旨及组织法，执行本会一切决议案，经本会会员 1 人以上介绍，即得为本会个人会员。凡同意本会宗旨及组织法，经本会执委会的决议，同时，经过该团体的民主通过后，得为本会团体会员。在组织方面，坚持民主集中制的原则，从边区到县建立组织系统，区村暂不设置。全边区或全县代表大会分别为全边区或全县抗敌后援会的最高权力机关，大会闭幕期间，执委会为最高权力机关。

① 刘澜涛：《晋察冀边区的群众工作》（1945 年 1 月），政协河北省委员会编：《晋察冀抗日根据地史料汇编》中，第 2064 页。

②《晋察冀边区抗敌后援会组织简章》（1939 年 4 月），政协河北省委员会编：《晋察冀抗日根据地史料汇编》上，第 882 页。

执委会委员由抗敌后援会代表大会选举产生，边区及县抗敌后援会的执委会委员分别为 25 人至 35 人、13 人至 25 人。常委由执委中推选产生，边区及县抗敌后援会常委分别为 9 人至 11 人、7 人至 9 人。常委会设正、副主任各 1 人，边区及县抗敌后援会常委会下均设总务部、组织部、宣传部、调查部、武装动员部、生活改善部、公共卫生部，各部设部长 1 人，得聘干事若干人。此外，边区抗敌后援会常委会还设有募集慰劳部。在会议制度方面，边区及县抗敌后援会均每年举办 1 次代表大会，边区抗敌后援会的执委会每 4 个月开会 1 次，县抗敌后援会的执委会每 3 个月开会 1 次，边区及县抗敌后援会的常委会均每月开会 1 次，遇有必要时可召开临时会议。在经费来源方面，主要由政府津贴及会费构成。① 抗敌后援会是明确为抗战提供支持与援助的组织，自成立后，在政府领导下，为巩固边区及争取抗战胜利做出了一定贡献。

（三）文化界抗日救国会

晋察冀边区文化界抗日救国会是边区文化界人士发起组成的联合抗日统一战线组织。1939 年 4 月，晋东北文化界抗日救国会筹委会召开会议，决定成立晋东北文救会。后来，全边区文化界抗日救国会应时成立。1940 年 10 月 10 日，晋察冀边区文化界抗日救国会第一届代表大会召开。在此次会议上，集体讨论并通过了文化界抗日救国会的组织章程及工作纲领。其组织章程对文化界抗日救国会的具体宗旨、会员构成、会议制度、经费来源以及组织的原则、系统和纪律等做出明确规定。其工作纲领则为：团结边区一切抗日文化工作者，"巩固扩大抗日文化统一战线"，更进一步地

① 《晋察冀边区抗敌后援会组织简章》（1939 年 4 月），政协河北省委员会编：《晋察冀抗日根据地史料汇编》上，第 882—883 页。

深入每一个村庄、连队和“广大群众中去”普及文化，“共同为建立新民主主义的文化而斗争”；此外，还要大力“开展学术研究和艺术创作，发展与提高边区学术”，等等。① 根据此次会议精神，边区文化工作者明确了斗争目标和行动方向，推动了边区文化工作的深入开展。在这次大会上，还选出成仿吾、李常青、沙可夫、何干之、周巍峙、田间等人为边区文联执行委员会委员，周巍峙当选为主任，确定了当前边区文化运动的具体任务。1941 年 6 月 15 日，边区文化界抗日救国联合会成立。在成立大会上，到会文化界团体代表 32 人，通过了文联纲领、章程，选举产生了文联执委会 23 人，常委 9 人，沙可夫当选为主任。②

之后，在日军的残酷“扫荡”下，为应对日益严峻的困难局面，晋察冀边区党委改称北岳区党委，文救会也随之在党委领导下对工作纲领进行了调整，主要强调：要拥护实行《双十纲领》；要团结全北岳区抗日的群众文化工作者、乡村知识分子、进步的民间艺人及乡村文化团体，以巩固与扩大乡村抗日文化统一战线；要普及文化到广大群众中去，通过开展群众识字运动、乡村文化娱乐工作及体育卫生运动，提高群众的文化政治水平，改善大众文化生活；要与各地文化界取得密切联系，以提高自己并推动与开展全国的新文化运动。③ 在此期间，晋察冀边区文化界抗日救国组织为边区培养了大量的文化干部，大大推进了边区文化教育事业的发展，对于促进抗战胜利做出了重要贡献。抗战胜利后，为适应新的发展形

---

①《晋察冀边区文救第一次代表大会的成功》(1940 年 10 月 18 日)，政协河北省委员会编：《晋察冀抗日根据地史料汇编》上，第 882—932 页。

② 晋察冀边区革命史编纂委员会编：《晋察冀边区革命史编年》，第 436 页。

③《晋察冀北岳区文救会工作纲领》(1941 年 6 月 25 日)，政协河北省委员会编：《晋察冀抗日根据地史料汇编》中，第 1467 页。

势，晋察冀边区文联和晋冀鲁豫边区文联合并为华北文艺界协会，继续为我国的文化事业发展贡献力量。

（四）佛教救国同盟会

佛教救国同盟会是抗战时期晋察冀边区佛教僧众联合起来抗日的群众团体，是抗日民族统一战线的重要组成部分。1938 年 4 月 16 日，五台山佛教救国同盟会成立。聂荣臻、宋劭文等专程到五台山寺庙区向僧众宣传中共抗日救国主张。同年 4 月 27 日，五台山蒙藏同乡会以增强僧众抗日热情、巩固与扩大抗日民族统一战线为主要目的，在五台山举办“喇嘛训练班”。举办训练班期间，五台山佛教救国同盟会、晋察冀边区行政委员会及各群众团体负责人为训练班讲授“抗日民族统一战线”“汉满蒙回藏的关系”“日本对华政策”“亡省后的东北”“九月来中国抗战形势与中国的前途”“民族自卫战”“宣传方法”等 7 个主题的课程。① 训练班结束后，学员们分赴蒙藏同胞聚居的全国各地宣传中国共产党的抗日救国主张。此举大大激发了广大僧众的抗日救国热情。在随后的抗日斗争中，僧众积极行动起来，支援军队作战。例如，1938 年 4 月，五台山僧众向二分区部队捐献镇海寺永乐院内所藏一大批武器，其中包括步枪 160 支、手枪（驳克枪、杂式手枪、手提枪）164 支、迫击炮 1 门、轻机枪 1 挺、冲锋枪 8 支和马枪 3 支。1943 年 3 月，五台山僧众又将显通寺内所藏步枪 126 支、冲锋枪 41 支、轻机枪 1 挺和手榴弹 8 箱（500 余颗）、子弹 12 箱（1.2 万发）分两次献给二分区部队。② 五台山僧众捐献的寺内藏枪对解决二分区部队武器弹药缺少的困难起了重要作用，为争取抗战胜利做出了重要贡献。

---

① 晋察冀边区革命史编纂委员会编：《晋察冀边区革命史编年》，第 216 页。

② 晋察冀边区革命史编纂委员会编：《晋察冀边区革命史编年》，第 217 页。

（五）抗日民族革命战争战地总动员委员会

抗日民族革命战争战地总动员委员会（简称"动委会"），是依据《民族革命战争战地总动员委员会组织简章》成立的群众团体组织。该组织简章规定，该会直辖于第二战区司令长官行营。该会设委员若干人，其构成有山西省政府代表1人，绥远省政府代表1人，察哈尔省政府代表1人，战地各军代表各1人，主张公道团、牺牲救国同盟会代表各1人，学联、教联代表各1人，以及由本会推荐呈请司令官指派的代表若干人。该会设立组织部、宣传部、人民武装部、动员分配部、铲除汉奸部、总务部。[①] 1938年一二月间，冀中各县参照边区军政民代表大会代表们带回的《民族革命战争战地总动员委员会组织简章》，纷纷建立了县一级的动委会。县动委会有的是在原有的抗日救国会基础上改组成的，有的是新建立的。县动委会下，有的还建立了区动委会。各县动委会设正、副主任，其下一般设有组织、宣传、人民武装、锄奸、动员分配及妇女等部。动委会是半政权半群众团体性的组织，兼理行政、群众运动两方面的工作。在行政上，负责镇压汉奸，处理司法案件、群众纠纷及奸匪毒品人犯，并直接派征公粮、公柴、公草，动员富户捐款；在群众工作上，除广泛地对群众进行抗日救国的宣传教育，编印抗战小报、宣传品外，还负责组织并领导县、区、村的农会、妇会等群众团体和抗日自卫队的工作。[②]

此外，在晋察冀边区存在的群众团体组织还有教职员救国会、职工抗日救国会、牺盟会、商民救国会等。其中，教职员救国会由时任教员以及教育界的工作人员组成，他们主要通过开书店，编印

---

① 李公朴：《民众动员论》，生活书店，1938年，第129—130页。

② 冀中人民抗日斗争史资料研究会编：《冀中人民抗日斗争文集》第10卷，第3633页。

书籍，供小学教员参阅，来解决一般思想先进分子的文化食粮恐慌问题。职工抗日救国会主要由开展抗日工作的工人组成。如1942年12月，在开滦唐家庄矿、林西矿周围各村居住的工人即成立了职工抗日救国会，后来发展到20余个村，并从中建立了党组织，到1943年已建立14个党支部，发展党员40多名。① 牺盟会主要是山西地区上层社会分子的组织，在一些乡村设有分会，如盂县有75个村设有牺盟的组织，阳曲有16个村设有牺盟分会，会员480名。② 牺盟会的成立，为中国共产党争取了大量上层分子的支持，使得抗日民族统一战线的基础得到巩固和扩大。

前述各种各样的群众团体，既是中国共产党充分发动群众的产物，又在中国共产党凝聚边区各界力量共同抗日中起到了难以估量的重要作用。而各群众团体也以其在各界人士中产生的巨大凝聚力，为边区的巩固、建设和发展提供了坚实群众基础，进而为敌后抗战的最终胜利提供了保障。

第二节　群团组织发挥的作用

晋察冀根据地是抗战时期中国共产党领导创建的首个敌后抗日根据地，在初创时期，条件非常艰苦，后来在边区政府与人民群众的共同努力下，克服重重困难，其范围不断发展扩大。晋察冀根据地的创建和发展得到党中央高度肯定，被誉为“敌后模范的抗日根据地及统一战线的模范区”。晋察冀根据地的发展为什么会获

① 晋察冀边区革命史编纂委员会编:《晋察冀边区革命史编年》,第564页。

②《抗战1周年四分区党的工作报告与总结》(1938年7月28日),政协河北省委员会编:《晋察冀抗日根据地史料汇编》上,第323页。

得如此大的成绩呢？负责晋察冀根据地建设工作的聂荣臻曾做过精辟的总结："使晋察冀边区能够从一个游击区转化为巩固的抗日根据地的更重要的因素，却是广大抗日民众的积极性的提高，民众抗日组织的蓬勃发展，与一般民众武装之普遍与壮大。"①可见，群众团体组织在晋察冀根据地发展中发挥了重要作用。以下从 4 个方面对此展开阐述。

一、配合根据地各项政治、军事任务

1937 年，聂荣臻率领八路军 3 000 余人创建晋察冀抗日根据地，遇到的首要困难是兵力过于单薄。要保证根据地创建成功并能得到巩固，最大的问题就是如何广泛发动群众，依靠群众力量推动根据地建设。对此，毛泽东等在致电聂荣臻的指示中强调："在群众运动中……中心工作仍在发动群众抗战热潮建立真正强有力的群众团体，进行切实组织工作。"②按照中共中央的指示，聂荣臻率领工作人员深入乡村争取群众，并组织工作团和小组分散进驻各个地区开展宣传工作，向一般民众广泛宣传和解释中国共产党抗日救国的政策和道理，调动群众的爱国热情，同时结合根据地自身情况，注重发展经济，制定正确的财政经济政策，帮助群众进行生产，改善群众生活，动员群众积极响应抗日军队号召，自觉组织起各种抗日群众团体。在边区政府的积极引导下，工人、农民、青年、妇女、儿童、佛教僧众等各界人士均纷纷组建起抗日救国组织，

---

① 聂荣臻：《抗日模范根据地晋察冀边区(节选)》(1939 年 5 月 1 日)，政协河北省委员会编：《晋察冀抗日根据地史料汇编》上，第 354 页。

②《关于巩固与扩大晋察冀根据地的指示》(1938 年 4 月 20 日毛泽东、洛甫、刘少奇致聂荣臻、彭真及朱德、彭德怀、傅钟)，中央档案馆编：《中共中央文件选集》第 11 册(1936—1938)，第 503 页。

协助部队从事抗战动员活动，有力配合了根据地的政治、军事任务。

在群团组织影响下，成千上万的群众积极勇敢地加入抗日救亡活动中来，加入共产党领导的游击队、义勇军、民兵队、自卫队等群众武装队伍中来，积极配合军队对敌作战，并认真协助军队维护社会秩序，保障地方治安，对促进抗战胜利做出重要贡献。其中，比较突出的表现是通过扩大武装力量直接支援抗日战争。晋察冀边区的各种群众团体，自建立之日起，即以扩大武装作为中心工作之一。晋察冀边区群众组织起来的武装力量形式多样，包括人民武装自卫队、基层自卫队、青年抗敌先锋队、儿童团、游击小组等，其组织发展非常普遍，几乎每个县、区、村都有。据记载，到 1942 年底，边区部队已有 8.3 万多人，民兵有 40 多万人。① 仅就农民抗日救国会来说，在冀中区，据不完全统计，到 1941 年 7 月，分区农会 4 个，县农会 37 个，区农会 245 个，村农会 5 342 个，会员达 471 815 人；在参军方面，有会员 12 801 人踊跃从军，各县还建立了不少农民营、农民连等。② 妇女救国组织也积极组建起抗日自卫队，到 1945 年，在边区 39 个巩固区、村以及 95 个游击区、村的妇女群众中，加入自卫队的共有 17 700 多人。③ 妇女救国组织拥军的另一重要表现是积极输送优秀子弟入伍，保证部队充实满员。在志愿义务兵役制的号召下，边区各地涌现出许多送儿、送郎、送哥的优秀模范和典型，如 1941 年 2 月唐县出现 10 个送郎队、2 个送哥队，出现 3 个送儿参军的良母、34 个送郎参军的贤妻、6 个送哥参军的

---

① 《聂荣臻回忆录》，第 553 页。

② 冀中人民抗日斗争史资料研究会编：《冀中人民抗日斗争文集》第 5 卷，第 1660 页。

③ 辛补堂、郑志忠：《记五台县妇女抗日自卫队》，政协河北省委员会编：《晋察冀抗日根据地史料汇编》下，第 2696 页。

好妹子。另据北岳区不完全统计，1939 年 3 个县动员入伍 3 916 人，1941 年动员入伍1 759人，1942 年动员入伍 1 277 人。① 此外，青年救国组织也积极动员青年参军。例如，在 1937 年冬，平山县就动员了 1 000 多名青年参军，编入一二〇师三五九旅七一八团，成为有名的平山团。②

边区群众组织武装力量直接参与作战，是配合边区完成军事任务的另一重要方式，其中民兵发挥的作用十分明显。据统计，1937 年至 1941 年间，北岳区民兵参加战斗 10 643 次，毙伤及俘虏敌伪军 2 185 人，除奸 1 658 人；冀中区民兵参加战斗的有1 434 800余人，毙伤及俘虏敌伪军 6 000 余人。③ 在冀中区，青年抗日先锋队在参军参战上起了模范作用，据 1938 年至 1939 年青抗先战斗统计，单独战斗 1 790 次，配合战斗 709 次，伤亡敌伪 244 名，俘日方人员 3 名，俘伪军 118 名，除奸 688 名，除匪 112 名，捉逃兵 239 名。④ 到 1941 年，冀中青年抗日先锋队总队部统计青抗先队员战绩，据 8 个月的统计，单独战斗 910 次，参加人数 23 113 人。配合战斗 1 961 次，参加人数 44 346 人。破坏公路 4 741 里，参加人数 25 573 人。缴获电线 66 206 斤，伤亡敌伪军 1 152 名。缴获机枪 2 挺、掷弹筒 3 个、马步枪 36 支、橛枪 24 支、手榴弹 403 个、子弹

---

① 晋察冀边区北岳区妇女抗日斗争史料编辑组编：《晋察冀边区妇女抗日斗争史料》，第 471 页。

② 田秀涓：《抗日烽火中的晋察冀妇女》，政协河北省委员会编：《晋察冀抗日根据地史料汇编》下，第 2686 页。

③ 高德福：《论晋察冀边区政权建设中的民主政治》，南开大学历史系编：《中国抗日根据地史国际学术讨论会论文集》，北京：档案出版社，1985 年，第 267—268 页。

④ 冀中人民抗日斗争史资料研究会编：《冀中人民抗日斗争文集》第 5 卷，第 1651 页。

5 060 发，此外，还缴获了大批的军用品及走私物品。① 自卫队在配合边区作战方面也发挥了积极作用。在 1940 年的百团大战中，晋察冀边区有 46 个团参战，数十万群众和人民武装自卫队员协同部队破路、炸桥和拔除敌伪据点，共作战 977 次，毙伤俘敌伪军 13 048 人，伪军反正 123 人，破坏铁路 78 公里，破坏公路 1 899.5 公里，攻克娘子关、井陉矿区等敌伪据点 109 处，缴获大批武器弹药和军用品。② 通过以上行动，边区根据地和抗日民主政权得到进一步巩固与扩大。对于群众武装在支援抗战中的重要作用，毛泽东曾深有感悟地指出："这个军队之所以有力量，还由于有人民自卫军和民兵这样广大的群众武装组织，和它一道配合作战。……没有这些群众武装力量的配合，要战胜敌人是不可能的。"③

此外，边区群众还大力支援军队粮食、日用品及部分武装物资，保障军队作战供给。据统计，1938 年，冀中定南县妇女抗日救国会担负抗战动员和募捐工作一年收获如下：动员鞋 37.9 万双，动员袜子 26.2 万双，动员钢铁 11 250 斤，动员衣服 1 882 身，动员被子 1 032 条，动员食粮 30 石等。④ 农民抗日救国会在为军队募捐慰劳方面也积极出力，譬如平山县短短数月内通过募捐活动就送给前线战士 8 000 余双鞋子，其他慰劳品如米、面、猪、羊等也多有

① 《一九四一年的冀中青运》，冀中人民抗日斗争史资料研究会编：《冀中人民抗日斗争文集》第 5 卷，第 1656 页。

② 谢忠厚、居之芬、李铁虎：《晋察冀抗日民主政权简史》，第 36 页。

③ 毛泽东：《论联合政府》（1945 年 4 月 24 日），《毛泽东选集》第 3 卷，北京：人民出版社，1991 年，第 1040 页。

④ 晋察冀边区北岳区妇女抗日斗争史料编辑组编：《晋察冀边区妇女抗日斗争史料》，第 485 页。

赠送。[①] 到 1940 年,冀中区妇救会支援军队的物力动员取得更大成绩。据不完全统计,1940 年全年慰劳抗日部队 144 次,支援抗日物资有:铜 14 811 斤,铁 1 164 251 斤,锡 2 710 斤,军鞋 126 244 双,袜及袜套 18 395 双,单衣、裤子、背心 23 106 件,布 73 匹,毛巾 1 520 条,手套 165 双,口罩 2 119 个,背包、米袋、枪袋、子弹袋共 93 610个,粮食 242 560 斤又 9 014 石,面粉 4 354 斤,肉 2 281 斤,羊 6 只,熟食包子、烧饼、饺子、粽子共 47 608 斤,点心及糖 4 823 斤,粉条 947 斤,黄花菜 103 斤,梨 34 950 斤,干柴、干草 7 321 斤,纸1 966 斤。[②] 1941 年,冀中人民继续支援部队,据近半年 11 个县动员军用品和慰劳品统计,手枪 117 支,大枪 7 支,手榴弹 1 174 枚,子弹 3 882 发,铜(子弹壳)23 511 斤,铁 210 885 斤,锡 50 斤,油桶 685 个,慰劳款 18 794 元,鞋 114 766 双,毛巾 3 693 条,肉 8 166 斤,鸡蛋 87 455 个,梨 1 785 斤,肥皂 300 块。[③] 群众的物资支援为军队作战提供了坚强的后盾,聂荣臻对边区群众支援军队的行动给予高度称赞,指出:“晋察冀人民为我们提供了一个巨大而可靠的供给部。群众不仅供应部队吃的、穿的,还负责物资方面的储存和保护。……部队每到一个村庄,不管是白天还是黑夜,只要找到粮秣主任,拿出边区政府发的粮票,就可以立刻得到所需要的粮食。……我们在抗日战争中,就不需要‘粮草先行’,到处都有我们的供给部,这是人民群众的一大创造。”[④]

边区群众支援军队,除了给予物力支持,还实行精神慰问。一

---

① 聂荣臻:《抗日模范根据地晋察冀边区(节选)》(1939 年 5 月 1 日),政协河北省委员会编:《晋察冀抗日根据地史料汇编》上,第 355 页。

② 冀中人民抗日斗争史资料研究会编:《冀中人民抗日斗争文集》第 10 卷,第 3652 页。

③ 冀中人民抗日斗争史资料研究会编:《冀中人民抗日斗争文集》第 5 卷,第 1660 页。

④《聂荣臻回忆录》,第 413—414 页。

般群众，特别是加入各群众团体的会员，均能做到主动给抗日军人家属承担一些诸如担水、送柴、送米等力所能及的劳动，有的还积极帮助他们进行耕地、挑粪等，这些都成为日常的工作之一。各区妇救会经常召开抗属联欢会，通过联欢活动，表达对抗属的关心，给予抗属心理慰藉。有的妇救会还代抗属给在前线抗日的儿子、丈夫等写信，为抗属与前线亲人之间架起沟通联系的桥梁。有的地区，由村派代表到火线上，到驻在地医院去，集合战士讲鼓励话，到院中煮鸡蛋、挂面，像对待孩子般一样，用勺子给受伤战士喂食，还有的自动站队欢迎和慰劳路过战士。① 在冀中区，日军大“扫荡”之际，为鼓舞军队将士们，农民抗日救国会派干部深入基层，根据当时日军占领南京、太原、武汉以后的形势，向大家宣讲日军会进行全面大“扫荡”，攻占全冀中区所有的县城，危难之际，指明我们能坚持冀中区游击战争的许多有利条件，增强军民反“扫荡”胜利的信心。② 各群众团体暖心的行动，鼓舞士气的话语，都化作战斗的力量，成为边区抗战取得胜利的重要条件。

边区群众团体组织群众积极支援前线，完成支前任务的同时，在后方锄奸反特，维持治安，实行坚壁清野，在配合游击战开展挖道沟运动等方面也积极协助完成了边区的政治军事任务。在锄奸工作中，各区、村普遍建有锄奸组织，具体任务几乎完全由群众团体来担负。此外，边区还有 2/3 以上的乡村建有秘密锄奸网，旨在

---

①《晋察冀边区妇救会二届二次执委会记录（摘录）》，晋察冀边区北岳区妇女抗日斗争史料编辑组编：《晋察冀边区妇女抗日斗争史料》，第 237 页。

② 李敬仁：《冀中区农民抗日救国会参与的一些主要抗日活动》，冀中人民抗日斗争史资料研究会编：《冀中人民抗日斗争文集》第 3 卷，北京：航空工业出版社，2015 年，第 804 页。

帮助党政军机关侦察汉奸匪徒，检举破坏分子，巩固保甲制度。[1] 妇女自卫队在维持后方治安活动中，发挥了积极的作用。例如，五台县妇女抗日自卫队，从 1941 年至 1944 年，在恶劣环境中配合人民武装力量锄奸反特，先后抓捕汉奸、特务 136 人。在此期间，为了开展工作，县、区、村妇女自卫队干部不幸被敌人抓捕和杀害的有 20 名。[2] 自卫队干部们坚贞不屈的精神，激励着队员们更加顽强地战斗。在山西省定襄县，师湾村妇救会主任孟玉华为掩护中妇委考察团成员严慰冰过封锁线，与她装扮成串亲的母女，经过滹沱河、同蒲铁路支线、窑忻公路 3 道封锁线，行程 10 余里，才到达安全地带，保护了重要文件。[3] 在冀中区，农民抗日救国会为配合军队游击作战，于 1938 年发动群众开展挖道沟运动，在各区村之间都挖了道沟。日军向冀中区进行全面大“扫荡”时，敌人的骑兵、汽车到处被阻挨打，而我方军民则是要打能打，要走能走，能攻能守，能进能退，活动方便，大大减少了损失。此外，全冀中区还实行坚壁清野，全民总动员，把粮食、棉花、衣服、鞋袜等军需民用物资，全都埋藏起来，叫敌人找不到，吃不着，抢不走，烧不毁。在各级党政军民的领导下，广大群众日夜奋斗，行动迅速，做得好，坚壁清野实行得彻底，取得了良好的效果。[4] 总之，晋察冀边区的群众团体组织，是保卫根据地、开展游击战争、配合军队作战的生力军，并在边

---

① 聂荣臻：《抗日模范根据地晋察冀边区（节选）》（1939 年 5 月 1 日），政协河北省委员会编：《晋察冀抗日根据地史料汇编》上，第 355 页。

② 辛补堂、郑志忠：《记五台县妇女抗日自卫队》，政协河北省委员会编：《晋察冀抗日根据地史料汇编》下，第 2698 页。

③ 田秀涓：《抗日烽火中的晋察冀妇女》，政协河北省委员会编：《晋察冀抗日根据地史料汇编》下，第 2686 页。

④ 李敬仁：《冀中区农民抗日救国会参与的一些主要抗日活动》，冀中人民抗日斗争史资料研究会编：《冀中人民抗日斗争文集》第 3 卷，第 804—805 页。

区政权巩固与发展的过程中发挥了重要的作用。

二、架起乡村社会与政府之间的桥梁

晋察冀边区的群众团体组织，是全国抗战初期具有半政权半团体性质的机构。围绕政府与群众团体之间的关系问题，早在1937年10月16日，刘少奇就在《抗日游击战争中关于群众运动的政策》中明确指出："除开汉奸外，保障一切群众团体及群众运动的自由"；"确立群众团体及群众运动在法律上的权利与合法地位"；"在物质上协助群众团体"；"尊重群众团体的独立，不在组织上去直接干涉群众团体的内部生活"，"群众团体参加到政府中应该起积极推动政府的作用"，"但群众团体不应该代替政府的职权"，"更不应该与政府整个对立"。① 1938年1月，晋察冀边区召开军政民代表大会，进一步做出决议："由边区政府规定并公布统一的优待抗日军人家属办法，交各级政府执行，群众团体负协助责任；由边区政府规定并公布统一的减租减息办法，交各级政府执行，群众团体负协助之责。"②可见，边区的群众团体组织与政府之间有着良好互动关系：一方面，群团组织借助自身与群众联系密切的优势，可以协助政府开展工作，落实政策；另一方面，政府又负责保护群团组织的权益。群团组织的存在，为乡村社会与政府之间架起一座沟通的桥梁，起到密切双方关系的纽带作用。

首先，开展文化教育，引导民众学习，促进民众文化水平不断提高。近代以来，在中国农村经济不太景气的社会背景下，农村地

---

① 刘少奇：《抗日游击战争中关于群众运动的政策》(1937年10月16日)，政协河北省委员会编：《晋察冀抗日根据地史料汇编》上，第262—263页。

②《晋察冀边区军政民代表大会政治问题决议案》(1938年1月)，政协河北省委员会编：《晋察冀抗日根据地史料汇编》上，第152页。

区的教育发展比较落后，民众文化知识水平普遍偏低。在晋察冀根据地，这种情况尤为严重。长久以来，这一地区的文盲人数“都是占着90%以上的绝对多数”①。如何改变这种状况？如何在抗战的形势下充分发挥民众的力量？在根据地大力发展文化教育，成为一个重要出路。于是，在边区政府的领导下，各群众团体纷纷行动起来，主动担负起协助政府提高根据地民众文化水平的任务。这些群众团体自成立以来，积极推动群众教育，普遍建立起各种群众识字班、学习组、夜校等，为群众接受文化教育创造机会。据记载，晋察冀边区在1938年冬学运动中，共建立冬学识字班3 966个，参加学习的学生达171 955人。通过学习，民众掌握了一定的文化知识，特别是提高了政治水平，帮助了抗战动员工作。② 冬学学生一定程度上理解了抗战持久性、“三个阶段”等，增强了抗战信心。在村选中，冬学学生也起了显著的模范作用。到1939年冬天，边区继续普遍开办冬校或识字班，1940年学习运动达到高潮。在全国抗战8年中，通过群众团体组织识字运动，扫除妇女文盲约10万人（当时认识1 500个字即摘掉文盲帽子）。③ 另据不完全统计，在冀中区19个县中，“有34 898个青救会员能经常在青年识字班中学习，如晋深极县的青年识200字以下的占30%，识600字以下的占32%，识900字以下的占38%”④。群众学习了文化知识，

---

① 仓夷：《晋察冀边区的识字运动》，《新华日报》，1940年7月2日第4版。

②《晋察冀边区1938年度冬学运动总结》（1939年3月），政协河北省委员会编：《晋察冀抗日根据地史料汇编》上，第768页。

③ 谷秀波：《忆北岳区妇女的文化学习和文娱宣传》，政协河北省委员会编：《晋察冀抗日根据地史料汇编》下，第2681页。

④《参加全国青年反法西斯大会　冀中青救代表赴延安并携带工作报告及提案多件》，《晋察冀日报》，1941年12月27日第3版。

提高了自身的文化水平，这为更好地服务于边区建设事业奠定了基础。

其次，解放妇女，提倡民主，推进民主宪政建设。晋察冀地区接近封建统治中心，社会经济状况相对贫困，广大妇女在封建宗法礼教的束缚下，婚姻没有自主权，家庭、社会地位低下，被虐待现象比较普遍。边区政府建立后，十分重视妇女工作，关心妇女身心健康，谋求人身自由发展。为了使广大农村妇女不再受家庭、婚姻的束缚，党中央与边区政府在妇女工作中，特别重视提高妇女地位，改善妇女生活，使其不受家庭虐待，为此相应制定了一系列保障妇女权利的法规条例。边区妇救会在边区党与政府的领导下，将有关妇女工作的方针、政策及法令规章贯彻落实到基层，细致地开展了一系列妇女思想文化教育活动，在政府与妇女群众之间架起一座沟通的桥梁。在妇救会的帮助下，边区妇女的思想观念发生很大改变，开始摒弃传统的封建纲常伦理观念，追求自由平等的婚恋观、道德观。同时，通过开展教育，一些受封建思想影响的丈夫、公婆也转变了思想，不再虐待、随意打骂媳妇。在妇救会大力开展思想文化教育的影响下，一些地区原有的婚姻陋俗（包括买卖婚、早婚、童养媳等）得到改良。例如，在阜平县四区，1937 年有童养媳 23 名，1941 年时减少到 11 名；1937 年买卖婚有 93 起，1941 年减少到 5 起。① 通过妇救会的思想教育，一些地方的农村妇女对自身权益有了保护意识，对不合理的婚姻关系大胆提出抗议，主动提出退婚、离婚。例如，在雁北地区，"有一个媳妇，发现了自己的丈夫同嫂嫂通奸，再三劝告无效，就坚决向政府提出离婚，还由男方付给

① 河北省地方志编纂委员会编：《河北省志·妇女运动志》，北京：中国档案出版社，1997 年，第 147 页。

了一笔改嫁前的生活费用”①。此外，一些妇女也开始挣脱家庭束缚，参加到社会活动中去。女性接受教育的范围也越来越广，例如在冀中区，1940 年普及小学义务教育中，据武强等 12 个县统计，女生占学生总数的 45.5%；在民众教育方面，据八专区 7 个县的统计，女生占学生总数的 49.9%。② 女性受教育权利得到保护，也是妇女解放、社会地位得到提高的重要表现，其中妇救会发挥了重要的推动作用。

在边区政府保护民众选举权的政策下，边区妇救会组织积极宣传党和政府的民主政策，动员群众积极响应，参与民主宪政活动。在妇救会的推动下，妇女们行动起来，开始参加选举与被选举活动。在 1938 年建设村政权时，有的妇女当选为村代表、委员或村长、村副。随后，1940 年开展宪政运动，通过进一步广泛宣传三大条例和选举须知，更深入地动员广大乡村妇女参加民主选举。经民主选举，边区共有 16 名妇女成为参议员，还有 4 名妇女成为全国国民大会的代表。在河北，陈舜玉当选为唐县县长，严镜波当选为饶阳县县长，她们工作都很出色，为妇女参政起到示范作用。③在冀中地区的 1940 年春季选举中，妇女在村、区都有代表或任职人员。据定南等 7 个县统计，村、区代表中的妇女代表分别占 21.3%和 12.8%；在村、区政权任村委员或主任、区长者分别为 7.2%和 5.8%。④ 边区民主宪政工作的发展，还得益于“三三制”

---

① 路平:《雁北婚姻二三事》，晋察冀北岳区妇女抗日斗争史料编辑组编:《晋察冀北岳区妇女抗日斗争史料》，第 659 页。

② 冀中人民抗日斗争史资料研究会编:《冀中人民抗日斗争文集》第 10 卷，第 3652 页。

③ 田秀涓:《抗日烽火中的晋察冀妇女》，政协河北省委员会编:《晋察冀抗日根据地史料汇编》下，第 2688 页。

④ 冀中人民抗日斗争史资料研究会编:《冀中人民抗日斗争文集》第 10 卷，第 3652 页。

选举原则的实行。根据此民主政策，只要年满 18 岁，均有选举权与被选举权。于是在群团组织的宣传教育下，许多地方的青年男女积极参加选举，并成为代表、议员、乡长等，进行参政活动。据晋察冀边区 6 个乡的有关统计，“青年在村代表中占 28.5%，在区级议员中占 34.8%，在乡级议员中占 37.8%，在乡长中占 42.8%”①。在冀中十分区，直至 1939 年时，霸县、新城一带腹心地区的一些村庄，不但村政权仍被地主、富农掌握，而且农会、妇会、青救会也都在地主、富农掌握之中。针对此种情况，在十分区地委的领导下，为改善民主民生，青救会首先对那些被地主、富农掌握的青救组织进行改造，而后配合有关部门在改造村政权中发动一批贫下中农青年参加了村政权。②

此外，工人抗日救国会、农民抗日救国会也积极动员工人、农民参加民主选举。工人、农民、妇女三大抗日救国会组织最坚决地执行政府进步的法令，积极响应各种动员的号召，而且积极参加边区民主政权的建设，帮助政府巩固敌后政权的基础，使边区的工农妇女群众热情参政，正确获取和运用各种民主的自由权利，造就中外人士一致赞誉的民主进步的模范，这些也被称为是“边区三大群众团体的又一个伟大的业绩”③。还有战地动员委员会，由于建立了县、区、村一套组织机构，动员和团结了进步青年和大多数旧政府工作人员及知识分子一道进行抗战工作，培养和锻炼了新旧干部，打破了旧的公文程式和政府与群众传统的隔阂，创造出新的工

① 共青团中央青运史研究室：《中国青年运动史》，第 209 页。

② 阎素：《回忆抗日战争时期冀中十分区的青年运动》，冀中人民抗日斗争史资料研究会编：《冀中人民抗日斗争文集》第 5 卷，第 1570 页。

③《热烈庆祝晋察冀边区三大群众团体成立 2 周年》（1940 年 3 月 3 日），政协河北省委员会编：《晋察冀抗日根据地史料汇编》上，第 897 页。

作方式和作风，因而被称赞“为改造旧政权和创造边区统一的新政权架设了必要的桥梁”①。

边区各群众团体通过开展宣传工作，有力地传播了边区党和政府的各项政策及有关法令，切实提高了群众的民主意识，群众不仅积极参加选举，而且对政府行政问题逐步表达自己的意见和主张。例如，1940 年 3 月 17 日，冀中工、农、青、妇、回民、文化群众团体联合起来，代表冀中 800 万人民发表谈话，要求建立全省民意机关，彻底解决河北问题，反对鹿钟麟到根据地夺权，拥护朱德主政河北。② 各级群众组织中的干部深入基层，充分了解群众的困难与真实意愿要求，通过行政会议等方式，及时向党和政府汇报工作与群众反映情况，为政府决策提供参考。群众团体组织的这些活动，便利了政府与边区群众间的沟通交流，为加强两者联系起到重要作用。

最后，发展经济，提倡大生产，巩固与促进根据地建设不断发展。农业是根据地生存的经济支柱，也是根据地人民生活的源泉。因此，边区政府非常重视农业生产。根据 1940 年 4 月中共中央北方局发出的《关于财政经济政策的指示》，晋察冀边区政府在布置 1941 年的春耕工作时强调：“边区的物资源泉主要的是农业，农业上收到应有的收获，抗战的物力，也就解决了最大的部分。”③在边区政府号召下，边区各救国会组织积极鼓励会员开垦荒地，搞好春耕秋种等生产工作，促进经济不断增长。在广大群众不懈努力下，根据地的生产建设取得很大成绩。据记载，1941 年边区 19 县妇女

① 谢忠厚、居之芬、李铁虎：《晋察冀抗日民主政权简史》，第 14—15 页。

② 晋察冀边区革命史编纂委员会编：《晋察冀边区革命史编年》，第 347 页。

③《晋察冀边区行政委员会关于春耕运动的指示信》（1941 年 2 月 9 日），《抗日战争时期晋察冀边区财政经济史资料选编》（农业编），第 287 页。

共开垦荒地近4万亩，植树80.5483万株；另载，边区20县妇女共建设妇女林7043处，边区10县妇女建菜园353个。① 关于群众团体组织在边区经济发展中的作用，聂荣臻曾概括指出："这些群众团体帮助政府改善人民生活之外，最主要的成绩，首先在于他们能够积极拥护政府。他们始终用了最大的努力，支持政府的各种政策，努力执行并完成政府抗战的财政经济动员。如：征收赋税，推销救国公债，在群众团体普遍深入的动员之下，短时间内就得到了优良成绩。"②

三、引导、动员基层群众

晋察冀边区的群众团体组织，是共产党领导下的统一战线组织，担负着宣传动员群众参加抗日活动、领导改造区村政权、办理军需供应、维持社会治安、建立抗日新秩序等多重任务。为充分完成任务，各群众团体组织在引导、动员基层群众方面着力开展工作。

首先，运用多种方式，加强宣传力量，引导群众自觉参与边区建设与抗日活动。妇救会在开展宣传工作时，颇为运用注意心理引导的方法。比如，为了接近广大农村妇女，她们会在找老百姓做工作时，穿与老百姓一样的衣服，说方言土语，并且从接近农村妇女生活的日常聊天话题切入，在取得群众信任后，再用通俗易懂的语言向其宣传抗日救国的道理。有时为向群众做思想宣传，采取挨家挨户、个别谈话的方式，或者组织宣传队，通过歌舞、大字报、

① 于林：《二年来的北岳区妇运》，晋察冀北岳区妇女抗日斗争史料编辑组编：《晋察冀北岳区妇女抗日斗争史料》，第288页。

② 聂荣臻：《抗日模范根据地晋察冀边区(节选)》(1939年5月1日)，政协河北省委员会编：《晋察冀抗日根据地史料汇编》上，第354页。

传单、标语口号等方式，用生动的肢体语言、有趣的故事内容，向妇女群众宣传抗日救国、妇女解放的新思想。例如，在新乐县太平庄村，妇救会工作人员为号召群众抗日，专门组织了颇受群众喜欢的文艺表演。在文艺表演的舞台上，演员通过对国民党高层不顾人民疾苦在后方吃喝玩乐的形象的塑造，揭露国民党的不抵抗政策，使乡亲们看后都很受教育。① 在五台县，妇救会带领当地妇女群众创办《五台妇女报》，报道展示妇女工作情况，并且成为宣传抗日的媒介。此外，动员农村的小学女教师、回乡女学生参与宣传抗日。一般情况下，小学女教师很受农村妇女尊重，由她们给学生讲抗战故事，传播抗战思想，再由学生回家讲给自己的家人，这就间接扩大了中国共产党抗日宣传的社会影响。②

其次，各个群众团体组织在开展宣传工作时相互联合，共同发力，在边区开展生产建设、民主政权建设、组织武装力量配合军队作战及支援抗日等多方面工作过程中，都充分注意运用多种方式方法达到引导、动员群众力量的目的。例如，在动员群众参加民主选举时，妇救会会员先是踊跃带头参选，在广大妇女中起到良好的示范引领作用。紧接着，妇救会以群众团体的名义提出妇女界的候选人，为更多妇女创造参选机会。此外，为了更好地帮助妇女参加竞选，妇救会还通过演话剧、唱歌谣、敲锣鼓、扭秧歌以及张贴标语等种种活动展开宣传，鼓舞广大妇女参加竞选。在群众团体组织工作的影响下，边区民众参加选举的积极性大大提高。例如，在1940年的民主大选中，北岳区共有女选民192万人，其中135万人参加竞选，参选人数所占比例超过70％。村级选出女代表5 052

---

①《峥嵘岁月（一）》（回忆录专辑），河北省妇女联合会1983年编印，第192—193页。

② 帅光：《怎样动员农村妇女》，《中国妇女》第2卷第4期，1940年9月10日，第10页。

名,女村长、村副 139 名;区级选出女区长 11 名;县级选出女县长 1 名,女县议员 140 名,女副县议长 1 名。① 又如,为发展边区文化教育,妇救会积极发起识字运动,课本由妇救会编印,内容主要反映的是抗日救国以及妇女解放的道理。在北岳区,由于文化基础比较薄弱,重男轻女和封建保守思想根深蒂固,打破传统思想的阻力比较大,妇女们走出家门学文化是很不容易的。针对这样的情形,各级妇救会组织一方面主动深入民众,挨家挨户耐心地做思想动员工作,另一方面联合工会、农会,请他们主动配合,让这些组织的会员带头发动自己的家属,村自卫队也发出青年妇女必须参加识字班学习的要求。在多方力量的共同促进下,妇女识字班很快开办起来。据北岳区不完全统计,当年建立冬校的村庄有 2 000 个,入学人数 181 794 人(不包括平西、雁北地区),其中平山县识字达到 500 个者有 8 218 人。妇女入校一般占入校总人数的 1/3 到 1/2。②

最后,在动员边区群众参军、组织武装力量、支援前线抗战等方面,各群众团体也发挥了合作力量,共同推进工作。例如,妇救会为动员边区妇女参加抗日武装,由各级干部带头,挨家挨户地耐心做妇女工作,为其讲解抗日救国的道理,传播妇女解放的思想,并用日本侵略军残酷蹂躏妇女同胞的真实事例,激发妇女群众的反抗意识与斗争自觉性。青救会为组织青年积极参军,与其他群众团体配合,举办训练班,进行爱国主义教育,向青年宣传中国必胜、日本必败的思想,宣传毛泽东《论持久战》《新民主主义论》和抗

---

①《晋察冀抗日根据地》史料丛书编审委员会编:《晋察冀抗日根据地》第 2 册(回忆录选编),第 95 页。

② 谷秀波:《忆北岳区妇女的文化学习和文娱宣传》,政协河北省委员会编:《晋察冀抗日根据地史料汇编》下,第 2681 页。

日民族统一战线理论，并且翻印了许多政治读物，无偿发给会员学习。青救会干部下乡进行宣传工作，还特别注重教群众唱革命歌曲《义勇军进行曲》《救亡进行曲》《游击队之歌》《青救会歌》《儿童团歌》等①，通过多种方式感染群众，引导群众积极投身革命。冀中区在青救会直接动员下，一年中有 3 000 余名青救会会员、青抗先队员在高度的民族觉悟下走到战场上，加入八路军。② 在青救会的影响下，儿童在抗战动员工作中也起了重要作用，5 个县筹集粮食 63 089斤，鸡子 25 189 个。③ 经过广泛动员，群众组织也获得大发展。据 1946 年 3 月察哈尔省农民会整理的《察哈尔新解放区群众组织的发展》一文记载，至 1946 年 1 月，全省 2 611 202 人中，有 514 414 人加入组织，占人口总数的 19. 7%，其中，农民会会员 223 131人，占会员 43%以上，工会会员 42 048 人，妇女联合会会员 150 307 人，青年联合会会员 89 928 人。④ 越来越多的群众被发动起来，为边区建设及抗日战争胜利奠定了坚实基础。

四、组织协调不同阶层的关系

全国抗战爆发后，为争取最广泛的革命力量参加到抗日战争中，中共中央提出实施抗日民族统一战线政策。晋察冀边区的工人抗日救国会、农民抗日救国会、妇女抗日救国会、青年抗日救国

---

① 阎素：《回忆抗日战争时期冀中十分区的青年运动》，冀中人民抗日斗争史资料研究会编：《冀中人民抗日斗争文集》第 5 卷，第 1570—1571 页。

②《冀中青救二次代表会的主要总结及今后任务》，冀中人民抗日斗争史资料研究会编：《冀中人民抗日斗争文集》第 5 卷，第 1652 页。

③《冀中青救二次代表会的主要总结及今后任务》，冀中人民抗日斗争史资料研究会编：《冀中人民抗日斗争文集》第 5 卷，第 1654 页。

④ 晋察冀边区革命史编纂委员会编：《晋察冀边区革命史编年》，第 763 页。

会等群众团体，即是在这种形势下出现的抗日民族统一战线的组织。这些群众团体组织，在各自制定的组织章程中，均明确表示要争取广泛的会员力量。例如，《晋察冀边区农民抗日救国会组织章程》规定，凡是参加农业生产的农民，承认本会章程执行本会决议案者，不论民族、党派和信仰均得加入本会为会员。①《晋察冀边区妇女抗日救国会组织章程》提出，只要妇女符合年满15岁以上的年龄条件，承认并遵守执行救国会组织章程和决议，“不分种族、宗教、信仰、党派、职业、阶级”，均可成为救国会会员。②《晋察冀边区青年抗日救国会组织章程》也规定，只要符合年满15岁以上、23岁以下的年龄条件，承认并遵守执行青救会组织章程和决议，“不分宗教信仰、党派、职业、阶级”，经过登记就可成为青救会会员。另外，各机关团体和工作部门中的干部，只要承认青救会章程，并热心青年工作，“经各级常委会通过”可直接成为“各该级直属会员”。③

由上可见，晋察冀边区各群众团体组织在吸收会员入会时，所设条件比较宽松，这完全符合抗战时期的政策需要。在支持抗日的原则下，这些群众团体把工人、农民、知识分子、妇女、青年、少年儿童以及僧众等边区各阶级、各职业、各民族、各宗教信仰等不同阶层的人都汇集在一起，共同为抗战而努力。为充分发挥各群众团体的作用，协调团体内不同阶层人们之间的关系，边区政府以

---

①《晋察冀边区农民抗日救国会组织章程》(1940年7月)，政协河北省委员会编:《晋察冀抗日根据地史料汇编》上，第906页。

②《晋察冀边区妇女抗日救国会组织章程》(1940年7月)，政协河北省委员会编:《晋察冀抗日根据地史料汇编》上，第910页。

③《晋察冀边区青年抗日救国会组织章程》(1940年4月)，政协河北省委员会编:《晋察冀抗日根据地史料汇编》上，第898页。

"三三制"为原则大力开展民主政权建设，即共产党员、非党左派进步分子、中间派在边区的民意机关和政府中各占1/3。受其影响，为避免群众团体组织的工作方式与工作内容"党化"，各群众团体组织的领导机构在选举时，特别注意引进非党的领袖和积极分子参加领导机关工作，以便综合考虑各阶层群众的利益，从而密切群团组织与边区群众之间的关系。到1941年，北岳区党委为有效管理边区群团组织，对各团体的会员构成提出明确要求：青年妇女，只可"参加妇救会"；女工，只可加入工会，不可加入妇救会；农家妇女，当家也好，不当家也好，一律不许加入农会；妈妈、女佣人、丫头和婢女等女性成员，"只加入妇救会"，不可加入工会。① 这次调整使群众对自己的身份认识更加清晰，也便利了各群众团体对会员的组织管理，尤其是对妇救会的会员构成要求更为具体，为最大限度地发动妇女起到一定推动作用。总之，边区的各群众团体是抗日民族统一战线的组织，将支持抗日的工人、农民、知识分子、青年、妇女等各个阶层的积极分子联合起来，并团结吸收了一部分旧政府国民党留下的人员和开明绅士共同抗日。在这些群众团体的组织下，边区加强了各阶层民众与政府之间的联系，增进了彼此的沟通与了解，也协调了各阶层民众之间的关系。

第三节　群团组织建设的经验与教训

晋察冀边区的群众团体组织建设是边区政府开展群众工作的重要组成部分，经过长期的工作实践，积累了宝贵的经验，其中也不免存在一些教训。

---

①《河北妇女运动史资料选辑》第2辑，河北省妇女联合会1983年编印，第34—35页。

一、经验

晋察冀边区群众团体在边区党和政府的正确领导下，在边区各界群众的大力支持下，广泛动员群众积极参加抗战和建设，并取得了较为突出的成绩。以工人、农民、妇女抗日救国会三大群众团体的工作为例，经过两年发展，这三大群众团体发动、组织广大群众参加了创造敌后模范抗日根据地的伟大事业，而且成为这伟大事业中的基础力量源泉，使全边区的工农妇女群众都在这三大团体的领导之下，配合着边区党政军的力量，活跃在保卫家乡、保卫边区、保卫祖国的斗争里，和日伪军及汉奸进行了残酷的搏斗，使敌人在边区的领土内不断遭到打击、遭遇挫折，从而鼓舞了全国人民和全世界正义的人士。而且就在这斗争里，锻炼了全边区的广大群众，发现和培养训练了无数的英勇战士，造成了无数可歌可泣的斗争史实。① 总结边区群众团体工作取得成绩的原因，概括其经验，主要有以下 3 个方面：

首先，在边区党和政府的领导下制定了正确的发展政策。1938 年 9 月，《晋察冀边区民运政策纲领》颁布实施，这是边区各群众团体初建时期开展民运工作的重要指南。综其内容来看，所提纲领主要有 8 条，即“一、要把政民关系从实际配合工作中正常化起来。二、要有系统的领导各县的民运负责者（民政科长或负民运责任的科员及区、村长）。三、要成为政府与群众团体中间转达建议、反映批评与配合工作的健全枢纽。四、要作到与群众工作者家人父子般的互相吸收经验教训，继续不断地开展更密切的配合，群

---

①《热烈庆祝晋察冀边区三大群众团体成立 2 周年》（1940 年 3 月 3 日），政协河北省委员会编：《晋察冀抗日根据地史料汇编》上，第 897 页。

众团体与政府应该时刻关心双方工作的进展及配合情形，交互吸收新的宝贵经验与教训，从事开展更密切的工作配合。五、要在直接扶助群众工作的形态下，完成政府对群众工作的任务。抱着客观、虚心、谦和的态度，去直接扶助群众工作。一方面可以了解他们的各种具体问题及技术，一方面也是就属于行政范围及其与群众工作联系的部分上协助了他们，同时便是完成了本会对群众工作的任务。六、要替全体民众负责，抱负着高尚的政治人格与理论去克服不正确的倾向。我们民运工作的基本态度与精神，应该认本会为民主之母，时刻要在提高民主上做工夫。七、要用公正、本分、有效的方法解除一切摩擦。八、要造成典型的政民关系。边区政民关系，一定要在双方绵密、谨慎、真诚的合作之下，造成典型的政民关系"①。这些纲领成为边区群众团体发展的行动指南，为群众团体组织工作的开展指明了方向。在对边区群众工作进行总结时，刘澜涛概括群众团体的组织原则，指出："第一，一切群众团体的最高纲领是服从统一战线的。第二，组织全体人民。第三，群众自愿自觉的参加，劳动者自己解放自己。第四，民主集中制的原则。群众团体与党和军队不同，特别要强调民主，不论领导机关或下层组织都是同样的。"②同时，他还总结了群众斗争策略的经验："第一，民族矛盾是主要的，阶级矛盾是次要的。……第二，地主阶级政治优势几至全部丧失，并不等于经济优势的完全丧失。……第三，只有群众的革命优势，才能讲到平等的统一战线。……第四，发动群众首先着重从抗日高潮中发动组织，同时提出改善生

① 《晋察冀边区民运政策纲领》（1938 年 9 月 18 日），政协河北省委员会编：《晋察冀抗日根据地史料汇编》上，第 276—277 页。

② 刘澜涛：《晋察冀边区的群众工作》（1945 年 1 月），政协河北省委员会编：《晋察冀抗日根据地史料汇编》中，第 2063 页。

活，以后逐渐深入到以改善生活为主，这样才能大刀阔斧的大规模的组织起群众，并使这个高潮坚持下去。第五，群众运动必须与武装结合，特别在敌后，只有与武装结合，才能有力量。”①这些总结，进一步通过实践证明，正确的政策原则是群众团体工作能够取得突出成绩的根本保障。

其次，注重工作总结，根据实际形势发展不断调整工作方针与工作内容。例如，1939 年 2 月，对农会一年来的工作经验进行总结并得出认识，“要发动广大农民参加抗日民族自卫战争，一定要在统一战线的总方针下，在‘抗战高于一切，一切为着抗战’的原则下，适当的解决农民群众的切身问题，适当的改善农民生活，实现民主运动，如反贪污、反对不合理负担等。只有把抗战和民主的问题密切地联系起来，才能使农民在抗战中发挥其积极性与自动性，而在抗战中起着重大的作用。也只有紧握住统一战线，把抗战、改善民生、争取民主适当的配合，不把民生与民主强调得过高以至于影响抗战，也不放松民生与民主的工作，才能使抗战与农民切身的问题，都能适当的解决、发展”②，进而提出今后工作的思路，在工作方面，继续发动广大农民参加战斗，坚持持久战。为此，一要注重开展武装工作，不仅要帮助巩固扩大武装部队，而且要注意到群众武装的发展与健全；二要积极进行改善生活运动；三要推动民主运动；四要改进军政民的关系；五要加紧战斗动员。在组织方面，要加强各级农会的领导机关，密切上下级的联系，改进工作方式与工作作风。要做到“一、加强教育工作。二、发扬会内的民主精神。

① 刘澜涛：《晋察冀边区的群众工作》（1945 年 1 月），政协河北省委员会编：《晋察冀抗日根据地史料汇编》中，第 2065—2066 页。

②《对农运工作的几点意见》（1939 年 2 月 7 日），政协河北省委员会编：《晋察冀抗日根据地史料汇编》上，第 877 页。

三、巩固农会基础。四、团结广大农民”①。到1942年，随着日军对边区实施大“扫荡”，形势发展困难，这种情况下，晋察冀边区党委及时调整群众团体领导方式，提出群众团体领导一元化主张，即“由北岳区一直到区，原有各群众团体单独的组织系统一律改组，将工、农、妇、青、文各团体共同组织联合的统一的领导与统一的系统，作为各级团体最高领导机构（简称为‘各界抗日救国联合会’），但在必要时各团体对外号召上，仍可用各团体单独名义”②。1943年4月，冀中区各群众团体，鉴于冀中形势演变的情况，联合召开常委扩大会，决议成立冀中区抗联会，以便集中力量，统一领导。随后，冀中区党委对群众运动调整方针，指出要“加强全民团结，尽量减轻群众负担，提高群众抗战信心，坚持游击战争同其他各种斗争配合，积蓄力量准备反攻。当前群众工作任务，首先是加强对敌经济斗争，把群众的切身利益同对敌斗争结合起来”③。1944年3月26日，晋察冀边区抗联会召开扩大干部会，确定1944年群众运动的方针是进一步开展对敌斗争，开展大生产运动。④ 同年7月，中共冀中各地委负责人专门开会讨论减租问题，指出：“农会是代表基本农民利益的，领导减租斗争才能取得基本农民拥护。……军队、工会、妇会、青会等组织，都应协助减租，在党的一元化领导下布置各方力量进行这一工作。”⑤由上可见，边区群众团体在开展

---

①《对农运工作的几点意见》（1939年2月7日），政协河北省委员会编：《晋察冀抗日根据地史料汇编》上，第878页。

②《中共晋察冀北岳区党委关于北岳区群众团体领导一元化的决定》（1942年11月3日），政协河北省委员会编：《晋察冀抗日根据地史料汇编》中，第1564页。

③ 冀中人民抗日斗争史资料研究会编：《冀中人民抗日斗争文集》第10卷，第3675页。

④ 晋察冀边区革命史编纂委员会编：《晋察冀边区革命史编年》，第642页。

⑤ 冀中人民抗日斗争史资料研究会编：《冀中人民抗日斗争文集》第10卷，第3679页。

工作过程中极为注意进行总结，并能随形势变化不断做出调整。这种务实的工作作风，是其能够取得重要成绩的重要法宝。

最后，注重工作方式方法，各群众团体之间密切联系，互相扶持，灵活开展工作。边区的群众成分复杂，人员众多，领导群众团体开展工作要想取得进展，灵活运用各种有效的工作方式方法非常重要。这一点在妇女抗日救国会的工作中有比较鲜明的体现。例如，在北岳区，全国抗战初期妇女干部不知道怎么开展工作，县委领导同志就手把手地教，然后是从上到下，充分发挥各级干部的模范带头作用。当时脱产的区县妇救会干部学习积极性非常高，学习小本随身带，有时间就学。县妇救会经常督促检查每个同志的学习情况，利用集中开会的空隙，进行学习测验，成绩好的就表扬、奖励。大部分劳动妇女出身的干部，出来工作一两年以后，都能看报纸、读文件，开会能做记录，会写简单的工作报告。区县干部带了头，村妇救会干部跟着走。① 边区妇女抗日救国会在开展工作过程中，自始至终重视宣传教育，并根据工作任务的变化不断调整宣传内容。例如，全国抗战初期以解释抗战意义、动员妇女参加抗战为宣传重点；开展大生产运动过程中，主要宣传生产建设对边区政权巩固及民众生活改善的影响，促使妇女群众主动参加生产劳动；颁布婚姻法后，介绍婚姻法的内容与意义成为宣传的主要任务；而后在民主宪政建设过程中，介绍妇女参政的方法与意义，引导妇女积极参加选举成为宣传重点；此外，随着边区妇女工作的推进，加强对妇女群众讲解党的统一战线以及妇女政策，成为新的宣传主题。总之，边区各级妇救会组织通过深入群众，广泛开展宣传

---

① 谷秀波：《忆北岳区妇女的文化学习和文娱宣传》，政协河北省委员会编：《晋察冀抗日根据地史料汇编》下，第 2684 页。

教育，采取灵活的工作方式，促进了边区妇女的思想转变，引导她们参与到生产建设与抗战斗争中来，为中国共产党敌后根据地的巩固和发展，以及中国人民抗日战争的最终胜利奠定了广泛坚实的群众基础。

此外，边区各群众团体之间密切联系、团结协作，为共同的奋斗目标协同作战。例如，1941 年 1 月 21 日，晋察冀边区第二专区青救会、武委会召开各县主任、青抗会、妇救会武装部长联席会，总结一年来的经验教训，确定本年度的工作方针，提出了其后工作的三大任务，即进行游击战争、配合主力部队作战、维持后方治安。[①] 在日军对边区进行大“扫荡”的形势下，1942 年 9 月 10 日，北岳区抗敌后援会，工人、农民、妇女、青年、文化各界抗日救国会等六大群众团体联合起来发出紧急动员号召：彻底粉碎敌人秋季“扫荡”，武装保卫秋收、秋种，使游击战与粮食战相结合，大力实行劳动互助，武装保卫秋收。[②] 为克服边区发展面临的困难，1943 年 1 月 21 日，北岳区工人、农民、青年、妇女、文化各界抗日救国会以及抗敌后援会再次联合起来召集会议，号召全体会员和边区同胞自觉地拒用伪钞，保卫粮食，增加生产，准备反攻。[③] 即便是抗日战争胜利后，各群众团体仍然发挥了团结作战的优良作风。比如，1945 年 11 月 5 日，在新的发展形势下，晋察冀边区总工会、农民会、妇联会、青联会联合发出《关于新解放区放手发动群众中几个新问题的意见》，指出：“反攻以来，巩固与保卫新解放区，大力放手的发动群众、组织群众，使广大基本群众从敌寇汉奸及统治阶级的压迫奴役

① 晋察冀边区革命史编纂委员会编：《晋察冀边区革命史编年》，第 407 页。

② 晋察冀边区革命史编纂委员会编：《晋察冀边区革命史编年》，第 544 页。

③ 晋察冀边区革命史编纂委员会编：《晋察冀边区革命史编年》，第 571 页。

下翻过身来，建立人民的革命秩序，成为群众团体特别是农会的首要任务，在目前时局的紧要关头更成为刻不容缓之急务。为此，根据几个地区发动群众的初步经验，就如下几个新的问题，提出：(一)新解放区的减租减息增资斗争，必须与群众的反奸反特的清算复仇运动密切结合并灵活巧妙的掌握。(二)新解放区的任何一个群众斗争，都必须走群众路线，不能丝毫包办代替，操之过急，同时要彻底肃清领导上的右倾思想。(三)在执行减租政策中，要解决广大农民无地少地的问题。(四)发动群众斗争，必须与思想教育(阶级教育)、发展组织相结合。”①以上表明，在晋察冀根据地建设的过程中，面对一些共同任务，各群众团体往往能够摒弃界别、派别偏见，通过单一的群团组织或联合多个界别的群团组织共同行动，充分发挥了广大群众的集体力量，为边区的建设和巩固发展做出了积极贡献。

二、教训

如前所述，晋察冀边区的群众团体组织为保卫根据地、建设根据地做出了积极贡献，在工作过程中积累了丰富的经验。但是，群团组织工作毕竟是特殊时期发展起来的新型工作，一个重要特点就是没有现成的经验可供借鉴，需要在实践中不断摸索，也正因如此，在摸索中不可避免地产生一些失误，而这些教训是今后工作中需要注意避免的。由此而言，经验虽然是宝贵的精神财富，教训也弥足珍贵。

总体来说，边区的群众团体组织工作主要有以下 4 个方面的不足：

---

① 晋察冀边区革命史编纂委员会编:《晋察冀边区革命史编年》，第 732 页。

首先，初建时期的群众团体组织机构不甚健全，组织群众过程中存在“左”倾、宗派主义的思想，不能充分发动所有群众自觉自愿加入群众组织。例如，农会在开始工作时即犯了“左”倾的错误，只注意到减租减息的经济要求，没有把抗日提到第一位来发展它的组织；在发展会员时不问职业、不问性别，全家加入农会，不到数日发展到数万众；派人到农村组织村农会，穿着军衣找村长打锣，召集村民开会，由人民推选出负责人，以为这样就算组织成功。由于教育工作、宣传工作的不普遍、不深入，因而出现一般农家不甚了解具体内容而敷衍应付了事的现象。① 在青年抗日救国会组织中，早期也有“左”的思想影响。在冀中十分区，1941 年青救会组织全盛时期才仅有会员 2 500 多人，不能说广泛团结了一切抗日青年。② 针对青救会组织只吸收少数先进分子，许多落后分子没有组织起来的现象，彭真在 1941 年 5 月 20 日召开的中央政治局讨论青年工作问题的会议上发言指出：“我们的任务是组织团结青年一代，使青救会成为广大群众的组织，而不是骨干的组织。现在青委组织成了上不沾天、下不着地的没有群众的组织。今后要使青委与群众联系起来。”③在妇女抗日救国会组织中，也因宣传教育不够彻底，没能把广大妇女充分组织起来，出现两种现象。一种表现为农村妇女热心关切国事而苦于无组织，遇见妇女工作同志就拉住询问：“打鬼子这两天怎样了？妇救会是干什么的？什么时候组

---

①《抗战 1 周年四分区党的工作报告与总结》(1938 年 7 月 28 日)，政协河北省委员会编：《晋察冀抗日根据地史料汇编》上，第 321 页。

② 阎素：《回忆抗日战争时期冀中十分区的青年运动》，冀中人民抗日斗争史资料研究会编：《冀中人民抗日斗争文集》第 5 卷，第 1572 页。

③《彭真传》编写组编：《彭真年谱(1902—1997)》上卷，北京：中央文献出版社，2002 年，第 182—183 页。

织?”另一种则表现为对抗战事业漠不关心。例如,军队请老百姓做棉衣,做好后检查,新棉一变而为旧棉,许多妇女因为丈夫、儿子要参加抗日军队而悲啼。① 针对群众团体组织发展中存在的这些问题,毛泽东等曾发出指示:“在群众运动中,纠正某些过左的行动与行会倾向,和缓地主富户对于我们的恐惧与反对,但中心工作仍在发动群众抗战热潮,建立真正强有力的群众团体,进行切实组织工作。”②

此外,边区的群众团体组织工作中还存在宗派主义的思想残余,团体干部中党员占绝大多数,不善于和非党人士共事。对此,中共中央北方分局在指导工作时曾着重指出:“反宗派主义的教育,目前实非常迫切。四五月间,北岳区各团体将先后召开代表大会,主要是检讨与纠正宗派主义的残余,在工会、农会中今后将根据反对宗派主义的精神,纠正党员包办现象,大量吸收有威信的和非党的群众领袖参加领导工作。……在青救、妇救中,我们要大量吸收国民党员中青年抗日分子和士绅、妇女参加,团结他们,使他们逐渐进步,而不是排斥他们,这对于实现我们反宗派主义的要求是很有意义的。”③以上情况无疑反映出群众团体组织在开展工作时,在充分动员最广大群众方面还受到错误思想的影响,这也是组织发展不健全的表现之一。

其次,群众组织工作的方式方法不够灵活科学,有些地方存在

---

①《组织广大妇女到抗战中来》(1939 年 1 月 9 日),政协河北省委员会编:《晋察冀抗日根据地史料汇编》上,第 876 页。

②《毛泽东、张闻天、刘少奇关于巩固与扩大晋察冀根据地的指示》(1938 年 4 月 20 日),政协河北省委员会编:《晋察冀抗日根据地史料汇编》上,第 169 页。

③《中共中央北方分局关于群众团体组织机构问题的意见》(1942 年 4 月 3 日),政协河北省委员会编:《晋察冀抗日根据地史料汇编》中,第 1557 页。

统制包办现象，要充分注意保护和满足群众的各种不同利益和要求，才能把群众最广泛地真正动员起来。1937 年 10 月，刘少奇在总结华北抗战与群众运动工作时，针对华北抗战中没有达到全民族全面的抗战状态而导致华北抗战失利的情况指出，之所以出现这种状况，主要是由于华北政府当局及某些军队领袖“压制群众救亡运动与统制包办民众运动”。同时，“我们共产党人也没有能够有效地在全华北动员群众，去冲破这种压迫与统制包办”。正是出于以上原因，“直到华北将近沦亡之时，全华北人民的参战救亡运动还是没有广大地发动起来”，这是自全国抗战以来“华北抗战中的主要弱点”。刘少奇同时指出，认识到这一点，在开展群众运动时，“我们必须用抗日救国、保卫华北山西等政治口号去直接动员群众”，除此之外，“还必须同时用经济口号去动员群众”，“要使群众的经济要求与抗日救国的政治口号”“密切地、有机地联系起来，统一起来”。刘少奇进而强调，“群众是只能自动地组织起来，而不能被动地组织起来”，所以组织群众时必须充分考虑到群众的各种要求，离开群众要求或不注意群众要求，“是不能组织群众的”。①后来，晋察冀边区政府在组织群众工作时也对此有深刻认识，在 1938 年召开军政民代表大会时提出：“群众运动必须根据各种不同的性质的群众，他们在政治、经济、文化上的各种不同利益与要求，在服从抗日利益这原则下发动起来，逐渐领导到抗日武装斗争中来。这样的群众运动，才能很深刻与生动，若完全抹杀其特殊利益满足于一种单一的组织形式来组织各种复杂的群众，则这种群众运动，便成为死板的、无生气的。救国会在现在成立着是可以的，

① 刘少奇：《为发动华北广大群众的抗日救国运动而斗争》(1937 年 10 月 10 日)，政协河北省委员会编：《晋察冀抗日根据地史料汇编》上，第 256、258—259 页。

但应根据不同的特性、不同的要求用各种不同形式来组织他们，这样才是活泼的、深刻的运动，可是现在的救国会不是根据这样建立的，其工作不能很好的发展的原因便在这里。”[①]1945年，在贯彻落实减租政策过程中，一方面通过减租发动了基本群众，扩大了群众团体会员的规模，但另一方面，由于干部政策水平较低，某些地区在执行中犯了干部包办、对上中农有些过火和只顾进行互助互济而放松减租等错误。减租后，有的地区没有抓住基本群众的组织和教育，所以在巩固区中，尚有些村庄落实减租政策不够彻底。[②]因此，群众工作的开展，必须深入群众，了解群众的需求，结合革命形势发展状况，切实机动灵活地开展工作，深入宣传政策，才能真正充分地把群众力量动员起来。

再次，边区各地方的群众团体组织工作存在发展不平衡、工作计划不统一的问题。以妇救会为例，在1938年总结工作时，即发现“在组织上，目前妇救会干部的分配上，还没有预先很好的计划，以致呈现着不平衡的现象，有的县份多，有的又过少。因而，各县工作的开展也是不平衡的。在工作的内容上，没有统一策划，如有些县份有锄奸组、慰劳队等组织，而有些县份又没有，更具体地说，如阜平除了一‘生产劳动所’的组织外，便没有其他的工作部门，而别的县份又没有‘生产劳动所’或类似这种工作部门的建立”[③]。到1944年，由于各群众团体实行统一领导方法掌握不熟练等，北岳区

---

① 《晋察冀边区军政民代表大会经过》(1938年1月)，政协河北省委员会编：《晋察冀抗日根据地史料汇编》上，第46页。

② 冀中抗联会：《“五一”前后冀中群众运动概况》(1945年7月5日)，政协河北省委员会编：《晋察冀抗日根据地史料汇编》中，第2083页。

③ 《对于边区妇救今后工作的期望》(1938年9月10日)，政协河北省委员会编：《晋察冀抗日根据地史料汇编》上，第274页。

的妇女运动出现一些问题,“在一般工作推动中忽略对妇女特殊问题研究与注意,妇女部门工作的不深入,妇救组织活动的减少,有些地区甚至长期停顿了组织系统的推动。这又是普遍发生与存在的事实,这当然会影响到在完成总的任务中妇女力量不能更大更高的发挥,影响到妇救会员的组织观念和妇救会团结广大妇女的力量和威信”①。在青年抗日救国会组织中,发展不平衡也是一个问题。以冀中区为例,在 1941 年进行青救会工作总结时,指出存在的主要缺点有:“工作发展不平衡——基本区与落后区相差太远,我们还存在着一些不进步的区”;“文教工作还没有切实地深入乡村,内容还非常单调,单纯的抗日救国,没有从各方面教育青年,乡村识字班还没有真正成为教育广大青年的学校”;“儿童工作还存在着初期学生运动的现象,对学生工作还没有很好地注意,存在对儿童学生工作忽视的现象”。② 针对青年工作中的问题,彭真曾指出:“青年参加青救会,有着多方面的需要,所以青救会不仅要有民族、民生的纲领,而且应有政治、经济、文化、社会问题的纲领。”③

最后,群众团体组织在开展工作过程中,在处理与党、政权及各群众团体间各方面关系时,存在因处理不当而产生一些摩擦的情况。例如,在群众团体与党委关系中,存在的问题有:党委轻视群众工作,党委长期不讨论团体工作,而党委召集的有关团体工作的会议又不让团体干部参加;片面理解一元化领导,党委代替团体工作,统筹统支团体干部;党委对团体的领导方式不民主,批评多,

① 《晋察冀边区抗日救国联合会对北岳区妇运形势的分析和当前任务的决定》(1944 年 1 月 12 日),政协河北省委员会编:《晋察冀抗日根据地史料汇编》中,第 2035 页。

② 《冀中青救二次代表会的主要总结及今后任务》,冀中人民抗日斗争史资料研究会编:《冀中人民抗日斗争文集》第 5 卷,第 1654 页。

③ 《彭真传》编写组编:《彭真年谱(1902—1997)》上卷,第 183 页。

帮助少;党委决定调进、调出干部,不通知团体,等等。这些问题,即便是抗日战争胜利之后依然十分突出。正是基于这一教训,1945年12月,中共晋察冀中央局发出《关于纠正党与群众团体关系间几种不正确现象的初步意见》,指出:"(一)党委与群众团体的关系,党委对群众团体的领导是政治上的领导,在领导方法上,应通过党团来实现党的任务与政策,党委对团体没有组织上的关系,具体的群众运动由团体负责完成。(二)在工作上,各级党委应根据党的土地政策、劳动政策、生产政策,定期讨论,提出明确的方针与具体计划,交给团体去讨论执行,并随时检查党员在团体中的工作,令其向党委报告工作。(三)在组织上,为了使党更好地指导群众工作,县以上各级党委恢复民运部,各团体恢复独立的领导系统,在各团体中建立党团,可召开党团联席会议以解决共同性的问题。(四)在思想上,克服党委中轻视或取消群众工作的倾向,及团体干部中的自由主义与山头思想,达到思想一致,迅速纠正目前的各种不正确现象。"①在群众团体与政权关系的处理中,也存在问题。全国抗战初期,群众团体是带有半政权性质的组织。政权建立起来后,高级政权机关干部多是外来知识分子及旧政权干部,要群众团体一切服从政府,不尊重群众团体的独立性。而群众团体所带有的半政权性质没有改变,在群众中威信颇高。因此,双方常起摩擦。随着政权地位提高,双方摩擦逐渐解决,但并没有彻底解决。在对合作社的领导上,政府和群众团体一度互争领导。后来合作社归群众团体领导,群众团体的办公费由会员自给,粮食由政府供给,问题基本得到解决。在工作作风上,群众团体与各级政府之间有很大不同。各级政府实行的是"三三制"政策,需要照顾到各阶层的利益,而群众团

① 晋察冀边区革命史编纂委员会编:《晋察冀边区革命史编年》,第741页。

体则基本上属于在界别基础上的阶级组织，需要更多地照顾基本群众的利益，双方各有偏向，再加上有些政府干部立场不稳，迁就上层，更易引起摩擦。例如，平山县有一段时期地主反攻农民，半年之中农民向政府告地主的案子有几千件，县长及司法科长丧失立场，农会据理力争，双方发生摩擦。一般来说，在摩擦过程中，群众团体接近群众，意见比较正确。把一些群众团体干部调入政权机构中，深入改造政权是解决矛盾的一条出路。① 在各群众团体之间，青年、农民、妇女三团体常争会员。后来农妇一般参加妇救，女当家可以参加农会，青年妇女一般参加青救，三方矛盾得到缓和。文化界抗日救国会以前的会员大多是雇农、贫农，青年、农民、妇女三团体发生争论，后来规定具有一定文化水平的人才能加入文救会。青年抗日先锋队是武委会的组织，又是青救会会员，武委会强调军训，青救会要学习，常因工作计划不一致而发生摩擦。后来青抗先大队长大体上兼青救主任，领导一元化，问题基本解决。②

总之，群众团体组织工作是晋察冀边区建设与发展的重要内容。在党和政府的领导下，边区的工人抗日救国会、农民抗日救国会、青年抗日救国会、妇女抗日救国会、文化界抗日救国会等各种群团组织在摸索中不断发展，为边区建设及政权巩固做出重要贡献，为抗日战争的胜利提供重要助力。在长期的工作中，各群众团体组织工作积累了丰富的经验，其中存在的问题也不容忽视。深入总结工作中的优点予以持续发扬，吸取教训引以为戒，群众团体工作才能获得更深入的发展，这也为当今的群众工作开展提供了重要借鉴。

---

① 刘澜涛：《晋察冀边区的群众工作》(1945 年 1 月)，政协河北省委员会编：《晋察冀抗日根据地史料汇编》中，第 2067—2068 页。

② 刘澜涛：《晋察冀边区的群众工作》(1945 年 1 月)，政协河北省委员会编：《晋察冀抗日根据地史料汇编》中，第 2068 页。

结　语

晋察冀抗日根据地在整个中国抗战中占有重要地位，为中华民族的解放事业和中国人民的革命事业做出了重大贡献。其意义不仅在于坚持了自身抗战，还在于坚定了中共中央和各敌后抗日根据地的抗战决心，影响了世界上一切爱好和平的国家和正义之士对于中国共产党及其领导的抗日根据地的态度，从而为中国共产党赢取抗日战争乃至解放战争的最终胜利奠定了基础，并在世界反法西斯战争中扮演了重要角色，做出了重要贡献。

一、晋察冀抗日根据地在整个中国抗战中的地位和作用

关于晋察冀抗日根据地的地位和作用，几十年来已有很多阐述。这里仅结合本书主旨，从晋察冀抗日根据地的诸多创获出发，作一简要概述。

其一，为新民主主义中国提供了良好的政权“模型”。全国抗战时期，晋察冀抗日根据地的新民主主义政权，是中国共产党深入敌后创建的第一个由坚持抗日主张的各革命阶级联合专政的政权。这个新民主主义政权经过了自上而下与自下而上的双重民主改造，特别是按照民主集中制的原则，在村、区、县和边区民主选举

运动的具体实践中建立健全了新民主主义的崭新的政权机构和一整套民主制度。经过改造，新生的民主政权实施了抗日民族统一战线的新民主主义的政治、经济和文化政策，广大工人、农民、知识分子、妇女、青年和儿童的社会地位有了显著提高。与此同时，在保证基本群众占绝对优势的基础上广泛团结了抗日的地主、富农和其他各阶层人士，激发了他们抗战的积极性。诸如此类新变化，鲜明呈现了新民主主义中国的未来“模型”和新样貌，使全国人民看到了中国走新民主主义道路无比光明的前景，而且凸显了中共政权在全国的政治引领作用。

其二，为夺取抗日战争乃至解放战争的最终胜利准备了稳固的军事基地。全国抗战时期，晋察冀抗日根据地坚持人民战争的战略方针，建立健全了主力部队、地方部队和人民武装三结合的武装体制，创造了一整套适合于人民战争的后勤供给、兵源补充、伤员救护、敌情侦察、通信联络等工作系统以及地道战、地雷战、交通战、“麻雀战”、山地游击战、水上游击战等多种游击战法。在战斗中，根据地武装部队人数大幅增加。据有关统计，截至抗战胜利后的 1945 年 11 月，晋察冀军区全军编整为 9 个野战纵队、26 个旅、81 个团，计 215 310 人；地方军（独立团、县大队）104 700 人。野战军、地方军总计 32 万余人。[①] 根据地各群众团体会员数量也大幅增长。据统计，冀晋、冀东、冀中三战略区，总人口 18 304 049 人，拥有工会会员 297 711 人，农会会员 1 815 200 人，妇联会员 1 467 149 人，青联会员 636 753 人，儿童团员 1 094 980 人，合计各团体会员5 311 793 人。[②] 可以说，晋察冀抗日根据地不仅在山地，

① 晋察冀边区革命史编纂委员会编：《晋察冀边区革命史编年》，第 732 页。

②《边委会关于民主建设等问题的数字统计》，中央档案馆藏，4/851/3。

而且在平原,形成了动员和组织千百万群众参战、陷敌于灭顶之灾的汪洋大海,造就了战争史上的奇观。

其三,为抗日战争的强力开展提供了有力的财力、物力支撑,并在实践中奠定了新民主主义经济发展的基础。晋察冀抗日根据地从建立之日起就非常重视财政经济建设。在中国共产党的坚强领导和根据地政府正确的经济建设方针指导下,广大军民克服了天灾,与敌人展开了针锋相对的经济斗争,并在自力更生中活跃了经济,保障了军需,充裕了民生,做到了自给自足。其具有示范意义的重要举措包括:在敌后最早建立了边区银行,发行了“边币”,有效开展了对敌货币斗争,稳定了根据地金融市场;最早实行了统收统支和救国公粮制度,与敌人开展了粮食斗争和市场、物资争夺战,并取得决定性胜利,有效保障了战勤供给;实行了较为完备的具有本区域特点的“合理负担”和“统一累进税”政策,采取了奖励生产和技术发明、活跃商业贸易等一系列恢复繁荣经济的有效措施,从而使得根据地即使在严重困难时期仍然具有持久耐力。诸如此类举措,破坏了日军通过掠夺华北来“以战养战”的不良企图,粉碎了其将华北地区变为大东亚战争“兵站基地”的狂妄计划,有力地支持了根据地军民的持久抗战,并在实践中为新民主主义的经济发展奠定了基础。

其四,晋察冀抗日根据地“在政权上说,亦曾为敌后全国唯一统一战线的政府;在敌后创根据地言,此且为先导者,其他区域皆以此为模范;对其他根据地言,此区亦不啻为统一战线实验区,无论在政权、政策等各方面皆如是”①,即晋察冀抗日根据地以其在抗

① 聂荣臻:《在中共中央北方分局党代表大会上的报告》(1939 年 1 月),政协河北省委员会编:《晋察冀抗日根据地史料汇编》上,第 336 页。

日民族统一战线和民主政权建设方面的卓越探索，有效推进了其他抗日根据地乃至全国范围内抗日民族统一战线的建设和发展，并为我们的党和政府提供了建立抗日民族统一战线政权形式的典型和经验。1940 年《晋察冀边区目前施政纲领》的颁布，使得中国共产党抗日民族统一战线的经验进一步得到总结和推广。该纲领施行后，受到广大军民的热烈拥护，为敌后和全国树立了团结抗战的一面旗帜。《新中华报》社论更是将之称为“目前全国模范的抗日民族统一战线的、新民主主义的施政纲领”，进而号召“全国各地特别是敌后方其他各抗日根据地，在政治、经济、军事、文化设施计划上，都应以它为最好的参考和借镜”①。事实也证明，晋察冀抗日根据地党组织从实际出发，创造性地执行抗日民族统一战线的方针和各项政策，为敌后各抗日根据地和全国各地提供了巩固和发展最广泛的抗日民族统一战线的丰富经验，这对于坚持抗战团结进步、遏制投降分裂倒退的逆流起到了重要作用。

其五，晋察冀根据地以其独特的地理区位，成为形势严峻时坚持对日作战的前沿阵地，形势有利时开展对日反攻的前进阵地，全国反攻收复失地时的接力站和补给站，并在收复本区域失地、增援东北、夺取全国抗战胜利和全国解放等方面做出了重要贡献。对于东北，中共中央早就有所谋划。而在中共中央的东北战略中，晋察冀抗日根据地扮演了重要的角色。早在 1942 年 8 月中旬，晋察冀抗日根据地就在中共中央统一部署下“组成分局东委，决定派赵濯华等同志去冀东组织冀东东北工委，并规定分局东委本身进行训练干部、研究情况和建立交通三个工作”，截至 1943 年 3 月底，“共训练四十八人，已派出三十七人，派到冀东三人（经冀东派到热

① 《社论：中共晋察冀边委的施政纲领》，《新中华报》，1940 年 10 月 3 日第 1 版。

河工作)，尚在受训者四人，训毕待出者四人”。[①] 1944 年 9 月 12 日，中共中央在关于东北工作的指示中指出，“满洲工作之开展，不但关系未来之中国局面甚大，而且已成为我们刻不容缓的迫切任务”，因此决定，“冀中区党委组织一个满洲委员会，负责动员和领导一切可能的力量，去开展满洲工作”。根据中共中央指示精神，晋察冀分局决定把东北工作“提到城市工作同等地位上来”，“冀中组织东委会，其领导机关按中央决定”。为此，冀中区党委提出，“各地应迅速补充与配备东北干事，其条件要相当区分委的党员干部，并了解东北情况或很注意东北工作者”，并通过教育培训等手段积极培育发展对象，为东北各地储备大批优秀干部。[②] 正因有了如此周密的准备工作，晋察冀抗日根据地才得以在对日大反攻的同时，调派得力部队和储备干部向东北进军，与兄弟部队一道，收复东北广大失地，赢取全国解放。

其六，晋察冀抗日根据地以其在全国抗战中艰苦卓绝的不懈努力和巨大牺牲，为第二次世界大战中正义中国的解放事业和世界反法西斯和平事业做出了重大贡献。八年全国抗战，晋察冀军民虽然赢取了最终胜利，但在残酷的敌我斗争中，广大军民损失惨重，代价高昂。据晋察冀边委会有关统计，全国抗战期间，仅就政权系统而言，晋察冀边区区级以上干部牺牲 11 593 人，村级干部牺牲更数倍于此。其中，边委会当时已知姓名者，计有边区参议员 14 人，专员 3 人，县长佐 49 人，正、副县议长 6 人，科长、秘书 177 人，

---

① 《中共中央北方分局关于东北工作情况向中央的摘要总结报告》，政协河北省委员会编：《晋察冀抗日根据地史料汇编》中，第 1042 页。

② 《中共冀中区党委关于东北工作的指示》(1945 年 4 月 4 日)，政协河北省委员会编：《晋察冀抗日根据地史料汇编》中，第 1719 页。

边委会在 1943 年日伪军为期 3 个月的大“扫荡”中牺牲 23 人。[①] 另据统计，八年全国抗战期间，冀晋、冀察、冀中、冀热辽各战略区，民众死亡 709 899 人，粮食损失 13 322 209 168 公斤，房屋损失 2 566 695间，牛、马、骡、驴损失 630 222 头，猪、羊损失 3 703 086 只，家具、农具损失 26 211 357 件，被服损失 24 332 530 件，被抓壮丁 505 000 人，敌伪修碉堡、公路、沟墙占地 8 892 825.6 亩，抓夫要工 361 200 000 人。[②] 在此期间，涌现了很多可歌可泣的英雄人物和动人事迹。其中，有的以群体面目出现，如“狼牙山五壮士”；有的以群体首领的姓名出现，如回族抗日英雄马本斋；有的展示了老百姓对边区部队深沉的大爱，如“子弟兵的母亲”戎冠秀；有的则体现了国际社会对正义中国的支持和援助，如伟大的国际主义战士白求恩、柯棣华等。

二、晋察冀抗日根据地的影响

晋察冀抗日根据地的影响主要体现在 4 个方面。

其一，晋察冀抗日根据地牵制了日本侵华部队的大量兵力，它的巍然屹立坚定了广大军民坚持敌后抗战和持久抗战的信心。据不完全统计，“就在战争开始的第一年即 1937 年，当我们的军队刚到达这个地区开辟根据地的时候起，我们就牵制了敌人 62 000 以上的兵力，此后逐年增加。1938 年底，敌军增至 76 000 余人，1940 年敌在华北建立了伪‘治安军’，在我边区周围又增加了伪军约 36 000 余人，配合敌军共达 11 万人以上；至 1941 年，敌军增至 8 万

---

① 《边委会关于民主建设等问题的数字统计》，中央档案馆藏，4/851/3。

② 《中国解放军临时救济委员会晋察冀边区八年来敌伪烧杀抢掠统计表》，中央档案馆藏，181 卷，转引自晋察冀边区革命史编纂委员会编：《晋察冀边区革命史编年》，第 746 页。

余人，伪军增至53 000余人，共计13万余人；1942年敌军又增至94 000余人，伪军增至88 000余人，合共18万余人；1943年以来，敌伪军总兵力增加到将近20万人”①。也就是说，晋察冀抗日根据地牵制了日伪军，1937年为6.2万人以上，1938年为7.6万人以上，1940年为11万人以上，1941年为13万人以上，1942年为18万人以上，1943—1944年为20万人以上。晋察冀抗日根据地在华北敌后的一系列卓越抗战行动及其本身的巍然屹立，向全世界庄严宣告：日本法西斯虽然在短期内占领了中国的许多城市和交通要道，但正义的中国是永远不会灭亡的，中国共产党有能力、有办法与全国各族人民一道坚持持久抗战，把日本法西斯赶出中国领土。

其二，晋察冀抗日根据地位处华北，直接威胁敌人在华北占领的中心城市、咽喉要道和铁路运输动脉，并以其独特的地理区位成为联系中国东北和华中地区的重要枢纽。作为华北抗战的坚强堡垒之一，晋察冀抗日根据地的创立、坚守和发展，为中国共产党打开了华北抗战的新局面，直接或间接影响了其他敌后抗日根据地的建立和发展。从中国共产党的军事战略来看，晋察冀与晋冀鲁豫、晋绥、山东等抗日根据地同处华北，彼此之间形成相互支援的态势，并使日伪军陷于犬牙交错的中共势力范围之内，深陷人民游击战争的汪洋大海。与此同时，晋察冀抗日根据地军民的英勇抗战，为坚定全国各族人民抗战信心、坚持持久抗战指明了方向，大大提高了中国人民的民族自尊心和自信心，并以实际行动维护了中国共产党和中华民族的国际声誉。

其三，晋察冀抗日根据地协同配合了国民党的正面作战，同时

① 《晋察冀边区七年来军事战果》(1944年7月18日)，政协河北省委员会编：《晋察冀抗日根据地史料汇编》中，第1764—1765页。

因其牵制了大量日军兵力，使其未能按照预定计划北攻苏联，从而间接支援了苏联作战，并推迟和破坏了日军进攻美英的时间表和路线图。由此而言，在中国抗日战争史上，晋察冀抗日根据地具有极重大的战略影响，在世界反法西斯战争史上也具有独特意义。正如聂荣臻在《晋察冀边区抗战十二个月的总结》中所指出的，“这在全中国及全人类的历史上都是开辟新纪元的最光辉的一页”①。太平洋战争爆发后，美国总统罗斯福在与其儿子谈话时也不无感慨地指出：“假如没有中国……（日本）可以马上打下澳洲，打下印度……一直冲向中东……和德国配合起来，举行一个大规模的夹攻，在近东会师。”②罗斯福所说虽然是基于整个中国抗战对世界的贡献而言，但其中包括晋察冀抗日根据地的影响和贡献是毋庸置疑的。

其四，晋察冀抗日根据地的诸多创获和成功，扩展了区域、凝聚了力量、培养了人才、锻炼了队伍，对解放和建设事业产生了重要影响。据统计，晋察冀边区“反攻前，全区辖冀晋、冀中、冀察、冀热辽 4 个战略区、129 县，854 区，33 236 村，有人口 20 908 692 人，面积 6 093 088.9 平方里”，“反攻后，全区管辖 23 个专区、202 个县，人口 37 304 593 名，民兵 739 000 人”。③ 抗日战争胜利结束时，晋察冀抗日根据地军民解放国土 30 余万平方公里（不含东北），所辖区域由初创时期的仅有 43 个不完整的县，扩展为拥有

① 聂荣臻：《晋察冀边区抗战十二个月的总结》，《八路军军政杂志》第 1 卷下册，北京：人民出版社，1956 年。

② ［美］小罗斯福著，李嘉译：《罗斯福见闻秘录》，新群出版社，1947 年，第 49 页。

③《晋察冀边区管辖县区村人口土地面积》，中央档案馆藏，1/687/1。

164 个县、27 个旗、4 个自治区(县)的广大地区①,与同处华北的晋冀鲁豫抗日根据地、晋绥抗日根据地、山东抗日根据地,乃至战略地位极为重要的东北解放区连成一片。此外,根据地的群众团体得到很大发展,数以万计的工农干部和知识分子干部得到培养和锻炼。这些在抗日战争中成长起来的新生力量,在随后到来的全国解放战争以及新中国成立后的革命和建设事业中继续发挥了重要作用。

① 此系 1945 年 11 月晋察冀边区所辖区域和人口,这一区域包括河北省大部,察哈尔、热河两省全部,以及山西、绥远、辽宁省各一部,总人口近 4 000 万。转引自谢忠厚、肖银成主编:《晋察冀抗日根据地史》,第 593 页。

参考文献

一、资料

（一）未刊档案资料

《边委会关于民主建设等问题的数字统计》，中央档案馆藏，4/851/3。

《中共晋察冀边区党委关于补充党军工作总结》（1940 年 4 月 15 日），河北省档案馆藏，革命历史档案，578/1/87/1。

《北岳区一九四〇年冬季武装动员工作总结》（1942 年 4 月 10 日），河北省档案馆藏，革命历史档案，578/1/87/3。

《现行优抚条例》（1944 年 7 月 1 日），河北省档案馆藏，革命历史档案，13/1/15/1。

《晋察冀边区行政委员会关于北岳区优抗工作的指示》（1943 年 9 月 19 日），河北省档案馆藏，革命历史档案，579/1/33/6。

《关于春节文艺工作汇报》，河北省档案馆藏，革命历史档案，17/1/92/1。

《关于春节文娱活动指示》，河北省档案馆藏，革命历史档案，51/1/12/1。

《旧历年节对敌军政治攻势总结》，河北省档案馆藏，革命历史档案，117/1/43/4。

（察哈尔省人民政府）《关于禁绝烟毒改造烟民参加生产的指示》，河北省档案馆藏，革命历史档案，225/1/82/1。

(热河省政府)《关于戒烟问题意见》,河北省档案馆藏,革命历史档案,521/1/51/11。

(热河省政府)《关于戒烟工作的指示》,河北省档案馆藏,革命历史档案,521/1/51/12。

(地市县级档案汇集)《社情通报(社字第1号):10月下半月发生匪特破坏分子的破坏情况综合通报》,河北省档案馆藏,革命历史档案,520/1/393/2。

《平陆县年关春节工作总结报告》,山西省档案馆藏,山西革命历史档案,A179/01/31/03。

《晋察冀边区管辖县区村人口土地面积》,中央档案馆藏,1/687/1。

(二) 已刊档案与文献资料

河北省社会科学院历史研究所等:《晋察冀抗日根据地史料选编》,石家庄:河北人民出版社1983年版。

《抗日战争时期晋察冀边区财政经济史资料选编》(总论篇、农业编、工商合作编、财政金融编),天津:南开大学出版社1984年版。

北京军区后勤部党史资料征集办公室编:《晋察冀军区抗战时期后勤工作史料选编》,北京:军事学院出版社1985年版。

河北省社会科学院历史研究所、《河北学刊》编辑部编:《晋察冀抗日根据地史料专辑》,河北学刊杂志社1985年编印。

晋察冀北岳区妇女抗日斗争史料编辑组编:《晋察冀北岳区妇女抗日斗争史料》,中国老年历史研究会1985年编印。

中央统战部、中央档案馆编:《中共中央抗日民族统一战线文件选编》中册,北京:档案出版社1986年版。

团中央青运史研究室、中央档案馆编:《中共中央青年运动文件选编(1921年7月—1949年9月)》,北京:中国青年出版社1988年版。

晋察冀边区北岳区妇女抗日斗争史料编辑组编:《晋察冀边区妇女抗日斗争史料》,北京:中国妇女出版社1989年版。

《晋察冀抗日根据地》史料丛书编审委员会、中央档案馆编:《晋察冀抗日根据地》第 1 册(文献选编上、下),北京:中共党史资料出版社 1989 年版。

星火燎原编辑部编:《晋察冀抗日根据地专辑》,“星火燎原”丛书之十,北京:解放军出版社 1989 年版。

《晋察冀、晋冀鲁豫乡村文艺运动史料》,河北省文化厅文化志编辑办公室 1991 年编印。

中央档案馆编:《中共中央文件选集》第 11、13—15 册,北京:中共中央党校出版社 1991—1992 年版。

《中国近代兵器工业档案史料》编委会:《中国近代兵器工业档案史料》第 4 册,北京:兵器工业出版社 1993 年版。

中共河北省委党史研究室编:《冀中历史文献选编》上,北京:中共党史出版社 1994 年版。

《中国人民解放军历史资料丛书》编辑组编:《八路军·文献》,北京:解放军出版社 1994 年版。

华北解放区财政经济史资料选编编辑组等:《华北解放区财政经济史资料选编》第 1 辑,北京:中国财政经济出版社 1996 年版。

中共中央宣传部办公厅、中央档案馆编研部编:《中国共产党宣传工作文献选编(1937—1949)》,北京:学习出版社 1996 年版。

《中共中央北方局》资料丛书编审委员会编:《中共中央北方局》(抗日战争时期卷),北京:中共党史出版社 1999 年版。

山西省档案馆编:《太行党史资料汇编》第 6 卷,太原:山西人民出版社 2000 年版。

中共中央文献研究室、中央档案馆编:《建党以来重要文献选编(1921—1949)》第 14、15、22 册,北京:中央文献出版社 2011 年版。

“晋察冀边区阜平县红色档案丛书”(全 10 册),北京:中央文献出版社 2012 年版。

晋察冀日报史研究会编:《〈晋察冀日报〉通讯全集》,北京:中共党史出版社 2012 年版。

冀中人民抗日斗争史资料研究会编:《冀中人民抗日斗争文集》第 3、5、10

卷,北京:航空工业出版社 2015 年版。

政协河北省委员会编:《晋察冀抗日根据地史料汇编》,石家庄:河北人民出版社 2015 年版。

中国抗日战争军事史料丛书编审委员会编:《八路军·综述》,北京:解放军出版社 2015 年版。

晋察冀边区阜平县红色档案丛书编委会编:《晋察冀边区法律法规文件汇编》,北京:中共党史出版社 2017 年版。

(三) 文集、选集

《刘少奇选集》上卷,北京:人民出版社 1981 年版。

《朱德选集》,北京:人民出版社 1983 年版。

《张闻天选集》编辑组:《张闻天选集》,北京:人民出版社 1985 年版。

《任弼时选集》,北京:人民出版社 1987 年版。

《毛泽东选集》第 1—4 卷,北京:人民出版社 1991 年版。

《聂荣臻军事文选》,北京:解放军出版社 1992 年版。

《毛泽东军事文集》第 2 卷,北京:军事科学出版社、中央文献出版社 1993 年版。

《徐向前军事文选》,北京:解放军出版社 1993 年版。

中共中央文献研究室编:《毛泽东文集》第 2 卷,北京:人民出版社 1993 年版。

陈云:《陈云文选》第 1 卷,北京:人民出版社 1995 年版。

中共中央文献研究室、中国人民解放军军事科学院编:《周恩来军事文选》第 1、2 卷,北京:人民出版社 1997 年版。

朱德:《朱德军事文选》,北京:解放军出版社 1997 年版。

(四) 年谱

中共中央文献研究室编:《刘少奇年谱(1898—1969)》,北京:中央文献出版社 1996 年版。

王焰主编:《彭德怀年谱》,北京:人民出版社 1998 年版。

中共中央文献研究室编:《周恩来年谱(1898—1949)》,修订本,北京:中央文献出版社 1998 年版。

周均伦主编:《聂荣臻年谱》,北京:人民出版社 1999 年版。

中共中央文献研究室编:《陈云年谱》,北京:中央文献出版社 2000 年版。

《彭真传》编写组编:《彭真年谱(1902—1997)》,北京:中央文献出版社 2002 年版。

中共中央文献研究室编:《任弼时年谱》,北京:中央文献出版社 2004 年版。

中共中央文献研究室编:《朱德年谱(新编本)》,北京:中央文献出版社 2006 年版。

中共中央党史研究室编:《杨尚昆年谱(1907—1998)》,北京:中共党史出版社 2007 年版。

中国人民解放军军事科学院编,刘继贤主编:《叶剑英年谱(1897—1986)》,北京:中央文献出版社 2007 年版。

《彭真传》编写组编:《彭真年谱》第 1 卷(1902—1948),北京:中央文献出版社 2012 年版。

中共中央文献研究室编:《毛泽东年谱(1893—1949)》,修订本,北京:中央文献出版社 2013 年版。

(五)文史资料、回忆录

北京市政协文史资料委员会编:《文史资料选编》第 11 辑,北京:北京出版社 1981 年版。

《峥嵘岁月(一)》(回忆录专辑),河北省妇女联合会 1983 年编印。

吕正操:《冀中回忆录》,北京:解放军出版社 1984 年版。

《回忆冀中十分区抗日斗争》,中共廊坊地委党史资料征编办公室 1985 年编印。

《五台文史资料》第 1 辑,五台县政协文史资料研究委员会 1985 年编印。

《保定文史资料选辑》第3辑,保定市政协文史资料研究委员会1986年编印。

《河北党史资料》第4辑,中共河北省委党史资料征集编审委员会1986年编印。

《聂荣臻回忆录》,北京:解放军出版社1986年版。

《吕正操回忆录》,北京:解放军出版社1988年版。

中国人民银行河北省分行编:《回忆晋察冀边区银行》,石家庄:河北人民出版社1988年版。

杨尚昆:《杨尚昆回忆录》,北京:中央文献出版社2001年版。

聂荣臻:《聂荣臻元帅回忆录》,北京:解放军出版社2005年版。

张珍:《张珍回忆录》,北京:兵器工业出版社2005年版。

(六)报纸

《晋察冀日报》(原名《抗敌报》)

《解放日报》

《新华日报》

《新华日报(华北版)》

《新中华报》

《大公报》

二、著作

(一)国内著作

大团结社编:《民众动员工作指南》,大团结社1938年版。

李公朴:《民众动员论》,生活书店1938年版。

民族革命社编:《民族革命与农民运动》,民族革命社1938年版。

陈克寒:《抗日根据地晋察冀边区视察记》,新华日报馆1939年版。

胡仁奎:《游击区经济问题研究》,1939年编印。

立波:《晋察冀边区印象记》,读书生活出版社1939年版。

刘澜涛:《北岳区第一期志愿义务兵役实施总结——1942 年 6 月 2 日刘澜涛同志在新兵役工作上的报告大纲》,战线社 1942 年版。

晋察冀边区行政委员会农林处:《灭蝗零集》,明德印刷局 1946 年版。

周而复:《晋察冀行》,东北书店 1947 年版。

袁同兴编:《晋察冀根据地抗日民歌选》,上海:上海文化出版社 1956 年版。

田间:《海燕颂》,北京:北京出版社 1958 年版。

冀中一日写作运动委员会编:《冀中一日》,天津:百花文艺出版社 1959 年版。

《晋察冀边区的文学(1937.7—1948)》,河北省文学艺术界联合会 1963 年编印。

李公朴:《华北敌后——晋察冀》,北京:生活·读书·新知三联书店 1979 年版。

张侠编:《晋察冀概况》,《晋察冀人民抗日斗争史参考资料》第 14 辑,晋察冀人民抗日斗争史编辑部 1982 年编印。

张侠编:《晋察冀介绍》,《晋察冀人民抗日斗争史参考资料》第 15 辑,晋察冀人民抗日斗争史编辑部 1982 年编印。

李伶编辑:《晋察冀战报》,《晋察冀人民抗日斗争史参考资料》第 17 辑,晋察冀人民抗日斗争史编辑部 1982 年编印。

丁一岚、王必胜校订,晋察冀人民抗日斗争史编辑部编:《晋察冀人民翻身记》,《晋察冀人民抗日斗争史参考资料》第 18 辑,晋察冀人民抗日斗争史编辑部 1982 年编印。

回民支队史编写组编辑,魏福凯整理:《回民支队史略》,《晋察冀人民抗日斗争史参考资料》第 21 辑,晋察冀人民抗日斗争史编辑部 1982 年编印。

中国人民解放军河北军区政治部编:《冀中抗战简史》,《晋察冀人民抗日斗争史参考资料》第 23 辑,晋察冀人民抗日斗争史编辑部 1982 年翻印。

中国人民解放军河北军区战史编辑室编:《平西人民抗日斗争史资料》,《晋察冀人民抗日斗争史参考资料》第 24 辑,晋察冀人民抗日斗争史编辑部

1982 年翻印。

晋察冀人民抗日斗争史编委会冀热辽分会编辑室编:《冀热辽报告》,《晋察冀人民抗日斗争史参考资料》第 32 辑,晋察冀人民抗日斗争史编辑部 1982—1983 年编印。

晋察冀人民抗日斗争史编委会冀热辽分会编辑室编:《冀热辽大事记》,《晋察冀人民抗日斗争史参考资料》第 19 辑,晋察冀人民抗日斗争史编辑部 1983 年编印。

张学新编:《晋察冀村剧团剧本选》,晋察冀文艺研究会 1984 年编印。

谢忠厚、居之芬、李铁虎:《晋察冀抗日民主政权简史》,石家庄:河北人民出版社 1985 年版。

北京军区晋察冀战史编纂组编:《晋察冀军区抗日战争史》,北京:军事科学出版社 1986 年版。

魏宏运主编:《华北抗日根据地纪事》,天津:天津人民出版社 1986 年版。

刘佳、胡可等:《抗敌剧社实录》,北京:军事译文出版社 1987 年版。

河北省金融研究所编:《晋察冀边区银行》,北京:中国金融出版社 1988 年版。

西战团团史编写组集体讨论,朱星南执笔:《西北战地服务团大事记(1937—1945)》,1988 年编印。

张腾霄主编:《中国共产党的干部教育(抗日战争时期)》,北京:中国人民大学出版社 1988 年版。

王剑青、冯健男主编:《晋察冀文艺史》,北京:中国文联出版公司 1989 年版。

罗光达编:《〈晋察冀画报〉影印集》,沈阳:辽宁美术出版社 1990 年版。

魏宏运主编:《晋察冀抗日根据地财政经济史稿》,北京:档案出版社 1990 年版。

魏宏运、左志远主编:《华北抗日根据地史》,北京:档案出版社 1990 年版。

张廷贵、袁伟、陈浩良:《中共抗日部队发展史略》,北京:解放军出版社 1990 年版。

《冀热辽子弟兵》,冀热辽人民抗日斗争史研究会《冀热辽子弟兵》编审委员会 1991 年编印。

《晋察冀革命文化史料》,河北省文化厅文化志编辑办公室 1991 年编印。

罗光达编:《冀热辽烽火》,沈阳:辽宁美术出版社 1991 年版。

张学新编:《晋察冀革命戏剧运动史料》,河北省文化厅文化志编辑办公室 1991 年编印。

谢忠厚、肖银成主编:《晋察冀抗日根据地史》,北京:改革出版社 1992 年版。

军事科学院军事历史研究院:《中国抗日战争史》,北京:解放军出版社 1994 年版。

曹剑英等:《晋察冀边区教育史》,石家庄:河北教育出版社 1995 年版。

傅发永主编:《晋察冀边区印刷局简史》,北京:中国金融出版社 1995 年版。

晋察冀边区交通史编纂委员会审定:《晋察冀边区交通史》,北京:人民日报出版社 1995 年版。

李金明:《晋察冀军民征战纪实》,北京:解放军文艺出版社 1995 年版。

北京军区战史编写组编:《晋察冀暨华北军区武装力量发展史》,北京:军事科学出版社 1996 年版。

隋东升:《兵役制度概论》,北京:军事科学出版社 1996 年版。

史立德等编著:《冀中抗日根据地斗争史》,北京:中共党史出版社 1997 年版。

王维国主编:《河北抗敌题材文学史》,石家庄:花山文艺出版社 1999 年版。

佘继明编著:《晋察冀边区银行纸币券》,杭州:浙江大学出版社 2000 年版。

陈存仁:《抗战时代生活史》,上海:上海人民出版社 2001 年版。

夏明方、康沛竹主编:《20 世纪中国灾变图史》上册,福州:福建教育出版社 2001 年版。

张宪文主编:《中国抗日战争史(1931—1945)》,南京:南京大学出版社2001年版。

谢忠厚等:《新民主主义社会的雏形——彭真关于晋察冀抗日根据地建设的思想与实践》,北京:人民出版社2002年版。

魏宏运主编:《二十世纪三四十年代太行山地区社会调查与研究》,北京:人民出版社2003年版。

樊吉厚等:《华北抗日战争史》,太原:山西人民出版社2005年版。

萧一平、郭德宏主编:《中国抗日战争全史》,成都:四川人民出版社2005年版。

张伟良主编:"晋察冀边区史研究丛书"(全6册),北京:解放军出版社2005年版。

晋察冀边区革命史编纂委员会编:《晋察冀边区革命史编年》,石家庄:河北人民出版社2007年版。

刘谷主编:《晋察冀革命文化艺术发展史》,北京:中国戏剧出版社2007年版。

袁成毅、荣维木等:《抗日战争与中国现代化进程研究》,北京:国家图书馆出版社2008年版。

姜克夫编著:《民国军事史》第3卷,重庆:重庆出版社2009年版。

《中国人民解放军军史》编写组编:《中国人民解放军军史》第2卷,北京:军事科学出版社2010年版。

岳思平编著:《八路军战史》,北京:解放军出版社2011年版。

《中国革命根据地的税收》编写组编:《中国革命根据地的税收》,北京:中国税务出版社2011年版。

《彭真传》编写组编:《彭真传》,北京:中央文献出版社2012年版。

肖红松:《中共政权治理烟毒问题研究——以1937—1949年华北乡村为中心》,北京:人民出版社2013年版。

牛建立:《华北根据地农业建设研究》,郑州:中州古籍出版社2014年版。

郑立柱:《华北抗日根据地农民精神生活研究》,北京:人民出版社2014

年版。

沙飞等图，黄道炫文：《中国抗战：晋察冀根据地抗日影像》，太原：山西人民出版社 2015 年版。

齐小林：《当兵：华北根据地农民如何走向战场》，成都：四川人民出版社 2015 年版。

魏宏运主编：《晋察冀抗日根据地财政经济史》，北京：中国财政经济出版社 2017 版。

岳思平：《八路军史》，南京：江苏人民出版社 2017 年版。

（二）译著

[美]小罗斯福著，李嘉译：《罗斯福见闻秘录》，新群出版社 1947 年版。

[美]韩丁著，韩倞等译：《翻身：中国一个村庄的革命纪实》，北京：北京出版社 1980 年版。

[瑞典]达格芬・嘉图著，杨建立、朱永红、赵景峰译：《走向革命——华北的战争、社会变革和中国共产共产党(1937—1945)》，北京：中共党史资料出版社 1987 年版。

[英]林迈可著，杨重光、郝平译：《八路军抗日根据地见闻录——一个英国人不平凡经历的记述》，北京：国际文化出版公司 1987 年版。

[美]杜赞奇著，王福明译：《文化、权力与国家——1900—1942 年的华北农村》，南京：江苏人民出版社 1996 年版。

[法]爱弥尔・涂尔干著，渠东、汲喆译：《宗族生活的基本形式》，上海：上海人民出版社 1999 年版。

杨懋春著，张雄、沈炜、秦美珠译：《一个中国村庄——山东台头》，南京：江苏人民出版社 2001 年版。

[美]詹姆斯・R. 汤森、布兰特利・沃马克著，顾速、董方译：《中国政治》，南京：江苏人民出版社 2003 年版。

[英]林迈可著，杨重光、郝平译：《抗战中的中共》，北京：解放军文艺出版社 2013 年版。

[日]石岛纪之著,李秉奎等译:《抗日战争时期的中国民众:饥饿、社会改革和民族主义》,北京:中国社会科学出版社 2016 年版。

周锡瑞、李皓天主编,陈骁译:《1943:中国在十字路口》,北京:社会科学文献出版社 2016 年版。

三、论文

胡苏:《河北人民的新文艺》,《河北文艺》1950 年第 3 期。

徐光耀:《我怎样写〈平原烈火〉》,《文艺报》1950 年第 10 期。

田间:《写在〈给战斗者〉的末页》,《诗刊》1958 年第 1 期。

徐灵:《抗战时期晋察冀敌后美术活动》,《美术研究》1959 年第 4 期。

周明、陈春森:《站在敌后对敌斗争的前线》,《新闻业务》1966 年第 2 期。

曼晴:《春风杨柳万千条》,《新文学史料》1979 年第 5 期。

丹辉:《晋察冀诗歌战线的一支轻骑兵》,《新文学史料》1981 年第 4 期。

谢忠厚等:《民主建设的一个创举》,《河北学刊》1982 年第 1 期。

傅尚文:《抗战时期晋察冀边区财政经济工作发展的几个阶段》,《河北大学学报》1983 年第 4 期。

谢忠厚:《抗日战争时期晋察冀边区的知识分子政策》,《河北学刊》1984 年第 5 期。

傅尚文:《晋察冀边区北岳区的粮食战》,《历史教学》1985 年第 2 期。

张洪祥:《略论华北敌后第一个抗日民主政权的建立》,《历史教学》1985 年第 11 期。

纪桂平:《试论晋察冀边区的报告文学》,《晋察冀文艺研究》1985 年第 3 期。

居寅:《晋察冀边区中小学教育初探》,《河北学刊》1985 年第 1 期。

魏宏运:《论晋察冀抗日根据地货币的统一》,《近代史研究》1987 年第 2 期。

唐锡林:《晋察冀抗日根据地的经济政策》,《历史教学》1988 年第 2 期。

居之芬:《国际友人与晋察冀》,《中共党史研究》1988 年第 6 期。

郭增寿:《简述晋察冀边区抗日根据地的创建》,《河北师范大学学报》1988年第4期。

商燕虹:《抗战时期晋察冀边区的诗歌运动》,《史学月刊》1990年第2期。

范洪、马根平:《晋察冀边区财政的节流做法》,《财政》1990年第2期。

魏宏运:《抗日根据地史研究述评》,《抗日战争研究》1991年第1期。

李金铮:《抗日战争时期晋察冀边区的农业》,《中共党史研究》1992年第4期。

温锐:《变革封建土地所有制的另一种方式》,《抗日战争研究》1992年第4期。

韦满昌、翟国强:《抗日战争时期晋察冀边区的货币政策》,《中国钱币》1992年第1期。

谢忠厚:《晋察冀边区抗日民主政权的创建和特点》,《河北学刊》1992年第2期。

谢忠厚:《关于晋察冀抗日根据地史研究的几个问题》,《抗日战争研究》1992年第2期。

谢忠厚:《关于〈为筹建晋察冀边区政府致聂荣臻电〉的时间》,《河北学刊》1993年第1期。

曹毓生:《"永远为人民而歌"——试谈晋察冀派的诗论》,《中国文学研究》1993年第2期。

赵熙盛:《抗战时期晋察冀边区土地政策》,《中国人民大学学报》1994年第3期。

李金铮:《晋察冀边区1939年的救灾渡荒工作》,《抗日战争研究》1994年第4期。

贾秉文:《晋察冀边区的金融事业》,《历史档案》1995年第2期。

邹荣庚:《论晋察冀抗日根据地的巩固和发展》,《军事历史研究》1996年第2期。

巨文辉:《晋察冀边区实施的统一累进税述略》,《中共党史研究》1996年第2期。

阎书钦:《抗战时期中国现代化进程中的一个范例》,《河北师院学报(社会科学版)》1997 年第 4 期。

欧阳小松:《晋察冀边区的文化传播与抗战新人的造就》,《理论学习月刊》1997 年第 8 期。

温锐:《战时政治对晋察冀边区农村社区的影响》,《抗日战争研究》1997 年第 4 期。

刘宏:《晋察冀边区的棉纺织业》,《河北学刊》1998 年第 1 期。

王维国:《晋察冀诗歌与黑夜》,《文艺理论与批评》1998 年第 3 期。

管桦:《晋察冀文艺的历史使命》,《文学理论与批评》1998 年第 4 期。

邓红:《论晋察冀边区的社会教育》,《抗日战争研究》1999 年第 2 期。

赵心宪:《七月派的早期分流》,《四川大学学报(哲学社会科学版)》1999 年第 6 期。

段星:《聂荣臻对创建晋察冀抗日根据地的卓越贡献》,《军事历史研究》1999 年第 4 期。

赵心宪、王维国:《聂荣臻与晋察冀前期的新文艺运动——晋察冀文艺史分期的学术思考》,《西南民族学院学报(哲学社会科学版)》2001 年第 11 期。

沈雁昕:《彭真在晋察冀边区贯彻毛泽东统一战线思想的贡献》,《党的文献》2003 年第 6 期。

李淑苹:《简析晋察冀边区的联合县政府》,《历史教学》2004 年第 3 期。

邓红、郑立柱:《抗战时期晋察冀边区的疫病及其防治》,《河北大学学报(哲学社会科学版)》2004 年第 4 期。

柳敏和:《晋察冀敌后抗日根据地的财政预决算制度简析》,《历史教学》2004 年第 9 期。

孙丽英:《简论抗战时期晋察冀边区的兵役制度》,《军事历史》2004 年第 5 期。

孙丽英:《晋察冀志愿义务兵役制度述论》,《抗日战争研究》2005 年第 3 期。

郑立柱:《晋察冀边区农民负担问题研究》,《抗日战争研究》2005 年第

2 期。

曲晓鹏:《抗战时期晋察冀边区的妇女权益问题研究》,《抗日战争研究》2006 年第 2 期。

李军全、薛云:《浅析晋察冀抗日根据地优待抗属政策》,《淮北煤炭师范学院学报(哲学社会科学版)》2008 年第 6 期。

冯杰、夏松涛:《中国革命的重要喉舌:〈晋察冀日报〉社论》,《河北学刊》2006 年第 3 期。

袁桂海:《抗日战争时期中共在晋察冀根据地的文艺宣传》,《党史研究与教学》2006 年第 2 期。

关翠霞、柳敏和:《晋察冀敌后抗日根据地的村财政建设简析》,《山东师范大学学报(人文社会科学版)》2006 年第 4 期。

李自典:《抗战时期晋察冀边区的农业生产与政府干预》,《抗日战争研究》2006 年第 2 期。

刘学礼:《抗战时期晋察冀边区减租减息运动的历史作用和经验探析》,《党史研究与教学》2006 年第 5 期。

郑立柱:《论抗战时期晋察冀边区的"三农"政策》,《河北大学学报(哲学社会科学版)》2007 年第 3 期。

李淑蘋:《试论晋察冀抗日根据地的救国公粮制度》,《晋阳学刊》2007 年第 2 期。

张照青:《抗战时期晋察冀边区物价问题研究》,《中国经济史研究》2008 年第 3 期

张志永、吴刚:《晋察冀抗日根据地文化战探析》,《河北师范大学学报(哲学社会科学版)》2008 年第 5 期。

从鑫:《晋察冀诗歌与中国现代诗歌传统的建构》,《长江师范学院学报》2009 年第 2 期。

史新恒、夏松涛:《试析抗战时期晋察冀边区的"三农"问题与政府对策》,《抗日战争研究》2010 年第 2 期。

苑书耸:《晋察冀禁烟禁毒》,《文史月刊》2010 年第 5 期。

郑立柱:《抗战时期晋察冀边区的扫盲教育及其启示》,《河北大学成人教育学院学报》2011 年第 4 期。

李军全:《军事动员与乡村传统:以晋察冀抗日根据地优待抗属为例》,《历史教学》2011 年第 2 期。

柳敏和、张玉文:《略论党在晋察冀敌后抗日根据地的农村文化建设》,《历史教学》2011 年第 14 期。

申国昌:《晋察冀边区中等教育研究》,《河北师范大学学报(教育科学版)》2011 年第 3 期。

邓红、梁丽辉:《"三位一体":抗战时期晋察冀边区村政权的构成及职能》,《抗日战争研究》2011 年第 3 期。

朱德新:《从冷漠到投入:冀东抗日根据地农民的政治参与》,《中共党史研究》2011 年第 1 期。

申国昌:《抗战时期晋察冀边区小学教育研究》,《抗日战争研究》2012 年第 3 期。

田苏苏:《抗战时期晋察冀边区女性婚姻问题的考察》,《抗日战争研究》2012 年第 3 期。

肖红松:《晋察冀边区烟民戒治活动述论》,《史学月刊》2012 年第 12 期。

魏宏运:《晋察冀边区农村教育的追寻和考察》,《中国延安干部学院学报》2013 年第 2 期。

薛云:《晋察冀边区"双拥运动"述论》,《淮北师范大学学报(哲学社会科学版)》2013 年第 6 期。

李洪河、宋冰杰:《面对疾疫:晋察冀抗日根据地的组织与动员》,《河北师范大学学报(哲学社会科学版)》2013 年第 6 期。

张瑞静:《晋察冀边区医疗卫生工作体系及其完善》,《重庆社会科学》2013 年第 10 期。

夏松涛:《抗战时期晋察冀边区的民生问题与乡村治理》,《晋阳学刊》2013 年第 3 期。

李春峰:《抗战时期晋察冀边区村政权建设的特征与意义》,《延安大学学报(社会科学版)》2013 年第 3 期。

李春峰:《抗战时期晋察冀边区间制度在村政权建设中的兴废》,《农业考古》2013 年第 1 期。

童舜尧:《从抗战时期晋察冀边区物价管理看经济情报制》,《中国物价》2013 年第 5 期。

柳敏和等:《试析党在晋察冀敌后抗日根据地的乡村文艺运动》,《历史教学问题》2013 年第 1 期。

丛鑫:《抗战文化生态视域下的晋察冀诗歌》,《齐鲁学刊》2013 年第 1 期。

侯杰、王小蕾:《晋察冀妇女歌谣与抗战动员》,《天津师范大学学报(社会科学版)》2014 年第 4 期。

周维东:《革命与乡土——晋察冀边区的乡村建设与孙犁的小说创作》,《文学评论》2014 年第 6 期。

张燚明:《抗战期间国民政府对中共晋察冀边币的应对与处理》,《抗日战争研究》2014 年第 2 期。

岳谦厚、宋儒:《晋察冀抗日根据地基层干部待遇与廉政建设问题》,《抗日战争研究》2014 年第 4 期。

栾贵波:《晋察冀边区的公营民用工业》,《社科纵横》2014 年第 1 期。

李春峰:《革命与商业:抗战时期晋察冀边区的牙纪活动》,《党史研究与教学》2014 年第 3 期。

李春峰:《抗战时期中国共产党对乡村的社会整合——以晋察冀边区为例》,《农业考古》2014 年第 1 期。

张瑞静:《抗日战争时期晋察冀边区的医疗卫生工作》,《军事历史研究》2014 年第 2 期。

米玲:《晋察冀边区合作社发展探窥及思索》,《河北学刊》2014 年第 2 期。

张志永:《晋察冀抗日根据地婚姻制度改革新探》,《河北广播电视大学学报》2014 年第 6 期。

曲晓鹏、邵通:《乡村传统与妇女解放——论晋察冀抗日根据地保障妇女权益》,《广西社会科学》2014 年第 4 期。

张志永:《晋察冀抗日根据地外围军的建立》,《江苏社会科学》2015 年第 2 期。

谢忠厚:《晋察冀边区军政民代表大会研究》,《军事历史研究》2015 年第 3 期。

张同乐:《从村长制度到村民代表会议制度——抗战初期晋察冀边区的村政建设》,《军事历史研究》2015 年第 3 期。

把增强:《抗战初期晋察冀边区的县政权建设》,《军事历史研究》2015 年第 3 期。

把增强:《抗战初期晋察冀边区的廉政建设》,《河北大学学报(哲学社会科学版)》2015 年第 5 期。

张志永:《晋察冀抗日根据地反日伪军"自首政策"的斗争》,《中国国家博物馆馆刊》2015 年第 11 期。

于化民:《中共领导层对华北游击战场的战略运筹与布局》,《历史研究》2015 年第 2 期。

刘春梅:《抗战时期晋察冀边区的战伤救护》,《军事历史研究》2016 年第 5 期。

张宏华:《高标准、严落实:晋察冀抗日根据地的党建工作》,《光明日报》2016 年 8 月 13 日。

陈佳:《抗战时期晋察冀根据地的军粮供应》,《党史研究与教学》2016 年第 2 期。

居之芬:《从晋察冀看中共八路军在敌后发展壮大的缘由》,《河北师范大学学报(哲学社会科学版)》2016 年第 1 期。

王勤瑶:《晋察冀边区的文化启蒙与建设——以〈晋察冀日报〉社论为对象的考察》,《党的文献》2016 年第 4 期。

曹培鑫、赵鹏:《走向群众:〈晋察冀画报〉研究》,《现代传播》2017 年第 5 期。

周祖文:《统一累进税与减租减息:华北抗日根据地的政府、地主与农民——以晋察冀边区为中心的考察》,《抗日战争研究》2017 年第 4 期。

唐海华:《走向现代国家:晋察冀边区合理负担改革中的权力构建》,《浙江社会科学》2017 年第 8 期。

张宏华:《晋察冀抗日根据地的乡村戏剧研究》,《党的文献》2017 年第 2 期。

刘意:《中国共产党抗战动员的话语体系建构——以晋察冀边区三本冬学教材为例》,《中南大学学报(社会科学版)》2017 年第 4 期。

李淑蘋、周昭根:《晋察冀抗日民主政权的功能》,《重庆社会科学》2018 年第 4 期。

张克兵:《晋察冀抗日根据地三结合武装体制研究》,《军事历史》2018 年第 2 期。

张克兵:《聂荣臻与晋察冀边区人民子弟兵》,《石家庄学院学报》2018 年第 2 期。

李金铮:《读者与报纸、党政军的联动:〈晋察冀日报〉的阅读史》,《近代史研究》2018 年第 4 期。

索　引

A

艾思奇　251

安(平)饶(阳)战役　118

B

八路军　4,8,11,48,49,74,87,90—95,99,102,104,106,108—110,112,114—120,126—132,143,144,153,154,164,181,195,201,241,247,250,252,254,258,261,265,267,268,272,273,315—317,334,342,352,365,381,405

八路军总部　17,90,92,95,97,98,101,102,104,105,107,110,112,114,115,119,129,143,195

白求恩　17,77,272,403

百团大战　114—116,118,273,342,368

北方局　89,93,95,100,103,141,164,181,306,377

北岳　3,10,35,45,68,88,105,106,114,116,117,126,130,134—136,139—141,156,209,230,232,237,272,276—278,281,282,289—291,293,299,309,310,319,320,335,336,341—343,354,361,367,368,370,373,375,378—380,383,387—389,392,394,395

薄一波　90

C

参议会　188,205,206,208—213,223,273,319

曹火星　262,263

察南战役　119

柴恩波　127

陈厚林　124

陈九　266,268

陈木新　127

陈乔　255

陈舜玉　375

晨耕 262,264,265
成仿吾 361
程子华 118—120,129,232
崔嵬 252,255,256
村公所 139,154,155,157,168,204,213

D

大清河北战役 119
大生产运动 42,43,212,216,253,305,343,387,388
代耕 167—170,203,327,332,342,352,354
邓华 98,107,108
邓康 257
邓拓 183
敌后抗战 4,18,28,48,52,60,88,142,153,189,209,272,276,324,364,403
第二次世界大战 119,402
丁里 250,251,269
东北军 100
东进纵队 303
段石曾 127

E

儿童团 165,167,174,176,259,262,317,319,348,355—358,366,381,399
“二五减租” 190

F

反“扫荡” 52,110,113,114,116,147,148,233,250,251,260,264,265,270,271,370
方冰 258,260
佛教救国同盟会 319,355,362
妇女抗日救国会 194,196,198,317,319,324,334—336,338—340,343,344,355,368,381,382,384,388,391,397
傅作义 121

G

高等法院 221,223—225
高等检察处 221
高建勋 128
高敏夫 257
高鹏 182
高士一 127
高顺成 126
工人抗日救国会 317,319,321—324,334,343,355,376,381,397
谷扬 258
郭茂桐 335
郭墨村 127
郭天民 117
国共合作 18,87,88,189
国民党 28,33,55,83,86,87,91—93,100,104,120,125,127,180,181,191,201,218,221,263,264,294,318,334,379,383,392,404
国民革命军 87,90
国民政府 18,42,87,120,182—184,186,203,222,223

H

合理负担 43,45,46,181,303,304,316—318,328,331,386,400
合作社 31,38,42,43,203,215,

306—308,320,328,396
何干之 361
河北民军 125,126
河北游击军 100,105,125,127,128
贺龙 92,93
红军 87—90,92,96,99,106,123,124,144,241,269
侯玉田 124
胡仁奎 4,182
胡宗南 121
华北军分会 90
黄敬 105,183
黄鹏 97
黄土岭战斗 114,256
回族抗日教导队 124

J

冀东 3,17,20,27,28,85,88,99,105—110,118,121,126,182,272,277,281,318,320,399,401
冀东大起义 107,108
冀热察挺进军 110
冀中 3,5,6,8—10,20,85,88,99—102,105,106,116—118,120,124—130,132—137,141,151,163,183,216,231—236,240,241,244,248,252,260,270—273,275—282,285,288—292,294,297—299,301—303,308—312,320,330,333,335,336,340—342,350—353,357,363,366—371,373,375—377,381,387,391,394—396,399,402,403,405
冀中火线剧社 245,252,255
冀中行政主任公署 105
“冀中一日” 231,232,234—236
贾克为 263
贾一民 125
减租减息 15,30,31,34,36,37,44,69,190,192,202,203,218,253,264,272,316—318,328,330,333,372,390,391
江丰 266
姜齐贤 97
蒋介石 87,263
街头诗 55,58,59,62,230,231,235,257—259,261
晋察冀边区 3,4,6—10,13,15,16,18—52,54,55,58—61,63—84,94,111—113,117,130,132,136,139,147—149,151—168,171,172,174,176,179,181—186,188,189,191—193,196—200,202,205—207,209,212,215,221,223,224,228—232,235—248,252,253,256—259,261,264,265,268,270,272,273,276—278,280—286,288—313,316,318—325,327,329,330,332,334—336,338—341,343—353,355,357—373,376—378,381—387,389,390,395—397,399,402—406
晋察冀边区各界抗日救国联合总会 324,334,343,354
晋察冀边区军政民代表大会 18—20,154,182—184,196,203,272,318,345,372,394
晋察冀边区临时行政委员会 203,204,318

《晋察冀边区目前施政纲领》 189,221,296,304,401
晋察冀边区行政委员会 18,68,156,183,184,186,193,223,288,300—303,355,357,362,377
晋察冀边区政府 19,20,26,27,31—34,36,44,66,73,74,77,79,81,139,157,163,184,185,192,193,197,211,225,254,289,291,296,299,309—312,316,377,393
晋察冀分局 118—120,130,132,136,141,238,239,306,402
晋察冀军区 5,8,17,18,97,98,101,102,109,111—116,118—121,123,124,126,127,129,130,132,134,135,138—144,147,150,165,181,227,228,240,245,268,272,282,283,285,286,315—317,399
晋察冀抗日根据地 1—19,21,23—37,39—41,43—51,59,61—64,66,69—73,75,76,78,80—88,94,95,97—99,102,107,108,110—113,119,122,129,140—144,147—154,157,180,181,226,227,238,240,252,257,258,275—278,281,282,284,287,289—293,295,296,301,302,304,307,309,311,314—325,327,329,330,332,335,338,339,342,345—350,354,357—361,364—368,370—373,375,376,378,380,382,384—388,391—395,397—405
《晋察冀日报》 6,7,9,10,52,53,85,134,137,138,141,166,168—170,172—176,178,232,238,239,246,267,268,279—283,285,286,289,298,303,314,353,354,373
晋察冀诗派 57,58,257
晋察冀中央局 120,396
晋东北 20,91—94,182,195,241,244,285,289,301,315,318,341,360
精兵简政 39,81,117,139,192,215
警卫队 149,152,159,160
救国公粮 81,164,256,328,400
局部反攻 17,117,118

K

康濯 246,272
抗敌后援会 196,319,355,359,360,389
抗敌剧社 9,240,245,247,255,268,273
抗日民主根据地 57,58,191,232
抗日民族统一战线 19,23,45,50,89,123,124,128,129,183,184,189,191,193,221,317,321,334,339,359,362,364,380—383,399—401

L

涞灵战役 115,116
蓝矛 257
李常青 361
李存厚 124
李殿冰 251,264
李耕涛 105,183
李劫夫 262,264,269

李庆锁 127
李廷赞 97
李晓初 125,126
李运昌 110,117
力军 48,49,73,146,147,219,258,371
联庄会 124,125,127
梁斌 124
林彪 90,92,93,95
林真 257
灵丘战役 118
刘彬 97
刘伯承 93,102,115
刘道生 98
刘奠基 182,183,309,310
刘可忠 127
刘澜涛 120,130,136,139—141,151—154,319,320,359,385,386,397
刘沛 265
刘少奇 19,103,104,107,108,316,365,372,392,393
刘显宜 97
刘萧芜 251
刘毅之 125
卢沟桥事变 87
卢肃 253,262,264
鹿钟麟 276,377
吕正操 6,100—102,105,125—129,151,270
罗光达 9,272,274
罗荣桓 97
罗文坊 97
洛川会议 88—90,96,99,106

M

马本斋 124,125,403
马永恩 125
马佑民 127
马玉堂 125
马玉祥 127
马占山 121
曼晴 55,59,259,260
毛泽东 4,13,15,16,29,60,63,87—97,99,102,104—111,118—120,163,247,255,259,263,270,365,368,380,392
孟阁臣 98,127
孟庆山 100,105,124,127,128
民主集中制 22,23,149,192,198,200,220,322,325,337,346,359,385,398
牧虹 253

N

聂荣臻 4,6,13,15,19,20,29,42,47—49,60,61,90,91,93,95—117,120,123,126,127,129,136—138,141—143,148,181,182,272,315—317,362,365,366,369,371,378,400,405
农民抗日救国会 196,317,319,324—327,329—334,343,355,366,368,370,371,376,381,382,397

P

潘自力 97

彭德怀 88,90—92,97,98,102,103,114—116,137,273,316,317,365
彭雪枫 90
彭真 6,29,103,108,340,357,365,391,395
平北 3,20,105,107,110,291
平山团 130,367
平粜局 299
平西 3,8,99,105,109,110,116,130,165,260,298,380
平型关战役 95,143
平原游击战 87,100,101,103—106,108,129,151

Q

七七事变 88,240,315,321,334
齐一丁 345
钱丹辉 257
墙头诗 256,257
秦兆阳 269,270
青年抗日救国会 151,196,198,317,319,324,334,343—355,359,381,382,391,395,397
青年抗日先锋队 149,150,196,198,199,317,352,367,397
区公所 154,155,157,166,186,204

R

热辽战役 119
人民武装委员会 149,150,198,200
人民武装自卫队 196,197,366,368
人民自卫军 100—102,105,124—128,228,240,270,368
任弼时 89—91,97,98,316,317
任(丘)河(间)战役 118
戎冠秀 251,273,403

S

“三光”政策 76,354
“三三制” 19,23,48,212,213,218,375,383,396
“扫荡” 5,20,45,49,76,111,114,116,117,119,128,172,233,250,256,268—271,283,288,319,324,333,343,354,361,370,371,387,389,403
沙飞 7,272,273
沙可夫 259,361
山地游击战 87—89,91,92,96,99,104,105,399
陕甘宁边区 1,2,104,301
商民救国会 363
邵子男 257
石少华 272—274
史轮 230,257,258
舒同 97,98,129,144,183
宋邓纵队 107
宋劭文 182,183,290,297,299,300,305,307,308,313,362
宋时轮 107,108
孙犁 59,234,235,241,254,259,260,270
孙志远 127

T

唐延杰 98

田间 58,230,231,257,258,260,361
铁流社 57—59,257,258
统一累进税 43—46,159,263,300,400

W

王赍 127
王斐然 182
王稼祥 4,107,108,110,129,301
王久晨 255,256
王烈军 127
王林 235,271
王明 88,89
王平 98,105
王文仲 182
王莘 253,262,264
王血波 253
王引龙 262,265
王震 95,112,255
王紫峰 98
王宗槐 97
魏大光 124,126
温塘战斗 332
文(安)新(镇)战役 118
文化界抗日救国会 196,317,319,355,360,397
沃渣 266—268
吴淮之 124
吴劳 266,268
吴廷华 124
武装斗争 45,87,94,110,142,232,352,393

X

西北战地服务团 62,63,230,239,258,264,271
牺盟会 319,363,364
夏季攻势 119
夏维礼 98
县议会 188,206,208—215,217,219
萧克 110,120
忻口会战 195
《新华日报(华北版)》 173
新民主主义 6,14,18,19,22,26,32,33,37,65,69,73,152,191,192,218,221,226,232,236,336,339,345,361,380,398—401
行政督察专员公署 154,193
徐二黑 128
徐佩坚 124,127
徐州会战 102
学联同学会 355

Y

严镜波 375
阎锡山 89,90,182
雁北战役 119
杨爱源 92
杨成武 93,97,98,114,117
杨沫 335
姚东昌 182
野夫 266
叶青山 97,98
叶正轩 257
拥军优抗 200—202,342
拥政爱民 200—202,265
优抚委员会 155,156
游击队 48,88,99,103,105,108,111,112,114,120,123,124,129,

130,146—148,159,160,174,195,232,241,252,260,262,273,321,327,332,353,366,381
游击战 4,8,9,47—49,59,77,88—97,99—101,103—106,109—111,115,116,119,124,126,138,144—147,150,153,181,190,192,196,258,265,267,269,271,370—372,387,389,399,404
余广文 97
豫湘桂战役 117
运动战 88,89,92,96,99,112,119

Z

查国祯 97,98
翟进阶 125
战地动员委员会 181,185,186,315,317,376
战地社 57,257,258
张八 128
张非 262,265
张苏 182
张维 257
张闻天 104,392
张之吾 124
张仲瀚 125,126
赵宝藩 183
赵承金 125
赵侗 97,98
赵尔陆 98,117
赵亚平 335
赵玉昆 127
整风运动 247,255,259
政治主任公署 20,154,204
职工抗日救国会 355,363,364
志愿兵役制 122,123,130,134,136,137,139,141
中国共产党 5,8—11,13,14,19,21,22,24,25,28,32,33,35—37,42,43,45,46,51—53,61,62,65,69,71,72,75,77,81,84,87,88,124,128,142,146,149,154,166,183,185,189,191,230,248,295,312,315,317,321,322,334,362,364,365,379,389,398,400,401,404
《中国共产党抗日救国十大纲领》 189,191,295
中国人民抗日军政大学 207
周恩来 88,89,95
周建屏 98
周敬学 345
周巍峙 259,262,263,361
周小舟 90
朱德 4,27,28,90,91,97,98,102,107,109,110,112—115,316,317,365,377
朱水根 97
朱占魁 124
子牙河东战役 119
自卫队 142,149—153,157,174,187,196—200,229,262,306,327,329,332,336,337,339,343,357,363,366,368,371,380
左权 112—116,137

后　记

《晋察冀抗日根据地研究》是南京大学张宪文、朱庆葆两位先生主持的2017年度教育部哲学社会科学研究重大委托项目“抗日战争专题研究”的重要组成部分。这一任务，于2018年6月领取，掐指算来，至今已整整一年半的时间。在这18个月里，我们紧锣密鼓寻找志同道合的青年才俊加盟课题组，集体谋划设计该专题的各章组成，并根据各自专长分工协作开展具体研究。在此期间，“抗日战争专题研究”项目编委会和诸位资深的抗战研究专家对于我们的研究工作给予了悉心指导和大力帮助，他们对于阶段性时间节点的严格掌控和对书稿质量的高标准要求，对于我们分期分批提交阶段性稿件和未敢丝毫放松对质量的要求起到了重要的敦促作用。应该说，没有这些前辈学者的“高压”“震慑”和鼓励，我们这些虽然年轻但均各自肩负各种各样事务的人，是无论如何也不能在如此短的时间内交齐书稿的。

既然是集体攻关成果，就有一定的分工。《晋察冀抗日根据地研究》的分工是这样安排的：本书的框架结构、导论和结语、参考文献由把增强（历史学博士、河北省社会科学院研究员）整体设计、撰写、梳理，第一章“晋察冀抗日根据地的建立及武装斗争”和第二章“晋察冀抗日根据地的军事建设”第一节由郭宁（南开大学历史学院师资博士后）撰写，第二章“晋察冀抗日根据地的军事建设”第二节、第三节分别由张克兵（历史学博士、中共广东省委党校副教授）、李军全（历史学博士、扬州大学副教授）撰写，第三章“晋察冀抗日根据地的政权建设”、第六章“晋察冀抗日根据地的群团组织建设”由李自典（历史学博士、北京联合大学副教授）撰写，第四章“晋察冀抗日根据地的文艺”、第五章“晋察冀抗日根据地的灾荒及其救济”由郑立柱（历史学博士、河北大学教授）撰写。

既然有分工，统稿也是必需的。《晋察冀抗日根据地研究》的统稿工作由把增强负责，河北省社会科学院张瑞静参与了部分章节的统稿工作。统稿过程中，统稿人随时就发现的有关问题和存疑之处与撰稿人进行交流和沟通，并及时予以解决。尽管如此，因各人有各人的写作习惯和风格，加之时间紧、任务重，统稿人只能是尽量做到风格统一。也就是说，全书的风格肯定难以整齐划一，还请诸位多多海涵。

学术研究是一场接力赛，一代人有一代人的责任和使命。作为晋察冀抗日根据地研究的年轻一代学人，本书是在充分吸收既往研究成果的基础上撰写完成的。也就是说，本书是站在前人肩膀上的产物，凝聚了太多前人的智慧和心血。不过，我们并未简单重复前人的研究成果，而是力图在前人研究基础上有所拓展和推进。如果我们有幸做到了这一点，诸位不必过多赞誉；如果我们所做离诸位的期望仍有距离，我们将继续努力。当然，作为中国抗日战争专题研究中的涓涓细流，我们希望，此项研究在横向上能够汇入中国抗日战争专题研究的汪洋大海，在纵向上能够于晋察冀抗日根据地研究中继往开来。

最后，由于我们的目力有限，致敬前人时挂一漏万，在所难免。由于我们的学识和能力有限，本书也肯定存在这样或那样的不足之处。倘若如此，敬请各位学界同仁多多谅解，并予以批评指正！

本书课题组

2019 年 12 月 31 日